U0743369

皮肤科的那些人那些事

知识得以记载　经典得以传承　精神得以弘扬

心路医路——皮肤科的那些人那些事

如丝如帛如绢
舒展开历史记载延绵的卷轴
至柔至暖至韧
包裹住时光烙印徐徐的情怀

人人事事书中记
记着或专注或忙碌的身影
不因岁月疏离
事事人人心上留
留下或伟大或平凡的经历
不随时间淡去

外表可见的伤疾，轻柔坚定的手会抚慰
而也一同治愈了心
教人感念，那种种温柔的奇迹。

彗介（疥）疒（病）甲骨文龟板

　　中国皮肤科光辉灿烂的今朝，与承袭了中医皮肤科学博大精深的智慧息息相关。早在3000年前，甲骨文就记载了 ✦癣、✦疕、✦尤（疣），✦、✦瘑，✦、✦雕（壅、雍、痈），✦疤等皮肤病名称，以及✦、✦肤等数十个皮肤解剖名词，特别是考证了"彗介（疥）疒（病）"甲骨片，为扫除疥病之意，意有三：一泛指皮肤病；二专指疥疮；三指瘙痒性皮肤病。这也是中医皮肤科学源远流长的最好例证。

张建中　教授，主任医师，博士生导师，北京大学皮肤性病学系主任，北京大学人民医院皮肤科主任，中华医学会皮肤性病学分会主任委员，中国医师协会皮肤性病学分会副会长，亚洲皮肤科学会理事，欧洲皮肤科学会国际会员，中华医学会皮肤性病学分特应性皮炎研究中心首席专家，北京市中西医结合学会变态反应专业委员会副主任委员，国家发改委药品价格评审咨询专家，人力资源和社会保障部《国家基本医疗保险药品目录》咨询专家，《中华皮肤科杂志》《中国皮肤性病学杂志》等多本杂志副主编，British Journal of Dermatology、Journal of Dermatological Science等杂志审稿人。

　　张建中教授是国内外知名的皮肤病学专家，对红斑狼疮、特应性皮炎、脱发、移植物抗宿主病（GVHD）等皮肤病有深入研究。在国际上首次报告"特应性皮炎样GVHD"，首次报告妊娠股臀红斑，首次发现先天性单纯性稀毛症的基因RPL21，在国内首先发现游泳池肉芽肿病，组织了我国常见皮肤病的全国多中心流行病学调查，组织了特应性皮炎诊、湿疹、皮肤型红斑狼疮、荨麻疹、雄激素性秃发等常见皮肤病诊疗指南的制定和推广。主持和参加了科技部重大专项、国家自然科学基金、863基金、卫生部重点科研基金、卫生部行业基金、北京市自然科学基金、首都发展与研究基金、教育部985基金等几十项科研基金，发表论文400余篇，主编主译学术专著16部，参编著作30余部，获中华医学奖等多项省部级科研奖，多次应邀到国外讲学和学术交流，2013年获国际皮肤科联盟（ILDS）杰出贡献奖，2014年获世界卫生科学院（WHA）终身名誉会员奖。

心路医路大事件

《心路医路·呼吸分册》
钟南山　王辰
2011.09

《肺部肿瘤循证医学》
吴一龙
2012.11

《『骨』往今来》
王岩
2012.11

《『乳』此绽放》
江泽飞
2013.04

《心灵回归之路》
赵靖平
2013.05

《房颤零距离》
马长生
2013.08

2013.06
《尿的秘（泌）密》
孙颖浩　钟惟德
启动

2013.07
《生死博弈》
李春盛
启动

2013.08
《肝愿共守》
樊嘉
启动

2013.09
《生命的另一种延续》
郑树森
启动

2013.09
《漫话风湿》
栗占国
启动

2014.06
《印迹》
胡盛寿
启动

正式出版图书　□

即将出版图书　┌┄┄┄┐

微 电 影：

2014年12月　急诊系列微纪录片启动

2009年	"心路医路"品牌创建，由钟南山院士担任总主编	
2010年11月	"心路医路®"商标注册，成为中国医学人文第一品牌	
2013年09月	"心路医路®"与复旦大学出版社建立战略合作关系	
2015年05月	中华社会救助基金会-心路医路®医学人文公益专项基金设立	

《生命在沉睡中苏醒》 于布为

《知心》 葛均波　霍勇

《中华冠脉介入之旅》 霍勇

《肠路漫漫》 张苏展

《凝岁月于心》 韩雅玲　霍勇

《风华正茂》 荆志成　张澄

2013.09	2014.05	2014.09	2015.01	2015.04	2015.04
2014.08	2014.10	2015.01	2015.01	2015.03	2015.06

《皮肤科的那些人那些事》 启动 张建中

《遇见疼痛》 启动 于生元

《23·勿忘初心》（暂定）启动 李光伟

《整形美容》 科普系列丛书启动 祈佐良等

《妇产科分册》 启动 郎景和　狄文

《『乳』此绽放》 再版启动 江泽飞

图书在版编目(CIP)数据

皮肤科的那些人那些事 / 张建中主编. --天津：
天津科学技术出版社,2015.6
ISBN 978-7-5308-9962-5

Ⅰ.①皮… Ⅱ.①张… Ⅲ.①皮肤病学–医生–列传
–中国–现代②皮肤病学–医学史–中国–现代 Ⅳ.
①K826.2②R75–092

中国版本图书馆 CIP 数据核字(2015)第 128028 号

责任编辑:王朝闻

出版人:蔡颢
地址:天津市西康路 35 号　邮编:300051
电话:(022)23332372(编辑室)
网址:www.tjkjcbs.com.cn
发行:新华书店经销
河北省欣航测绘院印刷厂印刷

开本 787×1092　1/16　印张 29.5　插页 4　字数 424 000
2015 年 6 月第 1 版第 1 次印刷
定价:128.00 元

皮肤科的

那些人那些事

主编 张建中

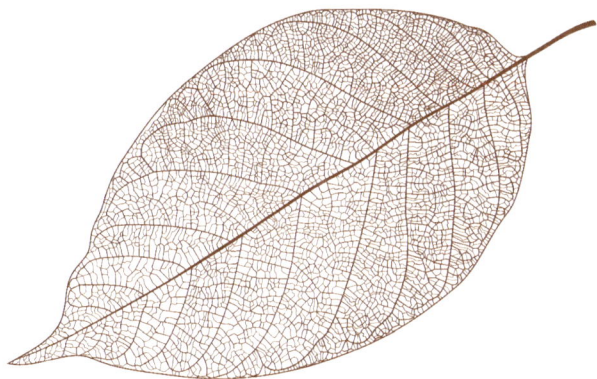

天津出版传媒集团

天津科学技术出版社

编委名单

主编　张建中

编委　（按姓氏拼音顺序排序）

白　莉	白　蕊	白　玉	毕志刚	陈爱军	陈官芝
陈宏泉	陈洪铎	陈　丽	方　红	冯　捷	高顺强
高天文	高兴华	郭　昊	郭　庆	郭书萍	郭秀芝
郭艳久	何成雄	何　黎	何　威	姜日花	晋红中
康克非	劳力民	李伯埙	李东霞	李福秋	李桂明
李　航	李红宾	李厚敏	李　惠	李若瑜	李珊山
李世军	李铁男	李文竹	李雪莉	李玉叶	李振鲁
李正刚	李　治	栗玉珍	梁　伶	梁云生	廖文俊
林秉端	林能兴	林元珠	刘全忠	刘　铨	刘志刚
陆洪光	陆前进	路永红	骆志成	马　琳	马振友
聂建军	裴东怒	彭振辉	普雄明	乔建军	冉玉平
史　楠	孙　青	孙秋宁	索朗曲宗	涂亚庭	王家璧
王　萍	王文氢	王子君	温　艳	乌日娜	吴绍熙
夏应魁	谢红付	谢锦华	徐金华	徐学刚	许璐璐
杨　勇	姚志荣	冶　娟	曾凡钦	翟金龙	张爱华
张　苍	张成志	张广中	张国成	张锡宝	张小鸣
张学军	赵　辨	赵天恩	郑　捷	郑　敏	郑岳臣
周文明	周　武	周永华	朱敬先	朱莲花	朱一元

前　言

　　今年是中华医学会成立100周年,也是中华医学会皮肤性病学分会成立78周年,《中国皮肤科学史》于今年3月出版,是中华医学会皮肤性病学分会和中国皮肤科人献给中华医学会成立100周年的一份礼物,而《皮肤科的那些人那些事》则应是《中国皮肤科学史》的一本配套的人文读物。

　　《中国皮肤科学史》在业内受到极高的评价。在完成这部著作后,我总觉得有点意犹未尽。写历史往往是比较简要和直截了当,书写方式也是记录式或叙述式的,不能带任何感情色彩,但是,对那些感人的人和事,总觉得需要用带感情色彩的文字来表达,因此很想写一本人文性强的书,以便读者能以读故事的方式了解中国皮肤科曾经有过哪些人物,发生过哪些事件。正在此时,"医路心路"的编辑梁婷来找我,希望我主编一本皮肤科领域人文方面的书籍,还给我带来几本其他学科写的样本书。她们的想法与我的想法不谋而合,于是我非常痛快地答应她们主编这本书。由于时间很紧,编撰组织工作很快马不停蹄地开始了。

　　关于书名,小梁编辑提出好几个名字供我参考,我都不满意,我觉得书名应直截了当,读者看到书名时应当马上就能联想到书中的内容,经过反复思考,我决定书名就叫《皮肤科的那些人那些事》,编辑们也说这个书名很好,能引起读者的兴趣。

　　本书主要收集了近代以来中国皮肤科具有代表性的人物和事件。我们制定了这样一个原则,目前在位的主任和教授们基本不写或少写,着重写前辈的人和事。从收集的来稿来看,大部分是写人的,是晚辈对先辈的回忆,少部分是写事的。为了使这本书有代表性,在编撰过程中,我们还与中华医学会各省皮肤性病学分会的主委取得联系,希望他们能够撰写所在省市皮肤科的人和事。从来稿来看,文章篇幅、详简等参差不齐,内容有的详细,有的不够详细;有的可读性好,有的略差。此外,各省主委写的基本是他们所了解的人和事,因此,有很多人物和事迹还未能收入本书。我在想,或许我们今后可再写第二册、第三册,尽可能将我国皮肤科前辈的人和事写进去,以使我国皮肤科同道能够更多地了解中国皮肤科的先辈们和他们的事迹。

本书对人物和事件的排列,基本依时间顺序,以便使读者读起来顺畅和有条理。实际上人物和事件是密不可分的,人物当中有事件,事件当中也有人物。如在写到嘉约翰医生时,就有中华医学会的成立、《中华医学杂志》的创刊和演变过程。写到胡传揆时,就会涉及我国皮肤科消灭性病、控制麻风、消灭头癣等重要事件。

我主编的专著已经不下十本,不过没有哪本像这本书一样在审稿过程中就令我如此激动。我想是先辈们伟大的人格力量、奉献精神和光辉业绩感动了我。我认为,阅读他们艰苦创业、建立中国皮肤性病专业的过程对我心灵是一个触动和升华过程。嘉约翰医生在 1854 年开始创建中国的现代皮肤性病学是何等不易!以至那个年代我国西医皮肤性病学甚至领先于日本,这让我们不得不敬佩我们的前辈。还有,不知道同道们看到梅藤更院长与小患者互相鞠躬行礼的照片该做如何感想!那是 100 多年前的民国时期,100 多年过去了,我们的医患关系可曾有进步?! 李桓英——一个在世界卫生组织工作了 7 年的医生,为了中国的麻风病患者,毅然放弃优厚的生活条件和待遇,回到了当时贫穷落后的中国,投入艰苦的麻风防治事业中,并且一做就是一辈子,这是一种什么精神? 我们当中能有几人做到这一点? 当我们还在为自己能在国际杂志发表 SCI 论文沾沾自喜的时候,可曾想过 80 年前胡传揆教授已经在 Science 等杂志发表文章了,他所报告的皮肤病被国际权威著作引用了几十年之久,在他们面前,我们值得骄傲? 当我们读到赵炳南先生给穷苦患者发"免费牌"时,又做如何感想? 我自己有时也会给来自农村和边远地区的贫困患者免挂号费,可比起当年前辈们的"免费牌"来,自己做的不是微不足道吗? 和他们相比,我感到了自己的渺小,如同鲁迅先生在写到润土时,无情揭露自己藏在心灵深处的那个"小"来。

在回忆 20 世纪 50 年代到 80 年代的文章中,许多教授不约而同地提到了消灭性病、控制麻风和消灭头癣。可以想象当年政府一声号召,中华医学会一声召唤,各地皮肤科医生就雷厉风行,立即行动,成立性病防治大队,奔赴边远地区、走访患者、指导防治,终于取得了灭性病、控制麻风和消灭头癣的伟大胜利。当我们看到这些成就获全国科学大会奖的时候,真为老一辈皮肤科人感到骄傲和自豪。

我们的先人们或许没有想到,他们所做的事被后人称颂,或许他们当时想的只是要做的事本身，根本就没有期望过被后人记住，而他们被后人记住了。一个人被记住，多半是因为他的善举和功德，而不是他的地位多么显赫。

在本书的编写过程中，所有专家都高质量地完成了写作，尤其令人感动的是有多位老专家亲自动笔，如陈洪铎院士、赵辨教授、吴绍熙教授、赵天恩教授等，吴绍熙教授为了一个数字，多次与我通信修改。有些教授不便亲自书写，就采用本人口述、科里年轻大夫记录的方式（如朱一元教授、林元珠教授），这些老前辈们的精神令人感动。

当我看到西藏自治区医院索朗曲宗医生写的《"小荷"才露尖尖角》一文时，眼睛一亮，终于有来自西藏皮肤科的声音了。长期以来，中华医学会皮肤性病学分会西藏地区的名额一直空缺，2015 年 1 月，我到重庆讲学，意外见到前来参会的西藏自治区皮肤科医生索朗曲宗，经过询问，得知她是西藏皮肤科资历较老的医生，因此建议她与西藏医学会沟通，争取成为中华医学会皮肤性病学分会委员。在组织本书稿件时，我特地邀请她撰写关于西藏皮肤科发展的文章。她写得非常好，从她的文中，我得知西藏皮肤科的发展比内地更艰难、更曲折。她在文中提到我的导师陈集舟教授是西藏的第一个皮肤科医生，此事我过去竟全然不知。

因为本书记录的人和事限于老一辈皮肤性病学人物和事件（包括已故和健在的老专家），不包括目前正在一线工作的皮肤科同道。个别作者下了不小功夫写了现任主任或院长的事迹，根据本书的原则，不能刊登，希望作者能理解。

编写皮肤性病学人文方面的书籍还是第一次，感谢所有作者的努力，感谢"心路医路"梁婷和国帆等编辑的策划、专家联络、加工和校对。由于本人经验不足，再加上时间紧迫，篇幅限制，许多重要的人和事未能被收入，一些珍贵照片也不能被收入，希望今后有机会把这些人和事写出来。还有，参与编写本书的人员较多，各人书写风格不一，且大部分内容为作者的记忆，这样就难免会有各种错误和不足，希望读者在阅读时发现问题，及时与作者沟通，以便纠正。

张建中

2015 年 5 月　于北京

目　录

第一篇
开拓者之路

皮肤科的那些人那些事

第二篇

光 辉 篇 章

第三篇
我国各地皮肤科学发展历程

目录

第一篇
开拓者之路

中华医学会皮肤性病学分会的78年

100年前,中华医学会成立,78年前,中华医学会皮肤性病学分会成立,在中华医学会所属的80多个专科分会中,皮肤性病学分会属于最早成立的专科分会之一。

中国的现代皮肤科学,是从19世纪中叶由欧美传入的,由传教士医生来华传教行医、开诊所开始,逐渐发展到办医院和培训皮肤科专门人才,如北京的双杆旗医院、上海的虹口皮肤病医院等。之后,部分中国早期留学欧美日的皮肤科医生陆续回到中国,有的进入各地医学院校附属医院或大型综合医院,有的开诊所行医,他们是现代中国皮肤科的先行者。20世纪初40年代之前,我国皮肤病和性病发病率相当高,仅次于胃肠病。性病是皮肤科诊疗的重要疾病,当时也称花柳病,因此皮肤科也称皮肤花柳科。据统计,50.6%的成人男性患过性病(伍连德:"中国的性病问题")。1949年,北京地区1 303名妓女中患一种以上性病者共1 257人(96.5%),其中患梅毒者1 107人(84.9%),可见性病之猖獗。

1937年,中华皮肤花柳科学会在上海成立,首任会长陈鸿康,副主任委员为罗爱思(F.Reiss),秘书为杨林,委员为穆瑞五和依克伦。由于七七卢沟桥事变,全国抗战爆发,皮肤花柳科学会活动基本陷于停顿。

新中国成立后,中国皮肤科医生积极投入到新中国的建设中,为我国人民的皮肤健康做出了重要贡献。这个时期,有一批德高望重的前辈成为我国皮肤科的领军人物,包括穆瑞五、胡传揆、于光元、杨国亮、秦作梁、尤家骏、刘蔚同、董国权、李洪迥、王光超、曹松年、姚际唐、朱仲刚、宁誉、梁华堂、秦启贤、叶干运、李家耿、刘辅仁、周鼎耀、黄忠璋、王家斌、汪振威、刘英范、朱德生、李松初、郭子英、刘士明、钱戎春等,他们在极端困难的条件下纷纷在自己所属的省份创立皮肤科，为各省皮肤科专业的建立做出了重要贡献。

1952年，中华皮肤花柳科学会第二届委员会成立，胡传揆任主任委员，副主任委员为于光元、王光超（兼秘书）、李洪迥、梁华堂、尤家骏、杨国亮、董国权、刘蔚同、刘铭锐、穆瑞五任委员，朱仲刚、李景颐、郭子英任候补委员。新一届委员会开展了许多卓有成效的工作，如学科的建设、专科医生的培养（举办了很多短训班、进修班），部署在全国范围内消灭性病和控制麻风工作，并开始搭建学术交流平台。1953年，创立了分会的官方杂志《中华皮肤科杂志》。1954年5月中央皮肤性病研究所在北京成立，胡传揆任首任所长，全国性病防治工作队成立，赴青海、甘肃等地防治性病。1955年，皮肤花柳科学会更名为皮肤科学会。

1956年，第三届皮肤花柳科学会成立，胡传揆连任主任委员，杨国亮和穆瑞五任副主任委员，李洪迥、王光超为常委，尤家骏、于光元、刘蔚同、董国权任委员。1959年，卫生部召开宁都除害灭病现场会，提出"消灭性病，控制麻风、防治头癣"的任务，并召开全国性病、麻风研究委员会第一次扩大会议。同年，中华皮肤科学会第四届委员会成立，胡传揆连任主任委员，杨国亮、李洪迥任副主任委员；刘蔚同、董国权、黄明一、赵炳南、尤家骏、朱德生、王光超任委员。在这一阶段，中华医学会皮肤性病学分会花大力气组织国内专家和皮肤科医生投入到消灭性病、控制麻风和防治头癣工作当中，经过十多年的持续不断的努力，我国大陆地区性病基本被消灭。1964年，在北京国际科学讨论会上，胡传揆教授做了"我国对梅毒的控制和消灭"的报告，宣布在中国大陆地区基本消灭了性病，为我国医学史谱写了光辉的一页，受到国际舆论的普遍赞扬。该文发表于1965年的《科学通报》上。

1966年"文化大革命"开始，中华医学会及其各分会工作受到很大冲击，许多专家遭受批斗、劳动改造等不公平对待，皮肤科学分会的工作基本处于瘫痪状态。1966年，《中华皮肤科杂志》停刊，1970年，中国医学科学院皮肤病研究所从北京迁至江苏泰州。

1978年是改革开放元年，十年浩劫结束，我国政治、经济和文教卫生等领域开始走上正常轨道。是年，皮肤科分会进行了第四届委员会增补，胡传揆继续任主任委员,杨国亮、穆瑞伍、李洪迥任副主任委员;刘蔚同、董国权、于光元、王光超、叶干运、张志礼(兼秘书)任常委,委员25人。同年在北京召开的全国科学大会上,中华医学会皮肤性病学分会报告的"基本消灭性病的防治研究"(胡传揆、朱耀德、王铁生、刘季和、顾昌林、江澄)和"头癣综合防治研究"(胡传揆、曹松年、吴绍熙、刘涛、邵长庚、夏隆庆、曹正仁等)获全国科学大会奖,表明我国皮肤性病学防治工作走在了国内临床学科的前列。1980年,《中华皮肤科杂志》复刊。国际交流也开始恢复,1981年,李洪迥、王光超赴美国参加了第三届国际银屑病学术会议,叶干运赴日内瓦参加了国际麻风化疗会议。

1982年,第五届中华医学会皮肤科分会成立,李洪迥为主任委员,王光超、朱仲刚、刘辅仁为副主任委员,陈集舟、张志礼任秘书长,委员29人。同年,第16届世界皮肤科大会在东京举行,胡传揆、李洪迥、杨国亮、陈洪铎代表中国参加了大会。1984年,中国医学科学院皮肤病研究所从泰州迁至南京。

1986年,第六届皮肤科学分会成立,王光超任主任委员,陈锡唐、刘辅仁、朱德生任副主任委员,张志礼任秘书长,委员31人。同年,亚洲皮肤科学会成立,王光超任理事。王光超、邵长庚等等参加国际银屑病会议,王光超做"中国银屑病流行病学调查"的报告。康克非、徐文严参加第七届亚太皮肤病学术会议并作报告。1988年召开了首届"中日皮肤科联合学术会议",这一会议之后定期每两年举办一次,直至2008年,共举办10届,2010年并入中日韩三国发起的"东亚皮肤科学大会(EADC)",成为中华医学会各分会中国际合作最成功的范例之一。1989年,在第二届亚洲皮肤科学大会上,叶干运当选亚洲皮肤科学会理事。

1990年,第七届皮肤科学分会成立,陈锡唐任主任委员,陈洪铎、徐文严、张志礼任副主任委员,马圣清、朱铁君任秘书长,委员32人。次年,成立真菌学组,陈锡唐任组长。1993年,陈洪铎、徐文严当选亚洲皮肤科学会理事。

1994年,第八届皮肤科学分会成立,陈洪铎任主任委员,徐文严、张志礼、秦万章任副主任委员,马圣清、朱铁君任秘书长,委员32人。成立了病理学组、实验学组、儿童学组、性病研究小组等学组。中华医学会表彰杨国亮、王光超、刘辅仁、朱仲刚、陈锡唐为皮肤科领域有突出贡献的专家。1996年,陈洪铎、王侠生当选亚洲皮肤科学会理事。

1998年,第九届皮肤科学分会成立,陈洪铎任主任委员,徐文严、张志礼、马圣清、廖康煌任副主任委员,张铁君、王家璧任秘书长,常委委员30人。由于我国性病患者逐年增多,性病诊治成为皮肤科的一项重要工作,2000年,分会名称由"皮肤科学分会"变为"皮肤性病学分会"。2002年,第十届皮肤科学分会成立,陈洪铎连任主任委员,马圣清、廖康煌、张学军任副主任委员,王家璧、傅志宜任秘书长,委员36人。从1994年到2006年这段时间,我国皮肤科发展开始进入发展的快车道,很多大学的皮肤性病学科开始从单纯临床型学科向学术型学科发展。2001年,四个大学学科入选国家重点学科,他们是:北京大学(一、二、三院皮肤科)、中国医科大学、北京协和医科大学(南京皮肤病研究所、北京协和医院皮肤科)、第四军医大学(西京医院皮肤科)。2005年增加安徽医科大学(附属第一医院)为国家重点学科。在此阶段,分会共建立了8个学组,我国和国外的交流也空前活跃,1998年举办了第五届亚洲皮肤科大会(北京),2004年举办了第九届国际皮肤科大会(ICD)(北京),2003年,何春涤当选亚洲皮肤科学会理事。

2006年,第十一届皮肤性病学分会成立,张学军任主任委员,傅志宜、徐世正、朱学骏、郑志忠任副主任委员,张建中、郑捷任秘书长,委员45人。我国各地皮肤科均增加对科研的关注度和投入,皮肤科领域发表的SCI论文逐年增加。中华医学会皮肤性病学分会先后设立了年度学术奖、年度SCI论文奖、优秀研究生奖等。在国际交往方面,2007年7月在布宜诺斯艾利斯召开的第21届世界皮肤科大会上,中华医学会皮肤性病学分会成功加入国际皮肤科联盟(ILDS)。2008年成功举办了第八届国际美容皮肤科学术大会(北京)。

2009年,第十二届皮肤科学分会成立,张学军任主任委员,张建中任候任主任委员,郑捷、何春涤、刘全忠、王宝玺任副主任委员,陆前进、郑敏任秘书长,委员57人。又增加遗传学组和美容学组,使分会学组增加到10个,2010年,成立特应性皮炎、银屑病、大疱病、瘢痕疙瘩、衣原体感染等8个临床研究协作中心。在国际交往方面,2008年,张学军当选亚洲皮肤科学会主席,何春涤、王宝玺当选理事。2011 年,分会组织 600 多名皮肤科医生参加第 22 届世界皮肤科大会,我国参与主持和发言的皮肤科医生达 60 多人,创历届世界皮肤科年会之最。世界皮肤科大会期间,张学军当选国际皮肤科联盟理事。

　　2012 年,第十三届皮肤科学分会成立,张建中任主任委员,郑捷任候任主任委员,陆前进、郑敏、高兴华、高天文任副主任委员,陆洪光任秘书长,徐金华、郝飞任副秘书长,委员 55 人。第十三届委员会成立后,于 2012 年组织了全国皮肤科从业医生调查,调查结果:我国皮肤科医生为 2.2 万人,我国平均每 6 万人有一名皮肤科医生。分会还于 2012 年和 2013 年增加了毛发学组、肿瘤研究中心,2013 年增加了激光学组,2014 年成立了光动力研究中心。2014 年,分会设立"终身成就奖",首届终身成就奖获得者为陈洪铎院士和廖万清院士。分会于 2012 年 6 月成功举办了第 18 届全国年会和第二届东亚皮肤科大会(EADC)。

　　2013 年,卫计委评选各学科临床重点专科,皮肤性病学分会组织全国委员评选出了 20 家皮肤科全国临床重点专科(北京大学第一医院皮肤科、北京大学人民医院皮肤科、中国医科大学第一医院皮肤科、哈尔滨医大二院皮肤科、山东省皮肤病医院、中国医学科学院南京皮肤病研究所、复旦大学华山医院皮肤科、上海交通大学瑞金医院皮肤科、上海交通大学新华医院皮肤科、浙江大学附属第二医院皮肤科、杭州市第三医院皮肤科、华中科技大学附属协和医院皮肤科、安徽医科大学第一医院皮肤科、中南大学湘雅医院皮肤科、中南大学湘雅二医院皮肤科、昆明医科大学附属第一医院皮肤科、四川大学华西医院皮肤科、贵阳医学院附属医院皮肤科、西安交通大学附属第二医院皮肤科、新疆自治区医院皮肤科)。2013—2015 年,分会开展了"基层大讲堂"活动,每年举办 150 多场,1 万多名皮肤科医生受益。2014 年《中外皮肤病指南专家解读》出版。国际交流方面,2014 年,张建中、何春涤、王宝玺当选亚洲皮肤科学会理事,2014 年成功举办了第 11 届国际美容皮肤科学大会。2015 年,出版了《中国皮肤科学史》,成为中华医学会 80 多个专科分会中最先撰写学科历史的分会;同年组织我国医生参加了在温哥华举办的第 23 届世界皮肤科大会。2015 年是中华医学会成立 100 周年,分会举办了丰富多彩的系列学术活动,包括在北京举办的"对话诺贝尔生理学和医学奖"活动(邀请前诺贝尔基金会主席、1982 年诺贝尔生理学和医学奖获得者 Bengt I. Samuelsson 教授在北京做了报告)。

在过去的十多年,中华医学会皮肤性病学分会在继续医学教育和科学研究等方面做了很多卓有成效的工作,以"基层大讲堂"为代表的继续医学教育项目培训了全国基层医生,提高了他们的临床水平;我国皮肤科医生和研究人员积极开展各种形式的科研,在国际重要杂志发表了高水平的论文, 如 *New England Journal of Medicine* , *Science* , *Nature Genetics* , *Lancet* , *JAMA* , *JID* , *JAAD* 等, 中国皮肤科医生首先发现的疾病和疾病类型已达十多种,中国皮肤科学家发现的皮肤病致病基因已接近 20 个,这些都是中国皮肤科为世界皮肤科做出的重要贡献。中国皮肤科在国际组织中的重要性日益显现,许多专家在国际组织中担任领导职务、在国际性杂志中担任副主编和编委等,中国皮肤科的国际交流越来越多,展示了中国皮肤科的实力,展示了中国皮肤科医生的风采。

中华医学会皮肤性病学分会发展的 78 年, 也是中国皮肤科发展壮大的 78 年,在全国皮肤科医生的共同努力下,中国皮肤科已经跻身国际皮肤科之林,临床和科研水平已经接近和达到国际先进水平,已经成为国际皮肤科的一支不可或缺的力量。

张建中　中华医学会皮肤性病学分会主任委员

北京大学人民医院

史海钩沉:记京城第一所西医院

——北京施医院

图1　雒魏林像

提起北京协和医院，其名声在中国乃至世界医学界都如雷贯耳，但您可曾了解，其前身就是1861年雒魏林建立的北京施医院。

雒魏林（William Lockhart，又名洛克哈特），是英国伦敦会医学传教士，他在历史上首次将新教传入北京。雒魏林1811年10月3日生于英国利物浦，少年立志学医，1922年进入都柏林大学米斯医院，后又去伦敦盖斯医院，掌握了近代医学的先进技术及医学理念。1838年被伦敦会派驻中国，1839年底到广州，加入中华医学传道会，此后断续在澳门的医院工作，同时在广州学习汉语。1839年9月，因中英冲突，他暂时离开中国到巴达维亚。1840年5月，他回到澳门，和此前不久来到澳门的合信医生、戴夫医生共同管理医院。8月，他到舟山为中国人开办一所医院。1842年前往中国香港，管理医学传道会设立的医院，至1843年春。6月重返舟山，又前往宁波视察，回舟山后在那里重新开办一所医院。1843年12月抵达上海传教，并行医治病。1844年在上海老城东门外开设上海第一家西式医院——中国医馆（今仁济医院前身）。1848年3月，他和麦都思等伦敦会教士到青浦传教，与当地漕运水手发生冲突，爆发青浦教案。1857年12月雒魏林离开上海返回英国。他在英国逗留两年多，并在此期间当选为英国皇家外科医学院院士。1861年著《在华行医传教二十年》(*The Medical Missionary in China, A Narrative of Twenty Years' Experience*)。

　　1861年,雒魏林博士离英国取道埃及赶回中国,计划在北京开创医疗事工,10月23日,他在英国使馆旁边找到了一处房子并由英国使馆购得,他来承租,建立诊所,称为"伦敦布道会北京华人医院(London Missionary Society's Chinese Hospital at Peking)",当年有3 000注册病例。至1862年底达到22 144人前来就诊。由于很多临床上的成功病例,就诊患者从开始的一天两三位慢慢发展到每天二三十个。官员、商人、工人、农民、乞丐,来自各个不同阶层的患者挤满了他的院子。在两年多的时间里,雒魏林建立了一个完整的医疗体系,开展了内科、外科、眼科等多学科的诊疗工作,近代著名文化人王韬称赞道:"西医洛颉(雒魏林)称刀圭精手……如痈疽恶疡、跌打损伤,治者多立愈。"西方近代医学潜移默化地影响和改变了古老中国的医疗体系。雒魏林创建了病案管理制度,之后的北京施医院、协和医学堂均依此建立完备的病案;60年后,北京协和医院发扬光大,成为协和三宝之一。雒魏林在华20年,诊治患者20万人,他起初对病人亲自布道,随着医务活动的增加,专事诊疗服务,主张传教与行医分离。

　　1864年3月,在雒魏林的提议下,医学传教士德贞博士(John Dudgeon)受聘从英国来到这个医疗事工机构。雒魏林就在同年4月结束了他短暂的在京服侍,辗转回到了英国,于1896年去世,享年85岁。雒魏林建立的北京施医院成为北京协和医院的第一块奠基石,1906年, 为表达

图2　北京施医院

对雒魏林的创建之功和敬意,协和医学堂主楼命名为"娄公楼"(Lockhart Hall)。

德贞于 1864 年 3 月 28 日抵京,全面继承了雒魏林的医学事务,主持管理北京施医院,同时兼任英美使馆的私人医生。1865 年使馆收回伦敦会租用房屋,德贞用 1300 两白银购买了城东米市大街火神庙,重新装修成医院,设有候诊室、门诊室、住院部、药房,配备了人员和设备,有专为女士和达官贵人分隔的高级房间,其药房及门市部销售西药;还有学生及助手宿舍、厨房等。有 50 张床位,医院规模及标准在当时是一流的,与同时欧洲的医院相比也毫不逊色。这座医院的中文名为"北京施医院"或"京施医院",英文名"Peking Hospital",因原寺庙前有一对 20 余米高的双旗杆,又俗称"双旗杆医院"。德贞将麻醉技术、无菌技术、分隔式病房等 19 世纪先进医学应用于医院,基本与世界医学保持同步。医院中的"施"字确定了办院宗旨及医疗模式——为患者免费施医送药,传达慈善乐施的信息。患者来自于全国及朝鲜、蒙古及中亚一带,主要以穷苦人为主。开业不到 4 年,总计有 18 000 住院病人,45 000 人次门诊患者。

据 1869 年医院统计表显示,内科、外科、眼科和皮肤科 1—9 月共有 4 518 例病例,其中皮肤科 1 132 例,就诊率占第二位,可以看出皮肤科已是当时的主要专科。经他治疗的病症有湿症(湿疹)、白癣、苔藓(癣)、牛皮癣、疥疮、脓疱疮、斑症、蛇皮癣、带状疱疹、冻疮和性病。德贞在《西医信录》之"煤气、冻疮、疥疮"一文中写道:"与杨梅疮并诸恶毒直难计数";其中疥疮 979 例,多为穷人,故他一边提供免费服务,一边为讨药者赠药,一年用硫黄数十斤。

1884 年德贞脱离伦敦会独立行医,北京施医院依次由 SW Bushell、ET Pritchard、Eliot Curwen 等医生负责,李小川、刘宝庆等中国医生亦曾主持医院的工作。1900 年 6 月 13 日,庚子民变"焚烧八面槽、双旗杆等处教堂、施医院、讲经堂",仅余双旗杆的残骸。李小川在北京施医院焚毁 5 个月后,重建了伦敦会在北京的诊所。1901 年,科龄在李小川帮助下重建了北京施医院,1902 年,科龄倡议建立协和委员会,成立全国范围的基督教联盟,并先后在北京、沈阳、济南、汉口、成都、南京、福州、广州建立 8 所协和医学院。北京施医院 1904 年获慈禧赏银 1 万两,1906 年,英国伦敦会、美国长老会和美国圣公会等 6 家教会医疗机构共建北京协和医学堂，同年在政府立案，1906 年 2 月 12 日举行教学大楼落成庆典。1909、1911 和 1915 年，洛克菲勒父子三次派过考察团来中国进行了广泛的调查考察，1916 年洛克菲勒购北京协和医学堂全部资产，出巨资建立北京协和医学院(Peking Union Medical College)，原创的北京施医院进入全新时代。

张建中　北京大学人民医院
马振友　马振友皮肤病研究所

最早的中国西医皮肤科医生嘉约翰

嘉约翰（John Glasgow Kerr, 1824—1901），1859 年在广州创办了中国最早的教会医院博济医院，1898 年在广州建立了第一所精神病医院，是由美国来到中国的著名传教医师，中国西医学及皮肤病学创始人之一。

图 1　嘉约翰像

　　嘉约翰于 1824 年 11 月 30 日出生在美国俄亥俄州邓肯维尔，从小勤奋好学，16 岁考入大学，23 岁毕业于费城杰弗逊医学院，并当了七年的医生，加入教会。1854 年 5 月 15 日，嘉约翰携新婚妻子抵达广州。因经历船上半年之久的颠簸，兼之不适应广州的炎热气候，一年后其妻金斯伯里（Abby Kingsbury）因病去世。1855 年，嘉约翰接掌 1835 年由伯驾（Peter·Parker）创立的广州眼科局（新豆栏医局）。鸦片战争爆发时，嘉约翰返美，入费城杰斐逊医学院进修。1858 年年底，嘉约翰携新夫人回到广州，设立博济医院，于 1859 年 1 月开业，再续他在中国近半世纪的行医授业传教生涯。

　　嘉约翰重返广州后，面对被焚毁的医院，这位由当时西方一流的医科院校培养出来,习惯在充足物质设备条件下工作的医生,没有坐等条件完备就迅速开始医疗救治业务。同时,因陋就简地在南郊增沙街租下一间店铺,修整粉刷一下,改作医院用房,成为博济医院的雏形。1859年1月中旬,医院正式开业,命名为博济医院,他用在美国募集的经费购置了一批医疗器械。医院开办之初,正值鸦片战争战火方熄,中国刚刚经历了一场西方列强的侵略,当地从官方到民间对嘉约翰办医院并不欢迎,战前他主管的医院就是被仇恨侵略的当地民众烧毁的,可以说,他办医院的有利条件非常匮乏。医院能生存下来,首先靠的是嘉约翰所具有的传教士执着的宗教传道救世精神;另外还由于许多穷人因没钱治病前来求治,或是"病急乱投医"的人壮着胆子来试诊,治好了病,名声也传播开来,连富贵人家也上门求医。医院因此由艰难维持到发展扩大。随着嘉约翰治愈病人之众,当地人见识了他的精湛医技,感动于他不计报酬尽心医治病人的医风,加上博济医院免费收治病人的方式,使他医名大振,甚至到了有点神化的地步,当地人改变了对西医多少有点疑惧的心态,求治的病人渐渐增多,后来病人更如潮涌至。权贵富豪有病,往往通过关系找嘉约翰求诊,一般老百姓,就只有在医院前漏夜排着长队候诊,嘉约翰咬着牙强忍劳累坚持诊治尽可能多的患者,不放弃在广州各阶层中开展行医,医治了大量病人,接诊遍及整个广东地区,医院业务发展迅速,使得病房不足,扩大医院规模势在必行。

1862年,博济医院开始授徒学医,并专门研讨了梅毒和戒毒,皮肤花柳病为当时门诊的大部分。嘉约翰又于1863年在广州毂埠找到一块地皮,始建新博济医院,到1866年完工,10月开诊收治病人。博济医院尽管规模迅速扩大,成为一家多功能医院,却仍难满足病人住院需求,附近的民房和礼拜堂也被当作临时住院处。皮肤花柳梅毒的诊治随医院的扩大也进一步得到发展。

嘉约翰竭尽全力的推动,使博济医院的扩展得到各方的赞助。首先得到美国传教士创办的广州医学传道会支持赞助,该会在美国募捐,并以可观资金赞助博济医院。英国教会及英商也为博济捐款,随着医院的治疗效果日益显著,中国的官僚包括两广总督在内也纷纷解囊,这在中国官场比较少见;中国民间更是不乏赞助者,这使博济医院不但可以免费治疗患者，自身也不断扩展，成为颇具规模的西医院，也成为中国历史最久远、影响最大的西医院之一，对西医在近代中国的传播和发展起了极大的促进作用。

博济医院内外科医疗水平俱优，早期尤以外科手术闻名。更因为嘉约翰医术精良而声名鹊起。嘉约翰是一名医术卓越的医生，对外科和内科都很精通，"历医各症如砂淋、肉瘤、眼疾、蛊胀、皮肤花柳、梅毒等类"，人皆"称其神技，众口交推"。因此带领博济医院成为中国近代第一所综合性多功能的医院，除擅长的眼科和外科，还精通内科、妇科、儿科、产科、皮肤花柳、梅毒等。在嘉约翰的艰苦经营下，博济医院迅猛发展。1860年又以1 300元改建了医院，有7间病房，60张病床，男女病人分开两处，医院门诊部每周开诊一次。同时，他又到佛山与肇庆两地开设诊所和门诊部，开展医疗工作。到1874年，医院床位增加到120张，医治的病人包括各个阶层。1875年，医院接受了1 000个住院病人，门诊病人数达到18 000人。至1891年，开院36年之际，累计医治52万人，同时嘉约翰出版了27部关于医疗和手术方面的书籍，培养了100名助手。到1935年博济百年为止，该院累计治疗病人200多万，施行外科手术20多万例。

关于医院收费问题，当时教会医学杂志发表了各方教会医生的讨论，分歧者各执所见。少数医生反对收费，根据是他们的病人大多是穷困潦倒的平民，所以仍应遵循早期传教先锋开创的慈善治疗的原则。主张收费者也有他们的理由：首先，免费治疗不能吸引有钱人和有势力的人；而且，即使免费诊治赠药也未必能够完全得到病人的信任。后者拥有更多的赞同者，收费看来已成趋势。况且，博济医院发展起来后，开支日大，维持困难。然而，博济医院对穷人一如既往免费诊病，即使对穷人以外人士的医疗收费也很低。

嘉约翰行医、办医院获得了巨大成功。他在中国引进西方医疗技术及近代医院管理模式的开创性试验取得成功，使中国的西医界公推他为首席权威与代表，推举他担任各类医疗机构、职业团体、医疗卫生活动的负责人。1887年，嘉约翰被选为中华教会医学会第一任主席。

在嘉约翰艰苦备尝的奋斗努力下，他管理的博济医院，创下中国医学界的多个第一，成为中国近代第一所综合性多功能的医院。如1892

年,博济医院报道了我国第一例剖腹产的案例。博济医院为中国医界树立一个完全殊异中国传统医学的现代医学样版,先行创立了整套适合中国的现代医院科学管理的规章规范与管理方法,摸索出一套适合中国国情的现代医院管理经验。展示以现代科学为基础的西医模式的卓有成效,引发中国医坛风气之变,引领一间间新型的西医医院在中国出现。

嘉约翰是一位博学多才的全科医生,他的突出贡献还有在中国开展防治传染与流行病事业。他在中国行医后看到当时当地各种传染病与流行病严重,以中国传统的方法控制是有欠缺的。于是他积极在中国传播西方医学技术的过程中,特别注重以西方医学科学手段开展对多发性、流行性、传染性疾病的防治工作。如在19世纪中叶,嘉约翰在我国开展种牛痘的大规模防疫工作。当时,我国主要以种人痘为主,虽然牛痘术早已在19世纪初叶传入中国,但一般平民,习惯于用旧法接种。为了推行接种牛痘技术,嘉约翰从中国香港或英国购进新痘苗。为保证接种效果,他对每个接种者收取少量押金,待八天后,接种牛痘者回来复查确实有效时,再退还押金。这样,牛痘术在广州一带被普遍接受,在广东全省普遍开展施行。他还积极传播了治疗鸦片毒瘾、梅毒、花柳、精神病等医疗技术,深入探索在中国开展流行病学、传染病学与传染皮肤性病的防治。他本人深入到为本地人都避忌畏惧的麻风、梅毒等恶性传染病患者及那些鸦片毒瘾的患者中去,诊疗施治。探索建立防治传染病与流行病的机制。

中国近代,由于外国传教医师的进入,带来了西方医学,传教医师们在全国各地传播西医学。当时皮肤病多发,花柳病流行,尤其广东是进入中国的门户,因此谓之"广疮";广州是开放口岸,华洋杂处,因此花柳发病最烈,皮肤花柳科理所当然成为广州最早的专科之一,1842年广州教会医院即开始诊治皮科疾病。嘉约翰曾执掌广州教会医院45年,其医术足可媲美当时西方的水平,他像对待兄弟那样对待病人,诊治了大量患者,以普世情怀,救助广大中国患者。因皮肤花柳病是当时主要诊治的疾病,嘉约翰19世纪下半叶开创西医皮肤花柳科并著书立说,成为一个起点,启示了中国创建皮肤专科的种子,并使其遍及全国,皮肤花柳病成为中国重要的医学专科之一。时至今日,皮肤性病科著作已达2 600多种。

嘉约翰在中国积极传播西方医学科学,所以他是我国最早的皮肤性病临床医师。他口译、林湘东笔录的《内科阐微》,是近代中国医学史上论述西医内科学的重要文献之一。本书纠正了当时国人认为西医只精通外科而内科稍逊的错误认识。《教会新报》的编辑者林乐知亦认为,在书中"嘉医士将内症根由逐一著明,无微不至,种种益处,遍传于世"。可见,嘉约翰翻译《内科阐微》的目的就是为当时的中国医学界提供更多的西医内科学知识,提高中国的医疗卫生水平。嘉约翰在《奇症略述》一书中描述了 57 种病症和记载了 700 余例病人,其中也包括了大量的皮肤性病内容。嘉约翰的医学著述中,除了自撰的著述外,更多翻译西洋医学原著。他先后直接或参与编译出多种西医著述,包括医学基础学科和临床医学的各个方面,涉及面很广,主要包括医学总论、药物学、内科、外科、眼科等所有医科科目。其中皮肤科相关编著有《皮肤病手册》,1872 年编译的《花柳指迷》和 1873 年编译的《皮肤新编》,1897 年著《花柳白浊各种治毒方》,为亚洲最早的专著。其他医科科目还有《体用十章》《化学初阶》《西药略释》,英中注解《裹扎新法》《救溺要义》《症候学》《救护要义》《眼科摘要》《割症全书》《炎症略论》《发热论说》《卫生要旨》《内科阐微》等,开拓了中国医学界系统了解西方医学之路,在中国全面系统地奠定了西医学科的基础。嘉约翰的系列医学译著,多数是在广州出版发行后,将有关译著的情况告知在上海出版的《教务杂志》,然后由《教务杂志》刊发相关的信息,使他的著作得以传播到全国各地。嘉约翰是我国西医最早编写皮肤科相关教材、专著的开拓者,并建立皮肤花柳科学,是世界皮肤科学重要的学者,对中国乃至亚洲,甚至世界皮肤科学都做出了重要贡献。但令人遗憾的是,嘉约翰的著作由于历史久远,近于佚失,当前仅存几册,《全国中医图书联合目录》及《中国医学书目大全》等书目专业工具书未能收录,后辈并不知晓。

为使西医在中国广泛传播,嘉约翰还编辑了几种西医报刊。1865 年,嘉约翰和他人一起编辑出版了《广州新报》周刊,分为中文版、日文版、英文版三种形式。这是我国最早的西医期刊,也是我国最早的中英日三文期刊,主要内容是介绍西方医学医药知识,并附带刊登一些当时的国内外新闻。该报在广州街头公开发售,最高发行量曾经达到 400 份。1880

年，嘉约翰在广州创办《西医新报》，这是我国最早的正规西医期刊，这份中文医学杂志，报纸共 8 页，大号杂志格式，有封面及目录。在发刊词中，用简洁文言阐明杂志宗旨。关于《西医新报》的最初情形，《中国评论》介绍说，"此系一种医学杂志，专为华人而设。报纸共 8 页，大号杂志格式，有封面及目录，全属中文。在发刊词中，用简洁文言，说明杂志之益，医志尤为重要，并述西医比较中医的优越。"第一号有短论文 14 篇：论医院、中国行医传道会、内科新说、方便医院之情况、烫伤之治法、真假金鸡纳霜、初起之眼炎、大腿截除术、上臂截除术、肉瘤奇症略述、论血瘤、癫狂之治法、论内痔、论外痔。从这一期目录，可以大致了解该报的主要内容有：论西医公会聚集之益，论止瘟疫传染之法，眼球各肌肉功用图说，西医用药撮要略述，胎产奇症略述，论医痔误药肛门生窄，解热药方，生发药方，风湿药方，消颈疬方，论戒鸦片烟良法，论肺内伤成脓疮图说，西国聪耳器具图说，西医眼科广告等。

1886 年，"中国博医会"在上海成立，由嘉约翰任第一任会长。该会创办了《博医会报》(*Medical Missionary Journal*)，英文出版，报道西方医学在中国发展状况和世界医学发展的最新动态，同时也介绍医学的历史和中医诊疗；1907 年改为《中国博医会报》(*China Medical Missionary Journal*)。1932 年，中国博医会与中华医学会合并，同年，《中国博医会报》与《中华医学杂志》(*Chineses Medical Journal*)合刊。嘉约翰对中华医学会的成立和《中华医学杂志》均做出了重要贡献。

1901 年 8 月 10 日，嘉约翰在广州逝世。他在中国从事和传播西医学近半个世纪，诊治患者达 740 324 人，做手术 48 098 台，像亲人一样对待患者，无愧于"在中国传播西医西药的奠基人""中国皮肤性病学创始人"称号。他对中国现代医学和现代皮肤性病学的贡献不言而喻。回顾他的一生，作为后辈的我们崇敬之心油然而生，让我们怀念他为中国现代医学所做出的巨大贡献，学习他为医学的献身精神。

曾凡钦　郭　庆　中山大学孙逸仙纪念医院

梅腾更先生与杭州广济皮肤花柳病院发展史

杭州花柳病医院坐落在今天的马市街 175~177 号院。原建筑面积 1 343.08m²。其中主楼 643.29m²，为砖木结构、薄板平坡的三层（地下半层、地上两层半）五开间"洋房"。主楼平面呈矩形，一、二层立面仿英的"券廊式"，拱券及砖柱用清水砖砌筑。屋顶为坡形，出檐短浅。建筑样式采用西洋古典柱式，属于英国古典主义的建筑风格，它讲究建筑的比例、布局、构图，沉醉于形式美，又带有折中主义的痕迹。

鸦片战争后，1842年 8 月 29 日中英签订《南京条约》，清朝政府被迫开放了广州、厦门、福州、宁波、上海五个通商口岸（史称五口通商），打破了清朝闭关锁国的大门。1869年，英国安立甘会（民国后改为英基督教圣公会）委派密杜

图 1 杭州花柳病医院

（MEADOWS）医师在杭州设立戒烟所，1871 年更名为杭州广济医院，行医布道，把西方医学带入中国。1881 年，时年 25 岁的梅藤更（DAVID DUNCAN MAIN）先生自医学院毕业后，受英国安立甘会指派来到杭州，接替甘尔德（GALT）医师任杭州广济医院院长。在长达 45 年的院长任期中，他苦心经营，使医院不断发展壮大，声名鹊起。1885 年，开设了广济医校，讲授现代西方医学；1886 年率先成立国内第一家皮肤花柳病院，开创

了现代皮肤性病学科的先河,当时在皮肤花柳科就诊的患者中麻风病患者众多;1887年,在杭州大方伯广济产科的旧址上,他开创了全国首家麻风病院——杭州广济麻风病医院。

图2　1951年,上海皮肤花柳科学会成立大会

方　红　乔建军　浙江大学医学院附属第一医院
郑　敏　劳力民　浙江大学医学院附属第二医院

虹口皮肤病医院及其创建者

历经漫长的发展历程，我国皮肤科已取得举世瞩目的辉煌成就，仅就皮肤科机构而言，至 2011 年，《中国卫生统计年鉴》记载皮肤病医院 101 所，皮肤病防治所 238 所，近几年来建成开诊的皮肤科机构每年增加数十所，遍及大中小城市。九层高台，起于垒土。当年我国第一所皮肤科专业机构建立时虽小、虽微，看似不起眼，但却开启了建立皮肤科专业机构的先河，它就是位于上海的虹口皮肤病医院。

虹口皮肤病医院建于 1926 年，是我国以皮肤病医院命名的第一所专科机构，民国时易名上海公安医院，延续为现上海中西医结合医院。此前，

本會之虹口皮膚病醫院
The Hongkew Clinic for Skin Diseases of the Chinese Mission to Lepers

图 1　刁信德院长（右一）与国际麻风专家在虹口皮肤病医院前合影

1871年上海工部局建立性病医院,主要用以诊治外籍性病患者,1920年梅藤更在杭州建立广济花柳病医院,也以诊疗性病为主。虹口皮肤病医院又称虹口公社,与1926年建立的中华麻风救济会同年建立,当时为中华麻风救济会附设麻风及皮肤病诊疗机构,以诊治麻风为主,同时诊治皮肤病、性病(见本书"中华皮肤病学会的创建者——陈鸿康教授")。

图2　刁信德像

首任院长刁信德,清光绪四年(1878)生于广东兴宁,1958年去世。是中国西医与西医皮肤病学奠基人之一,也是一位医学教育家。宣统元年(1909)毕业于上海圣约翰大学医学部,获医学博士学位。宣统三年(1911)留学美国,获宾夕法尼亚大学卫生学和热带病学双博士学位。1915年回国,历任上海同仁医院内科主任,上海红十字会医院院长,圣约翰大学医学部教授、教务长、院长,同仁、宏仁医院主席、董事,上海圣约翰大学代理校长,同时在上海开业行医。1915年在虹口医院创立麻风科,1916年首报孢子丝菌病,1924年任《中华医学杂志》总编辑,1926年设立虹口皮肤病诊所,1927年升为虹口皮肤病医院,对麻风颇有研究,造诣深厚,协助同仁创办《麻风季刊》(中、英文),和一份由麻风患者自办、全球首家的《晨光季刊》一起,向全球发行。刁信德学识渊博,医术高明,在圣约翰大学医学部执教30余年,沪上不少名医皆出其门下。他热心社会公益事业,1915年曾与伍连德等21人发起并参与创建中华医学会,被推选为首届会计,1922年任第四届会长。还先后任中华医学会上海分会会长,上海圣约翰大学同学会、中华健康协会和中华麻风救济会副会长、会长。

创建虹口皮肤病医院并在院工作的石美玉,是湖北黄梅人,1872年生于江西九江,父亲是一位牧师,母亲在教会女塾任校长。石美玉是他们的长女,因没有缠足而远近闻名。8岁那年,石美玉被父亲送到教会女塾读书,一读就是10年,后随美籍传教士赴美读书,光绪二十二

图3　石美玉像

年(1896)毕业于密歇根大学医学院,是当时我国4位赴西方留学的女医生之一。第一位是1881年赴美留学的金韵梅(1864—1934),第二位是1884年赴美的许金訇,并列第三位是康爱德和石美玉。石美玉于光绪二十六年(1900)回国,在九江创办但福医院,共拥有95张病床和完善的设备,石美玉出任院长。为了传授医学知识,石美玉自己动手编教材,把英文医学书籍翻译成中文。在她的主持下,医院逐渐发展,平均每月有千人求诊。为了医院的长远发展,石美玉二度赴美筹募资金,由于医院在美国享有良好声誉,所以得到了大批捐款,她回国后用这笔钱将医院扩充了一倍,接诊病人大量增加,仅一个月就诊治2743名病人。石美玉的不懈努力赢得了人们的普遍信任和尊敬。有一段时间,她染病在家休息,九江知府竟出告示:禁止任何车马经过她门前的街道,以免影响她养病。石美玉受爱戴的程度,由此可见一斑。她还是中华医学会创建发起者之一,1924年任第四届副会长。1920年,石美玉赴美国约翰·霍普金斯大学医学院研修回国,与吴格矩女士一起在上海组织创立了伯特利教会和伯特利医院(今上海交大医学院附属第九人民医院),还开设了两间药房和一所护士学校,任院长及校长,她们还在家中收养了36个贫穷的中国孩子。石美玉是产科专家,慕她之名前来学医的学生遍及全国各地,还有的来自越南、缅甸、新加坡和檀香山。至1937年,她开设的护士学校共有

600名学生毕业获得了中华护士会证书,并深入民间服务。1926年,石美玉与李元信、邝富灼、刁信德等防治麻风、性病的专家,建立中国麻风救济会,创建上海虹口皮肤病医院,虹口皮肤病医院成为她工作的医疗机构之一,并曾撰写有关麻风论文。石美玉也是一个终身未婚的美丽女子,她把最美的年华奉献给了她挚爱的医学事业和她的病人。1954年12月30日,石美玉在美国加州平静地离开人

图4 邬志坚像

世,享年 81 岁。

刁信德、石美玉仅仅是虹口医院的两位代表人物,其实当年参与建院并在医院工作的,都是当时全国名医,如邬志坚、赖斗岩、陈鸿康、陈文英等。正是他们的勤奋努力、精益求精、扶危济困、无私奉献,使虹口皮肤病医院不断发展,声誉日隆,为我国此后皮肤科机构的发展奠定了基础,引领了航线。

一同创建虹口皮肤病医院的邬志坚,1887 年生于浙江奉化,是中华麻风救济会第一任总干事,任职 11 年。在其任期中,邬志坚几乎每年都要对麻风情形进行实地调查,足迹遍及华南、西南、华东、华北以及华中流域的 30 多个城市,还多次前往麻风高发区,并远渡重洋,到菲律宾、日本、美国等国考察学习。邬志坚除身体力行的宣传实践外,还组织中华麻风救济会及其支持者也利用各种机会通过各种形式,多方宣传麻风防治知识,如 1938 年中华麻风救济会得到上海福音广播电台的支持,每周有半小时广播宣传麻风知识,1939 年 2 月 25 日起改为每两星期播音 1 次。邬志坚特邀众多知名人士进行演讲,如罗爱思医师、伊博恩博士、朱恒璧博士、刁信德医师、海深德医师、吴绍青医师、赖斗岩医师、朱少屏先生等,他们多来自医药界,对麻风知识阐释甚详,对医界、民众均有极大裨益。

赖斗岩医师,1895 年生于福建永定,毕业于美国霍布京士大学,曾任湘雅医学院教授,青岛市立医院院长,是防疫专家及公共卫生专家,也曾在虹口皮肤病医院工作,诊治麻风和皮肤病。《中华医学杂志》1935 年发表朱席如、赖斗岩文章,二位对在卫生署登记以及在各医学会榜上有名的 5390 名正式医生进行了调查,是当时最完整的医疗卫生人员资料,在当时有很高实用价值,为医学史留下珍贵的资料。

为虹口皮肤病医院做出重要贡献的还有陈鸿康主任医师。陈鸿康离开北京协和医院赴沪,将虹口皮肤病医院作为工作医疗机构之一,撰写了数篇有关麻风的论文,与麻风患者合影照片永存皮肤科学史册。1937年抗战爆发,他受命危难之际,任院长,使医院继续开展皮肤病医疗工作,避免了麻风病人流离失所。

以上不完整的史学资料,记载了近代几位医学大家为虹口皮肤病医

本會主辦之虹口膚病醫院職員及病人之一部

（上）劉立乾（主任醫師）陳國康（右二角為）吳斗耀（永德會幹事）陳志邸（院長醫師）陳文英（後排左三角為）

The Staff and part of the patients of the Hongkew Clinic for Skin Diseases, Chapei, Shanghai.

Seen in the picture are Dr. W. Y. Chen, the resident physician, Rev. T. C. Wu, general secretary of the Chinese Mission to Lepers under whose auspices the Clinic is run, Dr. Daniel G. Lai, the visiting physician, Dr. F. K. Chen, the physician in charge, and Mr. L. G. Liu, the nurse.

图 5　陈鸿康教授(后排右二)等虹口皮肤病医院职员与部分患者合影

院建立、发展,乃至为我国近代医疗卫生工作所做的历史贡献,值得当今皮肤科工作者的永久怀念,学习他们爱国、敬业,为病人满腔热情的服务精神。

郑　捷　上海交通大学医学院附属瑞金医院

马振友　马振友皮肤病研究所

北大医院皮肤性病科

　　北京大学第一医院(简称北大医院)皮肤性病科创立于1915年,是医院最早设立的6个科室之一。在一个世纪的历史长河中,北大医院皮肤科"大家"辈出,成绩斐然,它不仅是业内公认的中国皮肤科学发展的带头团队之一,而且其影响力已经远远超越皮肤科学界。蹇先器、胡传揆等老前辈推动了整个中国医学教育的发展;解放初期北大医院皮肤科人作为带头人和骨干,积极投身到消灭性病、治疗头癣和麻风的运动中,这不仅是医疗工作,更是一项社会工程;改革开放以后,北大医院皮肤科又率先走向世界,在医疗、教学、科研等方面全面与世界接轨,在多个领域里取得国际水平的成果;2001年入选教育部全国重点学科,2012年被卫生部评为全国临床重点专科,2010年入选北京市重点实验室和教育部创新团队,2012年入选北京市重点实验室和教育部创新团队。这是国家对北大皮肤科的肯定,也是对其发展的有力鞭策。

　　北大医院皮肤科第一任主任是蹇先器教授,他是我国西医皮性病科学创始人之一,也是当时著名的医学教育家。蹇先器教授翻译了日本《皮肤及性病学》一书作为讲义,1933年正式出版,1948年增订再版,此书是民国时期最主要的中文皮肤病学教材。除皮肤病学外,蹇先器教授还主持了《泌尿科学》《内科学》等专著的翻译,他对西医学在国内的传播和发展功不可没,名垂青史。1929年—1936年蹇先器教授还曾担任北平大学医学院附属医院(即北大医院)院长,1938年—1939年任国立西北联合大学医学院院长兼皮肤花柳科主任。1940年蹇先器教授到福建省立医学院任教授,1945年不幸因心脏病突发去世。

　　1945年抗战结束后,胡传揆教授应邀主持北大医院皮肤科工作。胡传揆教授在北医历任北京大学医学院院长兼皮肤科主任,卫生部性病麻风研究委员会主任委员、北京医科大学名誉校长、中国医学科学院皮肤病研究所所长及名誉所长、中华医学会副会长及皮肤科分会主任委员、北京生物医学工程学会理事长，国家科委委员、卫生部医学科学委员会委员，全国政协委员等职。他还创办了《中华皮肤科杂志》，并任总编辑。

自新中国成立至"文革"前，在胡传揆教授带领下，北大医院皮肤科同仁不仅积极开展皮肤病常规诊治，而且与全国同道一起投入到消灭性病、诊治头癣及麻风的卫生运动中。1964年在北京国际科学讨论会上胡传揆教授代表中国宣读论文《我国对梅毒的控制与消灭》，标志当时中国基本消灭了性病。在控制麻风病和头癣防治的研究和工作中，北大医院皮肤科同仁也发挥了重要作用，1978年"基本消灭性病的防治研究"和"头癣综合防治研究"获全国科学大会奖。

20世纪50年代，王光超教授接任科室主任。王光超教授于20世纪50年代从美国回到北大医院工作。他历任中华医学会皮肤科学会主任委员、中国性学会理事长、卫生部性传播疾病咨询委员会顾问，兼任美国皮肤科学会会员、法国皮肤科学会名誉会员、亚洲皮肤科学会副主席等职务。他曾任《中华皮肤科杂志》主编，《美国皮肤病理杂志》编委。王光超教授在北大医院皮肤科工作达50多年，在他领导下，皮肤科逐渐形成了具有北医特色的医、教、研体系。例如数十年不间断的疑难病例讨论，该制度为科室积累了大量宝贵的临床资料。另外，在王光超教授的带领下，北大医院皮肤科开始正规广泛开展基础研究工作，研究成果在国际上获得声誉，并在全国产生深远影响。此外王光超教授还主编了全国医药院校教材《皮肤病学》第二、三版，《皮肤病理组织彩色图谱》，90岁高龄时还出版了大型参考书《皮肤病与性病学》。

继王光超教授之后，陈集舟教授于20世纪80年代初期担任了皮肤科主任。陈集舟教授学识渊博，医术精湛，为提高北京市皮肤病诊治水平和培养皮肤病领域的高级人才做出了突出贡献。在担任北大医院皮肤科主任期间，他重视学科建设，组织大家进行科研协作攻关。并积极促进中日皮肤科学界的学术交流，培养了多名优秀的学科带头人。

1986年马圣清教授开始担任皮肤科主任。马教授重视科室医疗、教学和科研工作全面发展，并身体力行，努力促进年轻的科室骨干成长，为皮肤科培养了一大批优秀的人才。马圣清教授对各种疑难皮肤病,尤其是红斑狼疮亚型和皮肌炎的诊断和治疗进行了深入研究,并积累了丰富的临床经验。她的主要科研方向是系统性红斑狼疮(SLE)的免疫学研究、皮肤病理和毛发疾病的研究。她的研究结果证实 Ro/SSA 抗原抗体对 LE 亚型的早期诊断具有重要意义。

她曾兼任中华医学会皮肤性病学会秘书长、副主任委员、《中华皮肤科杂志》副主编、北京医学会皮肤科学会主任委员等学术职务。在职期间,她发表论文 100 余篇,曾参加编写《皮肤病及性病学》《实用皮肤组织病理学》和《风湿病学》等 7 部著作。2004 年获得国际皮肤科学会 Maria M.Duran 奖章,2001 年荣获中华医学科技奖一等奖。

20 世纪 80 年代,还有许多著名教授为北大皮肤科发展做出巨大贡献。他们是郭英年教授、林志新教授、麻寿国教授、王端礼教授、沈丽玉教授、景稳心教授等。

1998 年,朱学骏教授接任皮肤科主任。他曾兼任北京大学皮肤性病学系、北京大学皮肤性病防治中心主任,中国皮肤科医师协会会长,还兼任《中华皮肤科杂志》《临床皮肤科杂志》、*British Journal of Dermatology* 等十余种期刊副主编或编委。他曾任中华医学会皮肤性病学会副主任委员,中华医学会北京分会皮肤性病专业委员会主任委员,国家药典委员会委员,北京医科大学第一临床学院副院长,曾兼任国家预防和控制艾滋病专家委员会委员、中国性病艾滋病防治协会理事。主要著作有《皮肤病的组织病理学诊断》《实用皮肤性病治疗学》《免疫皮肤病学》等。朱学骏教授在国内外发表论文百余篇,发表文章的杂志包括 *Lancet* 等世界上最权威专业杂志。他在自身免疫性大疱病、遗传性皮肤病以及副肿瘤天疱疮发病机制研究以及诊治方面均处于世界领先地位。科研成果"老年人大疱病的诊断、治疗和抗原研究"和"斑贴试验试剂在皮炎湿疹类皮肤病诊断上的应用"分别获 1993 年与 1994 年卫生部医药卫生科学进步三等奖,另外获省市以上奖项四项。他被评为卫生系统 1994 年度有突出贡献的中青年专家,1992 年享受国务院政府特殊津贴,是中央保健局办公室聘请的中央保健会诊专家。在朱学骏教授领导下,北大医院皮肤科不仅在科研方面取得丰硕成果,而且进一步完善了临床亚专业的划分以及教学体系。在朱学骏教授倡导和安排下，北大医院率先设置了皮肤美容、皮肤外科等亚专业，CPC、PBL等临床教学模式被规范实施，而且使北大医院成为全国皮肤科住院医师规范培训的倡导者和首批培训基地。

2005年，李若瑜教授开始担任皮肤科主任。李教授秉承前辈们奠定的深厚文化积淀和厚德尚道的理念，弘扬"和谐、奋进、求实、创新"的科室文化，与北大医院皮肤科同仁团结协作、共同促进医学教研及各亚专业均衡发展。她十分注重中青年学术骨干的培养。使各亚学科牵头人及骨干的学术地位得到进一步提高，而且形成了更为广泛的合作局面。李教授现任中国医师协会皮肤科医师分会会长，是国务院政府津贴获得者和卫生部有突出贡献的中青年专家、教育部优秀跨世纪人才基金获得者、教育部优秀骨干教师。已获得10项国家自然科学基金课题（含重点项目）、卫生部临床学科重点项目基金以及NIH国际合作基金等课题资助。发表论文300余篇，其中SCI论文60余篇。

目前北大医院外聘客座教授有5人，有合作关系的院校及知名专家遍布美国、欧洲及日韩等国家地区。在教育部重点学科的复评中北大皮肤科顺利通过，标志北大皮肤科在新世纪继续保持领先地位。目前北大医院领导团队为：主任李若瑜教授，副主任涂平教授，支部书记季素珍教授。此外，为了发扬民主、培养年轻人，李若瑜教授还聘请李航、杨勇、陈喜雪三位青年骨干担任主任助理，参加科室核心组管理工作，为科室培养新一代接班人。

从1915年至改革开放之前，皮肤科基本从事经典皮肤病学的诊治，辅助检查治疗手段包括真菌镜检、活检病理等。值得一提的是，1930年胡传揆教授和傅瑞思一起在第八届世界皮肤科和梅毒学术会议上，首报论文《人类维生素甲缺乏病的皮肤损害》，使世人认识了这一新病种。该论文屡次被编入国际皮肤科权威著作中。

20世纪80年代至2000年，皮肤科诊疗手段逐渐丰富，过敏原斑贴试验、皮内试验，紫外线光疗，激光治疗等新技术和新疗法先后在皮肤科得以开展。此阶段也有很多值得纪念的临床工作成绩。例如王光超教授在全国首先发现卡波西肉瘤；20世纪80年代他又亲自带领学生对发现的新时期首例梅毒进行了实验研究，进而指导全国进行性病防治工作；

陈集舟教授率先在国内开展了对 ENA 自身抗体的临床应用研究；朱学骏教授率领团队诊断了国内第一例副肿瘤性天疱疮，而且围绕该病进行了成果丰硕的临床、基础研究。王端礼教授等发现了世界首例不规则毛霉所致的皮肤毛霉病及世界首例葡萄孢维朗那霉所致的暗色丝孢霉病，并对致病菌进行了深入研究。21 世纪以后，皮肤美容、皮肤外科等亚专业开始茁壮发展。肉毒杆菌毒素注射除皱的三期临床实验工作在皮肤科顺利完成，皮肤科还在国内率先开展了 Mohs 显微描记手术治疗皮肤癌。总之，今天皮肤科已经发展成为集医教研防药为一体，内服药、外用药、物理治疗和手术治疗多种手段共用的学科。

从临床与基础研究角度，北大医院皮肤科下设如下 6 个研究团队。

1.自身免疫性疱病研究团队

课题组在朱学骏教授的带领下，自 20 世纪 80 年代开始开设自身免疫性大疱病专业门诊，接诊来自全国各地的病人，建立了定期随访的专业门诊病历 2600 余份，为国内甚至国际上最大的大疱病诊治中心。通过长期的临床工作，对天疱疮、类天疱疮等这一类危重皮肤病积累了丰富的诊断与治疗经验。专业组提出了简单易行的大疱病严重程度评价方法、天疱疮糖皮质激素的应用及减药策略；多年关注大疱病的非激素治疗方法，探索米诺环素联合烟酰胺治疗大疱性类天疱疮的最佳方案；针对难治性大疱病应用生物制剂治疗积累了较大样本的经验；这些临床成果使患者的预后大大改善，得到皮肤科同行的广泛认可。在国内首次报道了副肿瘤性天疱疮，国际上首次发现并证实了重症肌无力是该病的常见并发症，修订了原有治疗方案，使该病死亡率大大低于国际报道。

在临床工作的基础上，专业组对大疱病从病理、免疫及分子水平进行广泛、深入地探讨。在国际上首次发现副肿瘤性天疱疮患者伴发的肿瘤分泌抗体，与表皮结构蛋白结合导致皮肤黏膜损害，成果发表在 *Lancet* 杂志上。在之后一系列国家自然科学基金的资助下，证实斑蛋白是该病的重要自身抗原，并确定了自身抗原的表位分布。在大疱性类天疱疮方面，设计了高效低毒的蛋白分子 NC16A-Fc，特异性杀伤致病的记忆性 B 细胞而对正常的免疫细胞没有影响，成果申请了发明专利。

2.医学真菌研究团队

北大医院皮肤科医学真菌专业历史悠久，自 1915 年医院创立以来就展开真菌检验工作，是科室最早建立的亚专业之一。实验室检验及研究工作的密切结合促进了学科发展。20 世纪 60—70 年代，在胡传揆教授的亲自带领下，北大医院皮肤科真菌病专家积极投身全国范围的头癣防治工作，研究成果获得全国科学大会奖。80—90 年代，在王端礼教授领导下，医学真菌研究跻身国内领先行列，并在 1992 年成立了北京大学真菌和真菌病研究中心（以下简称中心）。对致病性暗色真菌研究获得卫生部科技成果二等奖。发现多种新致病真菌，建立菌种保藏库；主办多个全国或国际性医学真菌学习班和学术会议，培养了大量医学真菌学专门人才、加强了学术交流；主编的《医学真菌学—实验室检验指南》集北大皮肤科多年收集的各种病原真菌之大成，深受国内外广大医学真菌学工作者、临床医生和临床微生物学工作者的欢迎。

进入 21 世纪，在李若瑜教授的带领下，中青年学术骨干迅速成长，在临床和基础研究方面获得了全面、快速的发展。利用传统方法结合先进的分子生物学方法对收集的各种病原真菌进行整理，建成保藏有 8 000 余株菌株的国内最大的医学真菌菌种保藏库；在此基础上，发展出新型分子生物学诊断方法并将其与血清学等其他非培养诊断技术成功应用于真菌感染的早期特异诊断；率先在国内建立起先进的真菌感染规范化诊疗体系，完成 30 多项抗真菌新药的临床验证，并制定或参与制定出多个真菌感染诊疗指南。首先确定了机体固有免疫缺陷是人类条件致病性丝状真菌感染的重要原因（J Allergy Clin Immunol 2013，2014），在国际上产生了重要影响，并首先完成疣状瓶霉全基因组的测序工作；首先确定出球形孢子丝菌是引起我国孢子丝菌病的最优势菌种；对国内首次分离的烟曲霉耐伊曲康唑系列分离株的耐药机制进行了深入研究，论文得到国际同行广泛引用（J Clin Microbiol 1995）；在国际上首先阐明 cyp51C 基因的 T778G 突变引起黄曲霉对耐伏立康唑的耐药性（Antimicrob Agents Chemother 2012），并揭示我国烟曲霉对唑类药物耐药的独特机制；揭示了我国 ICU 病房念珠菌血症的病原菌构成及其药敏特性（J Antimicrob Chemother 2014）。刘伟教授获得新世纪人才基金资助，带领课题组在抗真菌药物耐药机制方面进行创新性研究，获批 4 项专利。截至目前整个团队已发表 SCI 论文百余篇,获得各类成果奖励 10 余项。

3.遗传性皮肤病研究团队

北大医院皮肤科遗传性皮肤病研究团队在朱学骏教授的带领下,于 20 世纪 90 年代率先在国内开展遗传性皮肤病基因研究工作。2002 年,遗传组成功进行国内首例遗传性皮肤病的产前诊断。2004 年,遗传组在国际上首先发现原发性红斑肢痛症的致病基因为 SCN9A,并由此开创了疼痛全新的离子通道研究领域。此后通过与耶鲁大学的深入合作阐明了该疾病的发病机理,也为特异性疼痛药物开发提供了新靶点。在这过程中,以杨勇教授为首的富有创造力和开拓性的遗传组新团队逐渐打造起来。2012—2015 年,遗传组又在国际上分别首先确定 Olmsted 综合征、纯毛发-甲型外胚叶发育不良、Bothnia 掌跖角化症、掌跖角化-少毛-白甲综合征以及 PLACK 综合征等 5 种不同疾病的致病基因及发病机理,研究成果分别发表于国际著名遗传学杂志《美国人类遗传学杂志》《人类分子遗传学杂志》以及皮肤科顶级杂志《研究性皮肤病学杂志》上。同时,杨勇教授还在国际上首先提出了皮肤离子通道病的概念,并深入研究疼痛及瘙痒的离子通道发病机制。此外,PLACK 综合征也是我国遗传性皮肤病学者在国际上首次命名并得到公认的一种疾病。2014 年团队 PI 杨勇教授获得国家杰出青年基金,林志淼副教授入选北京市科技新星。目前遗传组有教授一名,副教授一名,博士研究生 8 名。

4.皮肤肿瘤研究团队

皮肤病理团队

20 世纪 70 年代,在王光超教授带领下,郭英年教授开始进行皮肤病理诊断和研究。1982 年王光超教授主编了专著《皮肤组织病理彩色图谱》。80 年代初,马圣清教授和朱学骏教授从美国学成归来,将皮肤病理诊断的最新理念带回国内。特别是朱学骏教授,将美国著名皮肤病理学家阿克曼教授有关皮肤病理结构形式诊断模式的思想带回国内。自 1983 年起,朱学骏教授在国内举办皮肤病理学习班,系统推广、普及皮肤病理结构形式诊断模式的方法,为诊断皮肤病理学在我国的普及和提高做出了突出的贡献。他主编的《皮肤病的组织病理诊断》至今仍然是皮肤病理教学的经典教材。马圣清教授也曾多年担任中华医学会皮肤性病分会皮肤病理学组组长。自1983年至今,皮肤科每年举办1~3期皮肤病理新进展学习班,30多年来,上千名皮肤科医生经过此病理学习班的培训,他们当中的很多人已经成为我国皮肤病理学界的中坚力量。由此也确立了北大医院皮肤科皮肤病理学在国内的领先地位。

20世纪90年代中期,涂平教授加入皮肤病理团队,并逐渐成为皮肤病理工作的负责人。在皮肤病理诊断及临床病理分析方面形成了独特的风格,并获得了较高的学术地位,已经连续两届担任中华医学会皮肤性病分会皮肤病理学组副组长、中国医师协会皮肤病协会皮肤病理学组副组长。此后陈喜雪副教授和汪旸博士的加入,使得皮肤病理团队更加壮大,后继有人。作为高水平的皮肤病理团队,不仅保证了北大医院皮肤科在国内的领先地位,而且为皮肤肿瘤等其他团队的发展奠定了坚实的基础。

皮肤外科团队

2001年谢忠博士从美国学习归来,开启了北大医院皮肤外科发展之路。其后李航与杨淑霞两位医师成为皮肤外科主要力量。2014年,彭洋与冉梦龙两位博士正式加入皮肤外科工作团队。

历经10余年发展,北大医院皮肤外科年手术量从最初数百例发展至4 000余例,目前每年诊治皮肤恶性肿瘤400余例。2004年,皮肤外科团队最早在国内常规开展Mohs显微描记手术,目前也是国内该术式最主要的培训基地;皮肤外科团队还在国内较早开展毛发移植(FUT与FUE);在国内率先开展磨削术治疗慢性家族性良性天疱疮;皮肤外科团队摸索的小切口腋臭治疗术式,不仅在美国 *Dermatologic Surgery* 上发表,而且获得患者和国内外同道的认可。最近几年,针对恶性度较高的皮肤恶性黑素瘤、乳房外Paget病、隆突性皮肤纤维肉瘤等,皮肤外科团队又开始探索Mohs技术及规范处置流程,并通过学术交流使其得以推广。2014年,李航医师作为责任作者的《中国皮肤外科学科体系及规范建设专家共识》发表在《中华医学杂志》上。李航医师还担任了中国医师协会皮肤科医师分会皮肤外科亚专业主任委员,中西医结合会皮肤科分会皮肤外科学组副组长等学术职务,他与皮肤外科团队一起,不仅力争在本单位把皮肤外科工作做好,而且带动了全国同道共同发展。李航医师曾应邀出席德国皮肤外科年会、日本皮肤外科年会并做大会发言,李航、杨淑霞医师还曾在世界皮肤科大会、亚洲皮肤科大会、世界美容大会上做主持人并发言。值得一提的是,李航医师作为发起人和大会主席曾成功举办首届中日韩皮肤外科峰会,目前该会议已经成为固定每两年召开的学术盛会,而且即将更名为亚洲皮肤外科学术大会。

皮肤肿瘤研究

作为郭英年教授的研究生,涂平医生从 1987 年开始进行皮肤肿瘤方面的研究,主要从事紫外线、DMBA、HPV 与皮肤肿瘤发生关系的研究,以及皮肤肿瘤增殖活性、与连接分子、p53 基因等方面的研究。对基底细胞癌、日光角化病、鳞状细胞癌等进行了较大样本的临床病理分析研究。

2009 年起,汪旸博士在涂平教授带领下率先开展了皮肤淋巴瘤的基础和临床研究。建立皮肤淋巴瘤患者随访资料库及组织标本库,对患者进行深入系统的总结和随访,目前常规随访皮肤淋巴瘤患者 300 余人。在基础研究方面,致力于皮肤 T 淋巴瘤发病机制的研究,阐明了 SATB1、BCL11B 等分子在皮肤淋巴瘤中的表达异常及其在肿瘤恶性转化中的作用;研究成果发表在 Blood 等高水平期刊中。

在涂平教授指导下,李航带领年轻医师和研究生围绕基底细胞癌、恶性黑素瘤、乳房外 Paget 病等进行了临床基础研究,迄今发表论文 30 余篇,主编(主译)著作 10 余部,

近 5 年来,研究团队获得国家自然基金项目三项、教育部博士点基金两项,首都临床特色项目基金一项,培养研究生七名。

5.皮肤生理与美容研究团队

北京大学第一医院皮肤科的皮肤美容亚专业由三名高级职称医师(季素珍,吴艳,杨淑霞),一名中级职称医师(仲少敏)、一名住院医师(冉梦龙)和三名护士组成(张子君,赵迪,廖乐平)。主要的业务包括各种损容性疾病的诊断和治疗,如痤疮、毛发类皮肤附属器疾病、色素性皮肤病。我们设立了针对这些疾病的专业门诊,分别对这些疾病建立了标准病例和数据库。积极参加国内外相关方面的学术组织和会议交流,参与痤疮、白癜风和雄激素性脱发诊疗指南的制定,对于推动这类疾病治疗

的标准化、科学化做出一定贡献。

色素性皮肤病专业门诊由沈丽玉教授创建于 1983 年。首先建立了白癜风专业病历并一直延续至今。1979 年季素珍主任医师又建立了自体表皮移植术。在传统紫外线治疗的基础上,近几年又开展 308nm 高能紫外光及窄波紫外线治疗白癜风的工作。研究方向包括白癜风患者血清中黑素细胞自身抗体与临床发病关系,白癜风抗原的辨认,白癜风患者血清可溶性白介素 2 受体的检测等。

在医学美容方面,吴艳教授带领团队在国内率先开展化学换肤、肉毒毒素注射和透明质酸填充等美容治疗技术,并对一些技术在美容方面的应用进行拓展如光动力治疗痤疮、激光治疗雄激素性脱发等,使得我科在相关方面一直处于全国领先地位。每年举办全国范围的培训班,对美容治疗技术的普及和规范化做出一定努力。美容室开展针对黄褐斑、痤疮等损容性疾病的综合治疗,还提供激光术后专业的皮肤护理支持。我们美容亚专业还率先在国内建立了完整的无创性皮肤生理测试的体系,可以科学地评价皮肤生理指标的变化,有助于疾病的诊断和治疗效果的评价。我们还承担着国家药监局和北京市药监局化妆品不良反应监测的工作。

目前我们亚专业已有近百篇相关的论文发表在国内外杂志上,其中 SCI 收录的英文文章 10 篇。参与和主编的专著 13 本。

6.皮肤免疫与变态反应研究团队

本专业研究团队目前由刘玲玲主任医师、赵作涛主治医师、贾彧护师、刘晶主管护师、张雪护师、赵俊郁主管技师、陈天成技术员组成。本研究团队,早在 20 世纪 80 年代即由朱学骏教授倡导和带领下在国内较早开设过敏性(变应性)皮肤病专业门诊,对各种过敏性(变应性)皮肤病如接触性皮炎、特应性皮炎、荨麻疹、药疹及嗜酸性粒细胞增多性皮病等的诊断和治疗积累了丰富的经验和大量临床资料;在国内较早研发并推广临床应用标准抗原系列斑贴试验试剂盒,率先在皮科开展标准化斑贴过筛试验、皮内试验、皮肤点刺试验、特异性 IgE 等过敏原或抗体检测技术,提高了过敏性(变应性)皮肤病病因诊断和防治水平;领先开展了镍系统性接触性皮炎、特应性皮炎、慢性荨麻疹等病因及发病机制多项临床及基础研究。本专业研究团队取得的科研成果"斑贴试验试剂在皮炎湿疹类皮肤病诊断上的应用"获 1994 年卫生部医药卫生科学进步三等奖;主持或参加数十项国内外本领域口服或外用新药有效性和安全性临床研究,研究结果和质量受到国内外同行的认可,为提高国内过敏性(变应性)皮肤病临床治疗水平和相关新药临床研究规范的制定做出了重要贡献。团队专家积极参与有关荨麻疹、特应性皮炎、湿疹的国际和中国诊疗指南或专家共识的制定,对于推动这类皮肤病诊治的规范化和科学化管理做出一定贡献。已在国内外杂志发表数十篇专业相关论文,其中 SCI 收录的英文文章 9 篇。参编专著 7 本。

皮肤护理团队

伴随着北大医院皮肤科百年的成长经历,皮科护理团队迅猛发展,在丁保玲护士的领导下,我们以护理部倡导的"五心工程"即:爱心、耐心、细心、诚心、责任心,为患者提供专业、优质的护理服务。这是一支具有专业素养、过硬技术,融护、教、研为一体,充满活力的团队,她们以饱满的工作热情、无私的奉献精神诠释着南丁格尔的誓言。护理队伍由 18 名人员组成,本科及以上学历 15 人,主管护师 6 人,护师 10 人,护士 2 人。病房护士 10 人,门诊护士 7 人,皮科手术室 1 人。以科主任、科护士长、护士长为核心的护理集体,病房于 2010 年率先成为优质护理服务示范病房,结合专业特点,为患者提供全程、全面、优质的护理服务。门诊护士密切与医生协作,承担着激光美容中心、理疗室咨询及诊疗操作工作,专业的咨询、合理个性化的建议深得患者的赞誉。她们时刻秉承"病人为本,服务至上",将专业化、人性化护理向纵深发展,近年来培养多名皮肤科专业护士,皮肤科手术室专业护士、护理师资认证护士。我科护理人员主编及参与编写皮肤病护理书籍 7 本,发表论文数十篇,曾多次被评为北大医院护理科研、护理团队先进集体,自 2007 年,荣获"青年文明号"称号,团队成员也多次获得北京大学医学部优秀护士长、北京大学第一医院优秀护士长、北京大学第一医院先进个人称号。

北大医院皮肤科是一个团结向上的集体,"和谐、奋进、求实、创新"是大家墨守的科训。北大医院皮肤科的今天是由百年历史积淀而成,是由蹇先器、胡传揆、王光超等众多"医学大家"传承而来。北大医院皮肤科今天由李若瑜主任、涂平副主任及季素珍书记以及核心组成员集体领导,核心组成员还包括李航、杨勇、陈喜雪教授、汪科科室秘书和丁保玲护士长,体现出学科的强大梯队优势,后继有人。虽然皮肤科分设了10个亚专业,但是各亚专业间互助共荣,和谐发展的科室氛围赢得了国内业界的一致口碑。目前,北大医院皮肤科刚刚庆祝了她的百年华诞,让我们共同期待拥有百年历史、承袭光荣传统的北大皮科把握时代机遇,继续锐意进取,薪火相传,再创辉煌。

李　航　李若瑜　北京大学第一医院

无愧于中国人自己创办的第一家医院

——北京大学人民医院皮肤科发展历程

在中国现代医学史上,"伍连德"是一个需要铭记的名字,他是中国现代医学的奠基者,对于中国现代医学的发展有着不可磨灭的贡献。他的丰功伟绩很多,其中之一是他建立了第一家中国人自己建设管理的现代化医院,即现在的北京大学人民医院。

中国人自己建设的第一家医院

1915年回国近10年的中国现代医学先驱伍连德博士,看到北京较完善的医院皆为外国人所设,心里不是滋味,他向政府建议建设一个完全由中国人建设和管理的医院,获政府同意,聘请伍连德为院长,施肇曾为财务长,开始筹建这所医院。北洋政府以财政部拨款和会上集资的方式筹集20余万元,其余大部经费由募集得来。由于战事频繁、时局动荡,资金难以保障,伍连德博士返回家乡马来西亚槟城进行募捐,历经重重困难,创办了由中国人自己筹资、建设、管理的第一家西医综合医院,定名为"北京中央医院",即现在的北京大学人民医院。

1916年6月,北京中央医院破土动工,选址在内四区羊市大街(今西城区阜成门内大街)帝王庙西侧的阜城市场旧址,由美国芝加哥沙德何(Shatuck and Hussey)公司设计承建,德国雷虎(Hugo Leu)公司施工。伍连德博士撰文《北京中央医院之缘起及规划》,刊于《中华医学杂志》(1916年1–2卷),详细介绍了医院的筹建过程、设计理念、建筑规划。在文章最后伍连德博士提出了对医院的希冀:"(前略)……种种设备,期臻尽美尽善,以副模范名实。吾国各界热心公益者,颇不乏人,由京提倡于先,则各人士必克接踵于后,庶几医学昌明,可与列强并架矣。"这样一所医院的建立同样在国际上引起关注,芝加哥《现代医院》(*Modern Hospital*)杂志(1917年4月号)对北京中央医院的建筑、设计和设施做了详尽介绍，文中（译文）评论"北京中央医院作为一所完全由中国人出资和管理的现代化医院，得到了广泛关注。这片古老土地上的人民思想保守，在医药和公共卫生领域尤甚，而这所医院的建立使美国意识到中国正在进步。"

1918 年满载着中国现代医学发展之希望的北京中央医院落成，设内科、外科、眼科、口腔科、耳鼻喉科、妇科、皮肤科、放射科、检验科 9 个科室，病床 150 张，伍连德博士任首任院长，他在此工作了四年。虽然他后来辗转多地，为中国的医学事业做出过许多重要贡献，当时创建中国人自己的第一个医院成为他无数建树中的一个耀眼的明珠。"创建中央医院记"碑文（1918 年 1 月 27 日）中的话"本仁恕博爱之怀，导聪明精微之智，敦廉洁醇良之行"后来成为今天北京大学人民医院的院训。

自成立之初至今，医院名称多次变更。1946—1949 年称北京中和医院，1959—1955 年又改为中央人民医院，1956 年改为北京人民医院。1958—1984 归北京医学院，称为北京医学院附属人民医院，1985—1999 称为北京医科大学附属人民医院，2000 至今称为北京大学人民医院。

创业艰难、历经磨难（1918—1963）

北京大学人民医院皮肤科的前身就此与中国现代医学的萌芽同时诞生，北京大学人民医院不断发展的 90 余年，也是一部北京大学人民医院皮肤科的发展史。

医院成立之初的皮肤科情况已经无法考证。从 20 世纪 50 年代早期开始有比较系统的记载，50 年代早期，皮肤科只有 2 人，刘铁忱大夫及一名护士朱秀卿。每天有 20~30 个病人，不设病房。刘铁忱主任当时还兼任医院门诊部主任，行政事务不少，工作忙碌，但仍然努力钻研业务，心系皮肤科发展。随着病人的增多，皮肤科规模不断扩大，1961 年，王文山医师（继刘铁忱医师后第二任皮肤科主任）从北京医科大学毕业后加入人民医院皮肤科，随后郭玉兰、沈丽、朱铁君、施曼绮大夫相继加入，刘主任曾亲自到皮肤性病研究所学习皮肤病理，后来又把王文山医师送到北京大学第一医院皮肤科进修皮肤真菌，使皮科的诊断治疗水平有了明显提高。除了临床工作外，学科还负担了医疗系学生的教学任务，一个集医、教、研为一体的皮肤科已初具雏形。

正在大家齐心协力，准备再上一个台阶的时候，"文革"开始了，这给人民医院皮肤科带来沉重的打击：刘铁忱主任被下放到西北，朱铁君医师被下放到甘肃，皮肤科和全院其他科室一样，元气大伤，除维持日常的门诊工作外，科内其他工作均陷于停顿状态。

改革春风，科室重现生机（1978—1990）

1978 年，"文革"结束，我国各方面工作开始走向正轨。朱铁君医师从大西北回到了人民医院并担任皮肤科第三任主任。科室人员不断扩充，面积也逐渐扩大，特别是 1990 年搬到西直门新院后，条件大为改善，科内拥有了自己的实验室、病理室、真菌室、免疫室、治疗室、手术室、教学示范教室等，门诊病人逐年增加，并开设了病房。

朱铁君主任主要从事色素性疾病的研究，特别对白癜风的发病机制和中西医结合治疗有较深入研究。"白癜风免疫发病机制的研究"获国家级科研成果奖(1995)。在专业杂志上发表论文 60 余篇，主要有《用不同底物观察抗核抗体荧光型及滴度的变化》《400 例皮肤病的自身抗体检查》《白癜风 650 例临床研究》等。主编《色素性皮肤病》《性及性传播疾病》《系统疾病与皮肤病》等书，享受国务院特殊津贴。从 1992 年开始招收研究生，培养了常建民、杜娟等优秀医师，是目前仍然活跃在色素性疾病亚专业的中坚力量。朱铁君教授曾担任中华医学会皮肤性病学分会常委、秘书长，中国中西医结合学会皮肤科分会常委、北京市皮肤科学会副主任委员、北京市中西医结合皮肤科学会副主任委员，从 20 世纪 90 年代起，北京大学人民医院皮肤科进入了发展的快车道。

学科腾飞（1990 至今）

2000 年，张建中教授成为北京大学人民医院皮肤科第四任主任，皮肤科进入一个飞速发展的新时代，一大批朝气蓬勃的新生力量纷纷加入人民医院皮肤科，皮肤科事业进入到一个崭新的阶段。科室规模不断扩大，设施不断完善，成果不断涌现，在全国的影响力直线上升。学科设皮肤免疫性疾病、色素性疾病、性病与感染性疾病、遗传性疾病、毛发病、皮肤美容、临床药理试验基地等亚专业，人才济济。年门诊量达 14 万，诊疗新技术新手段不断创新，临床特色鲜明，成为国内外著名学科。

2000 年，张建中主任在接诊一名患者时根据病史及临床表现考虑患者可能患有"游泳池肉芽肿",这是一种国内从未诊断过的皮肤病,他大胆推测,精心研究,终于诊断了国内首例游泳池肉芽肿,国内一百多家媒体报道了张建中教授的发现。从而开始了与非结核性分枝杆菌的不解之缘。科室组建了以张建中主任为领导,由蔡林医师、丁晓岚、刘云杰医师、贾君技师参与的感染性皮肤病研究团队,进行了非结核性分枝杆菌感染的系列研究,先后接诊了国内转诊的百余例患者,大大提高了该病的诊治率,造福了患者,一时之间,游泳池肉芽肿甚至被称为"张建中病",全国同行介绍或慕名而来的病人纷至沓来,形成了科室鲜明的临床特色。

白癜风是皮科常见的色素脱失性疾病,也是长期以来人民医院的传统特色诊疗项目,杜娟医师是朱铁君教授的得意弟子,亦是目前国内色素性疾病领域的知名专家。在杜娟医师的领导下,本专业继续发扬光大,科室的白癜风患者群不断增加,紧跟学术前沿,开展了 308nm 准分子光、308nm 激光、微小皮片移植等新型治疗手段,结合中西药物治疗,造福患者;学科还是全国特应性皮炎诊疗中心、脱发诊疗中心和中华医学会皮肤性病学分会美容示范基地,在业内享有很高的学术地位。

科室发展的另一个特点是科研气氛浓厚,成果卓著;皮肤科的科研始于 20 世纪 80 年代,从 1983 年以来,主要进行了"白癜风发病机理研究""红斑狼疮发病机理研究""银屑病研究""甲真菌病发病机理研究"等研究,21 世纪皮肤科科研在张建中主任的领导下蓬勃发展,科室各学组均获得过国家级基金支持,科室累计获得国家自然科学基金 20 余项,并主持或参与科技部重大专项、863 基金、教育部博士点基金、卫生部重点科研基金、卫生部行业基金、北京市自然科学基金、首都发展与研究基金、教育部 985 基金等大型研究基金,总研究基金逾千万;每年发表 SCI论文 10 多篇,主编著作多部。

科研基金的投入转化成了大量学术成果,2008 年 "播散性毛孢子菌病临床和实验研究"获得中华医学科技奖二等奖;2009 年"亚急性皮肤型红斑狼疮临床与免疫学研究" 获得中华医学会颁发的中华医学奖三等奖、2011 年"烟曲霉感染的发病与耐药机制研究"获得北京市科学技术奖三等奖、2013 年"播散性毛孢子菌病的临床和基础研究"获得华夏医学科技奖二等奖。张建中主任于 2012 年任中华医学会皮肤性病学分会主任委员,他还兼任中国医师协会皮肤性病学分会副会长,亚洲皮肤科学会理事,2013 年获得国际皮肤科联盟(ILDS)杰出贡献奖,成为具有国际影响的中国皮肤科代表人物。

科研的重大发现也引起了学术界的关注,成为北京大学人民医院皮肤科的标志性成果及学术最强音。学科首次在国际上报道了特应性皮炎样移植物抗宿主病(AD 样 GVHD),文章发表在 *Journal of the American Academy of Dermatology*,引起了国际皮肤科同行的关注;还在国际上首次报告了遗传性单纯性少毛症的新的致病基因——核糖体蛋白 60S 大亚基 L21 蛋白(ribosomal protein L21)的编码基因 RPL21,成果发表于 2011 年的 *Human mutation* 杂志。

科室的学术地位不断攀升,腾飞的速度有目共睹。2014 年在复旦大学中国学科排名和中国医学科学院科技影响力排名中,北京大学人民医院皮肤科双双跻身前十,成为无可争议的国内皮肤科强科!

第一个由中国人自己创建的医院已经走过 97 年的历程。"本仁恕博爱之怀,导聪明精微之智,敦廉洁醇良之行",这 21 个字鞭策和激励着一代又一代人民人,才使得她走向了今天光辉的顶点。如果伍连德博士在天有灵,他一定会为他自己一手创建的北京大学人民医院而骄傲,一定会为北京大学人民医院皮肤科而自豪!

李厚敏　张建中　北京大学人民医院

"奉天"承运,但凭人为

——记中国医科大学附属第一医院皮肤科的早期发展历程

浩瀚的东海之滨,雄伟的长城之外,东倚连绵的长白山脉,西临辽阔的内蒙古高原,有这样一片肥沃的黑土地,它丰饶的资源和物产,长久以来受到周边列强的觊觎。

历史回溯到 20 世纪初的东北,晚清政府在东北的统治已经在内外忧患中风雨飘摇,百姓在贫困线上挣扎求生。1907 年,满洲医科大学满铁奉天医院皮肤泌尿器科在奉天(今沈阳市)成立。

首任科室主任教授是日本人桥本满次,另外除了安井、佐藤等 10 余日本人,科室里还有王瑞福和杨盛林 2 名中国人。桥本满次教授的研究主要有霉菌、青霉素治疗、叶绿素及性病等。当时科室的主要任务是医治在奉天的日本军人中流行的性病和泌尿疾病。

科室的第二任主任是毕业于东京帝国大学皮肤科的太田正雄,众所周知的"太田痣",临床表现为严重影响皮肤外观的、波及巩膜及同侧面部皮肤的蓝灰色斑状损害就是太田正雄在 1938 年首次描述的,他后来以真菌分类法和首次命名太田痣成为世界级医者。此外他还是著名的诗人、剧作家和翻译家。当时他在奉天医院皮肤科主要致力于真菌、脚气等相关研究。

举世闻名的蜡型馆也是在当时建立起来的。如果谁有幸打开中国医科大学附属第一医院皮肤科蜡像馆时,映入眼帘的是两千余件栩栩如生的皮肤病立体模型。全世界也不容易找到如此规模、如此丰富的皮肤病蜡型馆。这些蜡型既为文物,也是日本侵占中国土地的见证。

此后的 20 世纪,历史巨变,沧桑变迁,医院多次更名,从抗战胜利前的南满医学堂附属医院、满洲医科大学附属医院、满洲医科大学医院,到 1945 年后的中长铁路医院附属医院、国立铁路学院附属医院、国立沈阳医学院附属医院，一直到新中国成立后最终成为今天的中国医科大学附属第一医院。今天的皮肤科也在 1948 年沈阳解放后从皮肤泌尿器科中分出来，成为当时的皮肤花柳科（简称皮花科）。1956 年后我国性病基本消除，改称为皮肤科。

回眸过去的百年，许多历史细节已经湮没在滚滚的历史长河中，我们只能在人事变迁中遥想如今的中国医科大学附属第一医院皮肤科如何一步步历经风霜，在艰难困苦中茁壮成长……

"文革"的波涛，冲刷了科学和理性，有多少人随波逐流去了，却有一批皮肤专家，桌面上摆着批判稿，桌子下藏着专业书、外语书。"打砸抢"之后，他们捡回了那个挤压变形、生了锈的天平，称量着一组组数据，更称出了闪光的良知和专业精神。真菌检查、皮肤病理、皮肤组织化学等实验手段建立了。在如此艰苦的条件下，陈洪铎教授等在国际上首次发现了须癣毛菌可以在家兔间流行、是人类须癣毛菌传染源。

陈洪铎教授作为改革开放后的第一批留学人员，来到了国际顶级学府宾夕法尼亚大学，主攻皮肤免疫研究的热点和难点——朗格汉斯细胞的研究。凭着对科学的热情和超人的勤奋，陈洪铎教授成功地冲到了当时朗格汉斯细胞研究的前沿：朗格汉斯细胞主要产生于骨髓细胞，可在肝脏和脾脏合成，在同种异体皮肤移植排斥和耐受中发挥重要作用……其后，顾绍裘、宋芳吉等教授相继留学欧美，在皮肤 T 细胞亚群的鉴定和功能研究方面，在 HLA 系统的血清学检测和皮肤病相关研究方面，做出了突出成绩。

随着实验室的建立，中国医科大学附属第一医院皮肤与性病科逐步走向临床和实验室相结合的道路。20 世纪 50 年代初由董国权主持，和盘锦地区医院合作研究稻田皮炎，在稻田皮炎病因上做了大量工作。董国权主任曾提出用水田靴预防稻田皮炎的建议，取得很好效果。60 年代初，在董国权主任主持下，由孙国文负责进行皮肤病理组织化学研究，对皮肤病 DNA、RNA、硝酸酯观察，董国权、宋芳吉、张文艳研究了酪氨酸及维生素 C 对色素性皮肤病的影响，陈洪铎研究了谷胱甘肽与色素性皮肤病的关系，这在当时皮肤科学界是较早的，研究结果曾在学术会议上宣读。陈洪铎、宋芳吉、陈振华 60 年代初发现须癣毛菌可以在家兔间流行，并为人类须癣毛菌传染源,这在世界上属首次发现。

1983 年,在陈洪铎教授主持下,成立了临床免疫研究室,成员有顾绍裘、宋芳吉、马成林、冯永山等,在朗格汉斯细胞、淋巴细胞亚类、HLA 方面取得优异成绩,多次受到上级部门表彰奖励。

在宋芳吉教授的主持下,从 1978 年开始对 HLA 进行系统研究,在国际上首先发现筛选 HLA 抗血清的阳性率一胎及两胎以上无明显差异,这一发现不但充实发展了 HLA 抗血清筛选方面的基础理论,而且对一对夫妻一个孩子仍能进行 HLA 系统抗体筛选的研究,提供了理论依据,对这项研究的进展,具有重要的实际意义。同一时期,国外学者认为 HLA 抗血清要在二胎或二胎以上的多产妇血清中获得。该研究发现一胎与二胎以上 HLA 抗血清强阳性率无明显差异,国内学者对此给予很高评价。全国器官移植座谈会纪要中提到:"中国医科大学从产后血筛选 HLA 分型血清,证明一胎与二胎以上产后血的抗 HLA 血清强阳性率无明显差异,这一发现对今后工作开展较为有利。"

在国际上首先提出胎盘血筛选 HLA 分型血清,在国内首先引进从产后阴道血筛选 HLA 分型血清,这一方法简便、经济,不给患者增加痛苦,1979 年荣获辽宁省科技成果二等奖,被国内专家评为国内先进水平的成果。

中国医科大学附属第一医院皮肤科发现的 HLA-A2、A9、B5、B13、B40 等在 1982 年全国白细胞鉴定会上被国内著名专家鉴定为"国内首创,是目前国内最先进的研究成果",并荣获卫生部 1983 年部级甲级科技成果奖。

根据 HLA 抗原与银屑病相关研究,中国医科大学附属第一医院皮肤科在国际上首次提出预防银屑病的一个方法,该论文曾在 1986 年 6 月亚太主要组织相容性国际会议上宣读。中国医科大学附属第一医院皮肤科筛选的 HLA-B17 被指定为亚太会议的血清。中国医科大学附属第一医院皮肤科研究的 HLA B5+B35、HLA-B5 等被香港大学选为 HLA 会议血清。

陈洪铎教授于 1979—1982 年期间,进行了朗格汉斯细胞在免疫排斥过程中的作用和大鼠 H-Y 不相容性移植物性状的研究,在国际上首次揭示了朗格汉斯细胞递呈细胞相容性抗原时的功能,并证实移植物内部的朗格汉斯细胞在移植物本身被排斥或者耐受的过程中具有重大作用,以及 H-Y 不相容性移植物的一些性状,这些研究成果在国际学术会议和权威性学术期刊上发表后,受到国际学术界的高度评价,获得 1984 年卫生部甲级重大科技成果奖。

1983—1986 年,陈洪铎教授运用一系列最新技术在国内进行了"朗格汉斯细胞免疫生物学的研究",进一步揭示了移植物内部朗格汉斯细胞在移植物本身被排斥或耐受过程中的作用,深入研究了朗格汉斯细胞的生物学性状,其研究成果大部分属于国际上首次发现,先后有 19 篇论文在国际及国内学术会议和权威性学术期刊上交流或者发表。国际权威学者们认为本研究"代表医学上的一项惊人进展……已使移植免疫学的研究推进到临床突破的边缘",是"无可辩驳的和相当非凡的"。此项研究于 1988 年获得国家自然科学三等奖,截至目前,该奖项是我国皮肤科学界获得的唯一国家自然科学奖。

顾绍裘教授 1981—1983 年在国际上较早开始应用单克隆抗体免疫酶标等先进技术,对斑秃、银屑病、蕈样肉芽肿三种疾病的 T 淋巴细胞亚类及其功能进行了系统深入的研究,先后有十余篇论文在国际、国内学术会议和学术期刊上交流或者发表,受到国际学术界的高度评价。荣获 1984 年卫生部二级重大科技成果奖。

此外,杨景春在皮肤超微结构和黑色素瘤方面,张致中在皮肤真菌方面,孙庆贵在皮肤生化方面,孙国文在皮肤免疫病理方面,马在墀在皮肤中医方面,杨次颖在大疱性皮肤病方面也都分别取得了一定的成绩。

1997—1999 年,中国医科大学附属第一医院皮肤科承担了"银屑病发病机理及防治研究"这一课题。该课题是卫生部临床学科重点项目,陈洪铎教授是该课题的项目负责人。

数十年来,本学科在国内逐渐形成了自身特色和优势地位,为中国的皮肤性病学事业做出了重大贡献。1999 年,中国医科大学附属第一医院皮肤科实验室被批准为卫生部免疫皮肤病学重点实验室,是当时国内唯一的卫生部皮肤病学重点实验室。同年,基于在朗格汉斯细胞、角质形成细胞与皮肤免疫方面研究的突出业绩,陈洪铎教授当选为中国工程院院士,也是国内皮肤学界首位院士。2002 年,中国医科大学附属第一医院皮肤性病科被批准为教育部高等学校皮肤病与性病学国家重点学科。

经过皮肤科老前辈艰苦卓绝的拼搏奋斗,中国医科大学附属第一医院皮肤科实现了一个质的飞跃,迈上了一个新的台阶,进入了一个跨越式高速发展的新时期。

皮肤科老前辈在艰苦拼搏、锐意进取的同时,更加注重创新人才的培养和学科人才梯队的建设,逐渐形成了一支国内领先的研究团队。90 年代以来,通过多种渠道选派年轻骨干赴美国、德国、英国、澳大利亚、法国、日本等国家留学。随着这些骨干的归来,形成我国皮肤学界较为独特的"海归"团队,他们带回了不同方向的先进学术思想和研究技术,并多与留学单位建立了密切的学术联系。随着一批中青年骨干逐渐成长,他们巩固并提高了学科在朗格汉斯细胞、角质形成细胞与皮肤免疫、皮肤遗传学与皮肤免疫遗传学方向的优势学术地位,同时还根据免疫性皮肤病研究发展的特点,形成了自己的研究方向和特色。如高兴华教授的温热疗法治疗 HPV 感染、白癜风的新发现,何春涤教授的遗传性皮肤病研究、肖汀教授的免疫性皮肤病研究都成为中国医科大学附属第一医院皮肤科的强项,在国内外均有重要影响。

经过几代人的不懈努力,现在学科和实验室的水平达到了国内领先、国际知名,多位学术带头人成为国际国内的知名学者。何春涤教授从柏林自由大学留学归来,是亚洲皮肤科学会常务理事,发表包括 *Nature Genetics* 在内的 SCI 文章 38 篇,获国家自然科学二等奖;耿龙教授从日本鹿儿岛大学留学归来,擅长中西医结合治疗皮肤病,主攻中药免疫调节作用,临床经验非常丰富,远近闻名,已发表中英文文章近百篇;肖汀教授从东京大学留学归来,是教育部新世纪优秀人才,于皮肤细胞因子分泌调控方面有重要建树,已发表 SCI 文章 50 篇;李久宏教授专注临床工作,精于皮肤外科,技术精湛,深受患者喜爱,他已发表包括 *Lancet* 在内的中英文文章近百篇;李远宏教授从法国弗朗士–孔泰大学留学归来,是泛亚太屏障功能研究学会常务理事、皮肤科与美容外科国际联盟常务理事,她在国内美容学领域享有盛誉,是杰出的青年学者。此外,科室还有很多优秀的青年医师如徐宏慧、夏立新、郑松、杨振海、齐瑞群、曲乐、

047

第一篇 开拓者之路

洪玉晓等都有国外留学经历,他们学成归来后在各自领域成为学科的中流砥柱。因为学科的突出成绩,每年有大量的来自海内外学生争相报考,近年来科室每年能招收三四十名博士、硕士研究生,他们为学科的未来发展不断注入充足的新鲜血液。

百年的历史,历经风霜雨雪,历经战争与动乱,奉天医院皮肤科从日军统治下的军队医院分支逐步改变,发展,茁壮,成长为如今始终在国内学科领域处于前列的中国医科大学附属第一医院皮肤与性病科,此间有多少皮肤科的前辈付出了毕生的辛劳与汗水,多少皮肤科才俊彻夜未眠的刻苦钻研和孜孜不倦的大胆创新!

中国医科大学附属第一医院皮肤与性病学科,在磨砺中成长,在探索中继续奋力前行。

翟金龙　郭　昊　中国医科大学附属第一医院

近百年风雨沧桑，几代人心血筑梦
——记齐鲁医院皮肤科发展历程

125 年前，也就是 1890 年，美国传教医师聂会东（James Boyd Neal 1855—1925）夫妇在山东济南青龙桥北后坡街 117 号创建了一所教会医院，起名叫华美医院，同时开设医校。该医校 1907 年与英国浸礼会在青州及邹平所办医院合并为共和医道学堂，聂会东任校长。该学堂后成为齐鲁大学医学院，华美医院即作为医学院的附设医院，名齐鲁医院。在众多有识之士的共同努力下，齐鲁医院很快发展成为当时中国国内最新型、最大、设备最佳的医院之一，也是山东首家西医医院和分科最全的医院，名医荟萃，与北京协和医院、上海同济医院、成都华西医院并称为中国四大教会医院，颇负盛名。这也吸引了海内外众多医学精英的到来，其中有两个风华正茂、踌躇满志的年轻教授，后来成为齐鲁医院皮肤科发展史上值得永远纪念的人物，他们就是施尔德（R.T.Shields）和海贝殖（Leroy Francis Heimburger）。

1922 年，来到中国不久的美籍教授施尔德和海贝殖，发现山东皮肤病诊疗还很落后，于是就共同组建了齐鲁医院皮肤科，时称"皮肤花柳科"，并开展教学和诊疗工作。此后聂会东回国，施尔德接任齐鲁医学院院长，海贝殖任皮肤科主任、教授。不久，施尔德亦回国，海贝殖即接任齐鲁医院院长，兼任皮肤科主任。

1926 年，出身贫苦但学习踏实刻苦又十分喜欢皮肤科的尤家骏（1898—1969）从齐鲁大学毕业后，深得海贝殖的赏识，留在皮肤花柳科工作，跟随海贝殖进行真菌学研究，对头颅真菌病进行真菌学分析，并诊治了大量皮肤病、性病。1927 年，他们即以抗酸染色法检查麻风杆菌，并熟练地掌握了梅毒螺旋体的检验方法，1928 年已开始用铋剂治疗梅毒病。1930 年在国内率先开展头颅浅部霉菌的分类与鉴别，并建立了霉菌

049

第一篇　开拓者之路

实验室,对一些皮肤病的病因和诊治进行了研究。1932年,尤家骏被海贝殖送到奥地利维也纳大学皮肤病院专修深造一年。留学时,尤家骏发奋自强,刻苦钻研,把所学的知识和技术录为详细的笔记和画图,并和其他珍贵资料一起带回国内。1934年,日军侵华占领医院,海贝殖回国,尤家骏接任皮肤科科主任并兼任济南麻风病疗养院院长。

海贝殖及尤家骏对麻风病用中西药进行的试验性治疗,获得了显著疗效,据1926—1941年报告称,住院169例,出院115例,治愈60例,显效37例,这在当时麻风无特效药治疗的情况下,是具有世界意义的成果。1948年,尤家骏代表中国出席哈瓦那第五届国际麻风会议,他以丰富的实践经验说明麻风病并非不治之症,驳斥了某些外国传教士谎报疫情及把中国称为"麻风之国"的无稽之谈,引起了强烈反响,为中国麻风防治事业争得了荣誉。

新中国成立后,在尤家骏主任领导下,皮肤科(时称"皮肤花柳科",有时称"皮肤性病科",1961年改称"皮肤科")各项工作进入一个新的发展时期。1951年,在我国首次发现并报道了黄色酿母菌,并探讨了硫酸铜、碘剂对该病的治疗,还用浅层X线治疗孢子丝菌病,镭锭放射治疗表浅皮肤病等,均为国内或省内首创;同时,开展组织疗法、睡眠疗法、冷藏血等疗法治疗各种疑难皮肤病。1959年科室开展的氧气疗法结合治疗麻风病,提高了疗效。1961年和1965年分别开展放射性核素磷和锶贴敷治疗法,均为省内首创治疗技术。

尤其值得一提的是,由尤家骏教授主持,专门设计、修建了麻风病专科门诊,单独开门,自成系统,严格隔离制度,避免交叉感染,尤家骏教授亲自主持工作,带领韩丹銈、张宝义等几名医师轮流应诊。到"文革"期间被迫关闭前,该门诊一直是国内最好的麻风病诊治机构之一。

1950年,尤家骏教授在中华医学杂志发表"现代麻风分类及治疗",成为国内外麻风病专业的经典论著。其后他在中华皮肤科杂志等学术刊物陆续发表"麻风病讲座(一)、(二)、(三)""麻风病与婚姻的关系""麻风病的治疗""替彼松治疗麻风病报告8病案""麻风病的病理学""罕见的瘤型麻风病例""世界上最年幼的麻风患者""结核样型麻风纯神经炎""五年来麻风病防治工作的发展""麻风病防治的新发展"等一系列具有指导性的麻风病专题论文;他在国内创用氨硫脲、替彼松药物疗法、氧气疗法、中药苦参疗法治疗麻风病的良好效果报道后,被迅速推广应用,获得很大社会效益。他还总结大量临床实践经验,撰写了《麻风病学概论》《新麻风病简编》《现代麻风分类与治疗》《麻风病手册》《麻风病图谱》《麻风病学讲义》等专著,对麻风病的历史、病原、传染、分型、症状、诊断、治疗、预防以及流行病学等进行了系统而详细的阐述,对全国麻风病防治和科研、教学工作起了极大的推动作用。另外,他与人合编的《皮肤病及性病学》(1964),被列为全国高等医药院校教材。

在尤家骏教授的感召和指导下,皮肤科其他医师也都取得了骄人的业务成就,如刘春林医师 1954 年发现并报告了中国首例孢子丝病菌病;于 1963 年进一步充实扩建尤教授建立的霉菌室,使之成为省内最完善的霉菌检查室。韩丹銈于 1958 年研制出粗制麻风霉素,应用于诊断麻风病并做出分类,有重要诊断价值。

这期间,皮肤科多次受卫生部委托,承办全国性高、中级麻风病学习班、皮肤病理学习班的教学任务。1953 年,建立了皮肤病教研组,承担山东医学院各相关专业的教学工作,除课堂理论教学外,还安排专人带领学生见习和实习,尤教授在教学中每遇典型病例即召集实习进修医生诊视的做法,一直延续至今,收到了良好的教学效果。为我国培养了大批麻风防治人才及皮肤病诊疗人才。

1969 年尤家骏教授被迫害去世后,在医疗事业发展几乎停滞的情况下,齐鲁医院皮肤科上下依然始终保持了严谨的医学精神、严肃的学术氛围、科学的诊疗过程、仁爱的职业道德,科室主任刘春林(任期 1969—1975)、张文才(任期 1975—1990)及全体同仁对科室的发展做出了很多贡献。如 1974 年开展的冷冻疗法治疗皮肤病,后又经改进,进一步提高了疗效。

改革开放之后,在张文才主任的带领下,科室发展迎来了新的春天。1978 年 9 月建立了黑光室,采用光化学疗法治疗皮肤病;1979 年后采用中西医结合疗法治疗某些疑难皮科疾病获得良好效果,探索出一条新路。1984 年 9 月,建立激光室,开始用二氧化碳激光治疗表皮病变,基本上一次治愈,深得好评。在此期间,科室还组织了"痤愈露治疗各型痤疮"

课题研究,疗效满意,1985年通过省级鉴定,认为该产品已达到国内同类产品的先进水平。科室还有14人次参与编著《实用皮肤病学》等9部专著。

韩丹銈教授(任期1990—1991)接任科主任后,进一步加强和提升了专业研究生教学和临床教学等工作,努力传承学术,敬业勤恳,精益求精。他本人还在郭子英主编去世后承担完成了《实用皮肤病学》审稿、编写的主要任务;他主编的《皮肤科护理》是当时全国唯一一部皮肤科护理专著;他与其他人合作撰写的《从811例疥疮观察山东流行现状及分析》一文获山东省第二届优秀学术成果三等奖。

2007年,李春阳教授担任科主任,作为改革开放后山东的第一位女博士、著名皮肤真菌专家,李春阳主任带领齐鲁医院皮肤科进入了一个高速发展期。虽然因为种种原因,2003年之前,本科医护人员90%都是女性,但大家克服了家务负担、生育子女、照顾老人等等困难,全室上下拧成一股绳,劲往一处使,在继承和发扬"科学、严谨、仁爱、奉献"传统的同时,逐步形成了积极、团结、进取的科室精神,协作互助,攻坚克难,不断超越,创新发展。2003年获中国女医师协会授予的"巾帼文明示范科室";孙青教授还获得了由中国医师协会皮肤科医师分会颁发的"优秀中青年医师奖"(2007年)。

李春阳教授多年致力于医学真菌学的研究,2008年,她用自己的科研经费为真菌实验室一次性购置了PCR仪、分析天平、水平及垂直电泳仪、紫外线分析仪、高速离心机、数显水浴锅等设备,完善了科室真菌实验室,为更好地开展基础及临床研究奠定了基础。

作为山东大学的直属附属医院,皮肤科1996年获得硕士学位授予权,2002年获博士学位授予权。至2014年底已指导博士研究生23名,硕士研究生50余名,1998年皮肤科成为山东省首批住院医师规范化培训专科,2006年通过国家卫计委住院医师规范化培训专科审核,培养了数十名全科及专科医师,为省内大型综合医院皮肤科注入了新鲜血液。1997年医院被国家卫生部批准为临床药理基地。

2010年,孙青教授接任科主任,在传承老一辈优良学术传统的基础上,带领全科医护人员继续努力、不断进取,科室的医疗、教学、科研工作上了一个新台阶，在 2013 年山东省卫计委组织的皮肤科临床重点专科评审中排名第一。年门诊量近 15 万人次，急症约 4 000 人次。病房床位30 张，年收治住院病人约 1 000 人次。

科室现承担科研课题 20 余项，其中包括 8 项国家自然科学基金资助课题，5 项省自然科学基金资助课题和 4 项山东省科技发展计划；在国内外发表学术论文 300 余篇，其中 SCI 收录 20 余篇；国内首例报道皮肤病 19 种；参与编写了 10 余部医学著作和教科书。

风雨沧桑近百年，经过几代人的不懈努力，齐鲁医院皮肤科已成为集医疗、教学、科研、保健功能为一体的临床科室。秉持着专业的素养，坚守着前辈的嘱托，牢记着百姓的信任，这个团结和谐、朝气蓬勃、积极进取的团队，将为广大病患提供更优质的医疗服务，继续为祖国医疗事业的发展做出应有的贡献。

孙　青　山东大学齐鲁医院

风雨百年
——青岛大学附属医院皮肤科

沧海桑田,百年岁月弹指一挥间,至 2015 年,青岛大学附属医院皮肤科已经走过了 117 年的历程。回首百年,历史的长河波澜壮阔,跌宕起伏。117 年,承载了几代人的光荣与梦想。回顾历史,并不仅仅是为了总结过去,更是为了开创未来。

德占时期(1898—1914 年 11 月)

1898 年 10 月,德国在青岛初建德国海军野战医院,后扩建成胶澳督署医院,设内、外、妇、小儿、眼、耳鼻喉、花柳病、精神病、肺病 9 个科室。花柳病科是建院时最早的 9 个科室之一。

德国占领时期,青岛沦为殖民地,娼妓甚多,性病流行,该科主要诊治性病,如梅毒、急慢性淋病等。

图 1　德占时期的胶澳督署医院(1900 年)

图 2　德占时期医院正面

图 3　德占时期医院一角

图 4　德占时期建造的第二病房

第一次日本占领、北洋政府和南京国民政府统治时期（1914 年 11 月—1937 年 6 月）。

1914 年 11 月,日本取代德国占领经营后,医院改称陆军病院。

1915 年 5 月,日本占领当局在现江苏路 19 号开设了青岛疗病院。

1916 年 3 月,花柳病科更名为皮肤科。除院部皮肤科外,下属海泊町、叶樱町两病室专门担负治疗妓女的性病。6 月,青岛疗病院改名青岛病院。12 月,海泊町、叶樱町两病室合并为新町分院,成为治疗性病的专科分院。

1919 年,皮肤科由医官、医学士栗本定治郎负责。还有山田麻之助医师。院部皮肤科诊治 1 802 人中, 性病 410 人;新町分院诊治性病 1 174 人。还做肛周围脓疡清除、包皮过长切除和皮肤泌尿科一般手术。

图 5   日占时期医院全景

1922 年 12 月,日本虽被迫向中国北洋政府交还青岛主权,但日方以"投资巨大"为借口仗势坚持经营青岛病院。

1925 年 3 月, 栗本定治郎任副院长兼皮肤科医长。尔后,医学士土屋诚三和长崎医学士王一林来科任医员。

图 6   1916 年的青岛病院

1927 年 3 月,改称同仁会青岛医院。

1928 年 4 月,土屋诚三离任。6 月,栗本定治郎任院长兼任皮肤科医长。

1929 年 1 月,皮肤科改称皮肤泌尿科,仍由栗本定治郎兼任医长。8 月,东京医学士西村英三任医员。

1929 年 4 月 15 日,南京国民政府接管胶澳,改称青岛。由于国民党推行"攘外必先安内"的政策,不向日方交涉收回医院,医院仍隶属于日本同仁会。

第二次日占时期(1937年7月—1945年8月)

1938年1月10日,日本侵略军第二次侵占青岛,医院被日军陆军占用,成为陆军医院。

1938年,编为同仁会青岛医院诊疗班,栗本定治郎任班长,仍负责该科工作,西村英三成为班员。

1944年12月,栗本定治郎离任,由同仁会青岛东亚医科学院讲师原田彰在该科兼职工作。

南京国民政府统治时期(1945年9月—1949年5月)

1945年8月15日,日本战败,无条件投降。11月6日,南京国民政府接收经营后,原田彰留科。

1946年1月,南京国民政府教育部和社会部卫生署商定,将接收的诊疗班移交山东大学。3月1日,命名为"国立山东大学附属医院",改称皮肤花柳科,许天义医师来科工作。5月,原田彰回国。

1947年3月,许天义离任。4月,李景颐来科任主治医师。

图7 第一病房头等病室内部(1947年)

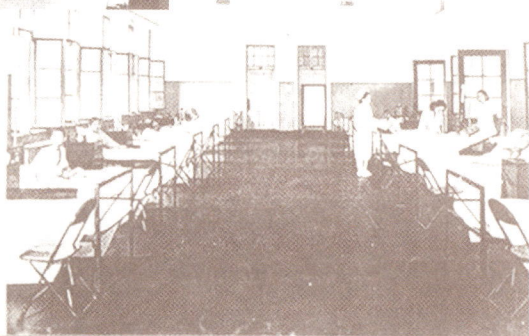

图8 手术房(1947年)

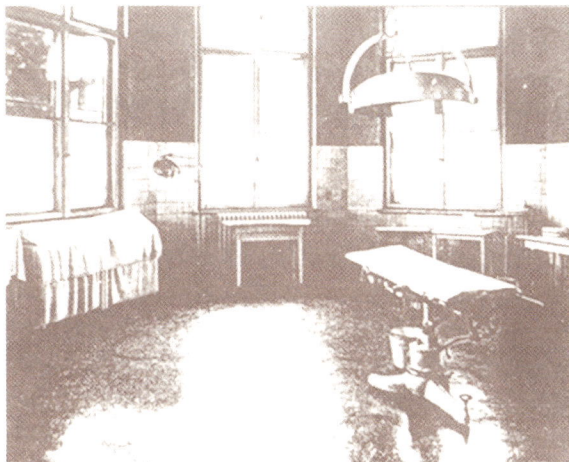

图9　第二病房三等病室内部（1947年）

1948 年 10 月，李景颐任代主任。

自 1922 年 12 月，日本撤离青岛后，先后经历北洋政府、南京国民政府统治青岛，日本二次占领，南京国民政府二次统治青岛，在这漫长的 27 年中，性病依然流行，约占该科诊治各种疾病的 1/3。

新中国成立后（1949 年至今）

1949 年 6 月青岛解放后，改称皮肤科。新中国成立后，人民政府取缔卖淫嫖娼，性病减少，直至消灭。该科工作重点放在职业性皮肤病和一些皮肤顽症的防治。1949 年开始同时承担医学系和护士学校的教学，当时自编《皮肤病学》教材，负责授课和指导学生见习、实习。

1950 年 9 月，我国著名皮肤科专家穆瑞五教授由北京协和医院来院任内科主任兼皮肤科主任，李景颐任副主任。

1952 年以来，穆瑞五教授领导皮肤科的教学医务人员，进行了各种职业性皮肤病的调查与防治。在五年左右的时间内，先后调查了包括治

图 10　50 年代医院门诊楼

金、石油、化工等 65 个行业, 100 多个工厂、农业社, 对查出的各种皮肤病提出了防治建议。如发现青岛大港码头搬运工人多患荨麻疹样皮炎, 系搬运棉籽内繁殖的米恙虫引起的, 建议用萘粉、硫黄软膏防治后, 使患者治愈。为我国职业性皮肤病, 尤其是工矿企业的职业性皮肤病的防治做出了巨大贡献。20 世纪六七十年代, 还开展糖皮质激素加清创治疗坏疽型脓皮病, 用盐酸土根碱治疗毒鱼刺蜇伤, 疗效达 100%。

1956 年, 青岛医学院独立建制后, 更名为青岛医学院附属医院。同年, 又负责青岛医学院业大及夜大的教学。

1959 年, 开始接受省内外进修医师, 至已有近 200 人。采用课堂理论授课与临床带教相结合的形式, 进修生能在进修时间内较好地掌握本专业的基础知识和常见病以及部分少见病的诊断与治疗。

1978 年 9 月, 李景颐教授任主任。同年, 改用全国教材授课。

1978 年, 成为硕士研究生培养点, 培养毕业硕士研究生 100 余名, 为国家培养了大批的皮肤性病学专业人才。2011 年成为博士研究生培养点, 博士研究生导师 2 名。

80 年代, 又增加儿科、检验、影响系等各专业本专科的教学及业大函授和护校教学、见习任务。

1985 年 2 月, 秦士德教授任皮肤科主任。

1988 年, 秦士德教授带领的科研小组, 获得了我院首个国家自然科学基金课题"中国沿海刺胞皮炎的调查研究", 课题组首次报告了海洋刺胞动物引起的沙蛰皮炎和佳美羽螅皮炎。

1993 年, 秦士德教授带领的科研小组, 再次获国家自然科学基金课题"中国沿海棘毒鱼的毒性研究"。

1993 年, 青岛医学院并入青岛大学后, 医院更名青岛大学医学院附属医院。

1994 年 3 月, 张北川任皮肤科主任。

1998 年 7 月, 吴延芳任皮肤科主任。

2001 年 5 月, 王国英任皮肤科主任。2002 年 2 月前往芬兰攻读博士学位。

2002 年 3 月, 王顺义副主任主持科室工作。

2004年2月,王桂芝担任皮肤科主任。

2007年1月,青医附院东院区皮肤科开诊。同年,张北川教授获联合国艾滋病防治杰出贡献奖。

2010年4月至今,陈官芝担任皮肤科主任。

2011年4月,青医附院黄岛院区皮肤科开诊。

2011年成为博士研究生培养点,博士研究生导师2名。到目前在读博士6名。

2013年10月,医院更名为青岛大学附属医院。

目前陈官芝担任皮肤科科主任,全面负责三个院区的工作。科室是山东省临床重点学科、青岛市特色专科、中国中西医结合学会皮肤性病专业委员会真菌病示范门诊、皮炎湿疹研究基地、EADV-IEI欧洲皮肤病与性病学会国际视窗交流中国中心、山东省住院医师培训基地、艾滋病国家直报系统及国家级哨点检测单位等。

2014年,皮肤科门、急诊量达20万人次,稳居全省综合医院第一。医疗服务半径辐射青岛、日照、烟台、威海、潍坊、泰安3300万人口,为基层群众提供了三级甲等医院的优质服务。

目前规模

截至2015年5月,皮肤科共有医师20人,其中主任医师7人、副主任医师6人、主治医师5人、住院医师2人,技师4人,护士9人。其中博士学位5人,硕士学位13人。科主任为陈官芝。

年门诊量:截至2014年10月,我科室三个院区年门诊量20万余人次,在省内仅次于山东省皮肤病研究所,综合医院门诊量位居第一。

科学研究

1950—2013年,共发表学术论文600余篇,其中SCI论文20篇,中华级杂志发表约80篇。编写著作40余部,其中主编及副主编10部。获国家部委奖1项,省卫生厅、省科委奖项共12项,省教育厅奖2项,市科技局成果奖5项,青岛大学科技成果奖7项。

展望未来

路漫漫其修远兮,一代又一代先驱者以悬壶济世之心,以披荆斩棘之勇,以上下求索之精神,栉风沐雨,兢兢业业,全心全意为人民群众解除病痛,这就是悠久历史的积淀——青医精神。117年的峥嵘历程中,先辈们的医学人文精神,薪火相传。回首过去,我们的思绪在历史的风雨中纷飞,感慨万千;展望未来,我们有信心在时代发展的大潮中,乘风破浪,一路高歌,延续皮肤科的精彩!

陈官芝　陈宏泉　许璐璐　青岛大学附属医院

"西来和缓"，东至行医
——记英国传教医师德贞

晚清时期，京城有一位很有名气的洋大夫，被尊誉为"西来和缓"，北京城里"上而王公巨卿，下而农工商贾"无人不知他的大名，他就是来自英国的医学传教士德贞。"西来和缓"是他无数个医术高超、为人称道的故事当中的一个。

图1　德贞像

图2　德贞墓碑

"西来和缓"之由来

1867年的一天，清总理衙门大臣、刑部尚书谭廷襄的府里发出"砰"的一声枪响，原来竟是谭廷襄非常疼爱的第七个儿子、年方9岁的子园在玩洋铳(火枪)时，不小心走火伤了自己。面对幼子"洞穿腹膈，气已濒绝"，所请中医皆无良策的危急情势，一向对洋人抱着敌对和不信任态度的谭廷襄别无选择，只得搁置敌意猜戒，权且请西医大夫来抢救，他请的就是德贞大夫。德贞立即以西医外科手术方式抢救子园,止血、清创、修补、缝合,精湛的技术使手术很是成功,术后不到十天,子园便恢复得"肌理如初"。谭廷襄不由得心悦诚服,从此一改以往对洋人的态度,两次亲自到德贞的施医院致谢,把葡萄酒、玉饰、茶叶甚至道光帝御赐的物件等作为礼物赠送,连德贞的中国助手也收到作为贵重礼赠的扇子和黄色的丝质长袍。为了表达敬重感激之情,谭廷襄还要以中国的高规格礼节和独有的文化符号,向德贞赠送颂匾。至于匾上题字,谭廷襄想到了医和与医缓。医和与医缓是春秋时秦国的两位著名宫廷医师,是有记载的最早的中医。从《左传》《国语》记载来看,他们医术精湛,达到出神入化的境界,因而流芳百代。德贞从西洋来到中国,医术高超,堪比"和缓"。于是"西来和缓"四个金字,他手书在上好的楠木颂匾上,送给德贞大夫,自此成为一段佳话。

来华行医,深受清廷赞誉

德贞(John Dudgeon),字子固。1837年生于英国苏格兰格拉格斯,1862年毕业于英国格拉斯哥大学医学院,获外科硕士学位。两年以后,26岁的德贞受伦敦会委派来到北京接替雒魏林(Willian Lockhart),开展北京的传教医疗事业,直至1901年在北京逝世,葬于公理会小教堂公墓。在华工作的38年占据他的大半生,期间像"西来和缓"那样的颂匾、锦旗他收到过数十个,类似的故事更是难以计数。

1866年秋天,武英殿大学士贾桢陪同治帝去东陵,长时间车轿颠簸,导致69岁的贾桢身体右侧轻度瘫痪,请德贞治疗后,贾桢的身体很快恢复如常,德贞也引起了同治帝的注意。贾桢康复后,也曾到施医院致谢、送颂匾。如此来往之间,德贞与清廷上流社会就自然而然地建立了友谊,成为清廷各派显要人家的座上宾。德贞与李鸿章私交甚好,还曾进入宫廷给恭亲王看病。晚清大臣、著名外交家曾纪泽,是曾国藩的次子,这样一个自幼接受严格传统教育的人,一生却只信西医不信中医,并请德贞长期担当他的家庭医生,可见德贞医术之魅力。晚清政坛上的重量级人物荣禄也与德贞大夫有过一段不同寻常的交情。1877年春天,荣禄腰部生了一个瘿瘤,开始还只有粟米粒大小,随后"大如瓠,溃后遂蔓延",请名医无数,终难见效。当时大臣曾纪泽向荣禄推荐德贞。大概荣禄也对西医和德贞医术缺乏信任，回复"以中华之医但能奏效，即无须重烦德君"而婉拒。不想到了第二年冬天"患处腐溃方圆七八寸，洞出三十余孔"，换了几十位有名的中医治疗仍不见效，荣禄的痛苦到了"不堪言状"的地步，只能请德贞上门医治。德贞为荣禄做了两次手术，共计割了19刀，手术很成功，荣禄自述"患处日见起色，疮口之见收缩，七十日而平复大愈"，并亲自撰文表示"益信其术之精，其技之绝矣"，赞颂德贞的医术以前只是听说过，此次亲身体验，才知德贞医术真是人间少见的精深绝妙完美。

图3 《点石斋画报》"中西济美"

施仁心，救贫患

德贞"在北京三十余年，素负名时，中国亲王大臣及各国驻京钦使，无不与之缔交，同深仰望"。然而为上流社会人士看病，仅仅是德贞行医生涯的小小一部分。德贞在与上流社会的交往中，不断募集钱物用于施医院的运转，因为所谓"施"就是给予，施医院对贫穷病人的诊治是完全免费的。所以他的盛名更是来自于为无数中国贫穷病人免费救治，为百姓化解病痛、化险为夷的善心善举。

1869 年 5 月 25 日上午 10 时左右,北京南城骡马市大街上,一个 25 岁的安姓青年,因为有人诬蔑他偷东西,便当街剖腹以证清白。两个小时过去了,小伙子满身鲜血躺在街上无人救助。此时德贞大夫恰巧路过,马上告诉安某尽快去哈德门米市大街施医院救治。但直到晚上 7 点都不见安某来医院,德贞便焦急地派人去打听,原来周围的人和管辖的地保都不敢送安某到医院。晚上 9 点,德贞再次赶赴街头,劝动在场的地保送病人去医院。但 10 点钟官府又传令过来,说此事已报官,要等官府验看后才准许移动。德贞又恳求:"伤虽重,尚有可乘之机,若俟验后则无及矣",又拿出现钱请人马上搬送病人去医院。11 点,德贞在医院为安某做了手术,缝合了长达 9.5 英寸长的伤口,手术成功。安某 6 月 2 日能进食,6 月 3 日到 4 日肠子里没有血和杂物渗出。6 月 6 日上午到茶馆店抽烟,一位熟人见到他,以为见到鬼了,吓得给他 500 元后马上躲开,因为谁也没有想安某会活下来。6 月 20 日安某痊愈出院。

德贞就是这样以一颗高尚的心为每一个素不相识的普通百姓竭诚奉献。刑部尚书崇实的一段话,就是对德贞的真实评价——"英国德子固医师,不远数万里来京师,施医十余年间,活人无算,而绝不受一钱,仁人君子之用心在斯乎。"

创办医院,汇通中西医

德贞是中国现代皮肤科学的开创者之一。1864 年,德贞在北京创办第一所近代化医院——双旗杆医院(北京施医院),即今天协和医院的前身,最早开设的 4 个临床科室中就有皮肤科。他在医学教育中系统讲授梅毒学和皮肤病学,为中国近现代皮肤科学的发展打下了良好基础。他对中国医史进行了深入研究,对麻风、牛痘的流行及种痘进行了深入研究,并身体力行,为皇室及平民种痘。1873 年发表"牛痘考",1877 年在《格拉斯哥医学杂志》发表《中国的麻风》一文。

德贞是中国现代医学教育的奠基人之一。1871 年他出任京师同文馆医学教习,开设医学和生理学课程,是官方聘任的教授西医学的第一人;近代生理学之父哈维发现的"血液循环"理论是西方医学由经验医学走向实验科学的里程碑,德贞也是向中国人介绍这一科学史上重要学说的第一人。在任同文馆教习期间，所用教材是他翻译的《全体通考》，1886年同文馆出资刊行该书聚珍版，正文14册，图2册，成为宫廷医学正式解剖学教科书。吏部尚书兼总理衙门大臣广寿、毛昶熙，总理衙门大臣陈兰彬，刑部尚书兼总理衙门大臣谭宝琦，总理衙门大臣崇厚，使日副使张斯桂以及骆钧八大臣作序七篇。首位作序的是清廷重臣荣禄，他在序言中写道："子固之术精深绝妙，竟克臻此，夫乃叹人之少见者，不能不多怪也。用意良深，益人匪浅。"谭宝琦序言："子固来自泰西，施医中土，生授扁灵之秘，早驰和缓之名。"八大臣均得益于德贞医术，对德贞信服不已。户部尚书兼总理衙门大臣董恂题写书名。如此重视程度在19世纪西医译著中绝无仅有。由此可知德贞输入的医学、解剖学知识，已经获得了当时多数上层官员的认可和推崇。

为实现中西医汇通，德贞做了很多有益的努力，他为中国翻译了大量医学著作。1867年在《万国公报》中连载的《西医汇抄》，有外科、内科、皮肤科和急救法。还在《教务杂志》《海关医报》《中西见闻录》《西医举隅》中发表大量论文。1884年他完整地将世界解剖经典教科书《格氏解剖学》（*Gray's Anatomy*）译成《全体通考》中文全译本，全书共16册，附有近400幅精美的人体解剖图，以显微镜观察、化学原理与计量学方法，揭开身体秘密，由人的头部毛发深入到人体内部的骨质组织微

图4 《全体通考》书影

观成分，从血液循环到神经分布，都有精细的描述和解释。德贞在书中又加入大量注解，对照中医的人体结构知识和传统术语，创造了人体部位和器官的现代名称，并指出中西医学关于身体知识的不同解释。1893—1894年，《博医会报》上连载德贞所著"一位近代中国的解剖学家"的文章，介绍清代名医王清任；翻译《医林改错》，首次向世界介绍中国的解剖

学和解剖学家,让世界了解中国。

医者良知

德贞始终保持了科学工作者的良知,作为一个英国人,他不论在中国和英国都敢于坚决反对吸食鸦片和鸦片贸易。1878 年他在北京创办戒烟所;1879 年发表《论鸦片之弊》评论文章;1881 年与李修善、杨格非合著《劝戒鸦片警世图》,由广州戒烟会出版;1882 年在北京传教士协会的几次会议上宣讲"目前存在的一些鸦片问题";1883 年在《教务杂志》发表"鸦片问题评论"等有关鸦片的文章,批驳鸦片无害论;1887 年在汉口出版《治鸦片烟瘾手册》;1890 年在上海全国基督教大会上发表"鸦片使用的罪恶",由中国博医会主席嘉约翰(John Glasgow Kerr)代为宣读。

最为难能可贵的是,作为传教医师,他反对一边传教、一边行医,他对医学传教士的定位是"以医师为主业,治病救人第一"。为此他在 1884 年脱离伦敦会,也没有参加传教行医的中国博医会。尤其在 1890 年反对鸦片贸易的主张未获中国博医会肯定之后,他与中国博医会渐行渐远,从此专事医疗和医学教育,成为一个纯粹的好医生。德贞在华诊治 150 万人次患者,并经由参与晚清的洋务运动,推进了中国医学现代化的早期进程;致力于西医学传播与医学教育,同时向西方展示了中国医学文化和医学伦理精神。

先贤已远,光华永存。纵观德贞大夫一生,他虽为传教医师,但他手中的柳叶刀化解了中国人对外国人和西方文化的戒备和偏见之心,超越了传统习俗乃至消弭了信仰冲突,奠定了中国现代医学特别是皮肤科学的基础,赢得了中国民众广泛的敬仰。他医术出色、著作等身、桃李满园;他医德高尚、扶贫济弱、疾恶如仇,至今令后人望其项背而不及,堪称中国医学史、皮肤科学史上的一颗明珠。

马振友 马振友皮肤病研究所
张建中 北京大学人民医院

中英日俄四国授勋的司督阁医师

在古今中外的历史上得到敌对双方认可、称赞的医师,并获中英日俄四国政府授勋,就是来自英国的司督阁医师。

司督阁(英文名杜格尔德·克里斯蒂,Dugald Christie)。英国苏格兰塞勒特人,英国皇家内科学院及外科学院院士。1855年生,卒于1936年。1981年毕业于爱丁堡医科大学, 获医学博士学位。司督阁服务东北40年,是最早将西医传至沈阳和东北的人,是盛京施医院和奉天医科大学创建人。

1882年司督阁奉英格兰基督教会派遣来华施医布道,同年在牛庄(营口)登陆,光绪三年 (1883) 五月来到中国盛京 (沈阳),在小河沿开设三间房的诊所,名为盛京施医院,1884年开设12张病床,为2名白内障病人成功做了手术,盲人复明,于是名声大振。1885年正式建立小河沿施医院,1890年奉天府尹捐款加上司氏筹集资金扩院,日门诊二三百人,当时所有医师系全科医师,对各种疾病都进行诊治。据英国

图1　司督阁像

伊泽英格利斯著《东北西医的传播者——杜格尔德·克里斯蒂》资料,1893年盛京施医院门诊20 992人。住院537人,其中皮肤病中有梅毒4例、脓疮40例、甲沟炎2例、上皮肿瘤3例、痈3例、牛皮癣1例、疥疮2例、湿疹7例、冻疮7例、烧伤1例、坏疽7例,总计77例,皮肤病占14%。因皮肤病大多系门诊治疗,可见门诊皮肤病比例将更高。1894年创建女医院,1900年医院被义和团焚毁,1903年女医院重建,1905年奉天

小河沿盛京施医院开院。他时而下乡赴山区巡诊,为穷苦百姓施医送药,深得民众欢迎,成为群众加入基督教、信奉上帝的原因之一。

司督阁热心建立医学教育机构,将为中国培养医学人才放在重要位置,1892 年附设盛京医学堂,招收 8 名青年带徒培养医助。1906 年在赵尔巽支持下建立附设西医学堂,每期招收几名学生,进行正规的医学训练,培养的王承宗因学习成绩优异留校,任盛京施医院副院长,后调任东北军,授予军医总监,任处长,获中将军衔,成为东北军军医的创始人。1907 年徐世昌任东北总督,对当地高等学院的建设极为重视,拨地一块,每年拨银 3 000 两,加上司督阁在英国募集的 5 000 英镑,筹建奉天医科大学,1912 年正式成立医学校,名为奉天医科大学(Mukden Medical College), 司督阁任校长兼眼科主任,初学制定为 5 年,后增至 6 年,最后增加至 7 年。校训:“非以役人,乃役于人”。课程标准按英格兰的模式设立,采用汉语教学,每天 1 小时学习英文,目标是为中国培养实用型人才,至 1923 年他离任时共毕业 106 名。他向英国政府请求退还庚子赔款作为中国教育经费,1923 年退休后仍为学校募捐置办设备和教材。其建立的医科大学几易校名,至 1951 年培养 680 多名中国医生,毕业生遍及东北及全国,中国卫生界高文翰(盛京医科大学校长)、刘同伦(盛京施医院院长)、宁武(同盟会成员,第一届全国政协特邀代表,为第二位签字者)、于光元(皮肤科教授及兰州大学医学院院长)、张霁(解剖学教授及兰州中央医院院长)、吴执中(内科学家)、吴英恺(中国科学院生物学部委员,外科学家)、白希清(中央卫生研究院副院长、中国医学科学院副院长)、董国权(皮肤科教授)等一些医学家都是该学校的毕业生。1917 年建护士助产学校,26 期共培养护士、助产士 329 名;1914 年建药学学校,培养药剂师 78 名;1917 年建检验师培训班,招生 40 名,成为各医院检验科主任或高级技师。

司督阁在中国东北首建红十字医院,救治中日俄伤兵和民众。1894 年中日在朝鲜发生战争,中国军队大败,继而在旅顺发生战争,日本在旅顺屠杀 2 万多人,很快攻陷营口、海城。中国伤兵极多,司督阁为救治伤员,在人身安全难保的情况下,牢记他的信仰和职责,毫不犹豫地深入战区,决心留在营口,保护和救治伤病员,在争取地方官员支持和配合下,于 12 月 13 日在营口建立中国历史上首家战地红十字医院,红十字的旗帜第一次在中国大地飘起。当时这个医院共有司督阁、戴利、营口港军舰的两位外科医生及司督阁的助手魏晓达等 8 名医生,又陆续建起 6 所红十字医院,清朝伤兵被陆续送到医院,一些商人、海员、领航员、地方小官吏和社会慈善人士也作为护理人员的志愿者,加入到红十字医院的工作中。仅 1895 年 1 月在盖州就收治了 169 名清军伤兵。2 月 24 日,日军又向营口方向攻击,清军死伤惨重,伤员挤满红十字医院,战事持续到 3 月 8 日,此时,司督阁组织了一支战地红十字医疗队,率领魏晓达、陈慧等医护人员,扛着红十字大旗,胳膊上佩带红十字袖标在战场上抢救伤员。1895 年后陆续收治一千多名伤兵,做了几百例断肢手术和清创手术,避免了各种感染和败血症的出现,极大地降低了死亡率。战争结束后,光绪皇帝授予司督阁和魏晓达等几位主要医生"双龙宝星勋章"。上海《申报》给予报道,对清朝政府参加万国红十字会起到催化作用,促使清政府 1906 年正式参加万国红十字会。上海万国红十字会拨给盛京医院 1500 两白银以扩建医院。1904—1905 年间在东北发生日俄战争,司督阁在盛京施医院建立红十字病房,收治大量难民,对中国百姓进行救治,同时对日本、俄国伤兵进行救治,在这场不义战争中,司督阁主动担负起社会义务和医生责任,体现了"人道、博爱、奉献"精神。战后,清朝政府、俄国政

图 2 1905 年红十字医院的医生与伤病员(后排左三穿白衣者为司督阁)

府和日本政府分别授予他红十字勋章,俄国沙皇赠送他带有帝国雄鹰的金表。医院重建,日军感其救治伤员,免收工程物料运费,东北总督赵尔巽捐献5 000大洋,并号召社会赞助,1907年医院重建竣工。1905—1907年司督阁出任中国博医会会长,1907年4月25日至5月7日在上海召开第三次代表大会,共有1 200人参加,对盛京施医院成立红十字会抢救伤兵和民众,以及取得的成绩给予高度评价,司督阁提出建设性意见,在中国成立医学院校,培养医学人才,主张传教行医改为行医传教,最后改变为以医学研究为主要内容的专业活动形式,中国博医会从此走向新的历史时期。

1910—1911年鼠疫在东北流行,沈阳为疫区,司督阁任奉天医学高等顾问,全面领导辽宁抗击鼠疫工作,建立鼠疫病院、避难所、隔离所、消毒站、检查站和焚烧掩埋队等。他协助当局制定各种防疫措施,建立防疫体系,不顾传染诊治身染鼠疫的嘉克森(Arthur Jackson),使辽宁的鼠疫得到控制,从而以中国代表的身份参加并协助伍连德在奉天召开国际防鼠疫大会,这是在中国召开的第一次真正意义上的国际医学会议,有来自英、美、日、德、俄等12国专家参加,为中国争得了荣誉。20世纪这次世界最严重的鼠疫,有6万人丧生,奉天城当时人口657 000人,仅死亡2 579人,是东北三省死亡率最低的,皆因伍连德司督阁防疫、诊治得法之功。因为他在鼠疫和其他国家危难时的工作表现非常突出,得到各国公认,英国乔治国王陛下授予他"圣迈克尔和圣乔治勋章(C. M. G)",并授予爵士之位;东北总督锡良授予他"锡公奖"与"金质奖章";清朝皇帝授予他"帝国宝石星勋章"。

司督阁的服务对象主要是劳苦大众,始终免费施医送药,同时也与上层社会和官吏关系融洽。到奉天之初,他是高道台家庭医生,为左宝贵将军的知己,东北总督徐世昌的座上客,多次得到赵尔巽的捐

图3　司督阁铜像

款和无偿赠予教学用地,张作霖赠送 X 光机,并多次捐款,慷慨提供死囚尸体做解剖。他细心为富商治病,多次得到高于诊疗费数倍的慷慨赞助,得以用于院校教学正常运行和发展。施医院奉行富人和官吏出钱、穷人免费看病的原则,对当今医疗改革,选择服务对象也有很好的借鉴意义。

1923 年中国苏格兰协会成立,司督阁任会长 14 年,一直为促进中国人民和英国人民之间的友谊而努力。中国是他的第二故乡,沈阳是他血脉相连的城市,盛京施医院和奉天医科大学就像他养大的两个孩子,真是难舍难分。对于他对中国医疗和医学教育的贡献,政府授予他三等"嘉禾勋章"。1925 年东北三省人民为纪念和表彰司督阁在东北乃至中国的巨大贡献,特铸司督阁半身铜像一座,立在奉天医科大学教学大楼正面东侧,张学良亲临现场剪彩,发表演讲。铜像花岗岩基座上铭文:"为了保持对他的永久记忆,由人民集资竖立这座青铜像,如上对他生活的简短叙述,作为所有读者的一种激励,已经被刻在石头上。东三省公众敬立。"司督阁的业绩更是建立了一座远比青铜像持久的丰碑,永远铭记在中国人民的心中。

司督阁老大夫与孙思邈"大医精诚"一脉相承,不分国别、政党、民族、宗教、地位、职务、贵贱、男女、老少,对病人一视同仁,体现普世价值,是医者永远学习的榜样。

夏应魁　　中国医科大学附属盛京医院
马振友　　马振友皮肤病研究所
张建中　　北京大学人民医院

为中国近代医学做出贡献的
医学家马雅各博士

马雅各(James Laidlw Maxwell)，医学博士。他高大英俊、举止优雅，是一位为中国麻风事业做出卓越贡献的医学家，且深受麻风病人爱戴、尊敬的传教医师，此外，他对中国医学团体建设以及抗日战争等亦做出了重要贡献。

图 1　马雅各像

马雅各博士，1873 年出生于英国苏格兰。1900 年毕业于伦敦大学，获医学博士学位。1901 年 2 月 24 日，马雅各携护士夫人到达中国台湾台南，他继任成为其父马雅各一世建立的新楼医院院长。夫妇两人继承其父传教行医事业，倾注爱心、发挥才能，使新楼医院快速发展，远近驰名。那时新楼医院成立了助产士及护士训练所，成为中国台湾第一所护士学校。中国第一例剖宫产手术是 1892 年博济医院报告的，患者术后感染，5 周后坚持带病出院，未能随诊，生死不明，据当时的医疗条件治愈性极小。马雅各 1903 年报告的案例却圆满成功，产妇前二胎因骨盆狭小行毁胎术，第三胎仍难产，来院在乙醚吸入下行剖宫产手术，母婴平安出院，此例是中国文献记录成功的第一例剖宫。1922 年新楼医院除设有内外科及妇产科外，又成立更生院(鸦片烟戒绝所)、癫病治疗所，为中国台湾癫病治疗展开新篇章，成为马雅各后来从事麻风防治的开端。此期院内设有运送病人的升降机（电梯）、开刀房（手术室）、诊疗室、单人病房、团体病房、药局、X光设备和礼拜堂等，是设备相当齐全的医院，亦是新楼医院的辉煌时代。马雅各是位全科医生，内外科兼通，并积极进行性病及麻风防治。1911年编著《中国的疾病》（*The Diseases of China*）一书，全书716页，详细介绍了麻风、肺结核、梅毒、痢疾、鼠疫、霍乱、口炎性腹泻等中国当时的一些疾病情况，插图较多，极具历史研究价值。书中所载中国当时发病最多依次为麻风、肺结核、梅毒、痢疾、鼠疫、霍乱、口炎性腹泻，1929年再版，由王声浩节译成中文，刊于《中华医学杂志》第137期和139期。此外，还著《中国实用麻风教程》（*Leprosy: A practical Textbook for Use China*）。

1923年马雅各离台赴大陆，转道上海，在雷氏德医学研究院工作，1933年编著《中国的教会医院》（*The Mission Hospital in China*），1935年审校《博济医院百年》，并代表中国博医会和中华医学会撰写前言。两部著作记述了中国教会医院和博济医院发展历史，有极高的历史研究价值。

马雅各来大陆后，逐渐转向麻风防治和研究，在厦门、广州、上海、成都、汉口、济南、杭州等地教会、医院麻风科和麻风院服务，他以从事麻风防治和研究作为终生职业。他同情麻风病人疾苦，对麻风毫不恐惧，看病时与病人直接接触，常用简单的汉语询问病史、与病人谈话，如"痛不痛"或"麻不麻"等，甚至用手触摸病人的皮肤，消除与病人的隔阂。他经治的病人每周至少检查1次，记录病情变化与检查结果，积累了丰富的临床资料。1926年，中华麻风救济会在上海成立中华麻风救济会，马雅各任医药顾问，并任中华麻风协会永久会员。主编英文版 *The Leper Quarterly*（《麻风季刊》，1927—1943，共17卷），该期刊比国际第一份1926年出版的 *Lepra*（《麻风》）杂志晚1年，是世界上第二份麻风专刊，先后刊登马雅各19篇论文。1929年，马雅各与伍连德估计，中国20世纪30年代麻风患者一百万以上，从而主张在全国积极防治麻风。1931年国际麻风协会在马尼拉成立，马雅各出席了成立大会，任万国麻风会医事顾问、远东医学会干事、《国际麻风杂志》编辑。

中国麻风救济会于1932、1935、1937年召开3次全国麻风大会；1932年中华医学会全国大会，麻风会议分组进行；1934年远东热带医学会议,麻风会议在此次会议上分组进行;1937 年成立中华皮肤病学会,也举行了麻风分组会议。在这些会议上,马雅各作为会议主席或主持者,主持了所有会议,并分别作了麻风专题讲演。

图 2　第一届全国麻风大会(马雅各位于前排右二)

20 世纪 30 年代初,马雅各受广东省政府聘请,调查广东麻风流行情况,他遍访广东麻风院和农村、山寨流行区,1935 年撰写了《粤省麻风状况报告书》,此报告估计广东有 20 万麻风患者,建议由政府出资在乡村设立防治所,负责对麻风患者的治疗,对麻风院实行补贴,收治隔离麻风患者,反对杀害、拘捕、残害麻风患者的非人道行为。1936 年,广州市卫生局正式聘请他为顾问,正当他准备按其计划开展麻风防治工作之时,因陈济棠黯然下台而被迫中止了他的麻风防治计划。

1869 年,英国圣公会在华创建"杭州广济医院",1887 年成立院属的"麻风医院";1914 年又在杭州松木场成立分院。马雅各走遍了世界各国后,感到在此进行麻风防治可发挥最大作用,于 1947 年无怨无悔地来到了美丽的杭州西子湖畔,在麻风医院当主任医师。马雅各每天上午 10 点准时查看病房,并亲自为患者做检查,态度认真,一丝不苟。1949—1951年时,他已提倡用当时先进的麻风治疗药物,如大艾松、苯丙砜、氨苯砜,淘汰了大风子油注射疗法,各种类型的麻风病人普遍好转,少数轻症病人治愈,使麻风患者就诊率上升。

每天下午的空闲时光,杭州广济医院院长苏达立总要陪马雅各悠闲地喝一道考究的英式下午茶。窗外树荫稠密,两人在细品茶的醇香同时,也慢慢回忆那些在梦中时常出现的英国往事……此刻,马雅各脸上呈现的表情是那么的深沉,他们仿佛嗅到了苏格兰古城堡那种雍容而独特的气息；又瞧见了那绵延的山丘、葱郁的森林、广袤的草地、宁静的湖泊，还有那悠扬的风笛，琥珀颜色的白兰地，以及来自乡村教堂洪亮的钟声等等。其实，故乡永远是漂泊者心中的一轮明月，一方圣土。

杭州工作生活的几年光阴中，马雅各与夫人（教会医院护士）经常一道乘坐三轮车到杭州最大的教堂做礼拜，风雨无阻，十分虔诚。人的心灵就像一个钟摆，不断在社交与退缩、喧嚣与宁静、分享与私密之间摇摆。在华漂泊行医50年的马雅各心若止水。

马雅各计划在浙江创办一所能容纳400名患者规模的麻风村，得到国际麻风救济会经济援助后，派人在武康上柏购置了140亩土地筹建麻风村。1949年12月，中国最早、最大的麻风村落成，从此马雅各又添了一项新的工作内容，每月到武康上柏麻风村巡诊1次，看望麻风患者，中午和大家一样只是吃几个白面包果腹。先后有68名麻风患者接受治疗的同时，参加生产劳动，从而愉快地生活着，这些都是当时全国最先进的麻风防治办法。马雅各来麻风村的次数频繁，他与疗养院医生护士及病人关系极为融洽，犹如那盛开在田埂上一大片紫雾缭绕的薰衣草，湿润鲜活，亲切自然。

1950年，马雅各任杭州广济麻风医院医务主任，兼任浙江医学院名誉教授。全国防疫会议决定在浙江新建200张床位的麻风新院，他亲自到上柏察看院址，撰写了关于筹备建院所需的医疗器材、药品计划和关于浙江麻风流行情况的报告，一并报送浙江省卫生厅，积极协助人民政府开展麻风防治事业。1951年任广济医院董事会董事，与苏达立院长将广济医院无偿交给中国政府。生前最后撰写的论文《华东麻风分类》，1953年刊于《国际麻风杂志》，成为永久的纪念。

1923年马雅各转到上海，在雷氏德医学研究院工作。1917年中国博医会在济南办会务，1925年马雅各任中国博医会执行干事，全面负责博医会的日常工作。1925年济南中国博医会会员约150名，占博医会1/4，1932年2月，马雅各顺应历史潮流，组织以投票表决方式与中华医学会合并事宜，结果会员均赞成两会合并，遂与1932年4月15日中国博医会与中华医学会合并，成为中国最大的医学团体。

中国博医会与中华医学会合并后，马雅各任中华医学会秘书，负责日常会务。1934—1937年任中华医学会副理事长及医学教育委员会主席，1937—1943年任中华医学会副会长，参与执掌中华医学会事务。1938年在武汉会战其间，他任中华医学会驻汉口代表。1937年出任中国红十字会总干事，并任国际红十字会华中区执行干事，主持国际红十字会救护工作。1938年11月13日，中华医学会总干事施思明发布战事爆发后的第三份会务报告称，医务人员征集任务集中于中华医学会及学会驻汉口代表马雅各办公处，马雅各身兼中华医学会及国际红十字会在华领导职务，每周出席全国基督教协会战事救济委员会会议，协助施思明在中国和国际为抗日募捐，招聘外籍来华医务人员，组织医务人员救护，开办各种战时医院、诊所，采办、运输、分送药品器材。他积极参加了中国抗日战争，并做出了突出贡献。

1934—1937年，马雅各任 *The Chinese Medical Journal*（中文名称《中华医学会英文杂志》）总编辑，为办期刊呕心沥血，竭尽全力。马雅各在此期刊刊登55篇论文，《中华医学会英文杂志》延续下来后来改为《中华医学杂志》英文版，成为代表中国医学学术水平最高的医学学术的著名期刊。

1951年8月10日马雅各患脑型疟疾，医治无效，于广济医院逝世，享年78岁。他的骨灰暂厝在一个小楼上，几年后他的骨灰盒安放在新建的住院部走廊过道一根砖砌柱子里，这是英国老人生前熟稔的地方，灵魂和骨灰永远溶在他为之服务的中国。他将一生献给了中国医学和麻风防治事业，1938年英国皇家授予他高级帝国爵士（C、B、E）荣誉称号，1998年在第15届国际麻风会议上，卫生部副部长殷大奎代表中国政府给予表彰。

马雅各为中国台湾西医学的传播和发展、医学传教事业、中国妇产科学、麻风防治、医学团体建设、医学期刊编辑做出了杰出贡献，让我们永远铭记他在中国近代医疗卫生历史上的丰功伟绩。

马振友　马振友皮肤病研究所
张建中　北京大学人民医院
郑　敏　浙江大学第二医院

向小患者鞠躬施礼的梅藤更院长

2014 年，在互联网高速发展的当代，一幅外国老者与小患者相互鞠躬的照片走红网上，同时被刊于发行数十万份我国最大的医学报——《健康报》上，引起医学界的好奇和重视。照片中的外国老者就是来自大英帝国的广济医校校长、广济医院院长、广济麻风院院长梅藤更医学博士。

梅藤更（David Duncan Main，1856—1934），医学博士，英国苏格兰传教医生，1877 年通过了格拉斯哥大学医预科考试，之后接受爱丁堡医学传教团专门训练，1881 年取得医学学历，当年来杭州行医办学，1926 年退休回国。

图 1　梅藤更博士像

梅藤更 1981 年底到达杭州，接管广济医院。广济医院前身为英国圣公会建于 1869 年的大方伯戒烟所，民众称为大英医院。1871 年甘尔德院长将其改名为广济医院，梅藤更 1881—1926 年担任院长，诊治了大量患者，有时一天高达 250 名，神奇高超的医术得到浙江人的赞许。此外，他还带徒学医,培养中国籍助手。更神奇的是他长袖善舞,科学管理,经营得法,募捐有术,取财有道,购地建院,办学育人,励精图治,使广济医院得到空前发展。1884年新建的广济总院落成,此后,陆续建立分院。

1885年广济医校建成招生,1887年开设男麻风院,1892年女麻风院落成,1899年西湖肺痨医院成立,1901年产科病房成立,1904年产科学堂成立,广济医院与医学堂(医校)分为两部,医学堂分为医学、药学、产科三学堂,1913—1915年梅藤更任中国博医会会长,1914年松木场分院成立,设立男、女肺痨医院,男、女麻风院等分院,1918年广济医校在教育部立案,是全国第一所私立医学院校。1924年梅藤更出任中国红十字会杭州分会名誉会长,组织抢救战场伤员,建立莫干山分院,还办了贫民院、贫民免费学校。医院早期免费施医,后期因时而进,按等级收费,仍对穷困者免费,使之保持医院发展的财力有了保障。梅藤更擅长交际,与官员社会名流建立了很好的友谊,这也是医院得以发展的原因之一。他1926年12月3日退休,700人举行欢送会为其送行。他载誉返回英国,留下可与欧洲媲美的医院、数十处房屋、大片地产、数百医学人才,为后来的广济人所享用,至今仍有深远的影响。鉴于梅藤更在杭州创造的辉煌业绩,英国教会将他列为"十字架的英雄"之一,特为其立传——《地上天堂的梅藤更》。

图2 广济医校毕业生合影

梅藤更对皮肤花柳病学具有深入的研究和实践。1901年广济医院设立皮肤花柳科,1920年建皮肤花柳病医院,是中国继上海建于1871年的性病医院后第二所专科医院,位于杭州市马市街175至177号,为砖木结构的三层楼房,建筑面积为1189.9 m²,新中国成立后成为浙江医学界领导名人的住宅，沿用至今，2006 年列入杭州市公布的第一批历史建筑，是见证中国皮肤花柳病院的历史文物。

梅藤更 1887 年报告全年门诊 10 277 人，其中皮肤病患者 1 213 人，曾在《儿童头癣的治疗》一文中介绍用 5% 硫黄软膏、碘酊和石炭酸甘油疗法。在《医方汇编》中专列皮肤病症，

图 3　皮肤花柳病院

记述 45 种疾病，数量位列各类之首，并用中医术语记述疾病，例如："白浊，此症必由秦楼楚馆得之，染毒而成，毒至溺管，因而发炎，使津液变为脓汁，色白而黄，黄者有血，滴沥不止，故称白浊。"

梅藤更对麻风患者特别关注，于 1887 年开设广济男麻风院，这是中国近代第二座麻风院，终生留养，隔离居住，或暂或久，病人自愿，先只收保挂号费 5 元，衣被药食全部免费，病人小衫裤每三日一换，病故备棺安葬。1914 年松木场分院成立，设立男、女麻风院等院，收治麻风患者多至 200 人，是当时全国条件最好的麻风院。梅藤更学生沈永年，1917 年毕业于广济医校，由梅藤更推荐，1927 年赴广西北海麻风院，任首位华人院长，开展麻风防治，成为中国近代著名麻风专家。

梅藤更口译英国伟伦忽塔著《医方汇编》，由广济医校 1889 年首批毕业的医学士、浙江慈溪刘廷帧笔述合作撰成，全书 4 卷，又有卷首 1 卷，光绪己未 (1895) 仲夏为广济医局镌印，上海美华书馆出版。编译者采取"为课徒而译，均照原文，不增不减，间有与中医大相径庭者，略加按语于后"，内容并未按原药方进行分类，实则以病症汇编药方。其病症总目分为 31 类，类目名称首先沿用了中医"五脏""六腑""心包络"等概念，包括心、肝、脾、肺、肾、胆、胃、大小肠、膀胱、三焦病症等，其次按解剖部位、病理或专科分类，包括发热、血路、服毒、内、外、妇、儿、耳、眼、口、皮肤、五官等病症等。总目下记载了 455 种疾病，由于编译者学贯中西医学，因此在介绍引进书中的西药知识的同时，常将中医疗效明确及个人临床经

验附在其中。药方一千多种,类别数十种,剂型数十种,按症立方,导以中医治疗法则,如对肝梅毒"先治其本,然后治其标"。在一定程度上,可以说此书为近代中医认识西医道路上的一块重要基石,在中西医交流上亦有一定的意义,体现了"以中融西"汇通思想,在近代中西医汇通史中具有一定的历史意义,为现代中西医结合所借鉴。此外,梅藤更和刘廷桢还合译《外科》和《产科》等著作。

梅藤更注意培养广济医生的职业素养,常用"未雨绸缪,脚踏实地,定期锻炼,笑口常开"四句话概括。对待员工的任何问题及其处理纷繁复杂的工作,倡导宣教加专业技能,让患者得到全方位的医治,并由此提出对广济医者的素质要求,强调从适应力、交际能力、创造力、目标性、语言能力、相互尊重、信仰、毅力八个方面进行全方位的实践。梅藤更总是身体力行、以身作则,诊治病人充满乐趣,快要痊愈的病人总是期待他的到来。有一个故事讲了一个有趣的场景,一次梅医师碰到一位病人的膝盖,然后做了夸张的痛苦表情。病人们立即爬起来帮他,看到病人如此惊慌,梅医师继续痛苦地呻吟,一位老太太给他摸胸口,两个人给他扇扇子,一个抱着他的脚,第五个人靠着他的背,第六个人号他的脉,第七个人给梅夫人报信,其他人则焦急地围成一团。当梅夫人来后,看到梅医师的狡黠的目光,立刻明白是他的恶作剧制造的欢乐,医生成了"病人",病人成了

图 4　梅藤更院长查房时与小患者相互施礼

图 5　矗于英国爱丁堡的梅藤更墓碑

"医生"，医患关系融洽，其乐融融，梅医师和梅夫人对患者的友好帮助表示感谢，然后开始的正常医疗工作。除了给大家制造欢乐之外，梅医师与病人之间的尊重更值得一提。有一次在查房中，一个来自大户人家的小公子，彬彬有礼地给梅医师鞠躬，对此长期生活中国、深知中国礼仪的梅医生也深深鞠躬还礼。由于小患者太小、太矮，梅医师高大，两者相差悬殊，梅医师不得不尽量躬身还礼，一老一少、一高一低、一中一洋相互鞠躬的场景，成为一个温馨、永恒的画面，记录着医患间的相互尊重、爱戴和亲密无间。由于医师素养好，对患者体贴、照顾周到、和谐相处，广济医院从来未发生医患矛盾和伤医事件。

梅藤更集普世、仁爱、敬业、睿智、经营、管理、交际、开拓、创造于一身，在杭州45年，将他一生中最美好的时光献给了广济医院乃至浙江、全国。他深谙医学管理学、医学经济学，使医院、医校硬件和软件条件居于全国前列，成为民国时期名院之一。在广大患者得到实惠的同时，亦保证了他和其医务人员的优越的生活、工作条件，使其安心工作，积极进取。当时，医院员工的工资是普通人员的5至20倍，时隔百年，对当前医疗改革仍有借鉴意义。他在当时杭州广济医院率先推崇的"患者至上"的服务理念，仍然是现代广济人——浙江大学医学院附属二院全体职工的核心价值观。他在英国墓前竖立的刻有"仁爱而劳"4个汉字的碑文，总结了他医者仁心仁术的一生。他的一生始终以仁者之心服务患者，以仁者之术救治患者，以仁者之德呵护患者，以仁者之举取信患者，在中国当代更具有现实意义，是我辈永远学习的榜样。

马振友　马振友皮肤病研究所
张建中　北京大学人民医院
郑　敏　浙江大学第二医院

齐鲁西医及皮肤花柳病学传播者聂会东

聂会东(James Boyd Neal,1855—1925),生于美国宾夕法尼亚省,为美国北长老会传教医师,译名尼尔·詹姆斯·博伊德,中文名聂会东,取意中西医学相会之名。1877年毕业于雅礼大学,转入设裴尔德科学院习医预科两年,1883年毕业于宾夕法尼亚大学医科。同年来华行医施药、召徒授医,行医教学至1921年患脑血管病,1922年返美,1925年2月因脑血管病发作去世。

1883年,聂会东来到登州(蓬莱),学中文,建诊所,收徒5位青年授医,开始西医传播历程。1890年,聂会东受教会派遣到济南,他与洪士提凡同事,将东关教会诊所扩建成华美医院,这是济南首家分科最全的医院,聂会东任院长。1891年添建养病室及医学生寄宿院,开设医校,聂会东任校长。1903年华美医校与山东省内青州(今益都)、邹平、沂州(今临沂)的3个基督教会医校联合,轮流在各地上课,即现山东大学齐鲁医学院前身。1908年建成共和医院和医道学堂,1911年4月17日更名为"山东基督教共和大学医科",聂会东任科长(校长)。1917年,教会所办广文学堂、培真神道学堂及师范专科迁至济南,与山东基督教共和大学医科组成齐鲁大学。中国博医会将南京"金陵大学医科"、汉口"大同医学堂"、华北女子医学校师生并入齐鲁大学,与北平协和医校转校师生共同组成齐鲁大学医科,聂会东任科长,1919年聂会东任齐鲁大学校长,并代理文理科科长。

聂会东参与和执掌中国博医会工作,是中国博医会发起人之一。1890年聂会东发起成立中国博医会名词委员会,1901年任委员,1903—1905年任第九届中国博医会会长,1905年任名词委员会和出版委员会主席,主持医学名词统一和出版事宜,首先由博医会组织审定统一了医

图1 引自《山东大学齐鲁医院志》

学名词,1908 年编辑出版高似兰的《英汉医学名词》和中文《医学名词》,是中国博医会的重要成果之一,并提呈民国教育部。《英汉医学名词》(高氏医学词汇)1908—1949 年共出 10 版,成为中国博医会名词委员会和中华医学会制定的标准工具书,此后,英汉医学名词编辑修订均以此为基础,是中国版次最长的工具书,为全国医学名词统一奠定了基础。1915年,江苏省教育会、中华医学会、中国博医会等单位专家就医学名词在上海举行会议。而后黄炎培、刘瑞恒、伍连德、聂会东等各方代表 31 人又于1916 年 2 月举行会议,其间聂会东介绍中国博医会提出的名词草案,并以此为基础在全国进行讨论,规模之大、工作之细、科学严谨、组织周密前所未有,1916 年 8 月 7 至 14 日在上海华美书馆逐条认真讨论,最终确定通过了医学名词 1 200 条。1917 年在济南成立中国博医会编译部,1918 年鲁德馨任编辑,1921 年创办《齐鲁医刊》。依据名词委员会审定统一的医学名词,组织翻译编著教科书,至 1913 年出版 322 种医学书籍,共达 38 200 册,全国教会医校统一使用中国博医会的医学教材,对西方医学的传播和统一医学译名起到了推动作用。其中聂会东辑译了《生理》

《眼科治疗学》《傅氏眼科学》《化学辨质》和《皮肤证治》等。据聂会东于1905 年统计,当时全国教会医院 166 所,诊所 241 所,传教医师 301 人,为中国留下了珍贵的西医史料。齐鲁医院为中国博医会晚期的办公场所,为中国博医会的活动做出了重要贡献。

传教医师进入中国一般为全科医师。聂会东既是一位全科医师,亦是医学教学上的多面手,1917 年他执教哲学、生理学、眼科等。此外,他开创了山东外科,同时诊治其他科疾病,包括皮肤花柳病。1886 年聂会东诊所年报表中记载,全年门诊 3 474 人,初诊 1 629 人中皮肤病患者有 394 人,其中疥疮 204 例,占发病率的第二位。聂会东 1888 年在《博医会报》上介绍了山东温泉(温石塘、艾山塘、招远塘)治疗顽固性皮肤病的经验。聂会东创建的齐鲁医院开院之初即诊治皮肤花柳病,1915 年在内科诊治皮肤病,1918 年增设皮肤花柳病门诊,1922 年正式建立皮肤花柳科。

1897 年由聂会东口译、尚宣臣笔述出版了《皮肤证治》(*Diseases of the Skin*)一书。该书译自美国皮肤科创始人和国际著名皮肤病学家 Duhring(1845—1913)的名著,即 1875 年的 *Text Book of Diseases of the Skin* 和 1877 年 *Diseases of the Skin*。

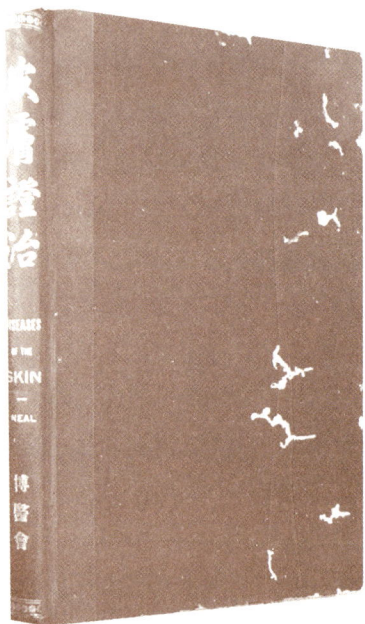

图 2 《皮肤症治》(*Diseases of the Skin*)立体封

1897 年版藏于中国中医科学院图书馆,当时西医皮肤花柳病教学与国际同步,是中国目前现存第二种西医皮肤病学教科书,为 20 世纪上半叶中国博医会审定出版的皮肤科教教材。这是他在华期间编译的医学图书之一,可见他对皮肤花柳病的专注和精通。这部书 166 页,线装,雕版印刷,图文混排,为外国患者皮肤病图。全书共分 11 章,第一章总论外皮症状,第二章论油核症,第三章论汗核症,第四、五章论外皮炎症,第六章论皮内出血症,第七章论晒斑,第八章论皮肤亏处,第九章论皮肤胀之物,第十章论皮肤脑筋症,第十一章论传染之症。该书从文字数量、病种、疗法与嘉约翰 1873 年的《皮肤新编》一书比较,有长足的进步,其中有些病名、疗法沿用至今,不断修订再版,1906 年第三版,1912 年第四版,1918 年第五版,第六版时间尚待考证,1924 年第七版。

聂会东于美国医学校毕业后来华,将全部青春和热血贡献给齐鲁民众,创建了齐鲁医院和医校,成为全国著名教会医院和医校,聂会东当之无愧地成为齐鲁西医的开拓者、奠基人、创建者,同时他为中国博医会和皮肤花柳科建设做出了重要贡献,值得中国医学工作者和民众永远怀念和尊重。

马振友　马振友皮肤病研究所
赵天恩　山东省皮肤病性病防治研究所

精心培养中国皮肤专家队伍的
傅瑞思教授

图1　傅瑞思像

誉满全国乃至世界闻名的北京协和医院皮肤科，国内外皮肤科同仁均给予极高的评价，并以在此工作、进修、学习为荣，而它的创始人就是来自美国的傅瑞思博士。

傅瑞思（Chester North Frazier），1892年1月27日出生在美国印第安纳州波特兰市。他在印第安纳州大学于1915年获得理学学士学位，1917年获得医学博士学位。在医院工作一年后，他和哈蒙尼在1918年夏天结婚。1918—1919年，他在法国的美国军医医疗队任官员，当战争结束时，傅瑞思从事皮肤科的工作，并成为他以后的专业。后来，他在波士顿用近一年的时间做博士后研究。1919—1922年，他在印第安纳州大学担任皮肤病学和梅毒学的助教。

北京协和医院建成于1921年，是美国洛克菲勒财团所属的中华医学基金会开办的私立北京协和医学院附属医院，在洛克斐洛基金会的中国医学委员会的资助下发展。皮肤病学和梅毒学最初是内科的一个组，1922年正式建皮肤梅毒科，它的创始人就是傅瑞思博士，并任科主任至1941年。在和内科学工作密切相关的情况下，傅瑞思建立了一个独特的皮肤病学和梅毒学的专科，教授讲课、查房、书写病历均用英文，建立了完整的病历资料及照片，因而始终保持与世界同步发展，其地位一直处于全国及国际前列。他是一位非常优秀的门诊医生，在他的专业里，有着很好的问诊技巧和极富想象力的治疗法案。他的教学工作尤其成功，为中国培养出了一个优秀团队，如一级教授穆瑞五、胡传揆、李洪迥，全国一类医药专家秦作梁，真菌专家曹松年，麻风学家李家耿，中华医学会皮肤科学会主任委员王光超，以及卞学鉴医师等，在皮肤病学领域这些人都受到了良好的训练。也许，在那个年代，在中国只有内科医生受到过如此的培训，而皮肤科医师首开先例，在临床、科研、文献检索，甚至检验方面做基础训练，因而打下了坚实的皮肤科基础。傅瑞思带领他的团队在国内外共发表 100 多篇论文，这些人后来都成为全国知名皮肤科专家，并对中国皮肤科学产生了深远影响。1932 年他被任命为协和医学院正教授，在协和医院院长外出时，代理院长之职。

20 世纪 20 年代末期，由于连年军阀混战，造成下层士兵和民众生活困苦，营养缺乏，在北平军营和京津郊县许多人得了一种皮肤病，表现为皮肤干燥，在躯干和四肢伸面密布散在的毛囊角化性丘疹，头发干枯，眼暗适应性降低，部分伴夜盲。傅瑞思带领胡传揆进行深入研究，做了大量流行病学、临床、病理方面的研究，发现是维生素甲缺乏引起的疾病，给予维生素甲皮肤病变可消退。他和胡传揆共同撰文《人类维生素甲缺乏病的皮肤损害》，1930 年他在丹麦召开的第八届世界皮肤科学会上，宣读

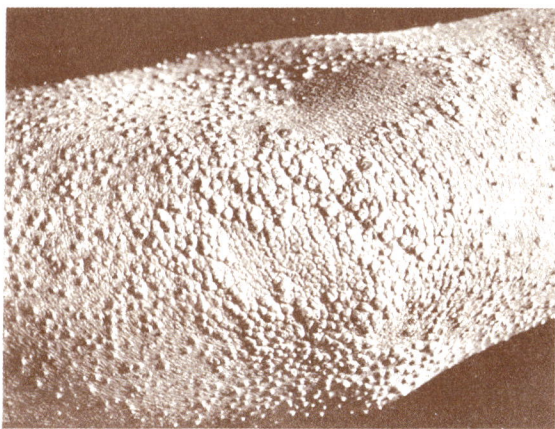

Fig. 608. Follicular papules with central horny spines, showing various degrees of perifollicular infiltration, after a duration of three months. The cutaneous lesions were the only sign of vitamin A deficiency. The photograph is of natural size and of the region of the elbow. Courtesy of Drs. Chester N. Frazier and Ch'uan-K'uei Hu, China.

图 2 ANDREWS' DISEASES OF THE SKIN 引用照片

了这篇论文。这是全世界第一篇关于维生素甲缺乏引起皮肤、黏膜病变的论述，受到与会者和当时皮肤科学者的广泛重视和赞扬，为中国争得了荣誉。这在国际上首次发现，并被编入美国《安德鲁斯临床皮肤病学》，此后，全球皮肤科文献都引用这篇文献和病变形态图、病理变化图。在这次大会上，鉴于他在国际皮肤科的成就和贡献，他还担任该次会议的副总裁。

近代中国梅毒发病率高，城市发病率达 5%~10%，住院病人中有 5% 为康瓦氏反应阳性，北京协和医院建立皮肤病梅毒科，傅瑞思将主要精力用于梅毒的防治。除在医院诊治梅毒外，他还在北京第一卫生事务所创立了防治梅毒门诊，带领胡传揆、李洪迥、秦作梁等医师诊治梅毒，从临床诊断治疗、实验室检验、科研设计建立了一整套科学管理制度，每个病人均建立病历、照相，留下 7 962 份梅毒病历。又与李洪迥携手整理 5 496 例中国人、3 328 例白种人和 8 025 例黑种人的梅毒资料，共同完成了《梅毒免疫学的种族差异》一书，1946 年由美国哥伦比亚大学出版发行，为中国及世界留下了宝贵的文献。此外，他审校李洪迥的《梅毒学》一书，1951 年由军委卫生部出版发行，对我国 20 世纪 50 年代梅毒防治、暂时消灭梅毒做出了重要贡献。

傅瑞思的兴趣非常广泛，在中国的时候他开始研究医学史。通过远距离的贸易，他从欧洲商人那里获得非常可观的医学古籍，后来其中大部分医学古籍送给了波士顿的弗朗西斯·康特韦医学图书馆。他特别佩服中国人，并和他们建立了深厚的友谊。他对中国艺术的各个方面非常着迷，尤其喜欢古代绘画和碑文的拓片，还收集了大量和历史细节有关的易碎的资料。

珍珠港事件的发生导致了傅瑞思被迫离开中国。回到美国后，他利用假期在约翰斯霍普金斯公共卫生学院做研究，作为战争的一个结果，他和北平协和医院结束了关系。傅瑞思在霍普金斯度过了两年时间，1947 年他获得哲学博士学位。他与李洪迥编著的《梅毒免疫学的种族差异》一书，1948 年由芝加哥大学出版社出版。

1943—1948 年，他在加尔维斯顿的得克萨斯州大学医学部任皮肤病学和梅毒学的教授，1948 年傅瑞思到波士顿任哈佛大学皮肤病学教授，并兼任马萨诸塞州总医院服务部主任。在这些机构中,他继续他的教学和研究,直到他 1958 年作为荣誉教授退休。在这些岗位上,正如在北平一样,傅瑞思把他的全部时间和精力都投入到本职工作上。

傅瑞思是美国皮肤病学和梅毒学委员会的一名专科医生,也是美国内科医师协会的会员,美国内科医师学院、美国皮肤病学协会、得克萨斯州科学院成员,以及其他医学协会的成员。他担任过早期国际皮肤病学与梅毒学大会副主席(哥本哈根,1930),后来他成为研究皮肤病学杂志编辑委员会的一员。

在私人关系中,傅瑞思认真、谦虚,而且是友好和忠诚的。在他退休以后,傅瑞思及其家庭在北卡罗来纳州的查珀尔希尔生活了多年,后来搬到印第安纳州的韦恩堡,后因病于 1973 年 2 月 14 日去世。

大师已逝,但他为北京协和医院皮肤科建设和发展奠定的基础影响数代,使北京协和医院皮肤科成为国家重点学科,为此他功不可没。他对中国皮肤科做出了巨大贡献,他培养的皮肤科专家,以及创建的医疗制度将永远为中国皮肤科医师所铭记,是中国皮肤科同仁世代的精神财富。

马振友　马振友皮肤病研究所
孙秋宁　北京协和医院

中华皮肤病学会的创建者
——陈鸿康教授

陈鸿康(1894—?),广东梅县人,中国近代皮肤病学家,中国近代皮肤科学奠基人之一。陈鸿康最早系北京协和医院皮肤科创科医师,工作至 1930 年。1930 年转至上海,先后任上海女子医校教授、上海铁路医院皮肤科主任、虹口皮肤病医院院长、中国花柳病学会常务委员、中华麻风救济会医药顾问、中华医学会花柳病诊疗所主任医师。1937 年创建中华皮肤病学会,系首任会长。

陈鸿康 1921 年毕业于英国爱褒亭大学(the University of Aberdeen),后又到德国进修皮肤病学,师从 Joseph Jadassohn 教授,学习皮肤病理学,从而奠定了皮肤花柳病学的坚实基础。之后,他放弃国外优厚待遇,学成回国,报效国家,致力于发展中国皮肤科学事业。北平协和医院皮肤科初创时只有陈鸿康和卡因(Harther L. Kein)两位医师,陈鸿康与傅瑞思共同创建皮肤梅毒科,先后与穆瑞五、胡传揆、秦作梁等医师共事,与傅瑞思一起建立梅毒统计报告制度。他是北平协和医院第一位中国皮肤科医师,先后任助教、讲师,一直工作到 1930 年。

图 1　陈鸿康像

陳鴻康,(L. 379); ii. 上海北京路205號; iii. 上海愚園路1032弄49號 v. 北平協和醫學院皮膚花柳病科助教; vi; 上海女子醫校教授上海鐵路醫院皮膚病科主任; 中華痲瘋救濟會醫藥顧問; 中華醫學會花柳病診療所主任醫師.

CHEN, F. K. (L. 379): ii 205 Peking Road, Shanghai. (14005): ii 1032/49 Yu Yuen Road, Shanghai: iv M.A., M.B., Ch. B., M.D., (Breslau) 1921: v Asst. Prof., of Derm. and Syph., P.U.M.C., vi. Clin. Prof., Women's Christian Med. Coll: Physician-In-Chief of Skin Diseases The S.N.R. Hosp.: Med. Adviser Chinese Mission to Lepers: Physician in-chief, C.M.A. Anti-Venereal Clinic: vii. "Sodium thiosulphate in the treatment of salvarsan dermatitis" Brit. J. of Derm., 1926; "Effect of intravenous-injection of chauknogra oil" Phil. J. of Sc., 1928: Bestehenogra beziehungen zu. der oblicat urticiaiogenci fakultat ekzematogen, wirkungen d. atropins", klin wochenschritt 29: "Untersungen und beziehungen zu urticarie uem effekt", Arch. F. Derm in syph., 1929: "Experimental urticaria and its relation to spontaneous urticaria", Arch. of Derm., and Syph., 1930.

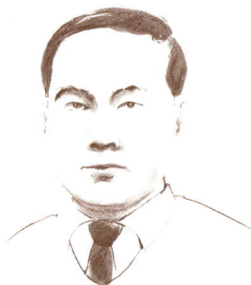

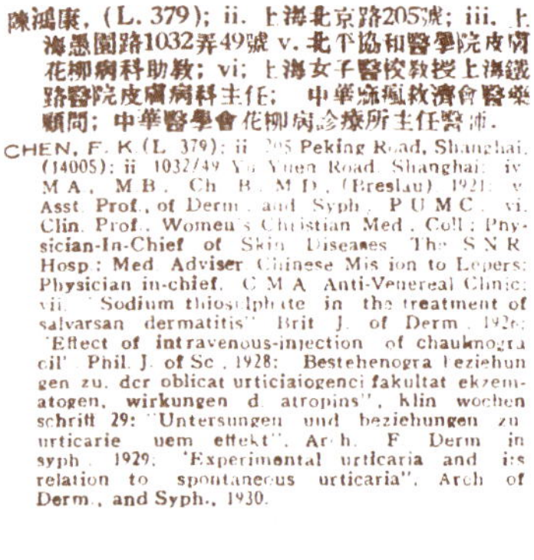

图 2　《中国医界指南》载陈鸿康名录

1931 年,陈鸿康赴上海继续从事皮肤病、性病、麻风防治的研究与教学。他是中国近代防治麻风、性病的医学专家之一,是全国登记医师名录和工部局开业医师注册医师名录的皮肤花柳科医师,任中国麻风救济会医学顾问,上海虹口皮肤病医院主任医师兼院长,同时任上海女子医学院皮肤花柳科教授,西门妇孺医院皮肤花柳科医师,上海铁路医院皮肤科主任,中国花柳病学会常务委员,中华医学会花柳病诊疗所主任医师。中华医学会第四届大会于 1937 年 4 月 1 日至 8 日在上海召开,建立了内、外、妇、儿、眼、耳鼻喉、皮肤病等 12 个分会,中华皮肤病学会即为其中一个学会,由陈鸿康教授组建,并首任会长。陈鸿康主持的学术会议上皮肤性病组宣读了论文 7 篇,其中协和医院皮肤科占 4 篇,麻风组宣读论文 6 篇。此外,他还任中华医学会公共卫生委员会委员。

陈鸿康在《英国皮肤与梅毒杂志》《中华医学杂志》《麻风季刊》等期刊共发表 25 篇论文,1928—1929 年任《中华医学杂志》英文主编,对杂志的发展建设做出了重要贡献。在皮肤病方面,1928 年陈鸿康和穆瑞五报告了"醋酸铊治疗头癣 36 例",1931 年报告了"组织毒与风疹块",此外,还发表了有关香港脚、无毛皮肤真菌学、北平成人头癣、北平黄癣、霍乱易感性的皮肤化验、实验性荨麻疹等论文。1926 年刁信德建立上海虹口皮肤病医院,陈鸿康 1930 年赴沪后亦在该院工作。虹口皮肤病医院为中华麻风救济会麻风诊疗机构,诊治麻风、皮肤病、性病。1932 年他与陈文英在《麻风季刊》中发表了"上海虹口皮肤病医院一年之回顾",总结了1932 年上海虹口皮肤病医院 10 个月诊治皮肤病 6 503 人,时年因受沪战影响停诊 2 月,其中皮肤科 4 166 人,梅毒 27 人。皮肤科统计 41 种病,前 10 位依次为各种创伤 795 人,占 19%;外伤性溃疡 539 人,占 12%;脓疡 501 人,占 12%;疖肿 418 人,占 10.33%;脓疱疮 278 人,占 6.67%;疥疮 223 人,占 5.35%;火伤 174 人,占 4.17%;结核性腺炎 172 人,占4.10%;足部湿疹 167 人,占 4.00%;瘰疬、化脓性皮肤疾病、毒物性皮肤炎、痈疽、种痘、带状疱形疹占 2.83%~1.05%;其他多为感染性皮肤病,占0.93%以下。《麻风季刊》发表陈鸿康数次主持麻风会议的消息。此外,另有麻风 11 341 人。

陈鸿康教授为近代著名花柳病专家,从事花柳病的教育和防治,在北平协和医院工作期间,与傅瑞思建立了严格的医疗管理制度,建立梅毒统计报告,留下了 7 962 例梅毒病历,成为中国皮肤科珍贵的遗产。1926 年发表"硫代硫酸盐钠治疗六〇六皮炎的观察",1927 年发表"早期梅毒的诊断问题",1931 年发表"花柳病的社会观",以后又陆续发表 4 篇有关梅毒的论文。他还连续 5 次在《中华医学杂志》发表淋病讲座文章。1935 年 4—6 月在中华医学会上海分会举行的花柳科泌尿科学术会议上,特殊讲演梅毒 4 次。1935 年 8 月 9 日,花柳病预防委员会成立,明确以预防及治疗花柳病为任务,黄子方担任主席,陈鸿康任技术主任,为中国花柳病防治和教育做出了重要贡献。

陈鸿康教授在麻风防治方面做了大量工作,1930 年发表"静脉注射大风子油对家兔肺组织的影响"论文。他在上海市虹口皮肤病医院诊治麻风,主持工作数年,1937 年因日本入侵上海而停诊,致使麻风病人流离失所,1938 年陈鸿康力挽狂澜,受任于危难之际,担任院长。该院为慈善医疗机构,收费低廉。早在 1931 年,他与陈文英发表"就上海虹口皮肤病医院中对于麻风病案的研究",对诊治的 153 例麻风中 29 例麻风进行分析,反映了当时中国麻风流行状况,其中男 26 人,女 3 人;神经者 6 人,结节性者 1 人,混合性者 22 人;11~30 岁者 15 人,31~40 岁者 6 人,41~50 岁者 1 人;病人来源:17 人来自苏北、浙江、山东、广东,12 人来自上海及沪地近处。其中将大枫子油增大 16mL 注射取得很好疗效,并推广至全国。

陈鸿康在太平洋战争后,1942 年赴香港行医,以后情况不明。陈鸿康为中国近代从事皮肤病的学者,建立中华皮肤病学会首善其功,对中国开展皮肤病学术活动奠定了基础。他对皮肤病、麻风、花柳病防治做出了重大贡献,曾在国内外发表论文 25 篇,值得当今皮肤科医师怀念和学习,激励后辈加强皮肤科研究、诊治,为跻身国际皮肤科学前列而努力奋斗。

张建中　北京大学人民医院

郑　捷　上海交通大学医学院附属瑞金医院

马振友　马振友皮肤病研究所

附录:陈鸿康论文

1. Chen H K. Observations on the treatment of arsphenamine dermatitis with sodium thiosulphate, Brit J of Dermat & Syph, 37: 20, 1926.

2. Chen H K. The diagnosis of early syphilis, Chinese Med. J. 41: 36, 1927.

3. Li C P & Chen H K.A study of the Kahn test in Syphilis, Nat. Med. J. China 14: 232, 1928.

4. Chen H K & Mu J W. The depilatory action of thallium acetate in the treatment of ringworm of the scalp, Nat. Med. J. China 14:377, 1928.

5. Chen H K. Untersuchungen über Beziehungen Zwischen Urticariellum effekt adrenalinahnlicher Substanzen zu ihren pharmokologischen und chemischen Eigenschaften, Arch. Für Dermat and Syph. 158 Band. 2 Heft. p. 494–504, 1929.

6. Chen H K. Bestehn Beziehungen Zwischen der Obligat Urticariogenen und der Jakultativ Ekzematogenen Wirkung des Atropins, Klinische Wochenschrift, Jahgr. 8, Juli, 1929, Nr. 28. S. 1312.

7. Frazier C N & Chen H K. Effect of intravenous injections of ethyl esters of chaulmoogra oil on the pulmonary tissues of the rabbit. Philip. J. Science 42: 269–277, 1930.

8. Chen H K. Experimental urticaria. Its relation to spontaneous urticaria, Arch of Dermat & Syph. 21: 186–196, Feb., 1930.

9. Kurotchkin T J & Chen H K. A study on the etiology of Hongkong foot, Nat. Med J China 16: 556–562, 1930.

10. Chen H K et al. Tinea of capitis among adults in Peiping, Nat. Med. J. China 17: 195–189, 1931.

11. Chen H K et al. Tinea favosa in Peiping, Nat. Med. J. China 17: 529–533, 1931.

12. Kurotchkin T J & Chen H K. Mycological study of tinea of the glabrous skin, Nat. Med. J. China 17: 521–528, 1931.

13. 陈鸿康,等. 花柳病之社会观. 中华医学杂志, 17:53,1931.

14. Wong D H & Chen H K. Blood groups in relations to syphilis and its treatment, Nat. Med. J. China 17: 354–359, 1931.

15. 陈鸿康,等. 花柳病学,第一篇淋病. 中华医学杂志,17:25,1931.

16. 陈鸿康,等. 花柳病学,(续前)淋病. 中华医学杂志,17:172,1931.

17. 陈鸿康,等. 花柳病学,(续前)女性淋病. 中华医学杂志,17:225,1931.

18. 陈鸿康, 等. 花柳病学,(续前)婴孩之泌尿生殖器淋病. 中华医学杂志,17:349,1931.

19. 陈鸿康,等. 花柳病学,(续前)泌尿生殖器淋病转移性淋病. 中华医学杂志,17:480,1931.

20. 陈鸿康,陈文英. 就上海虹口皮肤病医院中对于麻风病案的研究. 麻风季刊,1931,6(4):21–23.

21. 陈鸿康,等. 初期梅毒之诊断. 中华医学杂志,18:234,1932.

22. Yu H & Chen H K. A suggestive skin test for susceptibility to cholera. Chinese Med. J. 46: 799–805, 1932.

23. 陈鸿康,陈文英.上海虹口皮肤病医院一年之回顾. 麻风季刊,1932,7(1):8–15.

24. 陈鸿康,张乐一.麻风之预防法医学周刊集,1932,5:94–95.

25. Cheng C L & Chen H K. The behavior of Wassermann and Kahn reactions in response to anti–syphilitic treatment, Chinese Med. J. 48: 1134–1142, 1934.

为我国皮肤科性病防治事业奉献一生
——记胡传揆教授

胡传揆(1901—1986),湖北省江陵县人。我国著名医学教育家和皮肤性病学家。毕生致力于皮肤性病的防治研究和医科大学的教育事业,培养了五代科技人才,为消灭中国的性病、控制头癣和麻风做出了巨大贡献。发现维生素 A 缺乏引起的皮肤病变,对梅毒防治开展了研究。

图 1　1974 年的胡传揆教授

　　胡传揆教授,字子方,1901 年 4 月 1 日生于湖北省江陵县纪南城北小镇,其父是当地有名的老中医,经常免费为乡亲治病。在父亲"治国致富,治病强民"思想的影响下,他从小就对患病的农民十分同情。12 岁离开家乡到武汉读书,亲眼看到外国的舰船在长江上横冲直撞,洋人在街上耀武扬威,也目睹了许多中国人贫病交加,流浪街头的悲惨境遇,特别是看到那些患有头癣等严重皮肤病的穷人倍受欺侮打骂,深感世道的不平,激起他拯救民众于危难之中的责任感。五四运动中,他参加了反帝游行和抵制日货的爱国行动。中学毕业后,他在医学救国思想的支配下,于

1919 年秋考入北京协和医学院预科,以后又升入本科,在毕业实习中,他发现每天都有很多头癣病患者,特别是梅毒患者就医,看到梅毒给病人带来的痛苦,让他决心从事皮肤病、性病的防治研究。1927 年,他以优异成绩毕业于协和医学院,获美国纽约大学医学博士。1927—1932 年,他在协和医院任住院医师、皮肤科医师兼助教。1929 年,他参加了中华医学会,后任该学会北京支会秘书。1930 年,胡传揆教授和北京协和医院科主任付瑞思合写了《人类维生素甲缺乏病的皮肤损害》,这是世界第一次论述维生素缺乏和皮肤病关系的文章,震动了世界第八届皮肤病学会,得到国际权威专家的高度评价。在那个年代,胡传揆还成功地在多种病变组织中找到了梅毒螺旋体,揭示了梅毒螺旋体是近关节结节的病因,并对梅毒螺旋体的病因进行了研究。1932—1940 年,胡传揆教授两次赴美国留学、考察。在美国进修期间,他进一步研究了梅毒螺旋体中国种的分型,并和外国种进行对比研究,有关论文也得到了国际会议的好评。1935年在美国期间,胡传揆教授加入了美国实验生物学会。学成之后,胡传揆教授并没有滞留生活条件优越的美国,而是选择将先进的学科和教育理念带回中国,立志以毕生之力为中国患者服务,为推动中国皮肤性病学事业发展贡献力量。回国后,胡传揆教授继续在北京协和医院供职。

1942 至 1945 年间,日本人占领北京,协和医院被迫关闭。此时胡传揆教授拒绝与日伪政权合作,选择在北京自行开业,继续为百姓治疗皮肤病。抗日战争结束后,他的老师付瑞思写信邀请他去美国进行科学研究并允诺他优厚的物质待遇和教授头衔,胡传揆教授在回信中说:"我是中国人,从医是为了中华民族的健康,条件再差,我也要努力干到底,决心为国人效劳。"

胡传揆教授在抗战结束后欣然应邀赴北京大学医学院附属医院 (现北大医院)任皮肤科主任、教授。1946 年胡传揆教授任北京大学医学院附属医院院长,1948 年任北京大学医学院(现北京大学医学部)院长。北平解放前,北京大学校长胡适离去,当时任北京大学医学院院长的胡传揆教授看到了新中国的曙光,毅然留在北平与人民一起迎来了解放。

新中国成立后,胡传揆教授得到了人民政府的信任和重用,留任北京大学医学院院长。多年来,他梦寐以求的用自己的医学知识为民治病,为国雪耻的愿望终于可以实现了！

在长期的医疗实践中,胡传揆教授深刻体会到梅毒的发病和社会制度密切相关,半封建、半殖民的社会制度不改变,妓院不封闭,再好的医疗技术也不能把它根除。他受政府之聘参加了研究防治梅毒的方案和具体措施。在北京市人民政府的领导下,他和医务工作者一起,协同公安部门和妇联,一夜之间便查封了北京的所有妓院,并集中为一千多名妓女治疗。在这一工作中,胡教授积极配合,充分发挥了自己的技术专长,做出了出色的贡献。在那以后,他又积极参加了赴内蒙古、甘肃、新疆、青海、安徽、江西等省和自治区的性病调查和防治工作,培训医务人员,建立性病防治网点,为全国范围内基本消灭性病立下了功勋。1964 年在北京国际科学讨论会上,胡传揆教授代表中国宣读论文《我国对梅毒的控制与消灭》,标志当时中国基本消灭了性病。在头癣防治的研究和工作中, 胡传揆教授也发挥了重要作用。他发现,头癣病患者多数是贫瘠的劳动人民,为此,他提出了用价廉效高的醋酸铊进行医疗的方案,并深入孤儿院,为患儿进行治疗,效果极佳。他亲自深入北京远郊区和江西省,开展防治头癣的研究。1978 年胡传揆教授领衔的"基本消灭性病的防治研究"和"头癣综合防治研究"获全国科学大会奖。在控制麻风方面,胡传揆教授也做出了巨大贡献。在以他为核心骨干的团队推动下,全国建立起较为完善的麻风防治体制,而且培养了麻风防治的专业化队伍。1960 年卫生部医学科学委员会性病麻风研究委员会第二次扩大会议胜利召开,在这次会议上胡传揆教授发出皮肤科医生积极投身麻风畸形矫形的呼吁。在这之后,许多年轻皮肤科医生认真向骨科、整形科专家学习,逐渐形成了自己的专业化队伍,目前这支队伍不仅是在国际上有一定影响力的麻风畸形矫治专业力量,而且成为皮肤外科发展的原动力。

1951 年 10 月,胡传揆教授参加了四川省的土地改革工作,任中央第六团团长。1953 年,他亲手组织成立了中华医学会皮肤科分会,曾任该学会主任委员。1954 年,中央皮病性病研究所(现中国医学科学院皮肤病研究所)成立,胡传揆教授兼任所长。同年,在他的倡导下,《中华皮肤科杂志》创刊,他任第一任总编辑。1955 年,他作为中国皮肤科代表团成员参加了波兰全国皮肤科会议,做了两次学术报告,被选为波兰皮肤科学会名誉会员。

20世纪60年代，正当胡传揆教授雄心勃勃地推动全国皮肤性病学事业蓬勃发展之际，"文革"开始了，胡传揆教授被迫停止了领导工作，很多计划都戛然而止，然而胡教授爱国忧民之心不泯，仍利用一切机会深入医疗工作的第一线，以一个普通医生的身份，任劳任怨地为病人服务。

1976年，粉碎"四人帮"以后，年逾古稀的胡教授焕发了工作青春，再次积极投入到消灭头癣病等皮肤性病学事业的奋战中。在他的建议下，卫生部把消灭头癣病正式纳入了工作日程，1977年2月，召开了全国性的头癣防治座谈会。胡传揆教授不仅从宏观和政策上进行设计、指导，而且亲自率领医疗队奔赴湖北省英县农村。他走遍了全县的各个角落，发动群众，进行宣传，培训了许多皮肤科医生，并亲自为千余名村民进行了检查、治疗，他采用中西医结合的治疗方案，疗效显著，广受群众欢迎。

1982年6月，胡传揆教授应邀赴日本参加国际皮肤科会议，归来后他对未来工作进行了认真思考和规划。他曾明确表态要做好三件事：一是针对性病、麻风、头癣的研究，做好扫尾工作；二是培养人才，造就一批具有真才实学的队伍；三是组织人力对牛皮癣进行研究，并准备在10~20年内做出成绩来。然而令人遗憾的是，自1983年10月以后，无情的病魔缠住了胡传揆教授的身体，他不得不离开医疗、科研的第一线。

早在1976年10月19日，胡传揆教授就亲笔写下了遗嘱："不火化，不留骨灰；病解后尽量利用其他组织及骨架，以利教学，凡以我个人名字的存款，一律交北医党委补助皮肤科（主要是附属一院）的科研经费……"可敬的胡老，真是鞠躬尽瘁，死而后已。

胡传揆教授因长期患病，于1986年3月17日6时25分在北京医学院第一医院逝世，享年85岁。他的逝世使我们失去一名肝胆挚友，使我们失去了一名优秀的医学大家，使我们失去

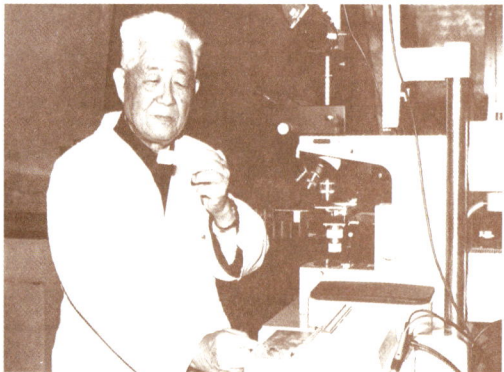

图2　胡传揆教授在工作中

图3　1982 年 5 月胡传揆(左一)参加第十六届世界皮肤科工作者会议，随中国代表团在日本东京

了一位德高望重、经验丰富的老师。胡传揆教授仙逝后，他的遗体制成骨架巍然屹立在北京医科大学解剖学教室，如同他生前站在讲台上一样面向着学生。他将自己的一生，甚至连死后都献给了为之奋斗终生的皮肤性病科学和医学教育事业。

纵观胡传揆教授的一生，是对皮肤性病学事业鞠躬尽瘁的一生，是功勋卓著成绩斐然的一生，更是对后世影响深远的一生。

胡传揆教授对我国的医学教育做出了重大贡献，他是新中国皮肤学科的创建人之一，在教学和临床实践中培养了许多学生，现在多人都成了各地的皮科专家和领导骨干。他为创建北京医学院新的四所附属医院，倾注了大量心血，是我校师生十分爱戴的领导者。

胡传揆教授是中外著名的皮肤科专家。他在消灭性病、防治头癣、控制麻风病方面都有突出的成就。他先后发表的专著和论文达 60 余篇，其

图4　胡传揆教授遗体骨架(左)及遗嘱

中关于皮肤病方面的 26 篇,梅毒方面的 22 篇,内分泌遗传学方面的 20 篇,仅对皮肤病性病学有创造性贡献的就多达 13 篇。他的《皮肤病及性病学》《我国对梅毒的控制和消灭》《梅毒在世界的传播及在中国的消灭》等专著,都有很高的理论和实践价值。

胡传揆教授还是一名出色的领导和学科领头人。他曾历任北京大学医学院院长,附属医院院长及皮肤科主任,一级教授,任卫生部性病麻风研究委员会主任委员、北京医科大学名誉校长、中国医学科学院皮肤病研究所所长及名誉所长、中华医学会副会长及皮肤科分会主任委员、北京生物医学工程学会理事长、国家科委委员及全国政协第四、第五、第六届委员等重要行政及学术职务。他还是《中华皮肤科杂志》创刊者及总编辑。

胡传揆教授把自己的一生都献给了他为之奋斗的皮肤性病防治和医学教育事业,他是中国皮肤科医师的光辉榜样,是皮肤科学界的一代宗师,胡老将永远活在人们的心中!

李航　北京大学第一医院

跨越三个世纪，成就一代宗师
——缅怀我国杰出的皮肤病学教育家杨国亮教授

杨国亮（1899—2005），四川邛崃人，著名皮肤病学家，我国皮肤病学奠基人之一。1932年毕业于国立上海医学院（现复旦大学上海医学院），后留学美国，为美国皮肤病研究学会名誉会员。著有巨作《皮肤病学》，主编有《药物反应》。曾当选上海市第七届人大

图1　阅读中的杨国亮教授

代表，历任上海市政协委员、卫生部医学科学委员会委员、中华医学会皮肤科学会副主任委员、上海皮肤科学会主任。

一、因缘际会、初遇导师：引导一批青年学子跨进皮肤病学科

那是62年前的事情了，但现今想来依然记忆犹新。1953年的一个秋天，上海医学院古老的大楼顶层的阳台西角亭，来自全国各地的53名年轻学子陆续走进教室，大家虽互不相识，但却怀着一个共同的愿望：殷切地等待盼望即将指引他们终身事业的导师杨国亮教授的出现。开班准时，一位戴着金丝边眼镜、颇具学者风范的前辈走进了教室。他身材不高，但精神抖擞，双手捧着多本不同厚度的书本。这位前辈，正是所有在座的同学们热切盼望见到的杨国亮教授。

杨老十分高兴，一边用兴奋而愉悦的眼光快速地环视着大家，一边滔滔不绝地讲道："……要创建我们自己的皮肤科事业……我们是伟大的皮肤科……皮肤是人体的一个重要组成部分，是反映人体健康状况的一面镜子。"当时，像我们这样的门外汉对杨老的引言还不太能理解，但随着学习的深入就越发能体会到其中的深层含义。

这个班级缘何而来？何以一下子就出现一位著名的临床专业教授，并表示对这一班级如此由衷的欢迎？说来话长，这是杨老师深思推考已久的一件大事，可谓来之不易。我国的皮肤科要如何后来居上，又该如何快速地发展，这些问题不仅承载着我国广大皮肤病患者的殷切期盼，也是我国皮肤科事业发展的迫切需要。因此，经过杨老多年的努力和殷切的关心，卫生部终于批准在上海医学院开办这一皮肤性病专业班。

图 2　杨老培育的皮肤科专业班于 1957 年毕业时的全体师生合影

二、严谨治学、知行合一：结合临床实践的教学风格

经过开始两年对基础学科的学习，我们逐步迈入临床的科目学习，这增加了我们接受杨老教诲的机会，因而不断地领受到老师为人的魅力和学识的渊博。当然，一定程度的紧张和顾虑是必然的，主要是怕不能达到杨老的高要求。

首先，皮肤科教材是一件棘手却又迫切需要解决的难题。当时我国的皮肤科还处于萌芽状态，没有优质的参考书，更别提统编的教材了。20世纪 50 年代，虽然也有一些英文的参考书，但既难看到又难借到，更不要指望能够拥有了，此外同学们的英文水平也是一大问题。因此，杨老只能边阅、边译、边编，每次上课前油印成讲义，现发现讲，或先发后讲，有时接不上就只好先讲后发。这本教科书以国外参考书为样本，但又结合了杨老本人丰富的临床经验作为合理的解释、定位与探讨，如湿疹样皮炎这一病名至今仍然是存在争议的课题。这种教学方法使我们大受启发，因为它既有理论基础，又有思考与挑战，而不是人云亦云。

随着临床教学的深入，我们与杨老有了更多的接触。在巡视病房和病例讨论中，杨老始终强调："我们有这么大量的病例，必然蕴藏着不少未被发现的病种有待进一步地发掘和认识。"真是"黄金遍地，只怕无心人"。同时还指出："每一个病例都有自身的特点，这些常是我们学习的对象，可以成为我们学习时的老师。"因此，通过书写病房的病史就经常成为我们实际上学习的过程，同时门诊和病房也成为严格锻炼我们工作作风和学习态度的场所。通过对病史中皮损的描述，我们打下了临床学习的基本功，认识到基本损害的特征和鉴别方法，进而了解到它对疾病诊断的重要性。在病房，杨老查看每一位新入院的病员，带着病史记录在病员面前仔细地核对着皮损的描述。杨老从不放过一丝细节，因此每次查房后大家总是忙于修改和补充，个别的甚至要在杨老的指点之后重写皮肤科的检查部分。

在皮肤科病房，有相当一部分患者患的是慢性病，住院时间长，有的是按月计，有的甚至是长年入住（无法与目前快速床位周转率相比）。因

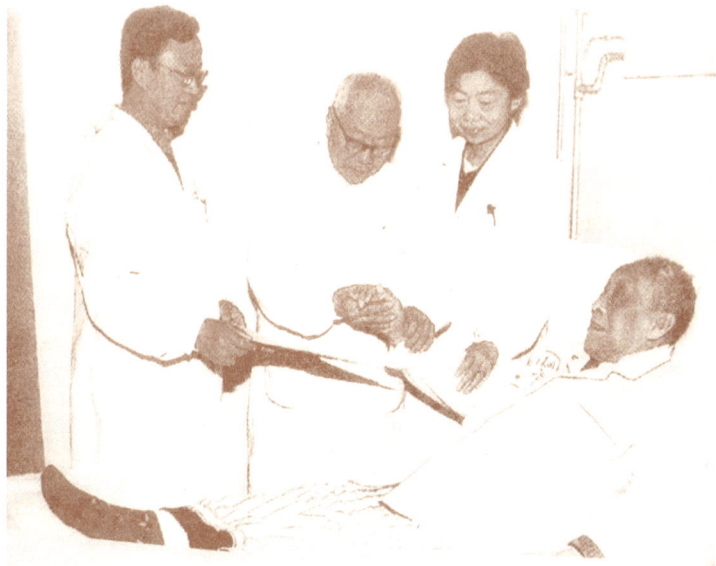

图3　杨老（左二）带领中年骨干医师查房

此,病史的阶段小结就显得十分重要,它有利于对病情动态的分析与综合,规划病人的疗程,以便向上级重点汇报讨论以及今后的交接班等。受杨老的启发,有些同学就用病例报道的形式来写,在很大程度上提高了临床水平。杨老的指导也成为一种很有意义的临床理论和实践相结合的教学模式。

三、临床提课题、科研为临床:促成青年学子成长为一名学术型的皮肤科医师

青年学子应该成为怎样的临床医师,特别是在一个有教学任务的医院环境下应该如何成长?杨老在平时的谈话中,经常提醒我们不能只做一名"头痛医头、脚痛医脚",简单开开处方的医师。对疾病首先要有一个正确的诊断,尽可能要了解发病的机理和疾病的本质,以及疾病和整体的关系。因此每一位分配到科室的年轻医师都必须先被安排到内科去轮转一年,以便他们对整体有一个全面的了解。

由杨老创建的上海医科大学华山医院皮肤科,经历多年的发展和累积,在 20 世纪 50 年代逐步在病员中树立起很高的威望。一般的群众说到华山医院,常把它的皮肤科、神经外科、手外科并列,冠以"皮厚、头大、手长"的称号。皮肤科一天的门诊量平均可达上千人次,夏令季节或可超过每天 2 000 人次,病员几乎来自全国各地。由于存在大量的皮肤病例,如何在完成任务的同时提高医疗质量成为重中之重,为此杨老逐步开辟了专门针对较常见而发病机制又较复杂的专病门诊,由拥有一定经验并对这一疾病又有兴趣的 1~3 位医师组成,这些病例包括银屑病、特应性皮炎、白癜风、红斑性狼疮、血管炎、大疱性皮肤病、职业性皮肤病等等。经过一定的时间,这些专病门诊无论在诊断、治疗和对疾病的认识上都有很大程度的提高,并能总结成文在国内外的杂志上发表。华山医院皮肤科也培养出了一批又一批学术水平高超的年轻专家。

此外,当时为了贯彻政府的卫生工作方针,杨老积极地带领了一批青年医师深入广大郊区及更远的地方,为稻农皮炎、蔬菜日光性皮炎以及如麻风、头癣、疥疮等之类的感染性和传染性皮肤病做了一系列流行病学的调查研究和防治工作,并加以认真地综合分析,成文报道。因此为皮肤科培养了一批优秀的职业性皮肤病学专家。

四、跨出大门、走向世界：加强与国际学术交流

杨老高瞻远瞩，十分重视外语的学习。早在20世纪六七十年代就规劝我们有时间、有机会不要放松对外语的学习，对青年们还要求多掌握几门外语，但英语是基本的。因此在我们科里能看懂2~4门外语的人很多，比如除懂英语外，还懂日文、德文、法文和俄文等。在《外文摘要》的杂志恢复后，杨老更要求大家积极投稿。杨老经常参与审稿工作，并常对有些不应出现的问题提出批评。因此，每月我科在杂志上发表的外文文摘大多在10篇以上。

在我国改革开放政策刚开始不久，杨老就与他在海外的一些他曾教过的优秀学生们进行联系，同时积极推荐科内的青年医师外出进修、研读学位和以学者身份访问之类的方式来提高自身的业务水平，并引进国外的一些著名学者来我科讲学。记得杨老请来的第一位专家，是1979年来上海参加皮肤病学会的Baer教授，杨老全程陪同参观。Baer教授是美国纽约大学医学院皮肤科主任，也曾担任世界国际皮肤病学委员会主席（1972—1977），讲学的内容主要阐述了他们科内当时最新发现的，即朗格汉斯细胞在接触性皮炎发病机制中的关键性作用。之后又络绎不绝地有法国、日本等国的学者和专家来我科参观，杨老尽量推荐相关的青年医师陪同出席，意在使我们尽快熟悉国际潮流并能接触一些杰出同行。随着时间的推移和青年医师的逐步成长，我科确实也出现了一些出席国际会议并参与学术交流的青年医师。这些卓越的成绩都和杨老的辛勤劳动与不懈耕耘息息相关。

五、教书育人、以身作则：一位让人肃然起敬的尊长

杨老不是一位只管业务而不闻窗外事的学者。他本人除了不断要求进步、紧跟形势外，还强调所有科内的人员应尽心尽力做好本职工作，特别是对待病员的服务态度一定要好。杨老话不多，是一位时间永远不够用、故而没有时间用来闲聊的人。平时的杨老比较严肃，但在我的印象中似乎回想不起他曾与病员发生争执的情形，而有时倒是因为观点不同，在同事间或可看到他高调对峙的一面。在我们看来或许是他的要求过高，他多次强调不应在患者面前指手画脚地叫"病人"，而应当以当时最通常的称呼"同志"来表示对病员的重视和尊重。

此外,杨老还十分重视集体的纪律。最突出的是他在任何情况下都有很强的时间观念。例如每次查房和开会,他老人家总是准时到场,只有早到二三分钟,绝没有迟到的时候。清楚地记得有一次在大查房时,大家因为十分尊重杨老都按时赶到,唯有一位外来的医生无故迟到了五六分钟。虽然一齐参加了查房,但在结束查房进入教室讨论病例前,杨老首先讨论了关于迟到的不良影响。杨老严肃地指出,集体活动中若不遵守时间,特别是在可能影响会议正常进行的情况下,会因一个人的疏忽浪费大家多少时间。因此希望大家认真配合,不应让这种情况再次发生。

六、结语

我国杰出的皮肤病学教育家杨国亮教授于 2005 年离开了我们。他在世的 106 个春秋,跨越三个世纪;他为我国医学教育事业辛勤耕耘 70 余载,贡献巨大,特别是在培育大量皮肤科骨干人才方面功不可没。他为我国皮肤病学留下的"瑰宝"必将延续至更长、更久的岁月中。

在国外,杨老有青中年时结下的友谊;在国内,他悉心培养学生,为我国皮肤科播下种子。他也是我国唯一被美国皮肤病研究学会认可并接受为名誉会员的国际皮肤病学家。在他的 100 周岁华诞时,该学会当时的学会主席特发贺信对他的华诞长寿和在皮肤病学上的贡献表示祝贺。美国当代杰出的皮肤学家 Katz 和 Ackerman 教授曾多次访华,并与杨老会面交谈。Katz 教授担任美国国立卫生院皮肤科主任多年,培养了一批散布在世界各地著名学院和研究院的教授和学者,因此每当被问起在皮肤科最主要的贡献时,他总是十分干脆地回答:"作为一名教师培育学生。"难怪他在和杨老交谈后,"英雄所见略同"地连声赞叹道:"他是一位杰出的人才!希望我们皮肤科能多出这样的人才!"

经过 30 余年的努力,我们 1957 届的同学中,约有半数以上的人已在我国不同地区的教学或临床医院的皮肤科担当了学科的带头人。虽然杨老走了,但他的功绩和影响仍在,特别是他谆谆教导的精神永远植根在我们的心中。他的丰功伟绩细水长流,脉脉相承,万紫千红遍及大地。

康克非　上海医科大学

美国凯斯西储大学(Case Western Reserve University)

高山仰止,景行行止

——记我所知道的尤家骏教授

尤家骏(1898—1969),字修之,山东即墨人。1926 年毕业于齐鲁大学医学院,获医学博士学位。曾任第二届全国政协委员,第一、第二届山东省政协常务委员。1952 年在我国首次发现"黄色酿母菌病"(着色芽生菌病)。在国家级和国外学术刊物发表论文 30 余篇,出版专著和教材 8 部。是我国麻风病防治专业的开创者和奠基人,享有很高声誉。

一、求学路漫漫,成就大专家

尤家骏教授 1936 年毕业于英、美、加拿大合办的私立齐鲁大学医学院,获医学博士学位,留校任教(图 1)。当时任齐鲁医院皮肤科主任兼济南麻风疗养院院长的是美籍皮肤病专家海贝殖(L.F.Heimburger),与其一道工作的尤教授于 1927 年即采用抗酸染色法检查麻风菌,并熟练掌握梅毒螺旋体检测方法。1930 年对头癣致病霉菌做了分类和鉴定研究;1932—1933 年赴奥地利维也纳大学皮肤病院留学,深受德国魏尔肖(Virchow)细胞病理学之影响,奠定了其深厚的皮肤组织病理学基础。

图 1 尤教授在齐鲁大学的服务证封面和内页,亦可见其书法修养

1934 年，海贝殖回国，尤教授就任齐鲁医院皮肤科主任兼麻风疗养院院长（当时疗养院在齐鲁大学院内，归齐鲁大学管理，新中国成立后搬迁到西郊，归济南市卫生局管理）。1947—1948 年，他作为访问学者赴美国哥伦比亚大学中心医院进修皮肤霉菌学，同时被邀请讲授皮肤组织病理学。回到齐鲁医院后，他是当时全国最早开展皮肤病理学和真菌学研究的学者之一。1951 年，他报告了国内首例黄色酿母菌病（即着色芽生菌病）。1954 年，同科副主任刘春林报告了国内首例孢子丝菌病，由此可见该科真菌学功底之一斑。

1948 年，尤教授代表中国出席在哈瓦那召开的第五次国际麻风大会，并作了"麻风分类"的学术报告，受到了与会专家们的高度重视。

1952 年进行院系调整，原由英、美、加拿大主办的齐鲁大学改为山东医学院，外国专家均已回国，尤教授被任命为山东医学院一级教授、皮肤病教研室主任、山医附属医院皮肤科主任和全国麻风病研究组组长。

在尤教授倡议下，经省政府批准，于 1955 年成立了山东省麻风病研究所（即现在的山东省皮肤病性病防治研究所前身）。他被任命为首任所长，其后该所与山东省性病研究所合并，易名为"山东省皮肤病性病防治研究所"，尤教授仍兼任所长，山东省立医院皮肤科主任郭子英教授兼任副所长（图 2）。

图 2　1955 年尤教授（前排右二）与部分省皮研所医生合影

二、授业兼解惑,桃李遍天下

尤教授著述甚多,著有《麻风病学概论》《麻风病学简编》《麻风病理图谱》《神经血管梅毒》《梅毒临床图谱》,与杨国亮教授合编《麻风临床及病理图谱》,并多次参加全国高等医药院校教科书《皮肤性病学》的编写,发表论文数十篇,均有很高的学术价值和独到见解。

尤家骏教授是新中国麻风防治事业的先驱之一。他受卫生部委托,自 1951 年到 1957 年,先后在山东医学院举办全国麻风防治研究培训班 5 期,培养了来自二十余省市的高级医师 114 名。1952 年应卫生部邀请,在兰州举办了西北五省皮肤病和麻风培训班。参加上述培训班的学员们后来都成为各省市麻风皮肤病防治研究所骨干,不少成为麻风皮肤病专家,如邓云山、刘牧之、汪洋、韩丹銈、孟梅白等。

尤教授曾被选为第二届全国政协委员,第一、第二届山东省政协委员,中华医学会皮肤科学会委员、全国麻风性病研究委员会委员、《中华皮肤科杂志》编委、山东医学会理事、山东皮肤科学会主任委员。1956 年出席山东省先进工作者代表大会,会上他被授予"个人先进特等奖"。

三、聆听教诲,感受恩泽

五十多年前,我就读于山东医学院,当时就有幸聆听过尤家骏教授的授课,领略其魅力四射的学术风采。他走上讲台的第一句话是"同学们只听我讲即可,不必看书",然后是娓娓漫谈,甚至从台前走到台后,边走边讲,从不照本宣科,其内容有血有肉,绝无空泛枯燥之感。

出于对尤家骏教授的钦慕,我从山医毕业后,将第一志愿定为以他为所长的山东省皮肤性病防治研究所,继续当他的学生,因此有机会多次到济南广智院街 47 号他的私宅诣前请教。姑且不谈具体的学术问题,单就他讲的有关个人的经历,其内涵之深刻,足以发人深思——"我毕业后从事皮肤科学并兼麻风疗养院院长,我的同学们对我很不理解,说:'我们齐大医学院每年才毕业二十余人,被视为珍宝,干哪一科也比干皮肤科和麻风有前途,你还缺这碗饭吃吗?'但我认为,越是人们轻视的、不愿从事的事业越有意义,如麻风患者,自古以来被人们歧视,对其惧之若狼,畏之若虎,甚至遭到各种迫害,他们是世界上最痛苦的人群,因此,也最需要医生的关爱……"他还对我说过:"唐代孙思邈是我国古代最伟大的麻风专家,著有《千金方》和《千金翼方》,他亲自诊治过600多例麻风患者,包括初唐四杰之一的卢照邻。孙思邈之所以被人们尊为'药王',成为精诚大医,是因为他做到了'胆大心细、智圆行方',古书上记载:有一巨龙,从天而降,龙头俯在孙思邈的院子里,张着血盆大口,当时全家人都被吓得躲入床下,唯独孙思邈镇定自若。他想,该龙定是吃野兽被骨头卡在咽部,故来求救,于是他找了一段木头将龙口撑起,果见巨骨在咽,于是伸手将骨头取出,该龙腾空而起,三次点头以示答谢,如无胆大心细谁能为之? 他不但聪慧过人,而且对病人不分贫贱富贵,当如至亲,一视同仁,因此他是智圆行方之大医。"这虽然是一个神话故事,但富有哲理和教育意义。

他从不以专家的身份而矜持作态,在学术会议上,他常谦虚地说:"鄙人既不专,也不家,而是普通的医务工作者,这并非客气,乃是心里的实话。"

四、言传身教,知行合一

尤教授治学严谨,一丝不苟。他作为山东医学院20世纪50年代第一批博士研究生导师,他的第一位博士研究生张宝义教授,今年已年过九十,和他一样严谨治学,在山东医学科学院劳动卫生职业病研究所期间,多项研究课题获奖,深得同道们的赞扬。尤教授确信严师出高徒,"在齐鲁大学读书时,我们班一位浙江同学,在考药理学时,交卷后他立刻发觉关于士的宁的剂量答错了,他在既未和别人商量又未查书的情况下,要求对答卷进行修正,监场的那位英国教授看了下他的卷子,神态严肃地对他说:'剂量大了100倍,患者已死了3分钟了,你必须留级!'同学们为之讲情,无济于事,这位同学最后留级一年。当时觉得这位教授太过苛刻,但仔细想来何尝不对! 人称医生是白衣天使,如果粗枝大叶就可能成为杀手!"我从医五十多年来,始终以此事引以为戒,使我受用终生。

尤教授坚持理论联系实际的教学方法,历届医学院的学生都在他的带领下到济南市麻风病院去实习一天。为了让学生抓住结核样型麻风和瘤型麻风的皮损特点,他将前者的皮损特点概括为"高(高出皮肤)、清(边界清楚)、鳞(表面有鳞屑)、圈(可为环形)";后者概括为"高(高出皮面)、浑(边界不清、呈浸润状)、光(表面光滑无鳞屑)、脱(脱发、脱眉)"。

麻风的实验室检查常用齐–尼氏染色(抗酸染色),组织病理用常规的 HE 染色,瘤型麻风的组织病理特征是泡沫细胞,而结核样型麻风是似上皮细胞(上皮样细胞肉芽肿)。为了便于记忆,他要同学们记住"齐–尼氏,HE,泡沫细胞似上皮"。重点突出,朗朗上口。对如何触摸浅神经、如何检查患者的痛觉和浅触觉、如何做毛果云香碱发汗试验,他都是现场示教、不厌其烦。他对麻风患者和蔼可亲、嘘寒问暖的服务态度,对消除人们对麻风的恐惧和歧视起到了现身说法的示范作用。

五、倡建麻风村,惠今且泽后

尤教授在建国初期倡建的麻风村,对隔离传染源、阻止麻风流行发挥了重要作用。在他亲自指导下于 20 世纪 50 年代初建立的山东省海阳县麻风村,从患者的生活、医疗到管理都得到患者和领导的好评,兄弟省市参观者络绎不绝,很快该模式推向全国各地,该县皮肤病防治站站长孙延杰被选为全国人大代表,受到了毛主席和刘少奇主席的接见。

1987 年,卫生部顾问马海德博士来山东省皮研所,仔细察看了山东历年来保存的各县、市麻风患者的档案资料,并实地赴济南皮防院考察了住院麻风患者的医疗和生活状况。他在全所职工大会上说:"我这次来山东,亲眼见到了尤家骏教授为山东麻风防治研究工作奠定的良好基础,几十年几万例麻风患者的资料完美无缺、井井有条,这在全国应数第一!"

1994 年,卫生部委派以叶干运教授为组长的麻风达标验收专家组一行 10 人,抽查了山东 8 个市、县的麻风防治工作,包括防治资料和麻风村现场检查,结果全部达标。同年,卫生部下文确认山东省已达到以县、市为单位基本消灭麻风病的标准,山东成为全国麻风中、高流行地区第一个达标的省,受到卫生部表彰。如此成绩的取得,除了几代麻风防治工作者艰辛努力外,尤教授也同样功不可泯。正因为他呕心沥血、奔走呼号,才结出了如此丰硕的成果。

六、乱世罹难,盛世昭雪

"文革"期间,尤教授因被打成"反动学术权威"而屡遭批斗,当时我正在附属医院皮肤科上班,每天看到他拉着地排车、拿着扫帚扫院子,白发苍苍、瘦骨嶙峋,晚上还要接受批斗,这令我黯然神伤,悲愤不已。他的私宅被充公,他在远离医院的两间简陋平房安身。1969 年的一天,我偷偷去探望他,他已高烧数日,精神恍惚,生活已完全不能自理,照顾他的另一位老人(尤教授的妻妹)告诉我,由于医院不为他诊治,几次就诊都被拒之院外。因为没有任何治疗,几天后他终于悲惨地离世! 一代皮肤科著名专家竟死于非命! 在那"史无前例"的岁月里,我作为他的学生竟束手无策,生不能相助以解危,死不能扶柩以致哀,内疚不已、萦怀终生。

日月蹉跎、白驹过隙,虽然尤教授已去世 40 余年,但他一丝不苟的工作作风、鸿博的知识素养、严谨的治学态度和高尚的医德医风却永远留在我和同道们的记忆中,他成为我们永远的师长、永远的典范。

图 3　1998 年尤教授百年诞辰省皮研所为其立大理石雕像

"四人帮"垮台后,阴霾消散,山东医学院为他平反昭雪,恢复名誉。1998 年是尤教授 100 周年诞辰,山东省皮肤病防治研究所,为这位首任老所长举行了隆重的大理石雕像揭幕式(图 3),其底座之背面雕刻了我为他书写的生平简介,昭示着他在皮肤科学事业上的卓著贡献将永垂史册,岁月的风尘将永远为他鸣奏不朽的赞歌。

赵天恩　山东省皮肤病性病防治研究所

马海德与中国的麻风防治事业

马海德（1910—1988），原名乔治·海德姆，祖籍黎巴嫩，出生于美国。1933年取得日内瓦医科大学医学博士学位。为考察中国正在流行的东方热带病，于1933年来到上海。1950年马海德正式加入中国国籍，协助组建中央皮肤性病研究所，致力于性病和麻风病的防治和研究，并取得世界范围内的成果。曾任中华人民共和国卫生部顾问，全国第五届政协委员，第六届和第七届全国政协常务委员。2009年被授予新中国成立以来感动中国人物。

马海德是著名的医学博士、理学博士，也是中国医学发展里程碑上功不可没的皮肤、性病、麻风病专家。他传奇的一生中有许多第一：是第一个参加中国工农红军，第一个加入中国共产党，第一个参加红军、八路军、解放军，第一个加入中国籍的美裔中国人。

马海德，1910年9月26日出生于美国纽约州布法罗城。他为中国的卫生事业奋斗了55个春秋，致力于中国的性病和麻风病的防治和研究，为中国消除麻风病防治性病做出了卓越的贡献。中国人民永远怀念他。

马海德从小便是一个生活节俭、朴实的孩子，儿时家中拮据，遭到同龄儿童的歧视，便拼命攻读学业，一直都是班上的佼佼者。8岁那年，马海德患流感，家中无

图1 马海德（乔治·海德姆，1910—1988）

钱医病,有幸遇见一位老医生,不仅治病不要钱,还赠予他一些糖果增加营养,马海德深受影响,此后便立志一定要努力学习,长大后像老医生一样,不分贫贱,救世济人。1929年,马海德作为高才生进入黎巴嫩首都贝鲁特的美国医科大学,1931年转到瑞士日内瓦大学攻读临床诊断,1933年毕业,获医学博士学位。在校期间,他专门研究皮肤病学,其毕业论文《关于性病诊断、治疗的实验方法》论据充足,论点独到,受到了专家和教授的称赞。

毕业后,马海德为了考察当时在东方流行的热带病,便和同学克士、雷文生结伴来到中国上海。他们原计划只停留一年便返回美国,但当他看到帝国主义对中国的侵略和政府的腐败给中国人民带来的深重灾难后,深受震撼,毅然放弃美国优越的工作条件,决定留下来和中国人民一起从根本上改变中国东亚病夫的面貌。他曾说:"我对人生和世界,有我自己的看法,我知道我需要什么,为什么我需要它。并且为了得到它应该如何去做。我将愉快地、艰辛地去工作。我永远不会去当一个有钱的阔大夫,我从来也未曾如此想过。"在毛泽东主席的盛情邀请下,经宋庆龄先生的大力协助,他是第一位被接纳成为真正的中国工农红军战士的外籍人士,并忠诚不渝、坚定不移地为中国人民解放事业和健康事业奉献了一生。

1949年新中国成立前夕,周恩来总理接受马海德的申请,马海德成为中华人民共和国第一位外国血统的中国公民。1950年,马海德被任命为中华人民共和国卫生部顾问,他提出建议,成立中国的皮肤病、性病研究所,主要从事对性病、麻风病、头癣的防治和研究工作。1954年,中国皮肤病研究所正式成立,期间他制定了消灭性病的计划,同时积极进行麻风病的流行病学调查。1958年,马海德带领医疗队去往海南,深入到麻风病院和少数民族地区的麻风村仔细为麻风病患者作检查和治疗。1959年,他又在江西培训了一支麻风防治队伍,亲自带队跋山涉水,走村串户,送医送药,使江西省的麻风防治工作得到了迅速的发展。

1964年,我国在"全国基本消灭性病"工作上取得了辉煌成就,他功不可没。随后马海德便把主要精力集中到消灭麻风病上。当时在中国,麻风病已经流行了几千年,人们对麻风病人普遍存在恐惧感和歧视心理。

麻风患者就像是"魔鬼",或者被赶到荒山野岭,或者被活埋甚至活活烧死,就连麻风患者的家属也被人们嗤之以鼻,可谓一人患病,全家遭殃。在这种艰难的前提下,马海德亲自率医疗队前往麻风病院来了解病人生活及医疗情况,向当地领导提出许多改善病人条件的建议,不辞辛苦,夜以继日。他更从科学的观点和革命的人道主义出发,对麻风病人寄予无限的同情。他大胆提出了以"降低发病率,提高治愈率和保护劳动力"为目的的综合性防治措施,根据国情首先确定在江苏海安县和广东潮州建立两个麻风综合防治研究基地。1960年到1965年间,马海德五下潮州,无论是炎阳炙人的夏季,还是风雨交加的雨季,他坚持和麻风村的医护人员一起前往基底普查、治疗病人。马海德在积极建立麻风村的同时,还不断强调社会防治的重要性和必要性,他对麻风病的防治做了大量的研究,不主张把麻风病人完全隔离起来,以免在病人心理上造成一种自卑情绪,很不利于患者的治疗与康复。他从科学理论和医疗实践上去宣传群众,说服群众。他言传身教,在进入麻风病区时不穿隔离服,并主动和病人握手;在病人家中,和病人同桌饮茶,甚至把病人的脚放在自己的腿上检查足底的溃疡。正当马海德踌躇满志为消灭麻风病疲于奔命之时,一场"文革",却打乱了他消灭麻风病的宏伟计划。

十年动乱虽然阻碍了他前进的步伐,却没有动摇他在中国消灭麻风的决心。十一届三中全会为马海德再展宏图开辟了另一片广阔的天地,那时他虽已年过古稀,并且身患癌症,可他利用生命中最后的时光争分夺秒地为中国的麻风防治事业做出了不可磨灭的贡献。他说:"要干的事情太多,太难啊!必须大干,快干,拼命干。"在党中央和卫生部的支持下,他以改革开放的方针为指导,从麻风流行病学、治疗学、病理学、免疫学等方面进行分析研究,以提高中国的麻风病防治水平。为了杜绝社会上群众对麻风的恐惧以及对麻风病人的歧视,他认真地研究了麻风病的传染源和传播途径,查阅了大量的国内外资料,科学地分析和研究了国内麻风病的实际情况,最后提出:"麻风病可防、可治、不可怕"的科学论断。他还应邀带领两名中国麻风专家周游八国进行调查研究,考察各国麻风的发病情况,交流各国麻风病的防治办法。他从科学的角度向群众宣传:麻风病只是一种皮肤病,它损害神经系统而不侵入内脏,麻风杆菌离开人体后不易生存,传染性很小。病人经过服药后,麻风杆菌就会失去活力。人们是因为生活条件差,导致抵抗力降低,同时长期密切接触有传染性的患者才被传染上麻风病的,而不是通过食物和简单的接触被传染的。他根据国内麻风发病通常是一户中只有一名患者,证明麻风病不遗传,也和性生活无关。

他常说:"麻风病并不可怕,可怕的是人们头脑里的恐麻思想和对麻风病人极不公正的待遇。"他不断呼吁:应该科学地防治麻风病,倡导麻风患者回归社会,解除隔离,让患者享受他们正常的社会生活。他认为"麻风病人精神上的痛苦胜于肉体上的痛苦"。他不仅自己看望病人时不戴口罩、手套,不穿隔离衣和靴子,主动和病人握手、拥抱,还带着夫人、儿子去麻风病院看望麻风病人,让夫人、儿子和病人握手交谈。在他坚持不懈的努力和倡导之下,相关机构于20世纪80年代开始,逐步解除对麻风患者的隔离制度,对于新发病的麻风患者采取新的科学治疗模式,废除隔离制度,在防治人员的有效监测下,患者在自己的家庭内接受治疗,定期随访。

有一位叫徐人才的男病人,面部红肿手指不灵活,马海德见了就伸出右手拉病人的食指,检查病人神经损伤情况,并边做示范边对医疗人员说:"这样的病人,从现在就要开始做康复工作。"有一位叫陈育成的女病人,因误诊为风湿,有了身孕,后来确诊为麻风,夫妇俩想引产,马海德得知后便亲切地拉着病人的手说:"麻风不会遗传,好不容易怀了孩子,不要引产,明天来吃药吧,希望你生个胖娃娃。"马海德去探望几个眼睛受损的麻风病人后,叮嘱病院领导:"麻风病人眼睛受损的比较多,要培养些眼科医生来治疗。"他还握着病人残废的手惋惜地说:"要教育病人保护肢体,手脚坏了会给病人带来极大的困难啊!"浙江有个麻风病人的孩子入幼儿园遇到了困难,马海德知道后立即催办,他说:"不能歧视麻风病人的子女。"凡是麻风病人和他们的家属遭受歧视,只要他知道了就坚决地出面保护,并且及时写信安慰病人。

马海德先生十分重视麻风患者的个人生存权利,在20世纪80年代初期,他关注到婚姻法中有一条是关于麻风患者严禁结婚的条款,他认为这并不符合医学的科学原则。当时他担任全国政协常委,及时做出有关提案并借与有关中央领导见面的机会，不断呼吁应该废除该条款，给予麻风病人自由结婚的权利。经多次呼吁，引起了相关部门的高度重视，经过多次认真咨询相关医学专家的意见，终于在 2001 年第三次婚姻法修正案中，删除了麻风患者严禁结婚的条款。这一符合医学科学的婚姻法的修改，不仅是给予麻风病人自由结婚的权利，也是对这位伟大的国际主义战士在天之灵的欣然告慰。

虽然身体每况愈下，马海德依然积极开展中外医学界的合作与交流，广泛争取国际上的援助。1980 年，他根据医学科学不断发展的新形势，首先把国际上防治麻风病的新技术——强杀菌联合化疗引进中国，这是一种将多种药物同时使用的治疗方法，联合用药能在短期内使麻风杆菌失去传染性，并能缩短疗程，避免耐药，减少畸形。少菌型病人半年即可治愈，多菌型病人两年就能全好。由于新技术的引进和推广，结合我国麻风病多年防治工作的实际，马海德于 1981 年首先科学地提出了"中国在 2000 年基本消灭麻风病的奋斗目标"。在马海德的提议下，卫生部于 1985 年召开了全国麻风宣传工作会议。他亲自主持大会，并首次召开了麻风防治工作新闻记者招待会。从那以后，国内各家新闻单位对麻风病防治工作的宣传开始逐渐增多，加强了对麻风病的科普宣传，为扭转社会人群对麻风病根深蒂固的歧视和偏见产生了十分重要的作用。

为了切实落实 2000 年中国实现基本消灭麻风病的宏伟目标，马海德先生自 20 世纪 60 年代初期亲自向中共中央及国务院建议，成立"中国麻风防治研究中心"——为更好地控制中国的麻风病流行，逐步达到在中国基本消灭麻风病的宏伟目标。这一建议中途因"文革"而未能实现，直到 80 年代初改革开放后，这才最终得到中共中央及国务院的批准，几经筹备，于 1985 年 11 月 26 日在广州市迎宾馆召开成立大会，宣布成立"中国麻风防治研究中心"，该中心主任由马海德先生亲自担任。"中国麻风防治研究中心"面向全国招募了当时国内顶尖的麻风防治专家郑迪生（矫形外科），杨理合（流行病学），孟梅白（免疫与病理），赵西丁（预防及治疗）及一批来自国内著名医学院校的优秀研究生和本科生，顺利完成了中心的筹建工作。时任广东省省长叶选平对"中国麻风防治研究中心"的成立给予了大力支持，为中心的成立专门协调出 300 个广州市的户籍指标,并划拨南海平洲 100 余亩土地,作为"中国麻风防治研究中心"驻地(现为广东省人民医院平洲分院区)。卫生部长崔月黎,副部长顾英奇,WHO 西太区主任中岛宏, 国际麻风协会主席勒夏,Sasakawa 基金会主席笹川良一及广东省长叶选平亲自参加了"中国麻风防治研究中心"成立大会(图 2)。会议同时还成立了"中国麻风防治协会"、"中国麻风福利基金会"。该成立大会的高规格、隆重召开,标志着中国政府对麻风防治工作的高度重视,并在国内和国际社会产生了十分重要和深远的影响。

图 2 1985 年 11 月 26 日,中国麻风防治研究中心成立大会会场(右四马海德)

成立大会后,由马海德先生亲自主持召开了中国第一届"国际麻风病学术交流会",并首次向全世界宣称中国将于 2000 年达到基本消灭麻风病的计划。为配合中国麻风防治研究中心的成立,满足中国麻风防治研究工作进展与交流的需要,1985 年 7 月, 马海德先生亲自创立了由时任中共中央书记处书记习仲勋题写刊名的《中国麻风杂志(季刊)》(图3),并担任杂志主编,常务副主编由国内著名麻风专家赵西丁担任。该杂志的出版发行对促进我国麻风防治研究工作发挥了十分重要的作用,出版发行 14 卷后,因工作需要,于 1999 年转由山东省皮肤病性病防治研究所,并于当年更名为《中国麻风皮肤病杂志》出版发行至今。

在来自 26 个国家和地区的 120 多位著名的麻风专家出席的"国际麻风病学术交流会"会议上,各国代表通过与马海德的深切交流,对中国 2000 年消灭麻风的计划充满了信心,他们主动找马海德交流,均表示愿意为中国消灭麻风病贡献力量。为了引起全社会对麻风病人的重视,马海德根据世界卫生组织的规定,提议把每年第一个月最后一个星期日作为中国的"麻风节",并健全了麻风防治指挥系统和防护网,成立了麻风病研究指导中心和培训麻风防治骨干的基底。"中国麻风节"的提议很快得到了人民政府的认可。1988 年,中央和有关部门的领导亲自参加了"中国麻风节"建立大会。此后,几家全国性的报纸也分别对麻风病的防治工作做了宣传报道。在马海德的影响下,现在每年的春节和麻风节,各级的领导都主动看望麻风病人,并已形成一个制度。全国的麻风防治人员为病人查病时,大都不穿隔离服。许多麻风病人在家里接受治疗。治愈的病人有的当上了小学校长、民兵队长,有的还成了万元户。

麻风病的防治工作得到了顺利的进展,人们对麻风病的恐惧和偏见得到了消除。为了保证中国有基本消灭麻风病的药品和设备,马海德先后出国走访了十几个国家,他以中国卫生部顾问的身份亲自与世界多个国家的麻风防治协会、麻风基金会谈判,充分利用国际 NGO 组织寻求国际援助。经过充分地谈判与讨论,日本、加拿大、英国、联邦德国、美国、荷兰、意大利麻风防治协会、基金会都和我国麻风多发的省区建立了免费提供麻风防治技术及治疗药品的对口支援协议。比利时政府与中国政府签署了协议:援助两亿美金用于帮助中国完善和建立各省的麻风康复中心。由他争取的大量国际援助,使我国达到"2000 年消灭麻风病"目标所需的药品和各种设备都有了基本保障, 为 2000 年中国基本消灭麻风病奠定了坚实的基础。

在防治麻风病的措施方面,马海德经过多年到国外的考察,总结基层的经验教训,根据医学科学的发展,从中国的实际情况出发,提出了麻风病防治工作在新形势下的"四个转变":一是由住院隔离治疗转变为社会防治,这一转变大大减轻了病人的心理负担;二是由单一药物治疗转变为多种药物联合治疗,大大缩短了治疗周期;三是由单纯的治疗转变为治疗与康复并重,这样不但能保证治愈率,还能保证愈后病人为家庭或社会做贡献;四是由专业队伍孤军作战转变为动员全社会力量共同作战,这一转变,使麻风防治工作有了坚定的群众基础。

马海德不仅致力于在中国完成消灭麻风的计划,他还积极奔走于全世界,将争取全人类的健康当作自己义不容辞的责任。1987年,在世界卫生组织召开的世界卫生大会上,马海德代表我国与麻风病流行的国家共同倡议,把全世界范围内消灭麻风病的目标,作为到2000年人人享有卫生保健的一部分。他的具有广泛国际视野的讲话、把麻风病提高到与人类健康保健相关的层次与高度,博得了世界各地与会代表的共鸣与响应,与会代表共同促使大会通过了一项《走向消灭麻风》的决议。在这个决议影响下,在1988年6月于新加坡召开的麻风联合化疗协调会议上,日本提出要在五年内使亚洲地区麻风联合化疗的覆盖率达到75%;十年内达到100%的目标。1988年9月在海牙召开第十三届国际麻风会议时,马海德病重,没能出席,但在这次会议上,世界卫生组织也积极响应了《走向消灭麻风》的决议,提出到2000年在世界范围内麻风联合化疗的覆盖率要达到80%。马海德曾说:"我们已有一支上万人的防治队伍,在我国消灭麻风病以后,国际上其他国家有需求的,我们可以派医疗队去救援。"马海德无论国内国外,事无大小,事必躬亲,这充分体现了他宽阔的胸怀和广博的国际视野,忠诚于麻风防治工作的态度及友善的国际主义精神。

马海德就是这样一位伟大的国际主义白衣战士,哪怕到了风烛残年,他仍然忘我地将自己全身心投入到医学事业中;尽管他身患肿瘤,已经经过多次的手术治疗,但依然以超强的毅力与疾病作顽强的斗争,与时间和生命赛跑。他长期持续的努力,卓有成效的工作成就,得到中国和国际社会的广泛认可。为了表彰他的卓越成就,新中国历任领导包括毛泽东、周恩来、邓小平、宋庆龄、邓颖超等对他长期在华工作的毅力和成就进行了高度赞扬和祝贺。1988年,中国卫生部授予马海德"新中国卫生事业的先驱"荣誉称号;1979年,美国北卡罗来纳大学授予他"突出服务奖";1982年,他荣获美国达米恩杜顿麻风协会奖;1985年,美国加利福尼亚州向马海德颁发"国际公共卫生及麻风病防治成就证书",1986年获美国艾伯特·纳斯克医学奖,1987年获印度英迪拉·甘地国际麻风奖……

面对二十多个大大小小的国内外奖项与证书，马海德只是谦虚地回应道："这些奖是给中国医务工作者的，我只是一个代表。"

1988 年 10 月 3 日，全国政协第五届执委、第六届常委、中华人民共和国卫生部顾问、中国麻风防治协会会长、国内外著名的医学专家、中国共产党优秀党员、杰出的国际主义战士马海德在他的第二故乡——中国，含笑结束了他那灿烂辉煌的一生。马海德逝世后，当时的卫生部长陈敏这样说道："这位在中国奋斗了 50 多个春秋的老战士，无论是战争年代，还是社会主义建设时期，始终如一，兢兢业业，意志坚定，奋斗不息，他热爱中国共产党，热爱中国人民，热爱社会主义，对自己的真理、理想和事业忠贞不渝；他联系群众，忘我工作，以崇高的无产阶级国际主义精神，全心全意为人民服务，直到生命的最后时刻，他仍关怀着麻风病人的康复，惦念着麻风防治事业的发展，构思着实现 20 世纪末在我国基本消灭麻风病的宏伟蓝图。"

图 3　马海德大夫像

马海德——从一位年轻的美国医学博士开始,在中国整整度过了五十五个春秋,他将自己的全部智慧和精力奉献给了中国人民的解放事业和建设事业,他坚持不懈的努力,改变了中国数十万麻风患者及数百万麻风患者家属的命运。他传奇的一生及对中国麻风防治工作的卓越贡献,始终感动着我们。2009 年,在新中国成立六十周年之际,马海德先生被评为"100 位新中国成立以来感动中国人物"。

他像是一株菩提,远离尘世的私心与杂念,始终秉持着"除人类之病痛,助健康之完美"的信念;他更是一轮不断燃烧的焰火,伴着日月星辰照亮了每一位中华儿女的心!

(本文内容已经马海德夫人苏菲女士,之子周幼马先生及马海德生前秘书申鹏章先生审阅并斧正,在此一并感谢。)

张锡宝　广州医科大学皮肤病研究所　广州市皮肤病防治所

中国现代皮肤科学奠基人之一
——穆瑞五教授

　　穆瑞五(1897—1979)，汉族，北京市人，我国著名皮肤性病学专家，一级教授。1925 年毕业于北京协和医学院，毕业后留校任医师、助教。1929 年赴瑞士留学，在苏黎世大学医学院皮肤科任研究员。1930 年被推荐为在丹麦举行的第八届皮肤科学会中国代表。1931 年春夏赴美国及德国考察，同年秋季回国。后任协和医学院内科兼皮肤科教授，内科兼皮肤科主任。1949 年后到青岛，先后在山东大学医学院、青岛医学院任教授、内科主任兼皮肤科主任、院科委主任、副院长及《医学院学报》主编。1964 年当选为全国第三届人大代表。1978 年任第五届全国政协委员。

图 1　穆瑞五教授像

一、求学探索

　　穆瑞五教授是北京人，1917 年中学毕业后以优异的成绩考入八年制的北京协和医学院，1925 年毕业后留校任教，1929 年被送出国深造，到瑞士苏黎世大学医学院任研究员兼自愿助教。瑞士的旖旎风光并没分散他的精力，他在研究室、实验室里争分夺秒地刻苦钻研，并且熟练地掌握了德文,其全部论文都用德文写出。他的研究工作及在国外发表的一系列有创见的论文,深受医学界的重视。但那还是在旧中国时期,那时的中国人在国际上处处受歧视。1930 年,第八届国际皮肤花柳科学术会议在丹麦召开,穆瑞五教授被推荐为出席大会的代表,这受到了一些有民族偏见人士的非议,当时还是青年学者的穆瑞五教授以其已经在皮肤花柳科方面取得的优异成果,挫败了这些人的非议,最后以亚洲首席医生的资格,昂首步入大会会堂,为中国人争了气。1931 年回国后,穆瑞五任北京协和医学院讲师、代理系主任,1935 年任副教授。1937 年 4 月当选第一届中华医学会皮肤性病学分会委员。1939 年被美国皮肤科学会推荐为通讯会员。

二、"青医"耕耘

穆瑞五教授在 1950 年 9 月应聘到青医附院 (当时为山东大学医学院附属医院,后更名为青岛医学院附属医院,现为青岛大学附属医院)任内科主任、皮肤科主任、教授。1952 年担任中华医学会理事、中华医学会青岛分会理事长,被聘为国家卫生部卫生教材编审委员会特约编审,《中华医学杂志》《中华内科杂志》《中华皮肤科杂志》编委等。1952 年 12 月,穆瑞五教授当选为第二届中华医学会皮肤性病学分会常委,第三届、第四届均当选为副主任委员。1954 年当选为青岛市人代会代表,是山东省第一届政协委员会委员。1956 年,山东大学医学院独立建院,被称为青岛医学院,穆瑞五教授任皮肤科主任、院科委主任。1956 年、1959 年分别被评为青岛市卫生先进工作者、山东省卫生先进工作者。1958 年当选为省第二届人代会代表。1959 年任政协山东省第二届委员会委员。1963 年任青岛医学院副院长。1964 年当选为全国第三届人大代表。1978 年任第五届全国政协委员。

20 世纪 50 年代,国家高教部对一批在各领域有重大贡献的领军人物,在各专业有巨大贡献、知名度较高的专家和学者,评定为"一级教授",这也是几十年来,国家唯一确定的一批"一级教授"。穆瑞五教授作为国内最早从事皮肤性病学工作的学者之一,作为一名在我国皮肤性病学的创建和发展中都做出重大贡献的知名学者名列其中。

五六十年代,青岛医学院曾经有三位一级教授,穆老就是其中之一。

师生们尊称他为穆老,不仅仅是因为他德高望重,事实上,他在几个方面都堪称"老":他是中华医学会入会较早的老会员(1925年),是中国医学界较早出国留学的老留学生(1929年),是较早在国外学术刊物上发表论文的老学者(1928年),是新中国成立后第一批担任医药院校统用教材主编的老专家(1957年),还是高教部、卫生部确定招收副博士(硕士)研究生的老一辈导师(1956年)……他的学术成就享誉海内外,被收入《中国科学家词典》。

三、仁心仁术

20世纪20年代末期,除了性病猖獗外,头癣(包括黄癣、白癣、黑癣)、麻风、雅司病对人民的危害也非常严重。为了找到疗效高、价格便宜的药物,穆瑞五同胡传揆(医学教育家和皮肤性病学家)用醋酸铊进行了研究。这种药物有剧毒,稍一不慎就有致命之虞。为了找到合适的药用量,他们反复用大鼠进行毒性试验,最后终于找出既有疗效又安全的剂量。他们选择北京菜市口一家孤儿院为试点,经过几个月的治疗观察,绝大多数患儿被治愈。1932年,他们发表了《用醋酸铊治疗头癣的观察研究》一文,这一疗法一直沿用到灰黄霉素问世。

新中国成立后,性病减少,直至消灭。穆瑞五教授将工作重点放在了职业性皮肤病和一些皮肤顽疾的防治上。1952年开始,穆瑞五教授率教学医务人员,利用五年左右的时间,在青岛、烟台、淄博、潍坊、周村、济南、天津、北京、郑州、西安、兰州、上海等地,深入冶金、石油、化工等60多个行业、120多个厂矿及人民公社的生产第一线,对职业性皮肤病进行了调查研究,有的还写出了报告,如《制盐业职业性皮肤病的调查及预防建议》《染料厂职业性皮肤病的调查报告》,这些论文介绍了现场调查的各种职业性皮肤病的发生情况,并因地制宜地提出防治建议和方案,当地群众无不衷心感激。如发现青岛大港码头搬运工人多患荨麻疹样皮炎系搬运棉籽内繁殖的米恙虫引起的,经他建议用萘粉、硫黄软膏防治后,患者痊愈。针对此职业性皮肤病,他还培训了许多皮肤科医务人员,为今后巩固疗效和防治工作打下良好基础。穆瑞五教授还利用水母(海蜇)在白兔身上做了许多实验,并撰写了论文,详细阐述了水母蜇人毒素的来源及在白兔身上产生的生理和病理变化。20世纪六七十年代,穆瑞五教

图2　穆瑞五教授在研究室工作

授还开展了使用糖皮质激素加清创治疗坏疽性脓皮病，用盐酸吐根治疗毒鱼刺蜇伤，疗效达100%。

四、潜心钻研

穆瑞五教授是中国早期从事皮肤病学医疗、教学和研究工作的学者。自1927年起，先后在中国、美国、德国、澳大利亚、瑞典等国家出版的15种医学期刊及有关杂志上发表论文364篇，有着很高的理论和造诣。他将一些在临床工作中少见的病例进行了整理和总结，发表在《美国神经病心理学汇录》中。他在对真菌的观察中，将在北京常见发癣的真菌菌种总结发表于《北京发癣的真菌研究》，将对白色念珠菌在正常皮肤上的常见性写在了《对于白色念珠菌的贡献》。穆瑞五教授在进行科研工作中，将动物实验进行了很好的总结，先后编写了《胶体钙于豚鼠的洒尔佛散过敏性产生的影响》《豚鼠与白兔身体各处对新斯凡纳明有不同的过敏性》《白兔和棕兔对梅毒螺旋体表现的不同感染力》《雌激素对于在家兔内人工接种之梅毒感染所产生之影响》等。穆瑞五教授将关于制盐业、染料厂职业性皮肤病的调查报告两篇发表在《中华皮肤科杂志》。还先后进行了有关雌激素对上皮癌影响的研究及有关诊断方法的研究、对药物反应的观察、对药理方面的观察等，并先后撰写了《孕妇尿内之雌激素对于在家兔内人工接种之宇郎陪耳斯氏上皮癌产生的易感性》《康氏反应对发热疾病的特异性》《康氏反应对黑热病的特异性》《新阿斯凡纳明对血小板发生的影响》《在梅毒性主动脉炎病人内静脉注射新阿斯凡纳明对心动电流图产生的即刻影响》《醋酸铊在白鼠内的甲状腺与脊髓节内产生的细胞变化》等。此外，穆瑞五教授还先后编著了《职业性皮肤病》《皮肤病及性病学》《花柳病》《麻风病学》《内分泌》《变态反应及霉菌药理》《免疫与癌症》《血清反应》等多部教科书和参考书。译著《皮花学》《心脏病学》等。

穆瑞五教授晚年移居上海,1979 年 10 月在上海逝世。

穆瑞五教授从事医疗、教学、科研 50 余年,他的研究和著作,在国内外均受到重视和好评,为后世留下了宝贵的知识财富和精神食粮。穆瑞五教授为了我国医学事业的发展兢兢业业,把自己的心血和智慧无私奉献给了他深爱的医疗事业,他的敬业精神将永远镌刻在中国现代皮肤科学的历史卷册之中。

陈官芝　陈宏泉　青岛大学附属医院

名门世家子弟，川中皮肤泰斗
——记著名皮肤病专家翁之龙教授

翁之龙（1896—1963），字叔泉，常熟虞山镇人。中国皮肤病医学的开创者之一。曾任同济大学第十任校长、成都市第二人民医院首任皮肤科主任等职。曾首先发现稻田接触性皮炎，后被命名为"翁之龙皮炎"。他的著作《皮肤病学》一书，长期作为高校教材，一直沿用至今，为我国的皮肤病医学做出了杰出贡献。

一、出身书香，毅然从医

1896年10月16日翁之龙出生于常熟的一个书香门第，是两代帝师翁同龢的后裔。"父子宰相，两辈帝师"，形容的即是翁心存、翁同龢父子；翁同龢与其侄翁曾源，叔侄同为状元，在中国科举史上也颇为难得。这样一个书香门第，产生翁之龙这样的医学"大家"也是自然。

1920年翁之龙毕业于上海同济大学医科，同年考取庚子赔款官派留学资格，赴德国留学，先后在法兰克福大学、勃雷斯劳大学专攻皮肤科，研修皮肤病学。1922年获德国法兰克福大学医学博士学位，尔后在法兰克福大学、勃雷斯大学皮肤科任研究员。

二、临危受命，五次迁校

1927年，翁之龙回国后，开始在学校长期从事教育工作，先后任北京大学、中央大学教授，1928年任广州中山大学教授兼附属第一医院院长。

1932年1月28日夜，日本从上海日租界向闸北、江湾、吴淞等区发起进攻，包括同济大学在内的多所大学被日军轰炸。同年9月，在这样艰难的时局中，翁之龙接任为同济大学的第十任校长。

翁之龙到职后，在教育部长朱家骅的支持下，采取了一系列治校措施。首先，仍以德文为第一外国语，逐步做到以聘请中国教授为主，并要求被聘用的德籍教师必须在德国具有大学教授资格。这样做的结果，使全校教员水平和课程质量都得以提高。

为积极收拾"一·二八"战争破坏造成的残局，以稳定人心，翁之龙迅速投入力量兴复校舍，强化国人治校权和新增理学院等，同时公开支持爱国学生的正义行动。促使医学院与上海市卫生局合办市立医院并作为同济实习医院；与江苏省立医院合作，在几个县开设诊所；另筹备建立周宗良医院，以求完全解决实习医院的问题。抗战爆发后，在国破家亡的民族生死关头，为留存中国教育的精髓，延续中国教育文脉，使无校可归的师生不致失学当亡国奴，受奴化教育，翁之龙与蔡元培、蒋梦麟、梅贻琦、张伯苓等102位教育文化界人士联合发表声明，揭露日本侵略军破坏我国教育机关的罪行，提出"教育为民族复兴之本"的口号，要求政府采取果断措施，将一些高校迁往内地办学。

翁之龙亲自率领全体师生辗转迁校于浙江金华、江西赣州和安吉、广西贺县、云南昆明等地，历尽艰难，最终使同济大学得以完整地保存下来。作为领头人的翁之龙，不仅要筹划如何保护人员，保证设备和资料的安全，还要安抚师生情绪，可谓殚精竭虑。到达昆明不久，过度的操劳让翁之龙明显感到体力不支。1939年2月，翁之龙因健康问题辞去了校长一职。1941年至1946年任广州中山大学教授兼皮肤科主任。

图1　1932—1939年，翁之龙任国立同济大学第十任校长

三、艰苦创业，悬壶济世

1946年，翁之龙举家迁到成都，先后在成都市立医院、四川省立医院、甫澄医院任皮肤科主任。1950年，身为著名皮肤科专家、国家一级教

授的翁之龙受聘于川西第二医院（现成都市第二人民医院），担任皮肤科主任一职。

今日的成都市第二人民医院是集医疗、科研、教学、预防保健康复为一体的综合性三级甲等医院，其历史可追溯至 1892 年由加拿大医学传教士启尔德医生（Dr. Omar Leslie Kilborn）创办的教会医院。历经历史岁月中的数次发展与变迁，医院 1949 年由成都市人民政府接管，并于 1950 年 7 月 3 日命名为川西第二医院。1952 年 11 月更名为成都市第二人民医院，并于 1988 年增名成都市红十字医院。

在翁之龙到来之前，川西第二医院没有皮肤科这个专科。于是本身便是皮肤科专家的他，一到医院便组建皮肤科，使这个科室有了一个高起点。这个科室的成立不仅成为成都市最先创建的皮肤病专科，在全省乃至全国也是较早建立的皮肤病专科之一。更重要的是，在当时的社会背景下，很难找到像他那样具有高超学术功底与丰富临床经验的人才。因而川西第二医院皮肤科一经建立，其地位和声望便延绵至今。

刚成立的川西第二医院皮肤科，包括翁之龙在内只有医生 4 人（其余三位为龙蔓莉、刘信强、刘淑文）、护士数人，除病床外几乎没有任何仪器，可谓白手起家。在这样艰苦的条件下，翁之龙以其在德国接受的严格学术训练和著名大医院院长的管理经验，严格要求科室医生，特别是年轻同事，勤练基本功，规范诊疗常规，治愈了很多被皮肤病困扰的患者，老百姓有口皆碑。川西第二医院皮肤科的名声越来越大，为皮肤科日后的发展打下坚实的基础。翁教授始终认为，要把一个"芝麻"科室做出特色，在同行业中让自己做到"独一无二"，就必须走一条"自主创新"之路，要有属于自己的创造。在翁教授的带领下，全科医护人员共同努力，在白天繁杂的临床工作后，晚上总结经验，摸索适合各类皮肤病的外用制剂，不断创新使医院研制了几十种拥有自主知识产权的自制特色药物，并不断在实践中检验，进而改良方剂、修改配方。经过几十年的临床应用，这些药品疗效确切、价格低廉，在市民中甚有口碑。正是在自制药品上的不断创造研发，使川西第二医院皮肤科在日后的发展中一直处于同行难以超越的地位。在 50 年代后期，皮肤科病床数逐渐扩大至 30 张。在专科床位和门诊人次方面均已列中国西南地区第一位。

四、闻病"鼻祖" 精益求精

卸下往昔繁重的医院领导职务,川西第二医院皮肤病房里的翁之龙将所有的精力都放置于为患者的诊疗和对疾病的研究上,回归为一个纯粹的医者。

翁之龙在医疗实践中,仔细观察皮损的细微变化,以此作为调整药物剂型和浓度的依据,因此疗效往往很好。而且,随着病例的积累,他在统筹分类的基础上,形成了系列化、规范化且独具特色的皮肤病治疗方法,治愈了大量的患者。在川西第二医院,翁教授还有一个"闻病鼻祖"的称号,这个"美誉"来自翁教授在日常工作中的一个看病习惯。由于他眼睛高度近视,在接待患者及为患者诊治的过程中,为了更清楚地把握患者皮损的特点,从而做出精准的诊断,翁教授往往会俯下身来将眼镜贴在病人的皮肤上,甚至是遇到足部或有溃疡、渗液、分泌物的皮肤疾病时,他也是不顾脏、臭,详细检查身体,秉着一位医者的职业精神,为每一位患者解除病痛。因而患者说,翁之龙不是在看病,而是在用鼻子"闻病",称他为"鼻祖"再恰当不过。翁教授的这种精神逐渐演变成科室文化甚至医院文化,直至今天,皮肤科医生们仍会这般说:"如果对患者的疾病判断得不够准,那是因为医生看病时凑得不够近。"在他的熏陶下,"翁氏特色"成为传承至今的风格和传统,如今的患者,依然在享受着翁之龙创下的"闻病文化"的惠泽。

五、著书立说 成绩斐然

翁之龙根据自己的专业知识和临床经验,将多种外用药的协定处方汇编成册,每有到科里工作或实习的医生,都发一本给他们,以供他们提高技术,治病救人。立德、立功、立言、做人、做事、做学问,翁之龙出身于书香门第,不管白天临床工作再忙,晚上也要总结经验,撰写论文,编写教材。翁之龙曾首先发现稻田接触性皮炎,后被命名为"翁之龙皮炎"。

1956年,全国皮肤科医师进修班受卫生部委托承办,在成都市第二人民医院开课,翁之龙担任主讲,他便亲自编写了《皮肤病学总论》《皮肤病学各论(上下册)》《梅毒学》《淋病学》等讲义。该班为新中国培养了一批在当时甚为缺少的高级皮肤科临床医生。与此同时,亦为西南地区特别是四川省培养了一批皮肤科学界的骨干人才,为四川省皮肤科学网络的形成和学术思想的发展起到了奠基作用。该医师进修班的绝大部分学员先后成为我国皮肤科学界的知名专家和学者。他的著作《皮肤病学》长期作为高校教材,一直沿用至今。

六、桃李满园,泽被后世

翁之龙的学术著作和言传身教,泽被后世,为我国皮肤病、性病防治培养了大量的临床医师、专家和学者,其中不乏全国皮肤科学界的名人。他曾担任四川省人大代表、政协委员、科协理事、中华医学会成都分会理事、农工民主党四川省委员等职务。而数次担任一流大学教授和校长的他,更是桃李遍于天下,其影响并不局限于医学界。

1963 年 7 月,翁之龙在成都去世,享年 67 岁。在翁之龙、龙曼丽、杨可辅、楼有益、左文勤、汪仲明、路永红等几代成都市第二人民医院皮肤科人的努力下,科室不断发展壮大,年门诊量突破 40 余万人次;住院部设有病床 167 张,并开设白癜风、银屑病、脱发、皮肤外科、癣病、性病、痤疮等 14 个特色专科门诊;目前开展日常和专病治疗项目 40 余项;主研及参研科研项目 30 余项,其中国家自然基金 2 项(主研 1 项、参研 1 项),国家中医药管理局课题 1 项,"十一五"国家科技支撑计划 1 项,中华医学会科研基金项目 4 项;为遵义医学院皮肤性病专业硕士研究生授予点,每年接收 15~25 名来自省内外的医师到我科进修学习。坚持每周一晚开展专业理论、疑难病例及新进展学习,使我科始终站在皮肤科学发展的前沿,而这些与翁之龙教授为科室打下的坚实基础密不可分。他的孜孜不倦、持之以恒、精益求精、全心全意为患者服务的精神,永远激励我们成都市第二人民医院皮肤科人开拓创新、积极进取、勇攀高峰。

聂建军　路永红　成都市第二人民医院

于光元教授与中国皮肤性病学科

于光元（1898—1991），字炳仁，山东烟台人。著名医学教育学家、皮肤性病学专家，我国近代皮肤性病学主要创始人和奠基人之一，国家高教一级教授。曾任上海市皮肤科学会主任委员、中华皮肤科学会副主任委员、中华医学会湖北分会理事、湖北省及武汉市皮肤科学会主任委员、《中华皮肤科杂志》副主编等要职。

图 1　于光元教授像

一、于光元教授生平简介与卓著贡献

于光元 1898 年 11 月 18 日出生于山东省烟台市一职员之家。1922 年毕业于奉天医科大学并留院任教。1923 年赴英国苏格兰爱丁堡大学医学院药理系学习，同时在英国皇家医院皮肤性病科研究花柳病，获双学科博士学位。1925 年学成回国，成为我国近现代医学史上第一位双学科教授。先在奉天医科大学任药理系及皮肤科教授。1937 年 2 月，受聘南京国立中央大学医学院，任药理学教授。抗日战争时期及以后，同时任国立中央、华西和齐鲁三所大学医学院皮肤性病科及药理系主任、教授。1946

年创办了兰州医学院并任院长，这是我国皮肤性病科历史上第一位院长。1947年任南京国立中央大学医学院皮肤科和药理系教授兼主任。1948年任同济大学医学院皮肤性病学教研室主任、教授，兼任上海第二军医大学皮肤病学教研室主任、教授。他积极倡导成立了上海皮花科学会，任主任委员。1952年全国院校调整时，他无条件服从组织调遣，由沪迁汉，任中南同济医学院皮肤病学教研室主任、教授。"文革"后，任同济医科大学附属协和医院皮肤性病学教研室主任、教授。先后任中华医学会皮肤科学会副主任委员、《中华皮肤科杂志》副总编辑、湖北省和武汉市皮肤科学会主任委员。曾当选为第三届全国人大代表，第五届、第六届全国政协委员，第三届湖北省、武汉市人大代表，第四届湖北省政协委员。

于光元教授具有强烈的爱国主义思想，在重大的历史转折时期，对祖国、对人民忠心耿耿。在日本侵华时期，1932年他以民族利益为重，在"东北民众抗口救国会"的领导下，在"沈阳爱国代表小组"刘同伦的带领下，冒着生命危险，向"国际联合会李顿调查团"提供材料，揭露日寇罪行，是一位英勇的抗日爱国志士。1935年10月被日寇逮捕受到迫害，数月后经保释出狱，被迫离开沈阳。此事在国内外影响极大，"二战"后审判日本战犯的"白皮书"内有刘同伦等提供给"国际联合会李顿调查团"的材料，并已载入《星火革命回忆录》（第二辑，辽宁人民出版社）。于光元教授以檄文替代刀枪，这种同样英勇的抗日救国行动体现了中国高级知识分子的良知和爱国热情，更值得当今皮肤科医师学习！在"文革"期间，1971年外宾来访于光元教授，提出要登门拜访。当时于教授正受冲击，原本他一家的住房，又住进两家，十分拥挤，楼梯上都摆满了蜂窝煤。于教授尽管心情不好，但他顾全大局，维护国家，不让外宾看到他住房的场面，巧妙地谢绝了外宾。这同样是于教授值得我们学习的爱国表现。

于光元教授的学识渊博，在我国近现代皮肤性病学科领域可谓前无古人，后无来者。他擅长皮肤性病学，尤其对皮肤性病的诊断和治疗有独特的见解；而且在药理学、药物学上亦有较高造诣。他早年就和世界著名药理学家柯希尼教授和伊博恩教授一起，潜心从事药理学的研究，在20世纪20年代就发表了《洋地黄与同属药物作用的比较》《亚硝酸戊脂药

理作用的比较》等重要文章。他
精通英语,熟悉俄、德、法、日四
国语言。英译中《博氏耳鼻咽喉
科学》《卜狄二氏药物学详要》
《爱柯二氏实验药理学》,俄译中
《癣病霉菌病》等著作。主校俄译
中卡塔梅舍夫主编的《皮肤病
学》。他先后著有《皮肤病及性病
学》《麻风病学》《职业性疾病和
工业性疾病》《皮肤病学》(中级
医师全国试用教材),对我国的
药理学和皮肤性病学的发展做
出了重大突出的贡献。

图 2　于光元教授在书房阅读

尤其可贵的是,于光元教授
晚年仍关心医学教育的发展,鉴于十年动乱后皮肤病学参考书甚少,于
老教授不顾八十高龄,毅然担负起主译主校著名的《安德鲁士皮肤病学》
第六版、第七版的工作,为我国皮肤病学留下了宝贵的财富。于光元教授
始终如一地为我国皮肤性病学科的不断发展尽心竭力,即使到了晚年仍
坚持精读每一期《中华皮肤科杂志》,并指出其需改正之处,反馈到编辑
部,一直坚持到生命的最后。于教授还关心支持同道的进步,评审杨因亮
教授晋升教授的论文,向上海医科大学推荐秦启贤教授晋升为教授,为
多位中青年医师修改并向杂志编辑部推荐文章等等。

于教授的贡献卓著,在国内外影响深远。他曾于 1936 年应朝鲜京城
大学邀请前去讲学,受到好评。先后在国内外杂志上发表重要学术论文
40 多篇,其中《全身性弥漫性血管角化瘤》一文,受到世界著名皮肤病学
专家骆特教授的高度评价与重视。他曾受命组团去苏北调查雅司病;写
出了《见于中国的雅司病》《骨雅司》等论文,为我国消灭雅司病做出了突
出贡献,受到国内外的高度重视,世界卫生组织雅司小组组长曾来函索
取有关材料。其《核黄素缺乏症的组织病理研究》在世界上处领先地位,
该研究在第十一届国际皮肤科学会上展出后,受到国外皮肤病学者的好

第一篇　开拓者之路

评,该研究成果荣获 1987 年全国科技大会奖。

于光元教授治学严谨,他十分注重理论研究与临床实践相结合、科学态度与求实精神相统一的原则。提出了银屑病的命名,发现了麻风患者的口腔黏膜损害等;由他研究并命名的"日光性皮炎"推翻了传统的"滨草中毒"论,在国内外皮肤科学界有很大影响。1957 年他代表中华人民共和国出席了在瑞典举行的第十一届国际皮肤科学会,并在会上宣读了《日光性皮炎》的论文,受到学界的高度评价与重视。国际著名皮肤病学专家阿斯·汉森教授认为有重大价值。

当今的华中科技大学同济医学院有附属协和医院和附属同济医院,其皮肤性病学科的新生与发展壮大只是于光元教授创建并促进我国皮肤性病学科不断发展的一个缩影。

二、历史上的强强联合,于光元时代及改革开放后的同济医学院皮肤性病学科

(一)历史上的强强联合,皮肤性病学科的新生

虽然 1928 年武汉协和医院就设有皮肤花柳科和麻风病科,均由英籍医生毕安得(C.A.Peatson)等负责;但新中国成立前由于战乱,1947 年协和医院的医生、护士和病人一度减少,皮花科附于外科,麻风和梅毒附于内科。

1930 年上海同济大学医学院的附属医院建立皮花科,也是外国(德国)人兰尔博士(Dr. Rall)任科主任。至 1948 年于光元教授应上海同济大学之聘任同济医院皮花科主任。

新中国的成立促成了国家翻天覆地的变化,也促成了同济医学院皮肤性病学科的新生与前所未有的发展。

1951 年遵中央命令,上海同济大学医学院和武汉大学医学院合并,定名为中南同济医学院(后改为中南武汉医学院);武汉大学医学院协和医院为其附属一院,同济大学医学院同济医院为附属二院。

中南同济医学院决定:皮肤花柳科设在附属一院(协和),于光元教授任主任,有主治医师崔隽生、住院医师李稷一。1952 年 10 月 8 日开门诊、设病床 10 张。1955 年成立中南武汉医学院皮肤性病学教研室,于光元教授任主任(至"文革"后),崔隽生、章燕贻副教授任副主任,医师有黄

忠璋、黄德善、祝兆如。当年7月25日开皮肤科病房,病床28张。

1959年3月从附属一院(协和)皮花科调出章燕贻、黄德善、郭可清到附属二院(同济)重建皮花科,章燕贻副教授任科主任。先设病床10张,1960年底开门诊,日门诊30人次。

(二)于光元时代(1952—1984年)及改革开放后(1985—2014年)的皮肤性病学科蓬勃发展

武汉协和医院(原附一院)的皮肤性病学科:

于光元教授任科室和教研室主任至1984年,其后由下列教授相继任科室和教研室主任:许彤华(1985—1988年)、王椿森(1988—1994年11月)、郑岳臣(1994年12月—1999年)、涂亚庭(2000年4月—2014年8月)、陶娟(2014年9月至今)。至1984年底全科共57人,比1955年(6人)增加了9.5倍。且于1956年在国内首先接受女医生(许彤华)从事皮肤性病科工作。

1957年筹建湖北省最早的皮肤科真菌室,1958年建立皮肤科放射治疗室,1962年建立皮肤科理疗室,1963年又建起皮肤组织病理室,1963年建起皮肤病生化实验室,1981年建立了黑光治疗室,1981年建立中西医结合皮肤病亚专业,1984年建起皮肤病免疫病理室,1988年建性病亚专业开门诊,1996年建立皮肤性病检查室,1989年开皮肤美容专科门诊,1996年引进合资成立国内第二家皮肤激光治疗研究中心,2000年建职业性皮肤病亚专业,2006年成立皮外科亚专业组,2013年建血管瘤综合治疗亚专业门诊。

1986年成为国家新药临床基地,1992年成为湖北省暨武汉市微生物学会真菌专业委员会的挂靠单位,2010年被中华医学会皮肤性病学分会评选为全国9大医学真菌学临床研究中心之一,2011年成为EADV会员单位,2013年成为国家重点学科,2013年成为国家级皮肤美容示范基地,2013年成为中华医学会皮肤分会皮肤肿瘤研究单位,2013年成立皮肤性病研究室,2014年门诊量为145 752人,是1955年的20倍;设病床50张。

1953—1954年和1955—1956年各开办一期一年制全国性皮肤科培训班;1980—1981年受卫生部委托主办全国皮肤科医师进修班一期(一

年),学员来自全国各省市(除西藏以外)、自治区军地医院。此后有 7 位教授先后主办真菌、病理、性病和皮肤科的国家级与省级继教班共 30 期,学员近千人。受到学员的好评;特别是 2003 年郑岳臣教授和世界知名真菌学教育学家美国 Glenn S. Bulmer 教授联合主办的那一期,受到学员们的高度赞扬。

于光元教授于 1958 年起先后培养 2 名皮肤科硕士研究生。"文革"后全科教授先后招收培养博士生 40 人、硕士生 100 余人。承担历届医疗系、卫生系、法医系的 5 年制、7 年制、8 年制;专升本、自学考试和成教班;硕士、博士、博士后和留学生的教学任务。以及来自全国各地的皮肤科医师进修教学任务。 2007 年起完成全科医师和住院医师规范化培养教育任务的讲课、见习和实习。 1996 年被同济医大评为一类课程教研室。2006 年被评为省级精品课程。派出在国内专业进修和学习外语共 15 人次;出国攻读博士学位 3 人、博士后 5 人、访问学者 8 人。

建科之初就开展了科研工作,1985 年郑岳臣中标"国家科学院基金(后改为国家自然科学基金)课题"和 1988 年中标"国家自然科学院基金课题",至 2014 年共中标国家自然科学基金课题 20 项、陈宏翔中标美国"比尔和梅林达·盖茨基金会"课题,中标部、委、省课题 30 项,市级、学会和横向课题 36 项。

论文和著作:除前述于光元教授的科研、论文和著作以外,其他医师在于教授的指导下撰写了不少科研论文和著作: 1957 年至 2014 年在国内共发表论文约 2 000 篇,SCI 260 篇 。主编《于光元皮肤性病的诊断与鉴别诊断》等医学参考书 85 本,副主编 50 本,参编 50 本。主编中高级教材 10 余本。 获卫生部科技成果二等奖 1 项,湖北省科技进步二等奖 1 项,武汉市科技进步三等奖 2 项。1969 年协助承办全国头癣防治试点总结学术会议。1978 年承办"文革"后第一次全国皮肤科学术会议 ,此后,承办全国学术年会 15 次、省学术年会 24 次。

三、同济医院(原附属二院)的皮肤性病学科

1959 年 3 月,章燕贻副教授任教研室主任、科主任,1972 年 3 月,陈映玲为科室负责人,1975 年余章启任主任,1978 年始,聘任陈映玲任主任,1988 年陈映玲副教授继续担任主任,1996 年 11 月始,周礼义任主

任,2000 年 7 月始,陈兴平任主任,2009 年 9 月至今,李慎秋任主任。共派出 16 位医师到国内专业进修和外语学习;现日门诊量达 500 余人次,大约是 1961 年的 16.67 倍;设病床 40 张。

分担同济医大每年医疗系、卫生系、儿科系皮肤性病学授课,临床见习,实习任务。承担同济医大护校教学课程。2008 年起承担卫生部专科医生培训,每年接收 1~2 名。主办各种类型学习班,进修班及省级、国家级继续教育学习班:主办了四届"湖北省皮肤科主任短期研修班",2013 和 2014 年 2 年期间共负责组织主办了 11 场"基层大讲堂"活动。每年接收进修医生多名。中标国家自然科学基金课题 6 项,省自然科学基金课题 10 项。发表科技论文 210 篇。

于光元教授爱国敬业,高风亮节,治学严谨,孜孜不倦,不断贡献等等,都是我们的宝贵精神财富,并将永远激励着晚辈们不断成长进步,促进我国皮肤性病学科持续发展。65 年以来,同济医学院几代皮肤性病学科人在于光元教授的带领下,迎来了学科的新生与发展,获得了丰收。在改革开放的大潮中我们将快速大步抢上发展的高速车道,传承和发展于光元学术思想,争取更快更大的发展,取得更高水平的成果,为我国皮肤性病学科的进一步发展贡献自己的聪明才智,实现中国梦。

致谢

衷心感谢协和医院皮肤性病科陶娟教授、林能兴教授,同济医院皮肤性病科陈映玲教授、李慎秋教授提供了部分资料。

郑岳臣　华中科技大学同济医学院协和医院

第一篇　开拓者之路

高山景行心犹在,致敬大师志长存

——记"造福各族人民的白衣战士,促进民族团结的一代功臣"叶干运大夫

叶干运(1924—2013),男,祖籍福建闽侯,出生于北京。中共党员。1948年毕业于北京大学医学院,留校任教。1953年参加筹建中国医学科学院皮肤病研究所(时名中央皮肤性病研究所)并工作至退休,历任副所长、学术委员会主任、顾问等职。曾任卫生部性病专家咨询委员会和麻风病专家咨询委员会主任委员、中国麻风防治协会理事长、中华医学会皮肤科学分会委员会常委、中国性病艾滋病防治协会顾问、《中华皮肤科杂志》副总编、《国际皮肤性病学杂志》首任总编辑、《中国麻风杂志》主编、中国性学会顾问和WHO专家咨询委员、国际麻风学会理事、亚洲皮肤科学会名誉理事、美国临床皮肤科杂志特约编委等职。第五届江苏省人大代表,第六、第七届全国人大代表。1991年起享受国务院政府特殊津贴。

叶干运从事性病与麻风病防治研究工作60余年,在流行病学、社会医学、防治策略、诊疗方法等方面做出杰出成绩。主编专著7部,发表论著60余篇。先后获江苏省"五一"劳动奖章、江苏省优秀科技工作者、全国防疫防病先进个人、全国麻风病防治工作先进个人等荣誉称号,还获"中国性科学贡献奖""中国皮肤科医师杰出贡献奖";2008年被中华医学会皮肤性病学分会授予"专家会员";2011年获江苏省医师终身荣誉奖。

干练精明　佑皮护肤　勤劳毕生　德似松柏品如竹　医研防　教人才　临终悒悒心犹在

运筹帷幄　臻美至善　鞠躬尽瘁　言可经纶行成师　战性病　灭麻风　虽死耿耿志长存

黑布隶字、皂白分明的龙门对联接地连天、示人醒目……

2013 年 10 月 21 日上午,北京八宝山公墓兰厅庄重肃穆,花圈花篮、挽联挽帐布满了厅堂内外,四面八方赶来的人们在这里聚集,白头皓首相互搀扶,显然,这里在瞻仰悼念一位德高望重的长者。舒缓低沉的轻音乐如泣如诉,屏幕上跳跃着一幅幅栩栩如生的瞬间影像,早来的人手持黄、白二色菊花,互相示意后小声地交谈,议论着,叙述着……

"德泽永在,音容宛存。他匆匆忙忙地离去,只不过是又一次地远行;静卧在百花丛中,只不过是疲惫后的安睡,如同江河入海、叶落归根,他的存在只不过是换了一种方式……"九时整,主持人声情并茂的女中音一字一句震撼着每一个与会者本已悲伤、脆弱的心灵……

"各位前辈,各位领导,各位来宾,各位亲朋好友,今天我们怀着无比沉痛的心情在这里告别中国共产党的优秀党员,新中国皮肤病与性病学界的先驱,第六、第七届全国人民代表大会代表,中国医学科学院皮肤病研究所、皮肤病医院的创建元老之一,原所院顾问、副所院长、博士研究生导师叶干运教授……"中国医师协会皮肤科分会会长、中国医学科学院皮肤病研究所、皮肤病医院所院长王宝玺教授字字动情、句句含悲的悼念词语将人们带入对叶干运传奇生涯的无尽追思和怀念……

川藏雪域踪迹留,山水传颂好"门巴"

时间定格在 1951 年西藏和平解放之时,中央卫生部根据全国人民政治协商会议的提案,组织中央民族卫生工作大队前往西南少数民族地区开展防治性病和巡回医疗工作,时年 27 岁的叶干运任大队长。50 多年前的那个金秋,叶干运和他百余名的队友在北京合影后直奔川藏。从北京到康定整整走了 15 天。头一道关就是二郎山,当时的二郎山不要说是隧道,就是像样的公路也没有,崎岖的山路弯曲狭窄,几乎天天都有车坠入悬崖……叶干运和他的队友分乘两辆卡车,卡车下面是药箱,上面放行李,再在上面弄点绳子,队员们就扶着绳子或坐或站在车厢里,卡车在坎坷不平的山道上晃来晃去,弯子拐急了,人有时就要被甩下来,掉到地上、掉在车厢里是不幸中的万幸,如掉落山下,后果不堪回想。

险滩、急流、雪山、草地,叶干运和他的队友去的是当年红军曾经走过的地方,去的是人烟稀少的高原边疆。风华正茂的叶干运和他的队友们说:"比起藏区缺药少药的艰难情形,这点苦根本算不了什么!"多年

图 1　叶干运(左一骑马者)任大队长的中央民族卫生工作大队赴西康省开展性病防治和巡回医疗工作

后，当上卫生部咨询专家的叶干运始终忘不了初入藏区的深刻印象：刚解放的西藏，几乎谈不上卫生习惯。就说生孩子吧，妇女就在牛棚、牛圈里生，不能在屋子里生，这也许和风俗习惯有关系。但生了小孩断脐带时的方式就闻所未闻了，咱们都要用消毒剪子剪，而在藏区藏民就拿嘴用牙咬断，容易感染暂且不说，有时断开的脐带仍在滴血都不知道，其状惨不忍睹。因此新生儿易得破伤风和其他疾病，婴幼儿有近一半活不下来。叶干运和他的队友们进藏区就宣传新法接生，解决老式接生不卫生、不科学的做法，边说边做。在藏区的两年间，叶干运和他的队友们先后接生的 40 余名妇女，母子均平安、健康，同时在藏区挑选有一定文化的人进行卫生常识培训，让她们当新法接生员，以此有益于强壮民族健康。

卫生大队进藏时，色达地区尚未解放，由于反动势力的蒙蔽，当地群众对新政权并不理解，你一进某个地区，藏胞们就跑，根本不想跟你见面。有一天晚上，色达来人提着马枪到医疗队说，他们有一个重病号需要抢救。叶干运和他的队友一商量便决定马上派人去，即使有危险，但是难得的接触藏胞的机会绝不能轻易放过。病者正是他们的头人，也就是该地区领袖，经诊断得的是急性肺炎，非常凶险，医疗队当时带有青霉素，那是非常特效的药品，一注射第二天就明显见好。本以为濒临死亡的人，居然让医疗队的人药到病除,头人特别高兴,非要留医疗队员们多住几天,并放下话来要医疗队员转达当地政府可以派电影队、贸易队、医疗队来,通知藏民们可以接触入藏的工作队,后来叶干运和他的队友们多次接洽头人,开诚布公、诚心诚意,谈成了建立色达县人民政府,卫生大队竟然成了和平解放色达的友好使者。

新中国成立前的西藏地区只有两所传统的医院,服务对象是农奴主和贵族。穷苦大众病了大多数只好忍着和扛着,至多是去庙里念经问卦,弄些香灰和纸符,求得些许心灵的安慰。叶干运和他的队友们的到来,开始转变和改变藏民们对疾病的无知、无助和恐怖、恐惧。干练精明的叶干运根据藏民信奉佛教的特点拟定了工作计划,先到庙里拜访活佛,献上哈达,说明来意,跟活佛们先沟通,一般情况下,活佛们不反对,就诚恳地说:"如果有病人来,您就介绍到医疗队去,免费给治病。"活佛说好。以后病人再请活佛打卦,活佛打完卦后会说:"你们到民族大队去看病,他们是毛主席派来的门巴。""门巴"就是藏语里的医生。门巴们诊断精准,用药对症,很快病就治好了。当地的老百姓就说:"活佛的卦真灵,毛主席派的门巴真神,药也真管事。"

抽血化验诊断疾病是最平常不过的事情。但如果有人造谣坏事,你还真手足无措。藏胞们不理解,问了抽血是不是做原子弹,是不是用他们的血去做药?为了解决这个问题,叶干运身先士卒,胳膊一伸先抽血给他们看,抽这个血做什么,怎么做,化验给他们看,化验完以后,除化验数据记录外,所有的东西就地销毁焚烧掉。藏胞们明白了,其实当时他们根本不懂原子弹为何物,当地也从来没有给人抽过血,害怕抽血是怕可能受到伤害,容易得病。经过叶干运和医疗队员们的示范和解释,藏民们知道抽几毫升血没有关系,但对治病和诊断很有用处。当时巴塘出现麻疹流行,叶干运和他的队友们采取有效措施及时将险情扑灭。而据史料记载,19世纪30年代巴塘曾流行过一次麻疹,因缺医少药救治不及时致3 000多人丧命。

地广人稀的川藏高原,从1951年进入到1953年离开,叶干运和他的队友们依靠骑马、依靠步行走遍了藏区19个县,给藏族人民带来了新中国党和人民政府的关怀,带来了珍贵的药品,带来了高明的医术,治疗病人20多万人次,为14.5万人进行针灸治疗,被藏族百姓称为"毛主席派来的好'门巴'"。叶干运和他的队友们和当地藏族同胞结下了深厚的感情,为西藏自治区培养40余名藏族学员,中央民族卫生工作大队离开后,这些学员都成为当地的医疗骨干,被人们称作"不走的医疗队"。

2001年10月,为纪念中央民族卫生工作大队赴藏区巡回医疗50周年,国家民族事务委员会和国家卫生部联合在北京人民大会堂召开座谈会,充分肯定卫生大队当年在藏区的工作业绩,颁发给叶干运"造福藏区人民的白衣战士、促进民族团结的一代功臣"荣誉证书。中央电视台东方时空栏目组人物访谈节目《东方之子》对叶干运进行了专访和专题报道。

祛疾救人德术显,干练精明志灭"麻"

叶干运和麻风病结缘,始于中央民族卫生工作大队在川藏高原工作的两年多的时间里,在康定、在理塘、在色达,叶干运遇到不少前来求医问药的藏族麻风病患者。囿于当时的科学认知,规定麻风病人必须收入麻风病院进行隔离治疗,叶干运无奈地向病人耐心解释,动员他们去离藏区最近的泸定麻风病医院接受诊治,从那时起,为解除麻风病人的疾苦,控制麻风病的流行,有必要大力开展麻风病防治工作的想法已经深深地铭刻在叶干运的心中。

1956年,中共中央颁布的《全国农业发展纲要》中明确规定要积极防治麻风病。国家卫生部及时组成麻风病考察组前往广东、陕西等省实地调查麻风病的流行与防治情况,叶干运受命参加了考察组,他非常高兴,回想起几年前在川藏高原遇到麻风病人的情景,预感到天将降大任于斯人,大规模防治麻风病的战役即将打响。叶干运全身心地深入到各个麻风病村院,详细地了解当地的麻风病流行的历史和防治现状,用掌握的第一手资料和其他考察组的专家一起协助卫生部草拟了麻风病防治规划。1957年6月,新中国成立后的首届全国麻风病防治会议在山东省省会济南市召开,叶干运光荣地出席了此次会议,他决心要为麻风病的防治事业奉献一生,成为麻风病人的守护神。会议一结束,叶干运即率领研究小组前往江苏省开展卡介苗接种预防麻风病的研究工作,当年年底,叶干运又赴广州参加由阿根廷麻风病学专家斯胡曼教授主讲的全国麻风防治高级医师进修班,并被推选为班长。3个多月的系统专题学习,叶干运对麻风病的基础知识、临床诊疗、防治策略等方面都有了进一步的了解,愈发加强了搞好麻风病防治研究工作的信心与决心。学习结束,叶干运回到了中央皮肤性病研究所,该所因工作需要刚刚组成性病、麻风、头癣防治研究组,著名的热带病学博士马海德任组长,叶干运被任命为副组长。叶干运和马海德的观点如出一辙,他们都认为麻风病不仅仅是一个卫生医疗的问题,同时也是一个重要的社会问题,只有采取自然科学和社会科学相结合的综合防治措施才能奏效。《以县为单位控制麻风综合防治措施的研究》课题由他们共同率先提出,批准后在江苏省海安县和广东省潮安县与当地协作进行试点,课题实施的效果十分明显,经验总结后在全国范围内推广,此项成果荣获1978年全国科学大会奖。多年来,叶干运和他的同事们一起科学探索,攻克难题,在麻风病的流行病学、社会医学、早期诊断、治疗方法、康复医学等诸多方面取得了多项研究成果,分获国家、省(部)级科技进步奖。叶干运热爱麻风防治事业,既运筹帷幄、谋篇布局,又经常深入到麻风病高流行区和麻风病院,边为麻风病人诊治,边和麻风病人促膝谈心,视麻风病人为亲人,深受病人的敬爱。有一次,叶干运在广东省潮安县彩塘公社蹲点时,正巧有一位在家居住的麻风患者发生了严重的麻风反应,按情况应立即住院治疗。可这位病人家境非常困难,不肯住院,叶干运多次上门劝说,并从经济和衣物上

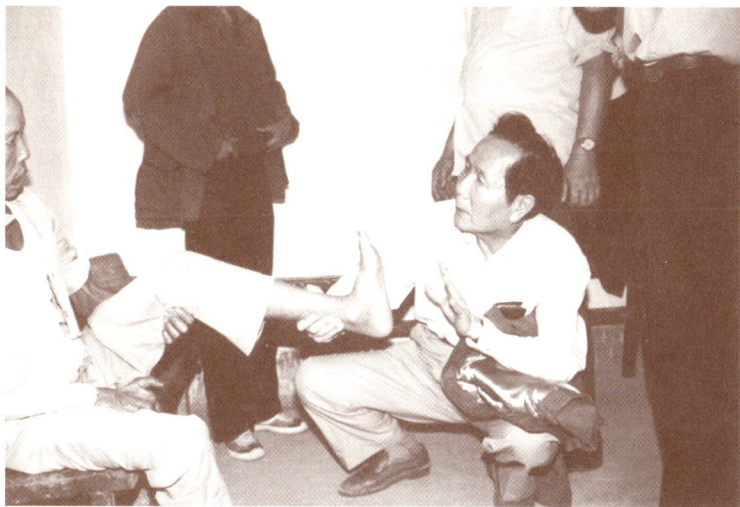

图2 1991年9月,叶干运教授在湖南农村病人家中现场查病

给予帮助,这位病人终于住进了麻风病防治院,很快地控制住反应,得到了良好的治疗。以后,每当这位病人见到叶干运时,都会紧紧拉住叶干运的胳膊,竖起大拇指,连声道谢。

1981年世界卫生组织在日内瓦总部召开麻风病化学防治研讨会,国家卫生部派叶干运为代表出席会议。为期一周的会议,叶干运与各国专家交流经验,共同制订了麻风病多种药物联合化疗方案。该方案的优点是疗程短而固定,治愈率高而复发率小,且能防止耐药性的产生。回国后,适逢第二届全国麻风防治工作会议在广州举行,叶干运在会上详细地介绍了这个方案。卫生部当即行文决定先搞试点,取得经验后向全国推广。当时,中国医学科学院皮肤病研究所因"文革"搬迁至江苏省泰州市,时辖扬州地区,因此决定试点就在该地区进行。叶干运和他的同事们吃住在现场,工作在现场,按期完成试点并取得成功,经验推向全国,联合化疗方案的普遍实施,使大批患者在较短时间内得到治愈。上海、山东、辽宁、江苏、浙江等省市先后陆续达到基本消灭麻风病的指标,我国麻风病防治工作已经走在世界的前列,受到WHO的高度评价和赞扬。

1982年,应比利时达米恩基金会的邀请,卫生部委派马海德、叶干运、苏骏瑞三位专家组成麻风考察组,前往日本、美国、加拿大、英国、比利时、瑞士、印度和泰国考察各国的麻风病防治与研究工作。考察组一方面全方位地了解各国在麻风防治与研究方面的好经验,另一方面详细地向国外同行介绍中国防治麻风病的成效。叶干运还应美国疾病预防控制中心的邀请做了题为"新中国麻风防治与研究进展"的专题报告,受到与会者的热烈欢迎。考察回国后,根据考察组的讨论和马海德的主导意见,叶干运主笔起草了汇报提纲,提出了改造我国麻风防治策略、加强国际的交流、恢复或成立中国麻风防治协会、出版《中国麻风杂志》等建议,这些高屋建瓴的卓识远见,卫生部均一一采纳,并付诸实施。1982年,卫生部成立麻风专家咨询组,叶干运被任命为组长。1985年,中国麻风防治协会成立,马海德任理事长,叶干运在该协会先后当选为副理事长、秘书长、理事长、名誉理事长等职。与此同时,叶干运还兼任过当时地处广州的中国麻风防治研究中心副主任、《中国麻风杂志》主编等职。叶干运的学术成就引起国际麻风病学界的广泛关注。1984年,第12届国际麻风大会在印度新德里召开,叶干运与会并宣读了两篇论文,其中"中草药雷公藤治疗麻风反应"的报告受到许多专家的重视。1989年,第13届国际麻风大会在荷兰海牙举行,叶干运作为中国代表团副团长,主持了麻风流行病学分会场的讨论,在此会上叶干运当选为国际麻风学会理事。1993年,第14届国际麻风大会在美国奥兰多召开,叶干运再次当选为学会理事,他在理事会上积极争取第15届国际麻风大会在中国召开,获得大会的一致通过。1998年,第15届国际麻风大会在北京国际会议中心隆重举行,叶干运任会议组织委员会副主席,出谋划策参与大会的各项组织工作使得会议顺利圆满成功而意义深远, 各国代表团反馈的意见好评如潮。

也许是叶干运的品学兼优,也许是叶干运的德技双馨,也许是叶干运的待人热情诚恳,为人忠厚诚实,他先后当选为江苏省第五届人民代表大会代表和第六、第七届全国人大代表。在人民代表大会开会期间,叶干运切实履行人大代表的权利、职责和义务,结合自身的工作经历、实践经验和已形成的科学认识,提出对《婚姻法》中有关"禁止结婚中以麻风病人为例"条文进行修改,叶干运说:由于党和政府的关心、科技工作者的努力,麻风病不仅不再是不治之症,而且在我国基本被消灭,因此,不必在禁止结婚的疾病中将其作为例子特别举出。2000年全国人大法制委员会召开《婚姻法》修改意见座谈会,叶干运应邀到会,从医学发展和人伦角度,陈述删改"麻风病"一词的必要性。2001年,全国人大常委会通过的《婚姻法修正案》中采纳了叶干运的建议,在相关条文中剔除了"麻风病"的字样。

防控性病为嚆矢,运筹帷幄业惊诧

呕劳毕生,叶干运从事性传播疾病的防治,最初始于他的毕业论文。1948年7月,在北京大学医学院医疗系学医6载的叶干运,在胡传揆教授的具体指导下,完成了"梅毒的青霉素疗法"的毕业论文,因各科成绩俱佳,获医学学士学位后留校工作,任北京大学医院皮肤性病科助教、住院医师,在胡传揆、王光超等著名教授的精心培养下,叶干运的学识和技术能力有了长足的进步和提高。虚怀若谷,高远的志向,用心看病,良好的医德时常受到患者的表扬。

1949 年 3 月,北京解放,叶干运怀着无比喜悦的心情,走上街头,欢迎人民解放军部队入城。叶干运积极响应党和政府的号召,在钻研业务的同时,认真、积极地参加政治学习,他有幸在中南海怀仁堂亲耳聆听了政务院总理周恩来所作的思想改造的大报告,全心全意为人民服务的思想深深地扎根于他的脑海中、心灵里,叶干运决心以此作为一生的引导。1949 年 11 月,北京市第二届各界人民代表会议通过封闭全市妓院的决议。为了给解放了的妓女诊治花柳病(性传播疾病时在中国的俗称),北京市政府组织了一支医疗队,在胡传揆教授的带领下,克服困难、辛勤工作,叶干运从始至终参加了这项工作。时值隆冬,滴水成冰,叶干运一大早就骑着自行车赶往妇女教养院,中午顾不上休息,吃过自己带来的简单午餐后,继续工作至天黑才骑车回家休息。妓女集中的教养院,条件相对简陋,刚被解放了的妓女认识不清,思想跟不上变化,行动不配合治疗,甚至大吵大闹,辱骂医务人员。叶干运和他的同志们进行细致入微地解释和引导,最终使全部收容妓女均进行了诊疗直至病愈。两个多月的持续努力,1303 名受检的妓女中,共诊治出各种性病 1257 例,患病率高达 96.5%。被解放了的妓女不仅恢复了人身自由,还治好了因不良职业而导致的性病,她们感谢党和政府、感谢医务人员拯救她们走出苦海,走向新生。经过此项任务的磨炼,叶干运的思想觉悟提高了,诊疗经验和技术也丰富了,这对他今后开展的性传播疾病防治研究累积了丰富的实战经历。1950 年秋,叶干运随中央防疫总队前往西北少数民族地区开展防治性病和巡回医疗工作。经胡传揆推荐,叶干运被任命为第七大队大队长,他率领 60 多名医务人员赴甘肃省的夏河、卓尼、东乡、临夏以及青海省的湟源、海晏等地进行了为期 9 个月的防治工作。爬雪山,过草地,深入农牧地区,走家串户,为患病的各族人民精心诊治,治愈了大批的性病患者,深受缺医少药的当地群众的热烈欢迎,亦为控制性病的传播创造了有利条件。1951 年 7 月防疫大队返京后,叶干运又奉命率领中央内蒙古卫生队前往新巴尔虎旗开展性病防治工作。同年 9 月,全国民族卫生会议在京召开,叶干运应邀到会介绍在少数民族地区开展性病防治工作的经验,会议结束时,叶干运和全体代表一起受到毛泽东主席的接见,在此次会议上明确了性病防治工作是民族卫生工作的三大重点之一。

1953年年底,中央卫生部在京筹建中央皮肤性病研究所,时值中央民族卫生工作大队圆满地完成了各项任务后,叶干运率队返回北京。服从组织调动,叶干运满腔热忱地参加筹组活动,自1954年5月15日中央皮肤性病研究所开所直至他生命最后一息,两度搬迁辗转,数度易名换名,叶干运始终与其休戚相关,患难与共,兢兢业业,认认真真地从事性病、麻风病的防治工作,把自己交给了党和人民。

中央皮肤性病研究所创建初期,正值全国普遍学习苏联经验的高潮。在一次讨论梅毒治疗方案的会议上,该所顾问苏联专家叶果洛夫强调要采用苏联保健部制定的砷制剂为主的间歇疗法,疗程需要两年。首任所长胡传揆对此持有不同的意见,他认为间歇疗法疗程太长,副作用较多,不如采用青霉素疗法。叶干运想起自己的毕业论文,并根据自己这些年来在甘肃、内蒙古、川藏等地基层防治性病的实战经验,完全支持胡所长的看法,提出"为符合广大基层防治性病的需要,应该采用起效快、疗效高、疗程短、副作用少,而且患者易于接受的疗法,青霉素疗法远远优于砷制剂间歇疗法"。争论不下,将方案上报中央卫生部定夺,最终胡传揆所长和叶干运的建议得到采纳,梅毒治疗方案中青霉素疗法列为首选, 这一决定对广大基层开展性病防治工作无疑起了积极的推动作用。为此,叶干运还专门撰写了"从多快好省的角度看青霉素治疗梅毒的方案"一文,发表于当年的《中级医刊》上,向基层防治人员推荐这一方案,取得了非常好的效果。

20世纪50年代,中央皮肤性病研究所的建立就是在中央卫生部的领导下,承担负责全国性病防治工作的组织协调和技术指导任务。为了做好工作,叶干运和他的同事们非常注重深入现场,注重调查研究,经常深入到老区、少数民族地区、边区和偏僻穷苦的山村,或骑马步行,或驱车乘船,跋山涉水,一步一个脚印,从现场获得第一手资料。常常是今天刚回,明日又出发,在江西省宁都县农村一待就是3个月,总结出一整套在农村地区开展性病防治的工作经验。经过多年的努力,1964年我国除个别地区外,已经基本消灭了性病,叶干运协同胡传揆教授等撰写的"中国对梅毒的控制和消灭"的论文,在当年北京召开的科学讨论会上一宣读,便引起极大的轰动,新中国成立仅仅用了15年的时间就将危害人民

图3　1964 年在北京科学讨论会上宣读的论文(左),"中国对梅毒的控制和消灭"及中国医学科学院皮肤病研究所获得的 1978 年全国科学大会奖奖状(右)

身心健康的性病基本控制和消灭,这项里程碑式的辉煌成就引起国际舆论的高度重视和赞扬。

进入 20 世纪 80 年代,随着改革开放的大潮,国内国外人口大范围、大规模的流动,人员广泛的接触,生活方式大幅度地改变,社会行为和性观念的偏移,致使性病沉渣泛起,死灰复燃而再度流行,而且被称为 20 世纪瘟疫的艾滋病也窜入国门。时已任中国医学科学院皮肤病研究所副所长的叶干运面对如此严峻的形势深感焦虑和不安,身为全国人大代表,每年人大会议期间,他总是奋笔上书积极建议我国应尽快展开性病的控制和预防。与此同时,叶干运主持召开区域性、全国代表性性病防治研讨会,组织专家编制性病防治的策略和措施上报国家卫生部。1986 年7 月,卫生部指定中国医学科学院皮肤病研究所为"全国性病防治研究中心"。有了政府部门的重视和新设立的权威机构,大规模的性病防治工作迅速在全国开展,国务院建立了防治艾滋病性病协调会议制度,各有关部门分工合作,各地市县相继建立或指定防治专业机构,卫生部成立了性病专家咨询委员会,年逾花甲的叶干运被任命为该委员会的主任委员。从 1964 年宣布基本消灭性病到 1986 年再起炉灶预防,叶干运知道要做的事情很多很多……首先是教材,何为性病,在当时医学本科的教材上已难寻踪迹,叶干运组织全国范围内的专家主编《性传播疾病诊疗与预防》《实用性病学》《性传播疾病》;专业防治技术人员奇缺就办班培训,现场传授,据《中国医学科学院皮肤病研究所所院志》记载,仅1986—1993年由该所院负责举办的性病防治专业培训班就有23期,培训学员1339人次,培训进修生138人次。那时候的叶干运,手上写得最多、嘴上讲得最多、脑海中思考得最多字眼就是"性病防治",编写性病防治手册、制定性病防治工作规范、组织性病防治经验交流会、开展性病防治健康教育和性病防治咨询活动、指导性病防治科学研究,他还多次应广播电台电视台之邀,宣讲性病艾滋病的科学常识,那时候的叶干运全然不像是年近古稀的老者,他开足了马力,全力以赴地奔走在国内国外,作为世界银行性病贷款项目专家评审组组长,他与国内外专家共同组织了27项性病防治研究课题,均顺利结题,取得成果,共飨、共誉于国际。

承平文化涵濡远,定有英才焕物华 *

叶干运原籍福建闽侯,1924年7月21日生于北京,祖上是有名的三山叶氏科举世袭,是一个文化积淀深厚、传世久长的家族。叶干运自幼耳濡目染,养成了他知识渊博、睿智豁达、为人谦和、诚信廉洁、助人为乐的高尚品格。北京师范附小,北京第四中学,辅仁大学附中,燕京大学高中部,北京大学医学院,一路求知走来,叶干运深感学问的不易,走上社会,参加工作后,叶干运一方面自己依然谦逊好学,一方面又将已掌握和了解的知识毫无保留地传授给他人。接触过他的人,无论是年长、年幼、无论是声名显赫的高层还是20世纪50年代一字不识的农民、工人,谁都觉得叶干运和蔼可亲、智慧醒人。培训班、讲习班、辅导班……这辈子叶干运不知道给多少学习班编过教材,讲过课;启动会、报告会、研讨会,一生中叶干运数不清给各种层次的会议发过言,讲过话。说他学生众多,桃李满天下真乃是实至名归。

叶干运是中国医学科学院皮肤病研究所有史料记载的第一批硕士、博士研究生导师,多年来为培育人才呕心沥血、尽力提携。为人师表,他在品德上率先垂行,要求学生做到的他自己必定做到;学识上精益求精,倾囊相教,与学生亦师亦友,共同探讨,求索提高;工作上倾心关注,相助

---

* 此为叶干运先祖叶观国(1720—1792)《绿筠书屋诗钞》卷五,奉命督学广西记恩述怀中的两句。

图4　1992年5月,叶干运教授指导博士研究生吴铁强做实验

解难;生活上济困扶危,计划经济的年代,粮票、布票、钞票,叶干运为寒窗家贫的学生常常是无私地奉献。徐可愚是叶干运的第一个硕士生,这位来自大西北,毕业于上海第一医学院的上海人,入学前已是甘肃省皮肤病防治所的副所长。叶干运对他严格要求,凡事只讲认真。搞麻风病实验研究绝不仅仅在实验室,下现场,跑基层,与麻风病人同吃、同住、同劳动,抽样采血,化验分析,立题、讨论、实验、小结、成文,叶干运和徐可愚一起不知熬过多少个不眠之夜,弃休了那时每周仅有一天的星期日休息日,"中国汉族麻风病人 HLA-A、B 抗原的频率分布"的论文不仅标志着新中国第一个麻风病学硕士顺利毕业,同时该论文亦是国内外首报,对研究麻风的遗传因素具有较高的学术价值。孙建方、顾恒、张福仁、杨海平……他培养的学生一个又一个,一批又一批,现都是国家皮肤性病学领域的栋梁。

　　叶干运学术造诣深厚,书真写实,文字优美。除自己撰写学术论文,编纂学术著作外,还常以散文、小品见诸报刊。《旅游》杂志曾登载过叶干运访问夏威夷麻风病院的文章,融知识、趣味、文学性于一文,可读、耐读,从中可以品味出海外如何将成为历史的麻风病院开发利用的价值,对中国文化的发展和麻风史的传承有太多的启发和教益。叶干运担任过世界卫生组织的专家咨询委员,在诸多学术组织中任常委、理事、副理事、理事长，叶干运担任过《国际麻风杂志》《美国临床皮肤科杂志》编委，几乎在国内皮肤性病学界的公开出版的杂志都担任过职务，或为编委，或为副总编、总编。也许是多年养成的习惯，叶干运的文稿有一重大特点，尽管是在电脑打印流行的现如今，他也总喜欢将自己的文字一笔一划、一丝不苟地誊抄在白纸上，自成一体的写法，似楷如隶，方正工整，看过一遍定会使你记忆难忘，再遇一眼便能认出……

2013年8月30日上午9时许，正常活动的叶干运突然昏倒，急送北医三院抢救的消息传出后，海内外的关心、慰问纷至沓来，至爱的亲人、单位的领导、同代的同事、友好的同道、芬芳的桃李……人们只有一个心愿，希望原本乐观健康、精神矍铄的叶干运能早点醒来，早日康复！然而天妒英才，2013年10月19日凌晨4时18分，叶干运教授还是弃我们而去，此时他曾担任过副总编辑的《中华皮肤科杂志》、担任过总编辑的《国际皮肤性病学杂志》刚刚举办了创办60周年和50周年庆祝活动，两刊的纪念文集中留有他亲笔书写的贺词"辛勤耕耘，开拓创新；与时俱进，堪称精品"。人们是多么地期望他在2014年中国医学科学院皮肤病研究所创建60周年的时候，能回南京、回泰州看看，回溯他曾经的生活，回访他生活过的旧地，可这一切如同他的题词一样，已成绝笔，只能留待着人们去念想，去回忆。

叶干运远行了。他的离世是我国皮肤病与性病学界的重大损失，我们失去了一位德术双馨的学术前辈，失去了一位时时刻刻伴随着、关心着中国皮肤性病学科发展成长的先人，巨大的悲痛压在中国医学科学院皮肤病研究所所在地——江苏省南京市蒋王庙街12号。作为职工中声名远播又是年长者的辞世，人们悲伤之余，认识的，不认识的，知道的，不知道的，纷纷传说着叶干运的精彩传奇故事和生命不息、奋斗不止的人生经历……如在叶干运教授追思会所致的悼词中所写的那样：缅怀和悼念的最好方法，就是始终铭记叶干运的伟绩丰功，把叶干运未竟的事业继续下去，把皮肤性病学科领域中的医疗、科研、防治、教育、管理等方面的事业做得更好！

谢锦华　张爱华　中国医学科学院皮肤病研究所、皮肤病医院

追忆我国儿童皮肤病学的奠基者
——杨天籁教授

杨天籁(1914—1984),我国著名皮肤病学家,我国儿童皮肤病学的开创者。他在我国儿童皮肤病学这个全新的领域拓荒、耕耘二十余载,最终成为我国儿童皮肤病学的奠基者。

新华医院皮肤科以诊治儿童皮肤病闻名于国内,2012 年入选"国家临床重点专科"建设项目,2014 年门急诊量突破 40 万,每年诊治大量来自海内外的儿童疑难少见皮肤病病例。饮水思源,我作为一个该领域的晚辈,未曾有幸见过杨教授,但常听到唐曙、张定国教授等前辈们传颂他当年的事迹、谈起他当年的喜怒哀乐,一个治学严谨又和蔼可亲的谆谆长者的形象仿佛渐渐清晰起来。在这里,我们邀请唐曙、张定国、张苏苏、赵佩云教授——几位老一辈儿童皮肤病学工作者,一起缅怀这位德高望重的儿童皮肤病学开创者。

图 1　杨天籁教授

新华医院皮肤科唐曙教授——"怀念我的良师益友"

杨天籁教授 1914 年出生于江苏江阴县,他自幼聪慧好学,刻苦认真，1939年以优异成绩毕业于教会创办的大学——齐鲁大学医学院，获医学博士学位。他深感旧中国性病泛滥猖獗，而治疗和管理手段匮乏落后，为此决定到国外留学进一步深造，以提高自己的性病诊治水平。他于1947—1948年在美国密执安大学研究生院性病管理系学习，参与了当时青霉素治疗梅毒的临床与实验研究，并获硕士学位。1949年回国后，任上海仁济医院皮肤科主任，同时兼任上海第九人民医院、第四人民医院皮肤科主任。1956年，为落实高教部和卫生部院系调整的要求，上海第二医学院（上海交通大学医学院前身）儿科系从原广慈医院（现瑞金医院）搬迁至上海第九人民医院。回忆起我1957年大学毕业后去上海第二医学院报到时的情景，当时被分派在附属第九人民医院儿科系皮肤科教研组工作，当时杨天籁教授接见了我。杨教授给我的第一个印象是和蔼可亲，平易近人，使还很紧张的我顿觉轻松自在了许多。

1957年底，为寻找新的教育基地，进一步提升儿科系的教育质量，同时更好地为群众服务，中国儿科学泰斗高镜朗教授提出"到外面想办法，把儿科系搬出去"，在上海的偏远地区新建一所教学医院的想法。当时杨天籁教授出于对儿童皮肤病学的兴趣和热爱，毅然投身于新的儿科系皮肤病学教研室和新建医院皮肤科的筹办工作中。1958年10月，新华医院在上海杨浦区正式成立开业，儿科系于1958年底整体迁入，杨天籁教授任上海第二医学院儿科系皮肤病学教研室主任、新华医院皮肤科主任。我也追随杨天籁教授来到了新华医院，开始了自己的皮肤科医师生涯。我记得他常对我说："虽然我们日常医疗面对的绝大部分患者是成年人，然而在医、教、研方面我们的重点对象是儿童患者。目前国内外从事儿童皮肤病的医师极少，这是医学界一角未开垦的处女地，今后我们要共同努力，要勇于做儿童皮肤病领域的开荒人。"不久，杨教授提出首先要从摸清儿童皮肤病的发病情况着手。于是我们从兄弟医院抽调近年来的病史进行儿童皮肤病的统计，并曾在《中华皮肤科杂志》上发表"上海市儿童皮肤病病例的统计报告"。其中，皮炎湿疹类皮肤病占儿童皮肤病的首位。

1960年以来，新华医院儿童皮肤病患者日见增多，病种各异，还有的从各大医院转诊过来的。我们收治了大量葡萄球菌性烫伤样皮肤综合征

(SSSS)患者、中毒性表皮坏死松解症(TEN)患者,并对这两种病的病因、临床表现、治疗和预后作了详细的鉴别。我们也收治了一系列自身免疫病如小儿红斑狼疮、皮肌炎、系统性硬皮病患者,以及当时极少见的儿童皮肤肿瘤——朗格汉斯细胞组织细胞增生症患者等。我们发现了上海首例丑胎样鱼鳞病,报道了上海市首例先天性梅毒婴儿。20世纪80年代初,杨天籁教授招收研究课题为"特应性皮炎的病因和发病机理"的研究生,在国内最早开展了特应性皮炎的临床和基础研究。作为一名皮肤病医师,杨天籁教授对于药理学、心理学等相关学科也有很深的造诣。为了有效治疗婴幼儿湿疹,同时减轻病患的医疗费用,杨教授拟出低浓度的0.025%地塞米松软膏交本院药剂科自制,该外用药对儿童湿疹、特应性皮炎、抗炎性强、副作用小,同时价格低廉,至今仍深受病家欢迎,几十年来久盛不衰。他与东海渔业研究所所属制药厂合作,创制100毫克大剂量维生素E,以治疗婴幼儿大疱性表皮松解症。

随着儿科系教学工作的顺利开展,以及教学用教材的迫切需求,在卫生部的直接领导下,儿科系参与编著了高等医学院校的教材。为了突出以儿童为主的皮肤病教学,杨教授亲自制订了二十多幅教学挂图(以后改为幻灯片示教),从皮肤的解剖,组织,生理方面阐述小儿与成人皮肤的区别,并自编小儿皮肤病学讲义。1965年,其编著的我国第一本《小儿皮肤病学》初版问世。80年代初,当科室内梯队逐步形成,各级医师对小儿皮肤病有或多或少的感性知识,杨教授发起编写《小儿皮肤病学》第二版。他亲自拟定目录和大纲,惜未等该书出版,1984年杨教授因心脏病突发,离我们而去,享年70岁。1985年,其主编的《小儿皮肤病学》第二版终于面世,这本儿童皮肤病学的开山之作奠定了其中国儿童皮肤病学创始人的地位。杨教授毕生为创立我国小儿皮肤病学费尽心血,为后世学子奠定基础。他为人谦虚,坦诚,善于倾听和采纳下级医师的想法和建议,所以科内的气氛一直是舒畅的。他对生活有很高的鉴赏水平,但常寓以深刻的哲理,给我印象最深的是他曾说:"做人,要有所为,有所不为。"他胸怀坦荡,心口一致,是一位经得起时间考验的良师益友。

新华医院皮肤科张定国教授、张苏苏教授——"孜孜以求,诲人不倦

的杨天籁教授"

我们两人都是 60 年代初在上海第二医学院毕业后进入新华医院皮肤科工作的。杨天籁教授不仅是新华医院皮肤科的创始人，而且是我俩学习皮肤病学的领路人。杨天籁教授给我们最深的印象是作风正派，个性耿直。他不但知识渊博，临床经验丰富，而且工作认真，勇于负责。每次查房或课内的病例讨论，他要求每位负责的医师都要熟知病史、诊断依据、治疗原则、药物机理和预后情况。

图 2　小儿皮肤病学

他常告诫我们：查房和病例讨论是医生学习、锻炼思维和互相交流的重要方法和手段，一定要全身心地投入。

杨天籁教授教书育人，治学严谨。在教学上有着强烈的使命感和责任心。他特别重视住院医师和医学生的基础理论的训练。为了学生更加深入熟悉儿童皮肤病学，杨教授亲自率领教研组组员在极短的时间内，克服巨大的困难，自编了数万字《小儿皮肤病学》讲义。既符合了教学大纲要求，又让学生系统地学习了儿童皮肤病学。

他的认真和执着一直延伸到他的最后一刻。80 年代初，1965 年编著的第一版《小儿皮肤病学》已显不合时宜。为了更好地给皮肤科和儿科医师提供一本较新、较系统的小儿皮肤病的教学与临床参考书。杨天籁教授发起编写《小儿皮肤病学》第二版。我俩有幸参与了其中部分章节的编写。他亲自拟定目录和大纲，校对修改，呕心沥血，事事亲力亲为。这本我国最早的儿童皮肤病学经典参考书影响了几代皮肤科医师，他这种忘我的精神常常能感染周围的同事、学生。

北京儿童医院皮肤科赵佩云教授——"缅怀我国儿童皮肤病学的奠基者杨天籁教授"

衷心地感谢我国儿童皮肤病学创始人杨天籁教授，在其领导下，我国成立了最早的诊治儿童皮肤病的专业科室——上海新华医院皮肤科。时至今日我也没有忘记在 1965 年拿到杨教授主编的国内第一本儿童皮肤病学专业书籍《小儿皮肤病》时的激动心情。我先是认真拜读了这本书,继而以此书为指导,怀着极大的热情投入到了临床工作中,治愈了许多儿童患者。正是从那时起,我在北京儿童医院外科开展了儿童皮肤科的工作,逐渐得到了患者的认可以及领导的支持和鼓励。并且为了能让更多的患者受益,我决心要成立儿童皮肤科专业科室。经过几年的不断积累,终于在北京儿童医院成立了皮肤科。

数十年来,杨天籁教授潜心研究,成果丰硕;学富五车,著作等身。为我国培养了大量儿童皮肤病学的人才并成为我国儿童皮肤病学的骨干力量。近年来,我先是有机会联络了上海新华医院,后同重庆、山西和武汉等地的同仁建立了协作联系。特别是改革开放后,在中华医学会的支持下,成立了儿童皮肤病学组,带领全国的儿童皮肤科同行互相交流,广集众议,促进了学科的发展。

近几年,本专业形成了以上海新华医院和北京儿童医院两家皮肤科为首,协同各省市单位相互联络的学科格局。在儿童皮肤科疾病诊疗、遗传少见病的研究、撰写专著和国际交流等方面,取得了令人瞩目的成绩。在怀念杨天籁教授之时,我更要尽自己的绵薄之力,以求功成,为中国儿童皮肤科的长远发展继续努力。

姚志荣　上海交通大学医学院附属新华医院

一生向皮科,终身"西北王"

——怀念著名皮肤病学专家刘蔚同教授

刘蔚同(1905—1982),河南太康人。国家二级教授,中国民主同盟委员,著名皮肤病、性病专家,原河南大学医学院和西北医学院(现西安交通大学医学院)皮肤性病教研室创始人和领路人。一生致力于皮肤性病学的学术研究和人才培养,对我国现代皮肤性病学的发展做出了卓越的成绩和不可磨灭的贡献。

"皮肤病是一面镜子,它反映了人体五脏六腑的病理状况。"半个世纪前,刘蔚同教授的这句至理名言,至今仍在我国皮肤性病学界广为传颂,他在中华皮肤病学方面留下的丰功伟绩,也将永远为同仁所缅怀。

图 1 刘蔚同教授像

一、投身医学,学有所成

1905 年,刘蔚同出生于河南省太康县。18 岁那年,胸怀悬壶济世之志考入上海同济大学医学院,并以优异成绩毕业。1934 年,刘蔚同赴德国慕尼黑大学医学院学习,在 L.V.Zumbusch 教授的指导下从事皮肤性病研究工作,1936 年获得医学博士学位。抗日战争爆发后,刘蔚同谢绝了德国导师高职、高薪的挽留,毅然回到祖国,首创河南医学院皮肤花柳科并任教授,同时任附属医院院长兼皮肤花柳科主任及高级护士职业学校校长。之后到陕西工作,为陕西省立医专、国立西北大学医学院(新中国成立后二者合并为西北医学院,后又与交通大学合并,即现在的交通大学医学院)皮肤花柳科的开创人,任教授兼主任、陕西省卫生处技正、陕西省卫生试验所所长、西北医学院代院长等职。西安解放前夕,国民党政府下令将国立西北大学迁移,刘蔚同教授团结一批教职员工,坚决反对迁校,最终力挽狂澜,将医学院留在西安,并为交大附属二院保留下一大批优秀医学高级人才。受益于刘蔚同教授对淋病、梅毒性皮肤病、麻风病、神经性皮炎等传统皮肤顽疾防治及治疗方面的深厚造诣,西安医学院皮肤科教研组迅速崛起,不仅名震西北地区,在全国皮肤学界也留下巨大影响。受此影响,国家卫生部特别授意附属二院委派皮肤性病学专科人员,至各地做技术援助,刘蔚同教授指派教研组部分医师相继支援山东、安徽、贵州、河南医学院和北京友谊医院、北京中医医院等各大医学院进行医疗教学和科研工作,并将不少业务骨干留在被援助单位,成为这些单位皮肤性病学科的带头人

1949 年,刘蔚同教授受聘为解放军第十九兵团专科医师训练队教授,为部队医务人员培训一年。社会职务有陕西省政协委员、第一届全国政协特邀委员、第二届全国政协列席委员、陕西省政协委员等。1951年参加民盟,曾任民盟陕西省委员会委员,民盟西安医学院支部委员。他也是中华医学会皮肤科学会常务委员,陕西省皮肤科学会主任委员及名誉委员,中华医学会陕西分会理事,《中华皮肤科杂志》编委、常务编委。

新中国成立后,受国家卫生部邀请,作为大专院校 8 位专家教授之一,刘蔚同教授参与了国家对疾病防控对策的研讨工作,并培训师资、指挥督战,为我国 20 世纪 60 年代初基本消灭性病和防治麻风病、头癣等顽疾做出了巨大贡献。为表彰刘蔚同教授的卓越业绩,时任卫生部部长的崔义田曾亲自奖励给他一台英国生产的医用电冰箱,他并未留作家

用,而是立即将其应用于教研组的病理室、免疫室、真菌室和麻风病研究室的工作中,其大公无私之高风亮节由此一览无余,令后人钦佩。

二、为人师表,桃李满园

刘蔚同教授作为国立西北大学医学院皮肤科的奠基人,学术造诣高深,医术精湛,作为教师更是桃李满园。在他的辛勤领导和培养下,先后有刘辅仁、刘树德、邓云山陆续成长,当时号称皮肤科"三刘一邓",在同行中享有盛誉。同时,在他的影响和推动下,皮肤科新生力量不断发展壮大,陆续有李景月、孙在原、马元起、李伯埙、都绥之、徐汉卿、吴廷壁、程运乾、陈育生、张孝友、王克瑾、王俊民、谭昇顺、冯捷等十余名毕业生分配到科室,并在他的悉心教导下成为科室的骨干或主任。此外在他的声誉影响下,自 1951 年起,卫生部授权西北医学院皮肤科为全国皮肤科师资培训基地,为不少医学院校培养了大批师资,举办过 7 期皮肤科专科班和 1 期皮肤科本科班,培养皮肤科师资及专业骨干人才数百名,遍及全国各地。其中皮肤科本科班毕业生大多分配到全国各大医学院校,包括北京医学院、上海医学院等著名院校,为皮肤科事业的发展做出了重要贡献。1990 年,刘辅仁教授被国家教委授予(从事高教科技工作 40 年)特殊贡献荣誉奖,被中华医学会授予"对医学科学及学会发展建设有突出贡献专家"称号。邓云山教授在皮肤病特别是麻风病方面造诣深厚,长期深入基层麻风病区进行防治工作,并在麻风病研究上取得重要成就,1987 年被卫生部授予"全国麻风防治和科研先进工作者"称号,被国家教委、全国总工会、人事部授予全国劳动模范称号,并颁发"人民教师"奖章,1990 获首届马海德基金会奖。

在刘蔚同主任的带领,和邓云山、李伯埙、徐汉卿、谭昇顺、王俊民、彭振辉、肖生祥几代科主任的共同努力下,学科发展迅速,现已成为国家重点临床专科、博士学位授予学科并成立皮肤病院,年门诊量 40 余万人次。目前全院有教授(含退休返聘教授)14 位、副教授 14 位、主治医师 14 位(其中博士 11 名、硕士 3 名),获得国家自然科学基金等共 33 项,共18 000 万元。发表 SCI 收录论文 80 篇,出版皮肤病学专著 22 部。学科在国内有较高的声誉和广泛影响。

三、学贯中西,成绩斐然

刘蔚同教授是现代中西医结合的积极倡导者,是我国中西医结合皮肤性病学的奠基者和开拓者之一。他曾先后在国外用德文发表了《淋病分泌物中类脂质的研究》《Propersen 对梅毒的治疗观察》等论文,在国内发表的论文有《甘肃天竺自治区性病防治报告》等 50 多篇。著作有《皮肤病药物学概要》《皮肤病学各论》,1963 年主编全国高等医药院校专科用《皮肤病与性病学》教材,审阅《实用皮肤病学》等著作约 300 万字。1950—1953 年,他先后参加了陕西、宁夏、青海、甘肃等各省市的防治研究工作,主持并指导了陕西省麻风防治研究工作。1958 年,他住在麻风病院指导麻风病的防治工作。1976 年,陕西省麻风防治研究协作组成立,在刘蔚同教授领导下,该研究协作组在陕西城固县汶川地区开展以药物预防麻风患者家属发病的研究工作。刘蔚同教授对皮肤病外用药物疗法具有精深的研究和丰富的临床经验,由他设计、临床验证的治疗皮肤病的定型处方有 31 种,经多年临床应用,效果甚佳。在他的指导下,由医学院著名技师闫文斗制作的皮肤病模型栩栩如生,对直观教学起到巨大作用,受到同行的高度评价。

由于高资历和精深的医疗、皮肤性病学教研水平,刘蔚同教授在当时被号称为"皮肤科西北王"。皮肤科也日益受到领导重视,发展壮大,由其培养的继承人如刘辅仁教授继承传统,勇于创新,与其他教授一起于1984 年创办了《中国皮肤性病学杂志》和《中国医学文摘–皮肤科学》,成为中国皮肤科学界具有广泛影响力的核心期刊,为国外多个权威专业杂志检索收录。由刘辅仁教授主编、全科共同编写的《实用皮肤科学》被誉为国内一流专家畅销 50 年的临床医师必备权威专著,先后印刷五次。

四、高风亮节,医者之德

刘蔚同教授学识渊博,治学严谨,医德高尚,深得患者爱戴;他为人耿直、待人诚恳,对下级循循善诱、慈祥友爱,深得下级敬重。他对中青年医生提出了"良好医德、科学作风、坚定仁心、钻研仁术"的成才要求,大胆启用新人,筑建人才金字塔,实现人才阶梯化。在临床上,他常年坚持教授查房和专家门诊,刻意践行稳、准、简、奇的诊疗手段,挽救和治愈了无数的危重患者和疑难杂症,赢得了广大病员的高度信任和如潮好评。他经常告诫弟子们,衡量一位医生的价值,固然要看医术是否精湛,但更为重要的,是一颗真诚为患者服务的仁慈之心。医术与医德兼备,学识与仁心并重,刘蔚同教授是当之无愧的"西北王"。

李伯埙　彭振辉　西安交通大学医学院第二附属医院

学贯中西，一代"大家"
——记北京协和医院皮肤科一级教授李洪迥

李洪迥（1908—1993），上海人。著名皮肤科专家，我国皮肤性病学科奠基人之一，国家一级教授，原中华医学会皮肤科学会主任委员，中国协和医科大学及北京协和医院皮肤科教授、科主任。为我国皮肤病和性病的防治、专业干部的培养和科学研究辛勤工作了半个多世纪，为我国皮肤性病学的发展做出了杰出贡献。

聪颖过人，立志学医

1908 年 3 月 28 日，李洪迥出生于上海的一个牧师家庭。李洪迥的父亲李恒春，8 岁时进入上海一所美国教会开办的清心书院读书，在那里接受了 12 年的西方教育。毕业后他终生从事教师和牧师工作。他曾协助同学夏粹芳创立了国内最著名的出版机构——商务印书馆，并担任该馆的中英文核校工作。李洪迥的母亲 8 岁时进入上海清心女校读书，毕业后曾做过小学教师。在 6 个子女中，李洪迥排行老三，有哥哥、姐姐和三个妹妹。

李洪迥自幼聪慧过人。5 岁进幼儿园时，就能背诵唐诗宋词，并能认识很多汉字。7 岁时他到上海圣贤桥培真小学读书，10 岁进入上海大南门清心中学。清心中学由美国教会开办，几乎全部用英文教学。在那里，他系统地学习了数学、语文、英文、历史和地理等学科，打下了良好的英文基础。在校期间，他曾和同学们一起参加了著名的五四运动，投身到这场轰轰烈烈的反帝反封建运动中。他们上街游行、贴标语、喊口号，痛斥帝国主义和军阀买办，表现出了强烈的爱国热情。

知识分子家庭的熏陶，"五四"新文化运动的影响，促使他早早便立下成才创业的志向。1925 年，李洪迥中学毕业后报考了苏州东吴大学化学系，后改学医学，立志从医。他当时的目标是报考国内医学教育的最高学府——北京协和医学院(新中国成立前曾称为私立北平协和医学院)。这所学校由于每年报考的学生非常多,但录取的则很少,所以竞争异常激烈。但李洪迥发奋读书,20岁便以优异的成绩考入这所他梦寐以求的医学殿堂。

转研皮科,力克梅毒

1928年,李洪迥跨入协和医学院大门时,那秀丽的绿色琉璃瓦屋檐,典雅庄重的中西合璧的建筑群,宽敞明亮的教室,先进齐全的仪器设备,知名的专家教授,这一切都令他激动不已。他为能成为协和学生而感到骄傲和自豪。医学院期间他成绩优异,博得了当时皮肤科主任、美国教授傅瑞思的赏识。在他1933年毕业获得医学博士学位时,傅瑞思教授力邀他到协和皮肤科工作。李洪迥接到这个邀请时曾颇为犹豫,因为毕业前他曾希望专修儿科。当时民间有句俗话——"内不治喘,外不治癣",因为这两类病很难根治。他心里想:"我若到了皮肤科,老跟癣打交道太没有意思了。"不过,在考虑到傅瑞思教授的盛情邀请和协和优厚的工作及生活条件后,李洪迥还是硬着头皮答应了。但是当他在皮肤科工作了一段时间后,他发现皮肤科的住院病人虽然少,但是门诊病人很多,门诊人数在各种病人中居第二或第三位,病种多到1 000多种,常见的也有一二百种,可学的东西非常多。在治疗手段方面既有内治,也可外治,如用药物、手术、放射、同位素、冷冻、电解、电灼等,李洪迥于是逐渐坚定了学好皮肤性病科的志向。

李洪迥毕业留任皮肤科住院医师后不久,就由住院医师晋升为助教。1938年,他被选送到美国约翰·霍普金斯大学卫生学院进修性病管理。在这一年的学习时间里,他废寝忘食,不仅读完了性病管理的全部课程,还开展了梅毒血清学方面的研究,获得了性病管理硕士学位。在此期间,他曾参观了位于罗切斯特市的世界闻名的Mayo医学中心和芝加哥性病防治研究所、芝加哥大学医学院皮肤科等医疗机构。回国前他又到美国华盛顿、纽约、波士顿等性病防治机构参观,并赴英国伦敦、法国巴黎、丹麦哥本哈根等国家性病防治中心考察。一年多的欧美之行,让他开阔了眼界,学习了先进的性病管理知识,积累了丰富的性病临床诊治、研究和管理经验,为他今后在性病研究和管理上的发展打下了良好基础。

梅毒是最常见的性病之一。1935年，他按照傅瑞思的安排，在北京东城区第一卫生事务所创立了防治梅毒门诊，每周出诊一次。1935年至1939年，他利用出诊和到国外进修的机会，收集、分析了5 496例中国人、3 328例白种人及8 025例黑种人梅毒患者的资料，并据此和傅瑞思合作完成了《梅毒免疫学的种族差异》论著。1946年，该书由美国芝加哥大学出版社出版发行。1941年，他又独自完成了一部有40多万字的针对中国医师而撰写的梅毒学专著——《梅毒学》。这本专著的出版当时遇到了重重困难，直到十年后的1951年，才在中央军委卫生部教育处的协助下出版发行。《梅毒学》的出版对我国从建国初期至20世纪60年代成功消灭梅毒发挥了巨大作用。

遭逢乱世，一心向党

1941年12月，日本侵略军占领协和，协和医学院被迫解散。同年秋天，李洪迥收到成都中央大学的聘请书，邀请他南下任职。经再三考虑，他毅然抛下妻儿，离开北平，历尽千辛万苦，只身一人来到成都。但是，他很快便万分失望：蒋介石政府消极抗日，达官显贵醉生梦死，一些不法商人和官员勾结起来大发国难财，贫苦百姓却饥寒交迫。眼前的景象和他"赴内地和同胞一起抗日"的志向大相径庭。一年后，怀着无限的愤慨，他辞去职务返回北平。

1942年10月，他在北平南池子11号开设了个人皮肤性病诊所。国难当头，作为一名医生，以己之所学，为老百姓治病，同时也为了养家糊口，这或许是他当时能做的唯一选择。个人开业期间，他同情贫困老百姓生活的艰辛，经常免费或少收诊疗费用为他们看病。

抗战和解放战争初期，他接触了许多进步刊物。通过阅读《西行漫记》《解放日报》和《鲁迅报》，收听新华电台广播，他逐渐认识到中国共产党是代表人民的新生力量，心中燃起了对共产党的强烈盼望。在国民党对共产党的疯狂捕杀过程中，他曾冒着生命危险掩护和救治了两名受伤的中共地下党员。

协和中坚，三复皮科

1949年新中国成立，协和在发展史上翻开了新的一页。1950年8月，北京协和医院内科主任张孝骞突然来到他的诊所，邀请他回协和皮肤科主持工作。李洪迥很快就关闭了自己的私人诊所,怀着无限的憧憬和满腔的热情重返协和。他决心"一定要把皮肤科办得比洋人更好"!

当时的皮肤科是一个既无人也无设备的科室,复科谈何容易。他首先聘请了老同事曹松年教授从天津回来一起工作,担任起带教医学生、培养进修生的任务。从各方输送的优秀专业人才中,通过严格的淘汰机制,选出佼佼者,不断充实科室队伍。他还亲自在旧库房中寻找实验器械,在国家和医院的支持下购进多种理疗设备。6年后,皮肤科从开始的李洪迥教授孤身一人发展为拥有6名医师,另外还有护士、技术员和秘书的科室。临床每日门诊量可达150~300人次,病房床位数达到了16张;实验室能够进行组织病理切片、真菌检查、血清学及常规实验室检查;治疗室能进行紫外线、浅层X线、境界射线、电解、高频电灼及冷冻治疗。协和皮肤科成为当时我国最完整的皮肤科临床和科研基地之一。

1958年全国院校调整时,协和医院皮肤科合并到中央皮肤性病研究所。1960年为适应协和医科大学复校的要求,李洪迥等被调回协和。在他的领导下协和皮肤科第二次恢复。皮肤科的工作在"文革"期间受到冲击,一度停办。1976年,"文革"结束后,李洪迥第三次带领同事们重新恢复了协和皮肤科。

学贯中西,敢为人先

20世纪五六十年代,李洪迥领导制定了中国的性病防治工作方案,担任中央皮肤性病研究所重要职务,为新中国消灭性病建立了不朽功勋,也奠定了其作为我国梅毒学研究鼻祖的地位。他的专著《梅毒学》1951年由人民军医出版社出版,1956年由人民卫生出版社再版,成为这一领域的首本也是最经典的著作。1958年中国医学科学院成立后,协和皮肤科与中央皮肤性病研究所一度合并,李洪迥调任皮肤病研究所副所长,参加编写了《梅毒、麻风、雅司防治手册》,主编了《梅毒图谱》和《实用性病学》等专著。全国轰轰烈烈开展消灭梅毒工作期间,李洪迥亲自编写培训讲义,并亲自为奔赴八省(宁夏、河南、安徽、四川、广西、江西、云南、贵州)开展调研工作的医生授课,协助开展消灭性病和控制麻风病的研究工作。1959年,他参加了江西宁都县消灭性病现场会,并将会议经验向全国推广。他目睹"苏联专家"在防治梅毒上强制使用的为期一年半、药

图1　李洪迥(右一)下乡巡回医疗途中

价贵、副作用大的治疗方案(混合间隙疗法),冒着被扣上"反苏"帽子的危险,在1956年由皮研所组织召开的"全国皮肤性病防治工作座谈会"上,与胡传揆所长共同提出经济、治疗周期短(3周)的"单纯青霉素抗梅治疗方案",这项科学合理的治疗方案被采纳后在全国推广,使上百万患者受益。我国于1964年正式宣布,全国除台湾省以外,基本上消灭了性病。这一壮举受到国内外学者的高度赞誉,李洪迥为此付出了巨大心血。

李洪迥一生治学严谨,学贯中西,兼收并蓄,古为今用,洋为中用,辩证扬弃,创新发展。他积极开展皮肤科外用药物研制。他与医院药剂科成功合作,在国内首创用皮质类固醇激素、抗生素和局部麻醉药加入二甲基亚砜溶液,创制出的松万、新万等临床疗效突出,被患者广为传颂;研制出护肤作用好的硅霜,在国内迅速推广,至今仍在使用,深受患者喜爱。

李洪迥特别重视中医基础理论及与皮肤病相关文献的学习,使用中草药治疗皮肤血管炎、玫瑰糠疹及慢性荨麻疹取得了确切效果。20世纪60年代起,他对系统性红斑狼疮、硬皮病、皮肌炎等自身免疫性疾病、大疱病、脓疱型和关节病型银屑病、剥脱性皮炎等采用中西医结合疗法提高了疗效,缩短了疗程,减少了不良反应,挽救了大量危重病人,深受同道敬佩,为协和皮肤科及中西医结合诊疗技术的发展奠定了基础。

言传身教，育人子弟

李洪迥教授把自己定位为一辈子的带教老师。在协和，李洪迥出人意料地婉拒了医院领导分配的办公室，将自己的办公地点设在皮肤科门诊，几十年如一日，方便所有的低年资医生和进修生随时求教，以指导年轻大夫的成长。李洪迥教授深知住院医师大学期间都学习俄语，英语基础薄弱，他安排住院医师上午看门诊，下午集中学习英语和专业知识，以Andrews 著的《临床皮肤病学》为课本，先由住院医师每人读一段，李洪迥再复读一段，纠正大家不正确的发音，下课后还留"作业"——每人发一篇英文综述性文献，每1~2周开一次文献报告会。学习结束后进行英文和专业笔试，成绩作为考核依据。经过此种训练，当时的住院医师(包括王定邦、王家璧等人)的英文水平有了明显的提高。据协和皮肤科俞宝田教授回忆，"李教授是个极有语言天赋的人，听他说英语是一种享受，他不但专业英语说得好，而且能和外国友人天南地北侃侃而谈。"李洪迥教授极其注重资料的收集，他常给住院医师们讲"一分耕耘，一分收获"，只要注意临床资料的收集整理，终有一天会派上大用场。他还经常奔走在院内许多病房，亲自完成院内会诊，借机给大家讲解系统性疾病的皮肤表现和鉴别诊断，使大家的理论知识、临床经验和英语水平有了很大程度的提高。为帮助医学生及研究生的学习，他亲自撰写了一系列皮肤病讲义。1978 年，他与解放军总医院皮肤科虞瑞尧教授合作出版了常见皮肤病的图谱，包括 340 张照片，涉及 193 种不同的皮肤病，成为当时不可多得的皮肤病学教材。20 世纪 50 年代，协和医学院曾属军委建制，李洪迥为部队培养了一批皮肤科的骨干。此后在协和医院和中国医学科学院皮肤性病研究所两个平台上，他呕心沥血，诲人不倦，为全国培养了众多的皮肤科学骨干医生。

李洪迥教授在国内外有着巨大的学术影响力。从新中国成立后皮肤科首次复科一直到 1986 年退休，李洪迥教授长期担任协和医院皮肤科主任。1957 年 12 月到 1961 年期间还担任了中国医学科学院皮肤性病研究所副所长。他历任中华医学会皮肤病学会第四届、第五届主任委员，第六届名誉主任委员，第一届国务院学位委员会学科评议组成员，卫生部医学科学委员会皮肤病及麻风专题委员会主任委员，卫生部药典委员会委员,性病专家咨询委员会顾问,《中华皮肤科杂志》总编辑,《中华医学杂志》外文版编委等职。他是最早享受国务院颁发的政府特殊津贴的专家之一。

图2　李洪迥教授在家办公

成绩斐然,耀眼国际

李洪迥教授还是国际学术舞台上非常活跃的知名学者。从1957年起他多次代表中国参加国际皮肤科学术会议,并常被邀请为大会执行主席,曾到瑞典、苏联、罗马尼亚、德、英、法、日等国考察。1963年9月,他应邀出席了在罗马尼亚召开的第一届国际皮肤科学术会议,担任了大会第二天的执行主席。在会上,他宣读的《用简单的LE细胞试验滴定LE细胞因子》和《下肢结节的临床病理研究》,引起与会者的高度关注。1980年,他被美国皮肤科学会、美国皮肤科研究学会和英国皮肤科学会聘为国际名誉会员,1983年被法国与意大利皮肤科学会聘为国际通讯会员。

1981年,李洪迥教授应邀参加了在旧金山举行的第三届银屑病国际会议,并担任第三天的大会执行主席。在大会上他发表了 *Psoriasis in China* 的讲演,引起国际同行的高度赞誉。当时的新闻简报曾两次刊登了他的肖像和情况介绍。此间,他还应邀到斯坦福大学皮肤科讲学。

1982年,他和我国皮肤学界胡传揆教授、杨国亮教授一起,代表中国出席了第十六届国际皮肤科会议。这次会议有来自74个国家的4 000多名代表参加。中国出席的仅有3名代表,他们是当时我国皮肤学界的精英,也被誉为皮肤学界"三巨头"。三老中,他年龄最小(比胡传揆教授和杨国亮教授小 10 岁），所以也最活跃。会议期间他还要负责照顾他们，回国后他风趣地同别人说他成了"小跑腿"。

1983 年，美国最著名的皮肤科学会杂志 JAAD 在第十二期"当代人物"栏目（Contemporaries）中，发表了附有李洪迥（Hung-Chiung Li，M.D.,M.P.H.）照片的自传体文章。该文在国内外产生了巨大影响，让世界了解了中国，了解了李洪迥教授。

他代表中国与国际同行进行了广泛交流，由此促进了我国皮肤科水平的提高，增强了与国际同行的相互了解、友谊和合作，为我国皮肤学科的发展做出了重要贡献。

大家风范，医者之德

李洪迥教授为人乐观，具有风趣幽默的个性。他开的玩笑都非常"高雅"。有一次，李洪迥教授和协和医院的老教授们一起到农村劳动，老农有病都想找有经验的老教授看，自然专找头发白、胡子白的老教授了，因为他头发黑，都不找他，对这种尴尬场面，他幽默地说"我蒙不白之冤呀！"一次，李洪迥教授和虞瑞尧教授一起出诊到某首长家，在等候首长时，两人聊起了天。李洪迥说："首长患带状疱疹，如果病期仅一天，正是痛得要命的时候，我们就要倒霉，因为疼痛和皮疹不能一下控制住，可能还要加重，这会显得我们无能；如果带状疱疹已四五天了，那我们就走运了，一治就好，因为病程已快自愈。"

李洪迥与患者鱼水情深。新中国成立以来一直到 78 岁退休，李洪迥长期担任中央军委首长及保健局的会诊医师，对普通患者他更是细心呵护。对于每天收到的大量患者来信，不管自己事务有多繁忙，每信必复，最多一天竟达 147 封。患者寄来的锦旗上写着"千里寄方，方到病除"、"有求必应千里外，永忆长怀寸心间"。李洪迥教授高尚的医德、精湛的医术有口皆碑，璀璨生辉的人格魅力，使他得到国家领导、国内外同行以及普通患者的喜爱和敬重。

1986 年 10 月，78 岁高龄的李洪迥教授第一个响应老同志退居二线的号召，带头光荣退休。退休后，他仍然积极参加出诊及国内外学术活动，发挥余热，充分表现了一个爱国知识分子生命不息、奋斗不止的崇高境界。

　　1993 年 10 月 14 日,李洪迥教授因病与世长辞。他用一生的追求,为中国皮肤性病学科的历史留下了浓墨重彩的一笔,也将永远被后人铭记和传承。

王家璧　晋红中　北京协和医院

可敬的王光超教授

王光超(1912—2003),天津市人。我国著名皮肤病、性病学家。多年从事皮肤病性病临床治疗、教学和科研工作,开展以新药青霉素抗梅毒疗法取得了显著成绩。曾任中国性学会理事长,美国皮肤科会员,法国皮肤科名誉会员;《中华皮肤科杂志》总编辑,《美国皮肤病理杂志》编委。主编有卫生部高等医药院校统编教材《皮肤病学》第二版和第三版。

图 1　王光超教授

爱国爱家,献身医学

1912 年出生于天津王氏名门的王光超,由于对医学的兴趣,从上高中起,就承担了家庭健康顾问的角色。23 岁时从辅仁大学医科预科毕业,1940 年在北京协和医学院获得博士学位,毕业后,王光超留在了北京协和医院工作,从事皮肤性病专业。60 余年前,正当这位热血沸腾的青年,抱定理想,要为中国医学振兴而拼搏的时候,抗日战争爆发,中华民族到了危难的关头。1941 年,中共地下党在北平西郊什坊院开了一家诊所,依此为掩护,向八路军秘密供应药品和医疗器械。国家兴亡,匹夫有责,王光超冒着生命危险,担负起这项工作。后来结为伉俪一同参加这项工作的严仁英,正是被他为民族救亡甘冒风险的精神和正义果敢的气节所吸引。新中国成立前,王光超和严仁英等北大医院的 6 位医务人员受美国医学援华会(AMAC)资助赴美留学,1948 年至 1949 年,王光超在美国纽约哥伦比亚大学医学中心皮肤科及该校附属西奈山医院微生物系深造,严仁英进修妇科内分泌。

1949 年 9 月,时年 37 岁的王光超携夫人严仁英不顾美方的阻挠和威胁,毅然怀着报效祖国的赤子之心启程回国。在旧金山登上了"克利夫兰总统号"海轮,这原本是一艘很普通的客轮,50 多年前它却为新生的人民共和国运回了一批又一批特殊的乘客,他们的回国,影响了中国的历史,也改变了中国科技发展的进程。

1949 年 9 月 30 日,当他们正航行在接近亚洲的太平洋海域时,从收音机里听到播音员正介绍着新中国的国旗:"五星红旗上,4 颗小五角星各有一角对着大五角星的中心点,表示围绕着一个中心而团结。五角星用黄色,在红底上映射出一片光明……"大家马上意识到,不久之后,他们踏上的将是一个新生的国家——中华人民共和国。

听到消息的人们非常兴奋,他们马上在船上举行了一个别开生面的庆祝会,庆祝新中国的诞生。用红墨水将白布染红,凭自己的想象制作了一面五星红旗,唱着歌儿跳着舞,在甲板上尽情欢庆。回国后才知道把五星的位置摆错了,这些趣事使船友们终生回味。

消灭性病,功不可没

1949 年 11 月,王光超回到了祖国的怀抱,回到了北大医院。他以极大的热情投入到了党和政府领导的封闭妓院、解放被压迫妇女和防治性病的工作中,开始了在北大医院皮肤科长达 60 余年的辉煌生涯。

20 世纪 50 年代初,为了解除内蒙古牧区群众的病痛,制止人口下降,开展过一场消灭梅毒病的驱梅斗争。那时候国家还很困难,为了支援驱梅,中央和一些省、市抽调了大批医务人员,组成驱梅队派往内蒙古牧区,同时还调进了大批药品和医疗器械,保证驱梅需要。王光超参加了"驱梅队",他们坐着大马车行进,条件很艰苦,但开展的以新药青霉素抗梅毒疗法取得了显著成绩。经过驱梅队医务人员的艰苦奋战,内蒙古牧区的梅毒病很快得到控制,仅短短几年就把给牧区群众造成灾难,危及蒙古民族生存的梅毒病消灭了,给内蒙古草原和整个蒙古民族带来了欢乐和幸福。

解放初期,我国消灭性病,王光超功不可没。60年代以后,在医学院课堂上讲到性病这一章节时,老师们往往十分自豪地告诉学生,现在性病已不存在了。而到了20世纪80年代,性病又死灰复燃,但当时很多年轻大夫并不认识这类疾病。梅毒是老一辈皮肤科大夫花了大量精力消灭的疾病,由于很长时间里没有现症病人,使医学教育上出现了断层,王老以他丰富的经验和敏锐的判断,确诊了北大医院皮肤科首例再现梅毒患者。

80年代初,一位60多岁的男病人到北大医院皮肤科就诊。医生们对他的病情感到陌生,他的皮疹比较轻,一般的诊断解释不了其症状。王光超仔细询问病人性生活状况,病人否认有不洁性生活。王光超亲自对患者进行了梅毒螺旋体检查,又带领研究生一起进行动物接种实验,最终确诊:这是一例梅毒。他郑重地告诫全科所有大夫,今后一定要警惕梅毒的抬头,要仔细观察这类疾病的临床症状。他认真为年轻的大夫讲述梅毒的表现和鉴别,亲自带领学生对这例再现病例资料进行了实验研究,这种严谨求实的学风深深影响和教育了后人。

杏林双彦,相敬如宾

王光超和他风雨同舟的夫人严仁英相识相伴近七十年,他们携手并肩,相互鼓励和支持,共同在医学事业上施展才华,为我国的医学事业做出贡献,被誉为"杏林双彦"。他拥有一个幸福美满的家庭,和严仁英风雨同舟、相濡以沫,共同在事业上施展才华。作为一名皮肤病学专家,为了妻子蒸蒸日上的事业,王光超心甘情愿退居"二线"主理家务,夫妻二人举案齐眉、相敬如宾,相知相伴七十载。严仁英教授谈及老伴儿对自己事业的支持与牺牲,也是从不讳言。

1966年,"文革"爆发了。王光超,一位年逾半百、遐迩知名的教授,著名医院的皮肤科主任,被发配到锅炉房成了一名锅炉工,干的工作是推煤,属于比较重的劳动,而每月的生活费降到了仅仅12元,他的妻子严仁英也被贬为卫生员去扫厕所。

由于王教授正直的为人、高尚的医德,受到了人们的普遍尊敬,即使在那个年代,他仍然受到广大人民群众的爱戴与保护。"文革"时期,王光超受到了非常不公正的待遇,但王光超教授坚信党的宗旨却丝毫没有动摇,对共产主义的坚定信念和对党的赤诚之心始终没变。1984 年,他以72 岁的高龄加入了中国共产党。

王光超教授不仅学识渊博,在学术上成绩卓著,而且谦虚谨慎、平易近人,在群众中享有极高的声望。他在繁忙的学术研究之余,以博大的爱心关注普通群众的生活。从 1951 年起直至 1986 年,他担任北大医院的工会主席长达三十五载,深受北大医院全体员工的尊敬和爱戴。

筚路蓝缕,以启山林

建国初期,北大医院皮肤科百废待举,仅有的设备不过少数几台显微镜和温箱,就是在这种极其困难的条件下,王光超教授与其他老前辈们筚路蓝缕,以启山林,开拓着新中国的皮肤科学学科。

在几十年的工作实践中,王光超教授不断探索,形成了一套具有北医特色的皮肤科医、教、研制度,如数十年不间断的疑难病例讨论制度等,一直沿用至今,积累了大量宝贵的资料,成为北医人丰饶的精神财富。

王光超教授学识渊博,学术精湛,德技双馨,堪称我国老一辈知识分子的杰出代表。他在皮肤病诊治、皮肤病理、银屑病、真菌病、性传播疾病等领域均有很高造诣。在国内首先发现了卡波西肉瘤并对其进行深入的临床和病理研究。

王教授多年来的主要研究成果包括:"在皮肤学科进行生物化学、免疫与 ENA 抗原及抗体的测定""Ro/La 抗原抗体的测定""钙调素对银屑病发病机制的影响""白细胞介素及肿瘤坏死因子对银屑病发病的影响""白细胞介素对红斑狼疮发病机制的影响"及"白癜风过程中的电镜观察和人及小鼠皮肤老化过程中 SOD 的影响"等。

这些成果使他在国际皮肤科界领域享有盛誉,他曾任美国皮肤科学会会员、法国皮肤科学会名誉会员、《美国皮肤病理杂志》编委、亚洲皮肤科学会副主席等重要国际学术职务。王光超教授提倡理论联系实际,不断积累临床经验,在银屑病诊治方面形成了自己的特色。他鼓励学术民主,支持学术争鸣和创新,倡导良好的学术之风。

一次一个美国皮肤科代表团来北大医院访问讲演，王大夫做主持兼翻译，只听他中文英文融汇交错，随心所欲，得心应口。平时科室会诊他总是到场，带来多部英文原著，分析病理，引经据典，一个现象他总能找出三种以上的病种来对照解释，使听者大开眼界。

王光超教授为皮肤科学学科完成了许多系统化工程，第二版及第三版的全国高等医药院校教材《皮肤病学》，成为许多皮肤科同仁的启蒙教材。还组织编写了《皮肤组织病理彩色图谱》《银屑病》《医学百科全书》等著作，审阅了《皮肤科学视听教材》《医真菌学扫描电镜幻灯片》等视听教材。每本书王教授都逐字逐句地审阅，不仅保证教材的准确性，而且力图反映国际上最先进的理论发展及治疗经验。每次再版时，他依然是那样认真谦逊地修改、补充，有时为了一个字的恰当与否，要做反复的推敲，其治学态度之严谨，令人肃然起敬。

在他九十高龄的时候，主编出版了大型参考书《皮肤病及性病学》，寿辰庆祝会上出版社和编委会特意为这部巨著举行首发式，作为给老王大夫的一份特殊生日礼物。

王光超教授致力于皮肤病中的难题——银屑病的研究、治疗工作，对银屑病的发病机制进行深入研究，带领学生们不畏艰难，奋力攀登。曾随他学习的学生，都深知王教授对学业的认真和执着，无论是研究生的选题、研究方法，文献综述，以及论文书写，王教授都会亲自过问，与学生们反复讨论，直到把一个个问题圆满解决为止。

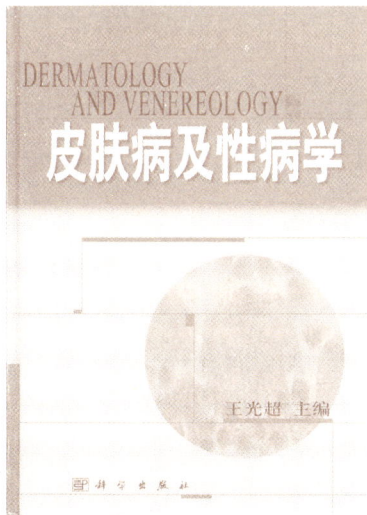

图 2 《皮肤病及性病学》封面

1954 年，全国皮肤病研究所成立后，王光超教授更加潜心于对皮肤病的医疗和防治的研究。王光超教授在国内行医执教的辉煌生涯长达六十年，其间历任北大医院皮肤科讲师、副教授、教授、博士生导师以及科主任、教研室主任等职，为北大医院以及我国皮肤科学事业做出了重大贡献。王光超教授非常重视皮肤性病学学科发展,一直到耄耋之年,他的身影仍活跃于各地的皮肤科学术讲坛。

他曾任中华医学会皮科学会主任委员、名誉主任委员,北京市第七届政协委员,亚洲皮肤科学会(中国香港)委员,卫生部性传播疾病咨询委员会顾问,中国性病学会理事长,美国皮肤科会员,法国皮肤科名誉会员,《中华皮肤科杂志》总编辑,《美国皮肤病理杂志》编委等职务。在半个多世纪的从医生涯中,王教授积累了丰富的临床经验和渊博的理论知识,在国内外享有很高声誉。1993 年开始享受国务院颁发的政府特殊津贴待遇,1995 年被中华医学会表彰为对医学科学和学会发展建设有突出贡献的专家。

医德高尚,代代相传

让人不能不佩服的是,90 岁高龄的王光超还出门诊,这在北京大学第一医院算是创下了纪录。科里每周的疑难病会诊,王老可以说是每回必到,雷打不动。会诊时,他热烈地和年轻的医生讨论,娓娓而谈,诙谐幽默,思路依然敏捷,让人们感到他那颗火热的心在跳跃奔腾。一次他给一位少年会诊,他先不问病情,而是拉着患者的手和蔼可亲地问:"你是不是常干些木工活儿,在学校与同学们相处得好吗?"看似漫不经心,可他心里有数,分析起患者的病情、病因来头头是道,参加会诊的医生无不口服心服。王光超教授平易近人,他的同事和学生都愿意称呼他"老王大夫",看似简单的四个字却包含着浓浓的敬重之情。

在多年的行医生涯中,老王大夫注重医德,对病人充满爱心,和蔼可亲。他以身作则,经常教育医护人员要尊重、爱护病人,一切为病人着想,给人们留下了难以磨灭的印象,对北医的医德医风产生了深远的影响。

一次,皮肤科来了一个很怪的中年男病人,他从东北千里迢迢到北京求治。他叙述在各地求医的苦恼经历,因为别人认为他身上有臭味,有的医院诊断为"臭汗症",他被这个"帽子"困扰许多年,已经影响他与爱人甚至全家人的关系。当工作单位的同事知道他有病,也疏远他而去,人际关系的巨大压力使他非常痛苦。老王大夫得知后,认真询问病人的情况,他让病人解开衣服,在离病人身体很近的部位仔细闻闻,没有任何发现。他还是不放心,就让这位男病人在医院门诊大楼 4 楼上下来回跑好几趟,直到满头大汗。只见老王大夫认真地让病人解开衣服,并在他的双侧腋下闻了又闻,又让身旁的几位医生也闻过,最后长长出了一口气,严肃地说:"没有问题。"他转向年轻医生,语重心长地说:"我们要为这个病人摘掉帽子,不是戴帽子。"他对那位满怀感激之情的病人说:"你放心吧,我们这么多大夫都没有闻到你有异臭味,你可以消除顾虑,正常地生活。"那位病人非常感动,不断地庆幸能遇到这样好的医生。

在七十年代,老王大夫曾为一位患有皮肤淋巴瘤的病人诊治,并亲自给这位病人做皮肤活检。按传统,这种病应用强效化疗药治疗,但他认为,病人症状恶性程度不是很高,如果用强效药,会破坏身体其他系统的正常免疫功能,使病情加重。于是,他改进了治疗方案,采用温和疗法,用小剂量间断地用药,最终有效地控制了患者的病情。这位患者至今仍清楚地记得王光超教授亲自为他做化验和诊治的情景,常常感激地说,王老高尚的医德代代相传,这真是病人的福分啊!

老王大夫对待病人胜似亲人,他一丝不苟、认真负责的工作态度给年轻医生都留下终生难忘的记忆。多年跟随王光超教授出银屑病门诊的杨海珍大夫,深受王老教诲。她说,目前世界上还没有根治银屑病的有效药物,对这一顽症,除用药物控制外,心理治疗能起很大作用。由于这个病容易反复发作,病人大多非常烦躁,遇有态度不好的病人,王老总是不厌其烦地做病人的心理工作。有位病人由于父母接连病故,精神打击使病情加重。王光超教授了解到这一情况后,就反复与他谈话,让病人自己将不愉快的事全都说出来。渐渐地,病人的症状减轻了。

涂平教授曾说,王老对年轻人最大的影响就是他对病人的态度。王老看病十分仔细,有时一个病人要看上一个小时。涂平教授多次看见王老在病房亲自为病人上药,并手把手地带教年轻医生。王老对病人从不分贫富贵贱。有些从农村来的皮肤病人,全身长满皮疹和脓疱,一进诊室臭味扑鼻,王老不会因此而怠慢病人,而且还会根据病人的经济条件,尽量使患者把钱用在刀刃上。

正是王光超教授这种以身作则的表率,使北大皮科人明白,作为一个好医生,不仅要解除病人身体上的病痛,也要消除心理上的负担,帮助他们恢复正常生活。老王大夫的高尚医德医风,在北大皮科不断延续,代代相传。

教书育人,桃李满园

新中国成立之初,我国皮肤科人才匮乏,大部分地、市、县没有皮肤科,许多病人辗转千里来京就医。王光超教授深感能够亲自诊治的病人极其有限,渴望把自己在国外学到的先进知识传授给广大的学生,使皮肤科医疗人员遍及全国,为各地的皮肤病患者及时解除病痛。

老王大夫从1946年到北京大学医学院附属医院工作,历任皮肤科讲师、副教授,皮肤科主任,北京大学医学部教授,1986年被聘为博士研究生导师。王光超教授多年从事皮肤病性病临床治疗、教学和科研工作,年过八旬仍然坚持亲自为学生授课。为培养学生的实际能力,他在课堂上应用启发式教学方法,总是让同学们动脑筋分析问题,弄清理论,学会在实践中正确应用。学生们感到王教授的课内容丰富,概念深刻,形式生动活泼,让大家记得牢、用得上。

通过多年研究生培养,促进了科内研究水平的提高,促进了人才培养和学科发展,积累了宝贵的科研资料,发表了一系列有价值、高水平的科研论文,科研硕果累累,在国内外形成了较为深远的影响。

老王大夫一向气韵温雅、亲切和蔼,但有一次在科内大会诊时,他拿着一位学生填写的会诊申请单当众发怒了。原来是这位同学把病史写得太简单,不能反映病情,王老对这种不负责任的态度,非常反感,马上就说:"这是谁写的? 这样下去,怎么得了,把北大的名声都搞坏了,你们不许说是北大出去的!"当时学生们听了面红耳赤,这是多么严厉的批评啊,可见王老把北大的名誉看得有多么重要,在场的人都从这件事上吸取了教训。以后科里的医生们无论做什么事情,都要想想,是不是对得起北大的声誉。

除了完成医学生教学和对科内年轻医师的继续教育任务外,王教授作为一名博士生导师,非常重视为皮肤科学事业发展培养高级人才,多年来,经王教授亲自培养出的博士、硕士研究生已达十余人。北京大学第三医院皮肤科老主任李世荫教授是王老教授的第一位研究生。通过多年研究生培养,促进了科内研究水平的提高,促进了人才培养和学科发展,积累了宝贵的科研资料,发表了一系列有价值、高水平的科研论文,科研硕果累累,在国内外形成了较为深远的影响。

经过半个多世纪的辛勤耕耘,王光超教授为我国皮肤科培养了大批栋梁之材,许多弟子已成长为学科带头人和学术骨干,更有无数的学生遍及中华大地,成为我国皮肤科学学科的中坚力量,真可谓"桃李满天下,枝枝春意浓"。1994 年王光超教授当之无愧地荣获北京医科大学"桃李奖"。

斯人已去,川汇于海

"活到老,学到老"是王光超教授的信条,快 90 岁的时候他还要充充电,学点分子生物学、基因什么的。后来又迷上了电脑,虽然已经很努力,可上了几个班,总结不了业。也许觉得老爷子精神可嘉,办班的人说,我们不再收您的学费了,您啥时学会啥时算。执着的王老,在家没事还鼓弄鼓弄相机,学学摄影。而每次接受记者采访,提起往昔的名誉和成绩,王老总是摆摆手说:"多写写年轻人,他们才是新生力量。"正是王老的这种精神,激励着后人们不断进取,追求卓越。

岁月荏苒,黑发变白发的王教授仍是精神矍铄。90 岁时王光超教授仍在出门诊,接待普通的皮肤病患者。他曾讲,长寿秘诀在于"能吃能睡,没心没肺",凡事不计较,乐观豁达,心胸开阔,使他总像年轻人一样充满活力。健康的体魄源于学生时代酷爱运动,他是足球、篮球、排球的爱好者,并且是低栏、万米等项目的运动员,据家人回忆,当年差一点就参加了华北地区的比赛了。

年已高龄的他仍经常跑步、骑自行车。80 多岁时还潇洒得很,竟天天骑摩托车上下班。警察怕老爷子路上有什么闪失,善意的劝告他最好别再骑了,后来干脆不给他驾照了,他只好改骑自行车。直到过完 90 岁生日,在家人的劝说下,他才不骑自行车上街了,但还舍不得放弃,每天都要在大院里骑几圈,作为健身。

老王大夫简朴的家,满屋子都是书籍和报纸,阳台上顺着斑驳的墙根,几盆花草长得茂盛。他们两位老人退休较早,享受的退休工资待遇很低,平素生活十分简朴,而每当祖国遇到自然灾害或疫情时,两位老人总是慷慨解囊。"非典"肆虐那年,他以抱病之身与夫人严仁英教授一起为医务人员捐款 2 万元。"我们都是医务工作者,抗'非典'上一线轮不上我们，那就让我们捐点钱，买些电扇送过去，帮他们降一降温，虽然我不能亲自投入到抗'非典'的战斗中，但仍想尽自己的一份力。"

这 2 万元是他们一点一滴节约下来的，"我们生活很简单，除了吃饭也不需要什么开销了，我们也不需要花钱买衣服打扮自己了。"当拿出鼓鼓囊囊的信封时他说，"这是捐给抗'非典'一线医护人员的，我没从事过传染病医疗工作，但是我知道他们很辛苦。"这是两位已经桃李满天下的老人对晚辈的关爱。他们高洁的行为，怎能不让人感动。

多年来严大夫和王大夫共向社会捐款数万元，老一辈专家对国家和人民的高度责任感，温暖了坚守在一线的白衣战士的心。王光超教授把最后的捐款，献给了他深爱的人们。就像涓涓的流水，生生不息，把这份对医学事业的爱慢慢延续。

医学界德高望重的专家吴阶平教授曾如此评价老王大夫："他是我的学长，是著名的医学家，但他更是一个好人，一个道德高尚的人。"在老王大夫的漫长生命中，正如他自己年届九十回首人生时所感慨的那样，是一生都在努力让自己做个"好人"，并真正升华为一个当之无愧让北医皮科人、北大医院人、医学界乃至社会大众都为之折服仰止的"好人"。老王大夫对待祖国对待事业，对待患者和对待后辈的那种"好"，乃是一种大爱，是值得我们后人永远去追求的一种至高境界。这样一位高尚的人，是医学界的骄傲，也是我们北大医院的骄傲，更是我们北医皮科人的骄傲。

海纳百川，流芳后世；怀念光超，精神不朽。我们怀念老王大夫，怀念他的精神追求，呼唤大家以老王大夫作为自己的人生楷模，人人都为世界多付出一份爱，要求自己在任何利益和功名的诱惑下，都能保持清醒的头脑，坚守自己的准则，努力争做一个"好人"。沐浴着老王大夫等先辈的恩泽，高擎着那一代开拓者的薪火，秉承着先行者的光荣传统，我们北医皮肤科也一定会不断发展、不断兴旺。

史　楠　李若瑜　北京大学第一医院

中国医科大学皮肤科的奠基者

——董国权教授

董国权(1913—1999),沈阳人。我国当代皮肤科先驱者之一,曾任中国医科大学附属第一医院院长、皮肤科主任;中华医学会皮肤病学分会常务委员,辽宁省暨沈阳市皮肤科学会主任委员;《中华皮肤科杂志》副总编辑、《临床皮肤科杂志》编委等。

董国权教授出生在沈阳市沈河区的一个医学世家,他的曾祖父和祖父都是当地著名的老中医。董国权教授自幼勤奋爱学,在祖父的教育和影响下,在医学世家的环境熏陶下,他于1933年以优异的成绩考入英国教会主办的盛京医科大学(八年制)。该校历史悠久,它的前身是1883英国传教士司督阁创办的我国东北第一家西医诊所"盛京施医院",1892年司督阁在盛京施医院内创办西医学堂,当时称"盛京医学堂(Mukden Medical School)",1912年在盛京施医院基础上成立 "奉天医科大学(Feng Tian Medical University)"司督阁任校长,1933年秋更名为"盛京医

图1 董国权教授

科大学"。1941 年，董国权教授毕业留校在盛京施医院皮肤科先后任医师、讲师、主任；1948 年，该医院被中国医科大学接收后，他任附属第二医院皮肤科主任；1955 年，调任中国医科大学附属第一医院皮肤科主任；1956 年，任中国医科大学附属第一医院院长。

由于董国权教授取得的突出成绩和贡献，他获首批国务院政府津贴，是我国首批博士生导师之一。他也是中国医科大学首批三位博士生导师之一。曾任沈阳市人大代表、中华医学会皮肤性病学分会常委、辽宁省暨沈阳市皮肤科学会主任委员，《中华皮肤科杂志》副总编辑等。

董国权教授从医、执教、科研 50 余年，培养研究生多名，他发表数十篇学术论文，代表作有《HLA 抗原与银屑病》《皮肤类肉瘤的研究》《麻风病展望》《稻田皮炎防治的研究》等，并主持多项科研工作。20 世纪 50 年代中期，董国权教授曾致力于稻田皮肤病的研究，所写的《胶鞋与稻田皮炎》在南昌召开的全国皮肤科学会上宣读，被视为科学为农业服务的范例。

董国权教授从 1955 年起在中国医科大学附属第一医院先后创建了皮肤科学的四个专业，即皮肤病理学、真菌学、血清学、放射治疗学；此后又建立了皮肤生化学专业，为进行分子领域的理论研究及疾病治疗打下了坚实的基础。在他的领导下中国医科大学附属第一医院皮肤科在半个世纪前已是东北和内蒙古地区实力最雄厚的皮肤性病学中心。

董国权教授医术高超，在皮肤病理方面有很深的造诣，诊治了很多疑难疾病，且抢救了很多危重病人；他全心全意培养自己的学生，扶持自己的同事。他所工作过的中国医科大学附属第一医院皮肤科在他及后来几代人的艰苦努力下，取得了一系列卓越的成绩。科室自建国至 2015 年 4 月共发表学术论文 1 046 篇，其中外文论文 327 篇；发表专著 40 余部，其中英文专著 9 部；获得专利 11 项，其中美国专利 1 项。科室现已成为国家重点学科，国家临床重点专科建设单位；实验室为卫生部免疫皮肤病学重点实验室和教育部免疫皮肤病学重点实验室；学科现有中国工程院院士 1 人，长江学者讲座教授 1 人，长江学者特聘教授 1 人，国际美容皮肤科学会（总部在意大利）会长 1 人，副会长 1 人，国际生物医学科学协会（总部在美国）副会长 1 人，国际皮肤科学会（总部在美国）常务理事

2 人，美国皮肤病学会荣誉会员 1 人、美国皮肤科学会国际荣誉会员 1 人、研究皮肤病学会（总部在美国）荣誉会员 1 人、亚洲皮肤科协会（总部在中国香港）名誉理事 1 人、常务理事 1 人，日本皮肤科学会荣誉会员 1 人。这些成绩的取得与董国权教授奠定下的良好基础息息相关。

2013 年 4 月 11 日是董国权教授的百年诞辰。其子董文瀚教授为父亲的百年寿辰写作一篇文章《深切怀念慈父董国权教授》。在文章中他这样描绘自己的父亲："父亲为人宽宏大度，正直善良，敬人自重，诚信有礼，做事低调，不喜张扬，工作中秉公正立场，从不欺负弱小，扶持同情弱者，主持正义，自己出身历史清白，对出身不好的同志，从不歧视，而且一视同仁，热心培养。父亲从不嫉贤妒能，全心全意的培养自己的学生和同事，在十年动乱的扭曲时代，他为此受了不少大字报'支持走白专道路'等等的批判，他宁可挨批判，也不违心地说一句扼杀科内苗壮成长的幼苗的话，他最大的希望是让皮肤科在他之后能更好，能培养出更优秀的人才。"

通过董文瀚教授的文章，我们更深刻地了解到，董国权教授不仅仅是一位医学泰斗，更是一位汇聚诸多美德的血肉丰满的父亲。他孝顺，敬重长辈，自己再苦也要先照顾好长辈，每月发工资时总是将工资原封不动交给他的奶奶，是个远近闻名的大孝子。他持家、爱家，并不因工作繁多而忽视家庭，他尊重妻子，关爱子女，尊重子女人格，从不打骂，在选择事业态度和婚姻等大事上，都给儿女充分的自由选择权，这在那个家长制为主的年代是非常难得的。董国权教授经常是通过古代历史故事，潜移默化地教育他的孩子们："为人要正直坦诚，交友择业要慎重，要从长远和大局着眼，不可贪图眼前的虚荣和小利"。他依靠微薄的收入，把 7 个子女培养成才，其中 5 个孩子分别考上了沈阳药科大学、哈尔滨医科大学、东北大学和中国医科大学，两个最小的孩子因上山

图 2　陈洪铎院士（左）为董国权教授（右）祝寿

下乡失去了上大学的机会,后在各自单位成为国家干部。7 个孩子继承了董国权教授的优秀品德,在各自岗位成为栋梁。

2013 年 4 月 16~18 日,中国工程院主办、中国医科大学承办的"国际工程发展战略高端论坛——从病毒到肿瘤,从病因到防治"在沈阳召开。学界同仁们以召开一场高水平的学术会议来纪念董国权教授的百年诞辰。论坛名誉主席为中国工程院院士、卫生部免疫皮肤病学重点实验室主任陈洪铎教授,论坛主席为长江学特聘教授、中国医科大学附属第一医院副院长高兴华教授。论坛邀请到诺贝尔奖得主 Harald zur Hausen 教授和英国卡迪夫大学 Vincent Piguet 教授等多位国际知名专家参加。中国医科大学附属第一医院皮肤科全体校友出资制作了一个精美的七百余克的纯金纪念牌,在高端论坛的欢迎晚宴现场由陈洪铎院士赠送给董国权教授的儿子董文瀚教授作为永远的怀念。

董国权教授的事迹激励和教育学界同仁,皮肤学界的晚辈们永远以董国权教授为学习的榜样,永永远远怀念他。正所谓:转瞬恩师已百年,玉壶冰心尤可鉴;大师寄望后来人,吾辈成功报师尊。

郭　昊　徐学刚　郭秀芝　高兴华　陈洪铎

中国医科大学附属第一医院

精诚大医赵炳南

赵炳南(1899—1984),祖籍山东德州,出生于河北。我国著名中医皮外科专家,中医皮肤学科奠基人。先后担任北京中医医院皮外科主任、副院长、名誉院长,兼任中央皮肤性病研究所副所长、北京市中医研究所所长等职务,并被推选为北京中医药学会理事长、中华中医药学会副会长、北京市政协委员、北京市人大常委、全国人大代表等。一生勤奋治学,勇于实践,致力于皮肤病的治疗与研究,为我国医学事业的发展做出了杰出贡献。

2009 年 10 月 21 日,由中医管理局主办、首都医科大学附属北京中医医院承办的"赵炳南诞辰 110 周年纪念大会"在人民大会堂举行,卫生部副部长、国家中医药管理局局长王国强高度赞扬了赵炳南先生为开创我国现代中医皮肤科事业做出的突出贡献。中医界人士、皮肤学界人士、赵炳南亲属及弟子等百余人参会。

一、童年苦难,成就大志

1899 年,赵炳南先生出生于河北省宛平县一个城市贫民家庭。幼年羸弱多病,在 5~8 岁这短短的 3 年中,他接连患上麻疹、伤寒、猩红热、天花、痢疾,最致命的是疟疾,恶疾频发,摧残着幼小的生命,他的童年始终与病魔抗争。

他的童年,伴随着疾苦,也蕴含着希望。3 位贵人给他带来了希望。一位是拯救他生命的民间医者"王二大妈",一位是传授知识的私塾老师吴先生,另一位是开启他未来的恩师丁德恩先生。

5 岁那年,他染上天花,高烧昏迷,以致多日不能睁眼,痘疮出全之后,早已体无完肤。但因为家中穷困,无钱医治,无奈之下,小赵炳南只能硬挺着强忍病痛。已经严重营养不良的他日渐虚弱,朝不保夕,他的父母一筹莫展。生死关头，天降神兵，一位贵人出现在他的面前。此后，这位贵人凭借她高超的医技多次将小赵炳南从死神手中夺回，而她高尚的品德也深深影响了年幼的赵炳南。

村子里这位善治小儿病的医者姓王，在家中排行老二，人称"王二大妈"。她不通文墨，却粗晓医理，多知多会，常以民间土方偏方为乡人诊病，屡见奇效。她给小赵炳南开了"化毒丹"，服后很快好转，数日渐愈，但愈后落下一身疤痕，甚至遍及面部，被村里孩子们取了个外号——"麻孩儿"。小赵炳南不以为意，就这样带着一身疮疤成长起来。然而令人称奇的是，二十多年后疤痕竟全部消失，面部平复如初。

天花只是赵炳南童年苦难的前奏，天花刚愈，6岁的他竟又染上了痢疾。染病持续数月，每日排便的次数难以数清。宛平县城的大夫诊治数月，虽症状稍缓，却经久不愈，本就消瘦的他只剩一身皮包骨。王二大妈再次雪中送炭，出了个偏方：无花果加蜂蜜蒸熟，日服三次，每次四到五粒。连服三日，疗效立显，没过几天竟痊愈了。

7岁那年夏天，他突染疟疾，病情急剧恶化。王二大妈冒着极大风险采取攻伐之法，拿一块绿豆大小的信石用布包包好、砸碎，以白开水送服。几经周折，终于把小赵炳南从死神手里夺了回来。经受了童年的磨难和疾病的痛苦，他早早萌发了长大做医生，像王二大妈一样治病救人的决心。

8岁那年，全家节衣缩食，把他送进私塾学堂，开始了求学之路，得以结识了童年时期的第二位贵人吴先生。经济拮据，加之体弱多病的他，在先生的帮助下，凭借着顽强的毅力，取得优异的成绩。

二、高山仰止，荣耀一生

14岁时，一个偶然的机会赵炳南先生有幸拜"德善医室"的回民老中医丁德恩先生为师，这是他遇见的第三位贵人，从此改变了他的一生，踏上了梦寐以求的漫漫从医之路，迈出了现代中医皮肤科的第一步。

丁德恩先生是享誉京城的外科名医，善治各种疮疡肿毒恶疾。在跟随先生学徒的几年里，他精勤不倦，跟随老师看病出诊，废寝忘食。学徒生活十分艰苦，他每天凌晨4点即起床，操劳医室的各种杂务，侍候师傅和师兄们的生活，熬膏药、打下手，一天只能睡3~4个小时，晚上抽空自学《外科证治准绳》《疡医大全》《外科启玄》《医宗金鉴》《本草纲目》等医籍，每天都要读到深夜。一次，因为读书读得太晚了、太累了，第二天白天在熬膏药时，头一晕，竟把右手伸进了滚烫的药锅里，顿时脱了一层皮，疼痛难忍。他却没有声张，自己涂上一些冰片，简单包扎了一下，又用左手干活去了。丁老大夫知道后，亲自为他治疗，并让他休息，他仍然用左手继续干活，后来右手的烫伤好了，左手也练得与右手一样灵巧了。3年的学徒生活转瞬间而过，他的医术取得了进步。

25岁时，赵炳南先生考取了中医士执照，在西交民巷开设了"赵炳南医馆"，专治皮外科疾病。医馆历经30载春秋，誉满京华，诞生了数不清的动人故事、感人事迹、传世佳话……

赵炳南先生的医德有口皆碑，新中国成立前的北平，在广大患者及其家属中，赵炳南这个名字已不陌生。"北京有个赵炳南，看病不花钱"的顺口溜，早已广为流传。他视病人如亲人，有一次，一位小腿溃疡化脓感染的重症患者来医馆就诊，他对赵炳南说："病情日久，烂得厉害，气味很大，先生不用打开。"他听后，亲切地对病人说："没关系，看了以后才能把您的病治好啊。"说着就亲自给病人打开脏臭的绷带、纱布，清洗伤口。病人感动得泪流满面，称赞"赵先生真是活菩萨啊！"

自医馆成立之日起，赵炳南先生就立下几条"馆规"，一丝不苟执行了30年。其中"施诊"与"免费牌"，被穷苦病人誉为"雪中送炭"的善举，争相传送。有一项规定：凡是穷苦的重症患者，来医馆初诊时，会得到一张"免费牌"，这张小小的牌子，不仅免去了初诊时的挂号费、诊疗费、药费，而且还一免到底，无论病情多么严重，病程有多么漫长，直到痊愈为止，费用一律全免。整整30年，到底有多少患者享受了特优，没人统计，无人知晓。对于一早还没有吃过早饭的穷苦病人，他总是给他们一些零钱，让他们先去对门的庆丰包子铺吃点东西，然后再候诊。对于那些下肢病重，特别是刚开过刀行走不便的穷苦病人，看完病总是给他们发点车资，让他们乘坐人力车回家去。那时病人都说："赵大夫真是关心病人到家了。"

新中国成立后，中医事业不断发展，1956年，国家筹建北京中医医院，他毅然决然地关闭了经营了整整30年的"赵炳南医馆"，把全部药品、医疗器械、制药工具等,甚至把自家准备盖房用的材料也全部无偿贡献给国家,用于北京中医医院建设。

随着时代的变化,皮肤病越来越受到重视,1973年,赵炳南先生率先建立了中国第一家中医皮肤科。1975年,总结出版了《赵炳南临床经验集》,这是第一部皮肤科老中医经验集,获1978年全国科学大会奖。1983年,赵炳南先生与张志礼教授主编的《简明中医皮肤病学》出版发行,建立了较为完整的皮肤科辨证论治、理法方药体系,二者是现代中医皮肤科的奠基之作。

赵炳南先生一贯虚心学习,在多年的临床经验中,除师承和参照中医书籍、博采众长外,特别敢于创新、积极开展中西医结合工作。他和胡传揆教授、李洪迥教授等西医皮肤科同道成为朋友,一起临床、交流、研究。1960年,胡传揆教授代表赵炳南先生在波兰召开的皮肤病国际学术会议上宣读了黑布药膏治疗瘢痕疙瘩的临床研究论文,获得外国同行的关注,这也是中国中医皮肤科首次走上国际舞台。

他先后担任北京中医医院皮外科主任、副院长、名誉院长,兼任中央皮肤性病研究所副所长、北京市中医研究所所长、北京第二医学院中医系教授、北京中医药学会理事长、中华中医药学会副会长,被选为北京市政协委员、北京市人大常委、全国人大代表等。他精湛的医术,良好的医德,得到国家和人民的敬重,被毛泽东主席、朱德委员长、周恩来总理接见。

图1　中医皮外科学界泰斗赵炳南先生像

赵炳南先生是现代中医皮肤科的奠基人和开拓者,在中医皮外科医疗实践中,勤奋学习,刻苦钻研,深刻领悟,给后人留下许许多多的宝贵财富,为中医皮外科的发展做出了巨大贡献。

三、行医甲子,誉满杏林

赵炳南先生行医六十余载,通晓中医经典著作,对于中医皮肤及疮疡外科有很深的造诣。他能从古代医书中汲取精华,从中医角度认识皮肤病,融会贯通,颇多见解,更有创新。

(一)对理论的研究

他在长期和大量的医疗实践中,对中医皮外科的理论提出了创新的见解。如:对亚急性或慢性糜烂渗出性皮肤病提出"湿滞"说;对慢性肥厚角化性皮肤病,提出"顽湿"说;对慢性干燥脱屑性皮肤病,提出"血燥"说;对皮外科疾病发病部位,提出"气血和皮筋骨"说;对皮外科疾病发病特点,提出"聚散"说;对熏药治疗作用的研究,提出"烟走线路"说;对慢性难愈性皮肤溃疡的治疗,提出"淘砌"说等。

(二)对中医病名见解

赵炳南先生认为,中医所谓"牛皮癣"是指皮损坚如牛领之皮的神经性皮炎,并无大量脱屑之实。所以牛皮癣与古代文献所记载"白疕"相吻合。"疕"字从其字形结构看,是病字头上加上一个匕首的匕字,如同匕首刺入皮肤,以示病程的缠绵日久。后经中西医研讨,认为该病表现为红斑基础上覆盖多层银白色鳞屑的特点,命名为"银屑病"较为贴切。

再如湿疹,他根据该病的基本特征及临床表现认为,应将湿疹统称为"湿疡"。因为"湿"是从病因考虑,"疡"的读音近乎扬散的"扬"和瘙痒的"痒",反映了湿疹的泛发和瘙痒的基本特征。因此,可把急性湿疹称为"风湿疡",慢性湿疹称为"顽湿疡",湿疹继发感染称为"湿毒疡"。

(三)对皮肤病辨证论治的研究

在长期临床实践中,赵炳南先生不断探索、补充和完善皮肤病辨证论治的体系,通过大量病例的临证实践,创立疗效显著的经验方百余首,并形成系列。

他成功地将卫气营血辨证运用于感染性皮肤病及急性炎症期皮肤病的辨证治疗中,创立了解毒系列方:解毒清热汤、解毒清营汤、解毒凉血汤和解毒养阴汤。四方在清热解毒的基础上,根据病变属卫营同病、气血(营)两燔及气阴两伤期等不同阶段(相当于感染性皮肤病的早期、脓毒血症或败血症期、恢复期)分别加卫营分、气血分药物,是卫气营血辨证应用于皮肤疾病治疗的最佳诠释。

他善于从"湿"论治皮肤病,创立了二十多首除湿系列方:包括苍术膏、除湿解毒汤、清热除湿汤、健脾除湿汤、疏风除湿汤、搜风除湿汤、祛湿健发汤等等。基本用药为荆芥、防风、蝉衣等散风除湿走卫表,龙胆草、黄芩等清利湿热走气分,薏苡仁、白术、茯苓等健脾燥湿走肌腠,车前子、滑石等苦通渗利走水道,白鲜皮、威灵仙、海风藤等通利经络脉隧,全蝎、蜈蚣等虫类搜剔祛风止顽痒,石膏、栀子、丹皮、黄柏等清湿中之热而护营。赵炳南教授指出:治湿必须兼顾病性、病位、病期,采取因势利导、浅深轻重急缓不同的治疗方法。

针对风邪,创制了祛风系列方:包括疏风解表、清热止痒的"荆防方";宣肺散风、和血止痒的"麻黄方";息风止痒、除湿解毒的"全虫方"等。

针对银屑病等血分受累的皮肤病,创制了凉血系列方:包括清热凉血活血的"凉血活血汤";凉血活血、疏风解毒的"凉血五花汤";凉血活血、解毒化斑的"凉血五根汤"等。

针对不同类型的血瘀,创制了活血系列方:包括活血散瘀定痛的"活血散瘀汤";活血逐瘀、软坚内消的"活血逐瘀汤";活血破瘀、通经活络的"逐血破瘀汤";温经通络、活血止痛的"温经通络汤";活血化瘀、解毒润肤的"银乐丸"等。其他方药:如多皮饮、土槐饮、苣胜子方、回阳软坚汤、清眩止痛汤、润肤丸、白术膏等。

创制外用系列方:从剂型分,外用方药如散剂系列:祛湿药粉、紫色消肿粉等;软膏剂系列:黄连软膏、清凉膏等;油剂系列:甘草油、蛋黄油等;酒浸剂系列:百部酒、补骨脂酊等;水剂系列:楮桃叶水剂、干葛洗方等;药捻系列:京红粉药捻、银粉散药捻。创制了多种独特的疗法:如熏药疗法、黑布药膏疗法、拔膏疗法、引血疗法、药捻疗法等。

(四)调和阴阳,炉火纯青

赵炳南先生重视疾病的整体观念,常说"皮肤疮疡虽形于外,而实发于内。没有内乱,不得外患。"在具体辨证时,强调必首辨阴阳。若不辨阴阳,妄加投药,"犹以安胎之药,服其夫矣。"他认为皮肤科有很多病与阴阳不调有关,临床多见于症状复杂,体质偏弱的中老年,特别是中老年女性。他确立了阴阳失和的标准:①脉象:寸关弦滑,双尺沉细;②体质:上火下寒类型;③症状:表里不一,寒热错杂,虚实并举。在他生命的最后十年,一直以四藤(鸡血藤、首乌藤、钩藤、天仙藤)为伴,同时合秦艽五味(秦艽、漏芦、黄连、防风、白花蛇舌草)加减,以调和阴阳,每用辄效。

在赵炳南先生85年的人生旅途中,经历了苦难的童年,艰辛的少年,奋斗的中年及辉煌的晚年。他具有高尚的道德情操,无私的奉献精神,卓越不凡的成就,必定永垂青史,激励着越来越多的后辈学者前进。赵炳南先生音容宛在,风范永存!

王 萍 张广中 张 苍 首都医科大学附属北京中医医院

著述不倦桃李情,济世尚德辅仁心

——记刘辅仁教授

图 1　刘辅仁教授

刘辅仁(1916—2010),河南开封人。我国著名皮肤性病学专家,中国皮肤科学界元老、开创者和奠基人之一,中西医结合先驱。曾任中华医学会皮肤性病学分会第五、第六届副主任委员及常务理事,中华医学会中西医结合学会皮肤性病专业委员会顾问。主编《实用皮肤病学》,《中国医学文摘·皮肤科学》和《中国皮肤性病学》杂志创办者。

2003年,十部被人民卫生出版社定为"国内一流专家畅销五十年的临床医师必备权威专著"的著作在人民大会堂举行隆重出版发行仪式,其中之一为刘辅仁教授担任主编并在87岁高龄时主持完成的第三版《实用皮肤病学》。全书110万字,为我国第一部附有大量皮肤病图谱的中西医结合的大型皮肤科参考书,出版后备受广大皮肤科医务人员欢迎,先后重印四次,获1999年卫生部医药卫生杰出科技著作三等奖,陕西省、西安市科技进步二等奖等奖项。该著作至今仍是皮肤性病学专业医生案头必备的工具书。

一、励志济世,终为良医

1916 年,刘辅仁出生于河南开封城内一个寻常家庭,其父与当地名中医多有交往,自幼受传统医学熏陶,耳濡目染间遂以悬壶济世为人生向往目标。及长再受科学救国新思潮影响,离开私塾,1931 年考进国立河南大学医学院预科,以立志献身现代医学事业为安邦为民的理想。

国立河南大学医学院为六年制,加之三年预科,1940 年,刘辅仁以优异成绩毕业,并留校任教。他婉谢院长阎仲彝和杨其昌教授要他从事外科学或耳鼻喉科学的愿望,跟随留德归国的刘蔚同教授一起开拓当时不为人重视的小科——皮肤病性学领域。时值抗日战争时期,河南大学医学院被战火所迫迁到豫西嵩县山区,工作生活条件异常艰苦,教材教具及参考书籍奇缺,他与刘蔚同教授一起在嵩县山区旧庙临时校舍中收集资料,编译教材,刻印讲义,为在豫西南山区躲避战火的河南大学医学生讲习授课,为当地百姓诊医治病。1944 年,迁校至嵩县潭头镇的河南大学医学院再遭日军袭击,学校被冲散,师生备遭摧残离散,刘辅仁无奈辗转陕西、甘肃等地,曾先后转任国联资助下的西北花柳病防治所西北医院专科医师、陕西省立医学专科学校副教授及附属医院皮肤科主任医师、兰州中央警校医务所及西安军校附属医院专科医师和院长等职。由于社会动荡,始终无法静心做学问,年轻的他痛感国家衰弱与科技式微息息相关,在战乱和动荡中空怀济世志,而仅能稻粱谋。

新中国成立后迅速恢复发展的国家和安定的社会生活,为刘辅仁实践治病济世理想和发挥才干提供了良好的环境和条件。1950 年,他应刘蔚同之邀来西北医学院皮肤科教研室任教,开始了他献身皮肤病事业的新起点。由此以刘蔚同、刘辅仁、刘树德"三刘"而著名的西北医学院皮肤科蜚声国内外。1957 年,他曾被借到安徽医学院任皮肤科教研室主任参与创建该院皮肤科,同年又奉调到新建立的西安医学院第一附属医院主持皮肤病学教研室的筹建。"文革"期间他曾被下放到陕西商洛山区三年,期间他也没放松对皮肤病学科的钻研实践和总结,他在当地采集种植中草药,收集研究民间皮肤病验方,并组织当地医生定期业务学习,讲授皮肤病医疗知识。1982 年刘蔚同教授逝世后,他继任西安医学院(今西安交通大学医学部)第二附属医院皮肤科教研室主任、皮肤性病研究室主任,他和前辈、同道、后学们数十年的努力奋斗使得西安交大二附院皮肤科一直在全国保持有重大影响力和声誉,得到陕西省乃至西北地区医学界的公认和广大百姓的众口赞誉,现已被陕西省卫生厅定为陕西省医疗优势专科、教育部国家重点学科培育单位、卫生部国家重点学科建设单位。

图2 1953年,西北医学院皮肤性病学专业毕业典礼合影,第二排左七为刘辅仁

二、学贯中西,继承创新

刘辅仁自幼喜好中医,又从事西医数十年,特别重视医疗与科研相结合,他在医学实践中善于观察发现,在研究过程中能够深入总结。他对急慢性炎症性皮肤病,特别对湿疹、银屑病、红斑狼疮等有着深入研究和独到思路,尤其重视中西医结合治疗皮肤病以及性传播疾病,在挖掘改造祖国医学传统方剂治疗皮肤病方面有精湛研究。如创制的硫黄发热法治疗红皮病,创制的青黛治疗口疮、土大黄治疗湿疹皮炎、黄柏地榆治疗急性皮炎等疗效肯定,先后向全国各地推广。他在50年代中期创制的黑豆馏油治疗法疗效突出,被评为陕西省医学技术成果,目前仍是我国治疗皮肤病的常规药物之一,并被收入国家基本药物目录。他与魏克庄、王玉长等教授专家,配合陕西省合作总社对陕南割漆工的漆性皮炎的防治

研究,研究出系列外用药膏,取得良好的疗效,曾获得部级商业部成果奖。他对石棉、缫丝等职业性皮肤病防治进行实地考察研究,取得卓有成效的研究成果;为攻克自身免疫性疾病,他查阅研究了大量的中医典籍,研制纯中药制剂,取得与类固醇激素作用相似却无其副作用,同时具有消炎的免疫抑制作用又有提高免疫功能的双向作用,通过 20 多年数百例有效的临床实践,打破了对系统性红斑狼疮激素疗法终生不能撤除的观点,为中西医结合治疗红斑狼疮、皮肌炎等自身免疫性疾病开创了新思路和新途径,获解放军空后科技三等奖。刘辅仁所身体力行和倡导的中西医结合治疗皮肤病的道路已成为我国现代皮肤病科学的重要优势特色。

三、扑灭性病,坚持不渝

性病作为一种社会性疾病,新中国政府在解放之初即采取果断决策和综合措施曾予以扑灭,从 1952 年起,刘辅仁即为当时西安市花柳病防治委员会的主要组织者和参与者,他与刘蔚同、郗耀承、王玉长等一起曾积极组织举办花柳病学习班,指导医疗工作,受到卫生部好评。1952 年,刘辅仁奉令带毕业生和医疗队到青海海晏少数民族地区进行性病防治工作,1958 年与程运乾、李振基赴商洛、汉中开展消灭现症梅毒工作,为 1964 年在我国大陆和西北基本消灭了性病做出了卓著成绩。1974 年,根据陕南发现性病的情况反映,卫生部、陕西省卫生厅派刘辅仁主持调查当地梅毒流行情况,刘辅仁以他丰富的临床专业知识,坚持实事求是,科学调查,查清了该地梅毒流行的真实情况,为国家节省了大量的药品储备。20 世纪七八十年代,性病在我国重新蔓延,此时各医药院校已多年基本不讲授性病,陕西省内各医院皮肤科也多取消,一般医务人员对性病的专业知识缺乏了解。刘辅仁教授又受命担任为西安市性病防治委员会副主任委员,并亲自编写性病防治教材,为西安市性病防治提供了大量宝贵意见和临床经验,并先后为省市六个性病学习班讲授,为陕西省及时培养和提高了大批的性病防治人员。

四、医德立身,医术为任

刘辅仁从医近 70 年,始终把"以高尚医德立身,以高超医术济世"作为准则。他接待病人耐心倾听,细致询问,认真细心诊察病变的性质特征和演变。他以身作则,对学生和下级大夫严格要求,强调医学基本功的同时强调医德修养,如对住院病人应认真了解掌握病史、检查结果和病情变化,尤其对皮肤损害,报告时必须按照病人现有表现具体指出;并经常教育他们要设身处地为病人着想,不仅要治疗身体上的病,也要同时注意病人心理上、精神上以及社会环境的影响,诊治用药时既要根据病情下药,也要考虑病人的家境经济,强调用药主要是对症,药的价值在于疗效,不在于贵贱,滥用药物还可引起过敏、耐药、诱发严重的毒副作用。他特别注意收集和改进民间验方,研制多种皮肤病药方和治疗办法,曾在50年代提出并做到五分钱即治好儿童头癣、黄水疮。他看病用药慎重,始终坚持不开大处方,慎开贵重药,不开无关药,即使在商品经济大潮的冲击下,也不为之所动,受到广大患者的高度赞扬,并得到中华医学会皮肤性病学分会"他的追求和执着让这个行业更加纯洁"的赞语。

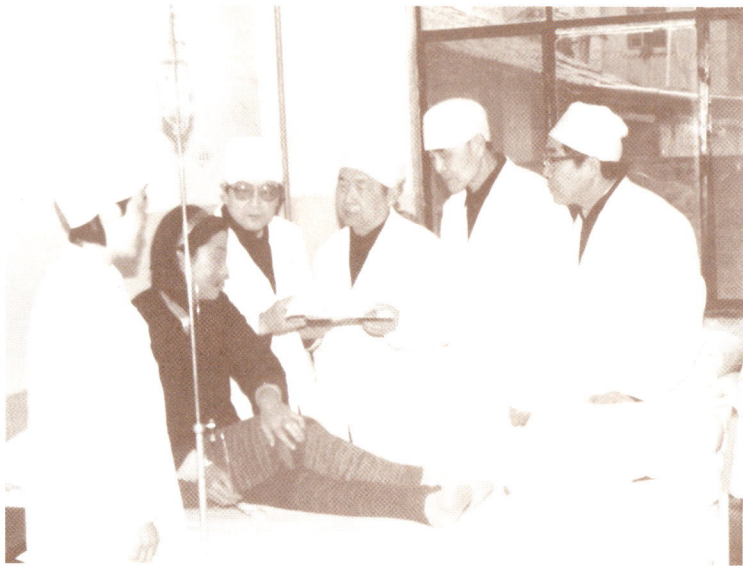

图3 (从左到右)刘辅仁、邓云山、李伯埙、徐汉卿等查房

五、编译教材,授人以渔

刘辅仁经历过抗战时期和新中国成立前医学教科书和参考书奇缺的艰难,痛感好的教材和参考书对学生教育的意义,因此他十分重视对教材的编著和对人才的培养。无论在河南大学,或在陕西省医专执教,他都要千方百计为学生找参考书,编写讲义。40年代应陕西省立医专校长

李赋京教授之邀任皮肤病学副教授时，他曾千方百计克服时艰，自己动手编写了20万字的《皮肤性病学讲义》。解放之初，我国医学教材依旧匮乏，他在安徽医学院皮肤病教研室任主任时，即为该校编写了皮肤病学各论的讲义。

从1950年起，他和皮肤科同仁受命相继开办了全国皮肤病专修班和专科班，培养皮肤病学专门人才；1981年起受卫生部委托，负责筹组承办了多届卫生部高等医学院皮肤科师资班，分别编写了共10万多字的教材，为全国培养了大批皮肤病学的高等人才和专家。之后，又先后为西北医学院及各类进修讲习班编写了各类皮肤病学教材、专题20余种。他曾受邀担任卫生部高等医药院校编审委员会委员、第1~3版全国高等医药院校皮肤科学教科书编委。刘辅仁教授还特别重视基层医生能力的培养，数十年来他无论到何地，无论身处少数民族地区还是农村山区，省内或是省外，都会举办或主讲各类皮肤性病学习班，毫无保留地传授皮肤性病的防治知识和最新发展动态。80年代，他在西北地区率先开始了硕士研究生的培养工作，先后培养多名硕士。他曾被聘为河南大学皮肤科兼任硕士研究生导师、北医大、上海医大、第三军医大学、中国医科院皮肤病研究所博士评议人。他关爱学生、倾心教育的同时又严格要求，特别强调医学基本功、兼收并蓄和创新能力的培养。执教70多年，他的学生遍布全中国，桃李海内外，其中许多已成为国家杰出人才和专业栋梁，提到刘老，无不感到受益匪浅，敬仰有加。

六、注重传播，创办杂志

刘辅仁教授始终注重信息传播和检索对医学科学发展的迫切性和重要性，一生发表学术论文40余篇，曾担任《中国医学百科全书皮肤分册》的编委；1953—1993年期间一直担任《中华皮肤科杂志》编委；任《临床皮肤科杂志》《中国中西医结合皮肤性病学杂志》编委、顾问，《陕西新医药》《西安医科大学》等杂志编委，《银屑病通报》副主编，并担任国家自然科学基金评审委等。解放之初担任西安医师公会(医学会前身)副理事长时即筹备编印出版了《人民医药》杂志，1957—1982年在省皮肤学会任职秘书和主任委员期间，组织编印了《皮肤科参考资料》《皮肤科资料汇编》和国内同行进行交流，其学术水平和影响已等于西北地区的权威皮肤病杂志。他认为中国这样的大国只有两本皮肤病学杂志实在太少,影响我国皮肤病学的发展,在他的倡导及与多位教授的共同努力及上级领导的支持下,1984年和1987年先后创办了《中国医学文摘·皮肤科学》和《中国皮肤性病学杂志》,前者是中国科技情报编译出版委员会批准出版的国内医学文献检索体系,后者是经卫生部和国家教委批准的出版国内外公开发表的皮肤科学术性期刊,刘辅仁先后担任两刊编委会主任委员、主编和名誉主编。在多年的主编工作中,他特别注重刊物的质量保证,确保科学性强、信息量大、观点新颖,他审阅了数以万计的稿件,对每一篇稿件都认真负责,不厌其烦地看两遍,甚至五六遍,并提出详细的修改意见。20多年来,编辑部全体同仁始终秉承他倡导的精益求精的办刊原则,使两刊取得了长足的发展,成为国际知名、在我国皮肤科学界具有广泛影响力的学术类核心期刊。

七、笔耕不辍,著述等身

刘辅仁在20世纪50年代末主编了中国第一部《皮肤性病手册》,之后再编写《实用皮肤科学》《实用皮肤病性病诊疗手册》《皮肤性病防治百问》系列丛书六种、《性病》等著作,主编《皮肤性病名家名词》,主译审《部位皮肤病学图谱——诊断与治疗》《小儿皮肤病诊断彩色图谱》《皮肤外科学》等皮肤性病学专著10余部,参与编写《现代皮肤病学》等大型专著多部。1962年,他主编的20万字《皮肤性病手册》由人民卫生出版社出版,是我国较早的一部皮肤性病学专著,颇受读者的欢迎,连续三年重印三次。1984年,他又受人民卫生出版社约请,主编了《实用皮肤病学》,全书110万字,为我国第一部附有大量皮肤病图谱的中西医结合大型皮肤科参考书,出版后备受欢迎,重印四次,获1999年卫生部医药卫生杰出科技著作三等奖等奖项。2003年,他以87岁高龄还主持完成了《实用皮肤病学》第三版的修订出版工作,该书至今仍是皮肤性病学专业医生案头必备的工具书。

八、热心公益,学会骨干

刘辅仁历任中华医学会皮肤病分会第五、第六届副主任委员、常务理事,第七至九届顾问;1951年经选举成立了由刘蔚同、郁耀承、刘辅仁、魏克庄、肖铭五人组成的首届陕西省皮肤科学会,刘辅仁担任秘书,主持日常事务,即开始以西医二院为中心进行病案讨论。1972年,省皮肤科学会恢复工作后,以刘辅仁为首的省市学会为骨干,按时每月开展一次学术活动,进行疑难病案会诊,迄今从未间断。1953—1987年,刘辅仁任中华医学会陕西分会皮肤科学会主任委员;1987—1997年任名誉主委;1951年任中华医学会西安医学会副理事长兼秘书长;1957—1964年任中华医学会西安分会第四至六届秘书长,1953—1987年任中华医学会西安分会皮肤科学会主任委员;曾任亚洲皮肤科学会、中德医学会顾问;第1~4届中日皮肤科联合学术会议副主委、顾问委员会顾问;任中华医学会皮肤病分会及中华医学会中西医结合学会皮肤性病专业委员会顾问,中国中西医结合学会皮肤性病专业委员会和中华医学微量元素学会顾问等职。50年代初,刘辅仁教授与全国皮肤科学会负责人在京会议期间曾到中南海,受到周恩来总理的亲切接见并合影留念。

刘辅仁为我国皮肤科学科发展兴旺以及优势特色的奠定和形成等方面倾注了毕生的精力与智慧,做出了不懈的努力和突出的贡献。1985年,近七旬的他被光荣批准成为中国共产党党员;1990年,刘辅仁被国家教委授予从事高教科技工作40年"特殊贡献荣誉奖",被中华医学会授予"对医学科学及学会发展建设有突出贡献专家"称号,西安市卫生局及西安市中华医学会、西安医科大学分别授予他"特殊贡献老专家奖";2006年,中国医师协会皮肤病分会以全票通过评选他为首届"中国皮肤科医师杰出贡献奖"获得者;2008年,中华医学会皮肤性病学分会以"他是耄耋之年的真正耕耘者,他的追求和执着让这个行业更加纯洁"的评价授予他"中华医学会皮肤病学分会专家会员"称号。刘辅仁教授90岁寿诞之时,西安交通大学医学中心给他的贺词是"学界耆宿、杏林翘楚,仁德楷模,桃李满天",这也正是对他人生事业的高度概括。

刘　铨　冯　捷　彭振辉　西安交通大学第二附属医院皮肤病院

临床真菌学开拓者

——秦作梁教授小传

秦作梁(1897—1987)，河南偃师人。我国著名皮肤病学专家。1929 年毕业于协和医学院，获医学博士学位。创建了昆明医科大学第一附属医院皮肤科，历任云南大学医学院教授，昆明医学院教授，第一附属医院主任医师，中华医学会云南分会副会长。著有《体内恶瘤在皮肤上的可能标志》，合编有《皮肤病学》，撰有《滤色镜用于淋球菌荧光染色的光动力作用的影响》《用含亚希化钾及硫酸铜的沙氏培养基分离病源性真菌》等论文。

秦作梁教授出生于河南省偃师。1917 年就读于开封河南第一师范学校，1921 年考入济南齐鲁大学医学院预科，1923 年转学到长沙湘雅医学院，1927 年又转学到北京协和医学院，并于 1929 年获博士学位，留任协和医学院助教。1935 年，秦作梁到日本东北帝国大学医学院皮肤科进修，研究临床真菌学。1936 年受聘到保定河北医学院任皮肤科教授。1937 年又被聘到北京协和医学院皮肤花柳科任细菌研究员。抗日战争暴发后，秦作梁于 1938 年南下到贵州，与协和医学院的同仁一起创办了贵阳医学院并任教务长，为抗日战争培养了大批战地医生。1947 年，他调到云南任昆明市惠滇医院院长兼昆明市医院内科顾问。1948 年被聘为云南大学医学院皮肤科教授，是昆明医学院第一附属医院皮肤科的创始人之一，任第一附属医院皮肤科主任，也为云南省其他医院培养了技术骨干。生前历任云南省政协委员、中华皮肤科学会委员、云南省医学会副会长、云南省皮肤科学会主委、《中华医学杂志》《中华皮肤科杂志》编委，《临床皮肤科杂志》名誉编委及《云南医药杂志》总编。

秦作梁教授是我国从事皮肤性病学临床、教学及科研工作较早的专家，是国内最早对性病真菌病病源进行研究的学者之一，在皮肤病的临床、教学、科研工作中有重要贡献。在他的领导下，昆明医学院第一附属医院皮肤科不断壮大，并在皮肤科逐步建立了病理室、真菌室、免疫室、外科手术室和理疗室等专科实验室和治疗室，为皮肤病、性病和麻风的防治奠定良好的基础。作为我国老一辈知名教授，秦作梁执教数十年，循循善诱，谆谆诲人，曾参加编写全国高校试用皮肤病教材，为我省医学生的培养做了重要的贡献。在任昆明医学院第一附属医院皮肤科主任期间，带领全科教职工先后开办了多个麻风病、性病及真菌病的训练班，为云南省麻风、性病和真菌病的防治和专业人才培养做出卓越的贡献。秦作梁教授不仅医术精良、医德高尚，在科学研究方面，他是我国临床真菌学研究的先驱者，他首先发现了外耳道霉菌病，对中药抗真菌实验研究和临床应用做了大量的工作，在国外杂志上发表有影响的论文15篇，国内杂志发表论文40余篇，著有《内脏肿瘤在皮肤的标志》《皮肤病免疫学》。他改良的"克莱尼梅毒血清检测法"被该方法的创始人克莱尼称为"秦氏改良法"。秦作梁教授是我国皮肤性病学领域的一代大师，在他的带领下，昆明医学院皮肤科获得国务院第一批硕士学位授予点。

秦作梁教授对同事乐于相助，对患者亲切热情，对自己的工作更是极其认真负责。他坚持每周查房，并总是说："不工作就等于没有生命，我活着一定要为'四化'多做贡献。"他在思想上积极要求进步，以80岁耄耋之龄加入中国共产党。他对事业的积极和坚持，他的人格力量，无一不值得后人记颂、学习。

如今，秦作梁教授虽早已离我们远去，但他留下的事业将永为云南皮肤科学后人继承、发扬。

何　黎　李红宾　昆明医科大学第一附属医院

怀念著名皮肤性病专家

——郭子英教授

郭子英(1915—1980),另名郭韶华,河北省邱县人。山东医学院皮肤病教研室副主任、主任。山东省皮肤病防治研究所所长,济南军区总医院皮肤科顾问;中华全国皮肤科学会理事、委员,山东医学会皮肤科分会副主任委员、主任委员。《中华皮肤科杂志》编委,全国皮肤病学专题研究委员会委员。主编《皮肤病花柳病学》《皮肤性病学讲义》《皮肤病及性病学》。为山东省皮肤科学的发展做出了巨大贡献。

郭子英教授生于河北省邱县。1944年毕业于贵州省安顺陆军军医学校(即上海第二军医大学前身)大学部本科。抗日战争结束后,他于1947年7月来山东省立医院皮肤科,历任皮肤科代理主任、副主任、主任,山东医学院(原齐鲁大学医学院)讲师、副教授、教授。1958年任山东省性病防治所所长(1960年合并到山东省皮肤病性病防治所),兼任山东省皮肤性病防治所(今山东省皮肤病性病防治研究所)副所长、济南军区总医院皮肤科顾问;中华皮肤科学会理事、委员,全国性病、麻风病研究委员会委员,山东医学会理事,山东省皮肤科学会副主任委员,《中华皮肤科杂志》编委;山东省第三届政协委员,第四届政协常委。

郭教授几十年如一日,兢兢业业、勤恳耕耘,在皮肤病、性病和麻风病的临床、教学、科研、防治诸方面,都具有扎实的理论基础和丰富的实践经验。我作为山东医学院的学生,多次聆听过他的讲课及学术讲座,他的课程深入浅出、主次分明、言简意赅、形象生动,这些特点给我留下了深刻的印象。

鞠躬尽瘁,奉献一生

自1960年兼任山东省皮肤性病防治所副所长起,他多次参与全省性病、麻风和头癣防治工作,而且是领导和组织者之一。

20世纪五六十年代,他先后组织了全省14个市、县的梅毒患病率调查,济南市梅毒患者普查普治,八宝丹等中药方剂治疗梅毒的研究工作。撰写了《山东省几个地区梅毒患病率的调查研究》《青霉素与五种中药治疗梅毒疗效对比的研究》《关于山东省性病防治问题》等论文,并多次主持麻风科研协作组科研课题讨论会。针对头癣和疥疮的防治发表过多篇论文或作学术讲座,培养了一大批防治骨干。

1975年,由郭教授发起并组织省立医院皮肤科和省皮研所医务人员,对章丘等地着色真菌病的流行病学调查、实验室诊断、治疗和病理学等做出系统研究,其后该项研究荣获卫生部科技进步二等奖及山东省科技进步二等奖。在他去世后,省立医院皮肤科戴文丽、万俊增等中青年专家们,继续他未竟的研究事业,使着色真菌病的研究成为全国的强项。

1976年,一例轻型结核样麻风病人在泰安皮防站经治疗后痊愈,来省立医院就诊时,因已无皮损,病人又隐瞒了病史,故郭教授排除了麻风。病人回到皮防站大闹,要求恢复名誉。为对病人和皮防站负责,我陪同郭教授亲自到病人家,不厌其烦地向病人详细解释了他的病情,既使病人口服心服,又为病人进行保密,使矛盾得到妥善解决。

1977年,卫生厅在平原县举办全省头癣防治培训班,由郭教授和我负责讲课,他一讲就是2个小时,从不需要看讲稿,但课程层次之分明、内容之丰富、演讲之生动,受到百余名学员们的高度赞扬。此培训班的举办也为1982年山东省基本消灭头癣做出了重大贡献。

1978年,山东省寄生虫病防治研究所邀请郭教授和我参加"皮肤黑热病学术研讨会",他不仅详细讲述了该病的临床表现,而且现场展示了他多年积累的典型临床和病理照片,对这样一种皮肤科少见的皮肤病,他居然有如此深入的研究,令在场的寄生虫病专业医生和皮肤科医生钦佩不已,我更是受益匪浅。

自70年代到他去世,郭教授一直定期组织和主持济南地区的疑难病例研讨会和学术讲座,先是现场检查病人和看病理片,然后大家发言,最后由他作总结。由于查体全面、细致,所以他对皮损的描述特别精确,他常说:"皮肤病的皮损有多种,一定要仔细分辨,不能当'大眼狼'。"他对病理片的讲解也十分透彻,达到了继续教育的目的。

睹卷思人，感怀至今

1978年，山东省皮肤科学会恢复，他是实际的主任委员，并任命赵天恩、韩丹吉和王承顾为秘书。同年，他倡导并主编大型皮肤科参考书——《实用皮肤病学》，除组织有关编委参编外，并亲自编写有关较困难的章节，多次主持召开编委会，及时提出存在的问题。为提携和锻炼中青年医生，他特地把我和多位中青年医师纳入编委行列并委以重任。为此书的编写，他不遑寝息，呕心沥血，加之研究生带教、临床教学、科内管理等工作，终于积劳成疾，1980年，初稿刚刚写成时，他突发心肌梗死，不幸逝世。

为完成郭教授未竟的夙愿，编委会公推韩丹铿、赵天恩、曾昭训、范土育和刘洪义诸编委，负责全书的编审和定稿，终于使《实用皮肤病学》于1983年正式出版。这本130万字的大型参考书浸透着郭子英教授的心血，寄托着同道们的哀思，更是留给后人们最好的纪念。三十五年，倏尔而逝，每览此书，感今怀旧，泉壤殊途，幽明永隔，追维逝者，百感交集！

郭子英教授终生学而不厌、诲人不倦，不仅著述甚丰，且有独到见解。先后发表论文15篇，主编了《皮肤花柳病学》《皮肤病与性病学》《皮肤病学》和《实用皮肤病学》等著作。他为皮肤性病专业人才的培养做出了重大贡献，他的学生桃李遍天下，他是深受人们敬仰的一位良师益友，是"立德、立功、立言"的典范。

我与郭教授既有师生之谊，又是忘年之交，相知颇深。他尽瘁敬业、朴实诚信、与人为善的优良品德，他治学严谨、一丝不苟的科学态度，将永远是我们学习的楷模。

赵天恩　山东省皮肤病性病防治研究所

第二篇
光辉篇章

汲取经编说"麻防"

——走笔新中国麻风预防与控制

何谓"麻防","麻防"是麻风预防与控制的简称。什么是"麻风"？简单说来,麻风是一种疾病,医界分类将其归属于皮肤病与性病学的范畴。专家学者经科学研究认为：该病是由麻风杆菌引起、主要侵犯皮肤和周围神经的慢性传染病。但过往,由于缺少行之有效的预防和治疗措施,该病曾长期被视为"不治之症"。人生苦,不外乎疾病磨;疾病磨,莫过于麻风恶! 这是世间普通百姓对麻风认识的真实写照。

千百年间,人们恐惧麻风,考证其主要原因是害怕被传染!诚然,我们不应该轻易地排除该病具有传染性的影响。事实是：染病麻风,倘若缺失早期诊断或未经发现、又无规范系统的治疗,则极易致畸形、致残疾,使人身机体产生面瘫、兔眼、爪手、垂足等畸残症状,或脚缺、或手丧、或面目全非,狰狞丑陋的形象外貌有碍观瞻,令人望而生厌,给社会留下了魑魅魍魉的联想;然而最可怕的是,因人们对麻风认知不详且医药良方无措,再因巫医方士之恣意蛊惑和封建迷信的蒙昧愚蠢;加因道德观念的影响,宗教信仰之迥异,法规律条错列之伪科学的误读,舆论不负责任、以讹传讹地渲染等社会人文因素的影响, 在 20 世纪 40 年代末前的中国,大多数麻风患者生活在水深火热之中。或受隔离偏安于一隅;或流离失所,背井离乡,流落街头,乞讨为生;或被四处驱逐,如风前摇曳的残烛,以至被逼上绝路,火灭人亡的惨剧常有发生。麻风给感染者带来的是断亲、断友、断故、断情的绝望,沾上麻风,便是无边无际的痛苦;给世间留下的是无休无止、不堪入目的凄惨,以及心有余悸的恐慌、难以启齿的忧伤与悲凉。

1949 年 10 月 1 日以后, 中国共产党领导下的中央人民政府面对旧中国留下的满目疮痍,在百废待兴的情况下,重视医疗卫生工作,关注公共卫生事业,在麻风流行的重灾区积极开展工作,精神上给予麻风患者以生的希望,生活上予以救济钱、粮和衣物,鼓励、支持病情相对较轻者生产自给,国家卫生部着手研究制定规划,集结全国的力量,开展麻风防治工作。迄今为止,66年来,历经几代麻防人无私无畏、勇于担当地尽心尽责、无怨无悔、艰苦卓绝地攻坚克难,昔日逞凶肆虐的麻风在中国已被降伏,全国麻风发病率与患病率明显下降,流行范围缩小,已达到基本控制传播、控制流行之目标,我国的麻风防治工作取得了显著成绩。

中流砥柱

说到中国麻风防治事业的中流砥柱,马海德是非说不可的伟大人物!镜头回放到2010年9月26日,这是马海德诞辰100周年的纪念日,中国科学技术协会、中国麻风防治协会以及他辞世后为怀念他而设立的马海德基金会联合编辑出版了纪念文集。如果您拥有或者曾经阅读过这部文集,相信您一定会被书中纯朴踏实的文字、生动写实的图片所感动,被马海德的事迹和精神所动容。

乔治·海德姆(George Hatem),一个美国人,23岁时就取得日内瓦大学临床诊断学博士文凭,为考察东方流行的热带病来到中国上海,先在广慈、莱斯特医院工作,后与同学联合开诊所谋生。1936年,经上海地下党和宋庆龄女士推荐,他怀揣半张五英镑钞票约定为接头暗号,秘密地赴陕北延安,后改用有中国特色的姓名马海德。他1937年2月加入中国共产党,从此,就与中国革命和中华民族的医学事业紧密相连。新中国成立后,克性病、攻麻风是马海德为之满腔热忱地努力奋斗、为之倾注全部精力、奉献全身心血的事业。1988年9月,卫生部授予他"新中国卫生事业先驱"的荣耀称号;2009年中华人民共和国成立60周年之际,他又光荣成为"感动中国100人"中的一员。现任中国麻风防治协会秘书长潘春枝在纪念马海德的书中以"在马老的感召下集结、奋斗"为题,情真意切、心怀眷念地写下了近1.5万字的回忆文章,文中所写发生在中国麻协办公室内的真人实事,场景历历如新,读来令人感动、信服,值得慨叹、回味和深思。若满打满算,她和马老相处了也只有一年多的时间,其感受之良多、感慨之深刻,潘秘书长现在谈起来总还觉得意犹未尽:"没写好,马老可写的内容真的是太多、太多!"人们忘不了马海德,麻防工作者更是视马海德为旗帜,仰拜他为泰山北斗,称他为现代麻风学科领域的奠基人!为纪念马海德而创作的歌曲《海外鸿鹄颂》中写道:志存高远行天下,你护神州如佑家,救死扶伤传医术,投身正义战恶煞。抗日杀敌的好医生,一生交给新中国共产党,全心全意为中华!国际主义理想大,你忧疾患如自家。预防控制战性麻,卫生先驱勤筹划。传奇生涯中外颂,国誉褒奖的好专家。啊,伟大的马海德精神,全心全意爱中华!

说到马海德,也不能不说说他曾经工作过的单位和部门。卫生部自不必多言,新中国成立至1953年底前他任职于斯;这之后调任参与筹建中国医学科学院皮肤病研究所的前身——中央皮肤性病研究所(下称医科院皮研所),该所1954年5月15日在京开幕,著名皮肤病学家胡传揆任所长,马海德任该所顾问。他常年坚持出席门诊,组织开展科研,培养和示教学生。1958年该所成立性病、麻风、头癣防治研究组,马海德任组长,同年10月编辑出版内部刊物《性病麻风防研工作》。1963年5月,该所组建麻风病研究室,马海德首任主任。至1970年7月,该所搬迁至江苏泰州,马海德留京辗转至中国医学科学院阜外医院门诊工作。"文革"结束,马海德受命为卫生部顾问,重新回到医疗卫生的第一线,主持麻风的预防与控制工作。此时的马海德,已年近古稀、体弱多病,却壮心依然、豪情满怀,继1981年信心百倍地提出"中国2000年实现基本消灭麻风病"的奋斗目标,他又于1985年在广州设立中国麻风防治研究中心并兼任主任,直至1988年10月3日在北京辞世。

卫生部是我国医药卫生的最高领导机构,其权威性和重要性为人们所共知。而作为部属部管科研院所的功能与作用,想必除业内人士外,知道和明白的人就为数不多了。20世纪50年代,医科院皮研所所长胡传揆、副所长戴正启分别任卫生部医学科学研究委员会——性病麻风研究委员会正、副主任委员,马海德、李洪迥为委员,办公室设在该所。尽管风雨沧桑、世事变幻,所址三地两迁(北京—泰州—南京)、所设机构的名称几易(卫生部科研规划中麻风专题的全国总负责单位;全国麻风防治工作咨询组;全国麻风康复工作领导小组;全国麻风疫情监测总站;全国性病麻风病控制中心;中国疾病预防控制中心性病麻风病防治技术指导中心;现名中国疾病预防控制中心麻风病控制中心),然而中国麻风预防与控制的事业职责始终和医科院皮研所戚戚相关,医科院皮研所人代代相传,重任在肩,勇于、善于担当,倾心倾力,从未懈怠!以麻风预防与控制为主题曾获得国家科技进步一等奖、二等奖、三等奖和省部、市级等众多奖项;马海德、李洪迥、叶干运、戴正启、李桓英、曹松年、何达勋、郑逖生、杨理合、李文忠、吴勤学、叶顺章、王荷英、江澄、张国成、张福仁、沈建平、严良斌等一大批在该所工作和曾在该所工作过的麻风预防与控制领域中的领军人物、学术带头人的不断涌现,足以证明医科院皮研所协助卫生部(卫生计生委)制定全国麻风病防治规划和策略,制定麻风病防治技术指南,督导和评估全国麻风病防治规划的实施,为全国麻风疫情、麻风畸残的预防和康复、专业培训、临床防治等提供技术指导与支持,与世界卫生组织(WHO)及国际非政府组织进行麻风控制领域的国际交流及项目合作等方面履职尽责,充分发挥了中心的职能,起到了基石和栋梁的作用。

与时俱进

麻风学科是一门以自然科学为主体、多学科知识交融的医学科学,既具有自然科学的属性,又具有人文社会科学属性。其独特的生理观、病理观、疾病防治观,体现出系统论理念。在认识和处理疾病的过程中,既要强调辩证认识、辩证治理,又需讲究辩证与辨病相结合。麻风流行病学、治疗学、细菌学、病理学、免疫学、康复医学、社会医学、护理学、麻风史学这些当代麻风学科体系的形成、发展与完善是随着时代的变迁,随着麻风防治的临床、科研和教育的拓展而逐步建立起来的。

江澄,一位与麻风打了一辈子交道的“老麻风”(麻风防治工作者之间的戏言、并无亵渎和贬义),今年七十有五,十余年前退休还家,并未赋闲,执业时养成的专业习惯和个人喜好,使其继续沉浸于麻风社会医学和麻风史学的研究与整理。他说:“用现代实际的眼光,以历史唯物主义的观点看待中国麻风防治政策及策略的研究与实施,现如今的麻防专业人士习惯将1949年新中国成立后到目前为止的麻风防治历程划分为三个阶段:①积极防治,控制传染的研究(1949—1980);②基本消灭麻风的研究(1981—2000);③巩固麻防成果,消除麻风危害(2001—)。其实,当时的情况并非如此,没有这样规整的蓝图和系统的说法,这是今人在前人的经历和做法中总结出来的。新中国麻风防治,六十六载风雨如磐,用一句时髦的话就是:'摸着石头过河'。"审时度势、因势利导、与时俱进的创新精神始终是中国麻风防治的精髓!

总的来说,中国麻风防治是由国家规划,卫生部具体领导、统筹安排实施的工作。1956 年 1 月,中共中央颁布的《全国农业发展纲要(草案)》中明确了麻风病应当积极防治的任务,这是以国家的名义,针对麻风至今发布最早、最权威的纲领性文件。卫生部一直设立相关于麻风防治的专门职能部门并建立专业学术委员会,指导和帮助全国开展工作。20 世纪 50 年代开始由上至下建立健全麻风防治机构, 从中央到省 (市)、地区、县形成了一支预防医学领域中别具特色的麻风防治队伍。1980 年以前, 在已确定"积极防治,控制传染"的方针指引下,实行"边调查、边隔离、边治疗"的防治策略,1963 年医科院皮研所协助卫生部制订《麻风病治疗方案》《麻风病临床治愈暂行标准》等 9 个技术方案,要求全国参照执行。基本开展的是明确防治任务,大力调查研究,查清流行情况,解决实际问题, 整顿麻风机构, 新建、扩建麻防机构及麻风村运动……第二阶段(1981—2000 年),在基本消灭麻风的研究中,最值得大书一笔的是联合化疗(MDT)! 毫不夸张地说,如果没有联合化疗,基本消灭麻风就是一句空话。称此为具有划时代意义的闪光点,也丝毫不为过。

1981 年 10 月, 世界卫生组织在日内瓦总部召开麻风控制规划化学治疗研究组会议,时任医科院皮研所副所长的叶干运受邀出席,这次会议的主题是讨论制定并推荐实施麻风联合化疗方案。同年 11 月,叶干运回到广州参加全国麻风防治工作会议,向主持会议的卫生部黄树则副部长和马海德顾问详细地汇报了此次会议的情况,两位非常重视,当即确定由叶干运向大会作传达报告, 并决定先在医科院皮研所当时的所在地——江苏省扬州地区进行试点,取得经验后再向全国推广。麻风联合化疗方案对多菌型麻风患者采取 2 年疗程或有条件可治疗到细菌阴转,少菌型麻风患者给予利福平和氨苯砜治疗半年。为了争取到联合化疗的多种药物,马海德顾问与日本笹川保健财团等国外友好团体联系,促成了日本、美国、意大利、比利时、加拿大、荷兰、英国和原联邦德国等国家的基金会,分别同中国有麻风防治任务的省(市)、自治区签订对口支援

图1　1988年11月，WHO、卫生部麻风联合化疗研讨班在医科院皮研所举行

协议，提供麻风防治所需要的药品、医疗器械和交通工具，保证联合化疗所需药物（后由WHO免费提供至今）的无偿供应。1982年，卫生部成立首届麻风病专家咨询组，马海德任顾问、叶干运为组长，作为卫生部指导麻风防治研究的得力助手。同年，卫生部印发了《全国麻风病防治管理条例》及《麻风病联合化疗实施方案》等7个技术文件。医科院皮研所李文忠团队在江苏省扬州地区12个市县、北京友谊医院热带病医学研究所的李桓英团队在云南西双版纳勐腊县，分别开展了麻风病联合化疗的试点。1986年，在试点基础上，卫生部组织召开了全国麻风联合化疗座谈会。1987年起在全国全面铺开使用世界卫生组织推广的联合化疗方案。对云南、贵州、四川的多菌型麻风患者给予利福平、氨苯砜和氯苯吩嗪三药联合治疗2年，对沿海省份的多菌型麻风患者给予上述药物治疗直至细菌阴转。1988年，卫生部修订《全国麻风病防治管理条例》。由于联合化疗2年与联合化疗到细菌阴转的疗效相似，均显示了高效杀菌，复发率低的特点，1990年，卫生部召开第四次全国麻风病防治工作会议，提出进一步落实麻风联合化疗工作。1994年以后，我国开始对所有多菌型麻风患者均给予2年联合化疗，麻风病患者联合化疗覆盖率>95%。

麻风治疗问题解决了，康复就是急需解决的大问题。与联合化疗几乎同时进行的是麻风康复医疗。1987年，"摸清全国麻风畸残的现状及需求"设定为麻风流行病学和社会医学调查的研究课题。郑逖生、张国成（现任第六届中国麻风防治协会会长）师徒团队经过一年多的艰苦努力，了解、摸清和掌握了基本概况，为在全国开展麻风康复医疗积累了第一手资料。在此基础上拟定"中国麻风畸残防治及康复试点项目"，获得国际麻风救济会(TLMI)的资助。试点3年成功后向全国15个省(市)推广。又经过9年的实战，数万病人受益。为我国20 000多名麻风后遗症垂足、脚残患者设计、配备防护鞋，为6 000多名腿残患者配备使用义肢，同时总结出我国麻风畸残康复和眼手足自我保护的经验，形成了中国特色的麻风康复模式。

仅仅有躯体的康复还是不够，更重要的是社会康复，要让麻风治愈者回归到社会，让残联接纳他们，让他们与普通公民一样，享受生活和工作的权利，回归可以让他们脱离与世隔绝的痛苦，重享天伦之乐。中国麻风防治的从业者们，特别是中国麻风防治协会的同仁们，想方设法、多方求援、诉缘由、讲情理，苍天不负有心人，1995年11月，中国残疾人联合会采纳中国麻协的建议：为麻风残疾人按一般残疾人发放残疾人证。该建议还被评为中国科学技术协会1997年"优秀建议奖"一等奖。1998年至今，中国麻协和中国残联合作，免费开展麻风残疾矫治手术，张国成、严良斌（中国疾病预防控制中心麻风病控制中心麻风病防治室主任）负责从全国各省市麻防机构中挑选精兵强将组成国家医疗队，分别赴苏、浙、皖、鲁、赣、云、贵、川、湘、鄂、疆、琼等地为1 400余例麻风兔眼、睑外翻、白内障、垂足、溃疡癌变和爪形手等畸残者实施矫治手术，使1 300余名麻风畸残病人得到康复救治。每年的手术季，张国成、严良斌都率先垂范、亲自参与，年过和年近花甲之龄的二位每次都自己携带大量医疗器械去现场。手术期间，入乡随俗、服从当地安排、从不讲究吃喝，节假日也不休息，一上手术台便连轴转，加班加点地进行手术，而且一边认真做一边仔细地讲解、耐心辅导、精心传帮带，面对面、手把手地对当地和来自全国各地的医疗队人员现场培训，一举多得，既完成了手术实施，同时又为全国麻风防治系统现场培养了一批麻风外科技术骨干；既得到项目实施省(市)政府、卫生厅(局)和地方残联的高度评价和表彰，也受到了工作人员派出单位的高度重视和大力支持。良好的社会效益，为治愈者能回归社会正常生活，为我国实现基本消灭麻风病的目标发挥了重要作用。

从 20 世纪 80 年代末 90 年代初，卫生部卫生防疫司决定设立全国麻风疫情监测总站开始，医科院皮研所就承担了全国麻风病例登记、疫情监测分析、流行病学评估等工作。电子计算机的普及，提升了全国麻风疫情监测的水平，从手写笔填、书信电报到目前的互联网，通过前期调查研究和需求分析，创建全国麻风病防治管理信息系统（LEPMIS），完成 LEPMIS 软件的开发、建立省级 LEPMIS 系统管理员队伍，2010 年 9 月启动至今，完成所有省份麻风历史资料的导入，实现麻风病历和随访表的网络专报，有效地避免异地重报，全面实现全国麻风病例流行病学实时监测。

历经半个多世纪的努力，医科院皮研所牵头组织总结的"全国控制和基本消灭麻风病的策略、防治技术和措施研究"项目，获得 2001 年度国家科学技术进步一等奖，与此同时也标志着我国麻风防治进入了巩固"麻防"成果，消除麻风危害的新阶段。

"麻风防治工作把现代医学公共卫生知识与中国国情、中国最弱势人群的利益以及深山边远地区联系在一起，我国麻风流行趋势曲线就是皮研所、皮肤病医院的同志们写在中国人民心中的一部伟大的'论文'"。2011 年 10 月 14 日，时任卫生部部长陈竺院士在南京深入医科院皮研所调研时如是评价。

为国争光

新中国一成立，马海德即申请加入中国籍，成为第一个具有外国血统的中国公民。马海德说得一口流利的普通话，而书写汉字却非强项，故而墨宝留存不多。因此 1983 年 2 月 10 日用中文写下"消灭麻风病，为国争光"的词句，更显弥足珍贵。至今，这幅难得被保存下来的遗墨已成为多部文献、书籍中的重要插图，人们企盼用它来昂扬斗志；用它来鼓舞士气、激励奋进；用它来展示中国人的豪情和雄心壮志。为国争光，是中华民族的优良传统，多少仁人志士为之疾呼、呐喊，为之实践、行动，为之付出、奉献，抛头颅、洒热血亦在所不辞。新中国的麻防人就是这样一群以其玲珑聪颖的智慧、努力拼搏的精神、认真踏实的工作态度为国争光的人。

1985 年，我国的麻风防治工作从单一的治愈现症病人向防治畸残、开展麻风康复工作转变。当时，该项工作在国内是空白，没有什么经验，也无资料和教材。新成立的中国麻风研究中心康复部主任郑逖生组织人员翻译一批国外的资料。在翻译 leprosy disability and rehabilitation 时按习惯翻译为：麻风病的残废和康复。那时还是医科院皮研所麻风研究室普通医生的张国成提出异议，他说按英文字典的解释翻译是没有错，但意义要考虑，字面上要推敲。"残"是指外观形状，可以考虑，"废"就不行了，"废"是"无用"的代名词，带有

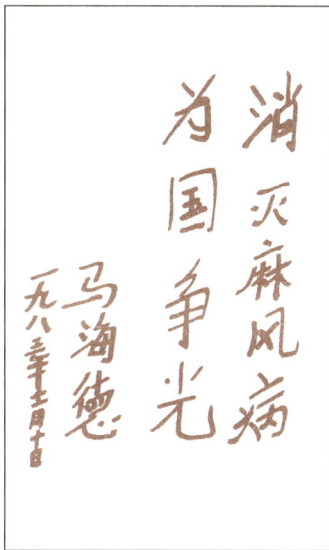

图 2　马海德的亲笔题词

明显的歧视。当时大家手中并没有什么参考文献，也只能依靠英汉字典查找词汇的含义，权威的翻译就是：劳动能力丧失、病废、无能力。所以大家并不觉得有什么不合适。但在几次定稿会上，张国成始终坚持自己的观点。他动情地说："麻风病人遭受的不仅仅是身体的病痛，更主要的是心灵遭受的歧视。我们搞康复工作，不仅仅是对麻风病人身体的康复，更重要的是心灵的康复。一个'废'字很可能使我们的康复工作大打折扣。"后来，经大家反复推敲，定为：麻风病的残疾和康复。"残废"和"残疾"一字之差，凸显了中国麻防工作者的博大情怀和睿智，既倾注了对麻风防治工作的忠诚，又体验了对患者的怜悯和人文关怀。

1986 年，时任 WHO 执行委员、原卫生部外务司司长宋允孚接到马海德顾问交办的一件事：现在，我们应当在世界卫生组织提出"到 20 世纪末全世界消灭麻风"。这是建立在 1981 年我国提出"到 20 世纪末消灭麻风"、1982 年卫生部订出具体规划标准（以县为单位患病率小于 10 万分之一）的基础上的，有充分的准备和保障措施。宋司长说，当时，他听到后一下子就懵了。1972 年我国恢复在世卫组织的席位，到 1986 年这 14 年里，中国还从来没有独立发起提出过任何提案，宋允孚当时刚刚上任卫生部外事司长，完全没有这方面的经验，办这件事真可谓"大姑娘上轿

头一回"。眼见着其面有难色，马顾问微笑着安慰，但亦严肃地说："不管有什么困难，反正你要动脑筋，必须想办法办！"

1986 年底至 1987 年初，宋允孚两次赴日内瓦参加 WHO 执委会，按照马老的运筹、策划和指导，多次和 WHO 的麻风防治官员探讨。他们欢迎我国就麻风提出决议案，也可以获得他们的支持；但"全世界消灭麻风"的提案令他们有些为难，消灭麻风的具体内容是什么？英文措辞用"elimination"还是"eradication"？经反复磋商，最后拟出题为"走向消灭麻风 Towards the elimination of leprosy"的提案文本。提案标题实现了马老的愿望：向世界提出了响亮的口号。提案的内容既反映出我国麻风防治工作的巨大成就，也考虑到各国进展的不平衡。1987 年 5 月 15 日，第 40 届世界卫生大会召开，以我国代表团为主并联合 23 个国家正式提交了《走向消灭麻风》的草案并获大会一致通过，形成 WHO 40.35 号决议。从历史的角度来讲，这是我国卫生界第一次在国际组织独立提交决议案，也是 WHO 首次使用"消灭麻风 elimination of leprosy"一词。为了验证这段历史，宋允孚司长曾通过有关官员专门请 WHO 总部核实，至 2010 年，WHO 一共召开了 63 届大会，合计讨论并通过 11 个关于麻风的决议

图 3　在北京召开的第 15 届国际麻风大会上，卫生部为麻风防治工作先进集体和个人颁奖

（1949、1953、1958、1974、1975、1976、1977、1979、1987、1991、1998）。1987年我国提出《走向消灭麻风》提案，具有重要的里程碑意义，WHO第一次把消灭麻风列为2000年人人享有卫生保健的组成部分。WHO总部官员在发给宋允孚司长的回函中写道："It is remarkable to note that reference to elimination of leprosy was already made in 1987（大意是：了不起，在1987年就提出消灭麻风！）"。由此充分体现了麻防前辈们高瞻远瞩、高屋建瓴、为国争光的远见卓识和为麻防工作努力奋斗的精神。

1988年，马海德抱病致函在荷兰海牙召开的第13届国际麻风会议主席勒夏教授，提出第15届国际麻风会议在中国召开的提议；1993年9月在美国奥兰多召开的第14届国际麻风会议上，与会的时任卫生部陈敏章部长再次提出该建议，经国际麻风协会理事会热烈讨论后，一致通过同意中国的申办。1998年9月7~12日，中华人民共和国作为东道主第一次承办的第15届国际麻风大会在北京召开，此时适逢1897年德国柏林第一次国际麻风会议整整100周年，时任卫生部副部长殷大奎代表中国以"中国控制麻风的成就与展望"为题向会议报告，他简要介绍了1949年以来我国麻风防治主要开展的工作，提出了中国麻风防治存在的问题和展望。可以说，这是国家医疗卫生主管部门对新中国麻风防治的权威总结：我国是一个发展中大国，经济水平较低，麻风防治事业的成绩来之不易；这是在政府领导下，几代医务工作者特别是数万名麻风防治专业人员辛勤努力的结果，他们在极端艰苦的条件下，任劳任怨，尽心尽责，表现出崇高的为人民献身的精神。已故的老一辈麻风专家于光元、尤家骏、张南、李家耿等为此奉献了毕生的精力；马雅谷、斯胡曼、施钦仁等外国友人曾给予热心帮助，受到人们的崇敬和缅怀；特别是被誉为"新中国卫生事业的先驱"的马海德博士，为我国的麻风防治事业鞠躬尽瘁，死而后已，体现了高尚的国际主义和献身精神。

2013年9月16~21日，第18届国际麻风大会在比利时首都布鲁塞尔举行。与会的中国代表团团长、中国麻风防治协会会长、中国疾病预防控制中心麻风病控制中心常务副主任张国成教授当选为新一届国际麻风协会执行委员，他代表中国表达了承办下届国际麻风大会的意愿，经过与其他申办国家就申办理由的现场介绍、激烈争辩，再经国际麻风协

219

第二篇　光辉篇章

会全体委员们的认真讨论,闭幕式上,国际麻风协会主席 Marcos Virmond 博士宣布:"下一届(第 19 届)国际麻风大会将于 2016 年在中国召开。"是时,张国成非常激动地代表中国麻协、代表中国代表团向所有的与会代表、向从事麻风防治的工作者发出诚挚的邀请:热烈欢迎全世界的同道 2016 年光临中国!

可防可治

鉴于社会上广为流传的恐惧麻风和歧视麻风的心理,已在很大程度上有碍于麻风防治工作正常、顺利地展开。如何解决社会大众的心理负担,唤起关注麻风防治的热情和爱心,在全国的范围内大力开展现代麻风科学知识普及和宣传教育工作显得十分必要。值此,全国麻风宣传工作会议便应运而生。现任马海德基金会秘书长申鹏章(原卫生部预防控制局助理调研员),今年八十添一,他在怀念回忆马老的文章中写道:"1986 年 6 月,在马海德的倡议下,卫生部在南京召开了全国麻风宣传工作会议,这也是新中国成立以来,卫生部为一种传染病而召开的首次宣传工作会议。"那时候是前无先例,即使到日前为止也还是后无来者。当时,中央、省、市电视台和广播电台及人民日报、光明日报等众多等媒体莅会。会议对麻风进行了科普讲解、图片资料展示,对南京青龙山麻风村现场走访,与会的媒体人亲眼所见中国麻风防治工作者不穿隔离工作

图 4　1986 年 6 月,全国麻风宣传工作会议在南京召开,马海德顾问在会
　　上做报告

衣、不戴防护手套与麻风患者零距离、毫无顾忌地一起喝水吃饭、握手拥抱的场景,切身体会到:麻风,真的是"可防可治不可怕"。会议期间及会后,各大媒体纷纷报道和刊载麻风防治的常识和科普文章,麻风宣传的禁区被打开,麻风"可防可治不可怕"的科学论断渐入人心。

趁热打铁,中国麻防的从业者们充分利用各种灵活多样的形式,有深度、有广度地进行麻风科普知识的宣传。科教片《麻风》、故事片《桃花曲》、电视剧《不要歧视她》等一批文艺作品问世;医科院皮研所邀请著名诗人丁芒深入麻风村、体验现场生活,走访基层麻防工作者、走访麻风病人,写成了长篇报告文学《来自特殊领域的报告》刊载于文艺期刊《东方纪事》;麻风专家卢健民、李牧、梁章池、刘青、赵西丁、邓云山、陈家琨、徐少梅、何达勋、高鲁、陈焰等编写的《古今中外话麻风》科普知识读物由湖北科学技术出版社出版,对麻风防治常识的宣传和普及,起到了积极作用,产生了良好的社会效应。

是时,医科院皮研所叶干运团队和南京铁道医学院周达生团队协作,麻风社会医学研究顺利立题。经过在江苏省扬州地区连续三年多对项目的调查,1987 年 6 月结题,南京答辩和鉴定会受到与会者的一致好评,认为内容丰富,有较高的学术价值,该项成果 1988 年荣获卫生部科技进步奖。与此同时,许多从事麻防工作的同仁自发行动起来,筹措资金或自费收集、整理、研究有关古籍文献、资料物件等记录麻风的载体,以期推动麻风史学的研究和发展。江澄是这些人群中的翘楚,经过多年的搜罗和网上淘宝、竞拍,采取复印、扫描、交换等方式,2014 年 11 月,他终于如愿以偿地收集齐全被业界称为民国麻风防治经典的《麻风季刊》;同时他又挖掘、整理出郑豪先生的护照、签证、照片等史料复印件,以证实其 1909 年出席在挪威第二大港湾城卑尔根市召开的第二届国际麻风会议,从而改写了中国人积极参与国际麻风防治事务和与国际麻风学术交流的年代时间。

如下是一篇叙理议事的麻风小品文中的部分章节,从中您是否可以体会到中国麻风防治人的用心,可否品味出作者出言吐语的甘苦与寓意?

"人们视麻风如虎狼,谈之色变、闻而生畏、见者逃避,古今中外、大千世界无不如此！大英帝国有一句古老的谚语：'Once a leper, always a leper'，翻译为中文是：'一旦成了麻风佬，他就永远是麻风佬'！'leper'是英文对麻风病人的称谓，即麻风佬，其含义是：'由于道德败坏和污秽不洁、别人唯恐避之不及的人'。你看：因为得了麻风病，身体受害本来应得到同情，反而是连道德也败坏了，真令人无语。在中国，麻风名词有 3 000 余年历史，仅就此词的历史演变，也能看得出麻风被歧视的坎坷……'厉、疠、癞、冥病、恶疾、癞风、大风、天刑、麻风、麻疯'等等。公元 978 年《太平圣惠方》首先使用'麻风'名词，该词从现在来看，应视为相对科学、合理、严谨、比较和谐、规范、文明。麻，临床表现为麻木不仁矣；风者，是因其致病也。区区两字将麻风症状、因果关系说明并释然清楚，可谓言简意赅，当是中国传统文化命名医学名词的精巧之作！尽管宋朝即有此高大上的名词出现，但明清两朝和民国并不认可，而袭用'麻疯'或'麻疯'更多地见诸于明清和民国的著作中（经典学术刊物《麻疯季刊》亦不例外），且多有混用，至今在中国港澳台部分文献仍有使用。虽然汉字派生的规则，习惯将有病用词冠以'疒'字头，显然造字'麻'欲与'麻'会意，借字'疯'，但将'麻风'写成'麻疯'有太多的情理不合。况且'疯'为精神症状之表与伤风、中风之'风'乃风马牛不相及也。"

不知者不罪，人们因缺乏科学常识避麻风而远之，倒也情有可原。如果你明白了麻风可防可治不可怕的缘由和道理，相信你能用你的良心燃起你的热情，为中国麻风防治尽一份力量；最起码，相信你不会再往伤口上撒盐，再不会对歧视麻风、污名麻风的行为而袖手旁观、无动于衷！

趣话"麻防"

铜头、铁嘴，这不是穿越中的神话，也不是儿童玩具中的变形金刚。张国成说："这种描述主要发生在积极防治，控制传染的研究阶段，是麻风防治前辈们几十年经验的积累和自己工作中亲身体验所总结出来的行话术语。"防治麻风这种病和其他的疾病有区别，一般的病是患者找医生，而普查麻风是医生四处寻访病人。这"铜头"就是说麻风防治工作中要能碰硬。由于社会舆论的歧视，麻风患者和其家人都不愿让人知道，说讳疾忌医也不为过！即使在当时的医学卫生界，亦有"从医治麻，低人一等"的偏见。"打铁须得自身硬"，为防治麻风，麻防工作者要顶得住压力，大张旗鼓、打着灯笼四处找病人，无论病人的门关得多么严实，麻防工作者也要竭尽全力一头撞开有形和无形的门，把病人找到为其诊断治疗。"铁嘴"说的是麻防工作者的能力。张国成说，20世纪90年代前，他和他的同事们不畏惧被骂，不害怕被损，设身处地地为患者着想，动之以情，晓之以理，非要说得麻风病人心回意转，认认真真地配合治疗，"那年头，麻风普查找病人，麻防工作者吃住在现场，一次出差几个月不回家是很正常的事情。"

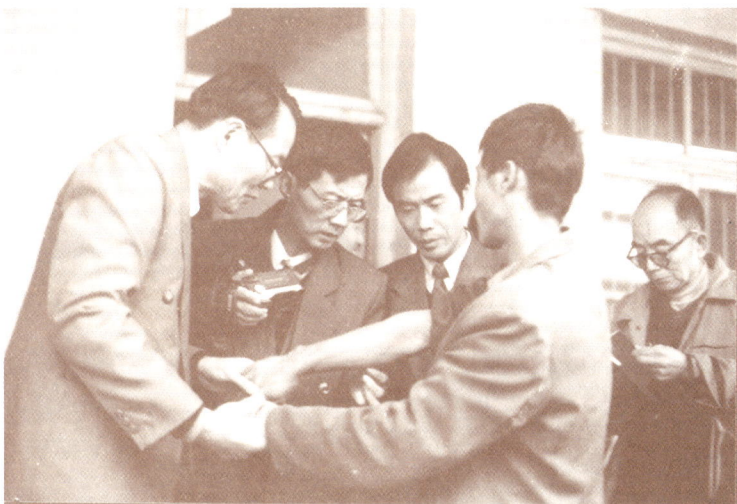

图5　麻风防治工作者深入基层，为病人进行现场检查

　　张国成说，与"铜头、铁嘴"相似的描写麻防工作者的词汇还有"飞毛腿""橡皮肚"。飞毛腿，自不必说，神行太保，是指麻风防治工作者能跑，20世纪90年代以前，汽车是中国的稀罕物，搭公共交通只能到站下，现场普查要到偏远的麻风村寨，基本上都要在田埂、山坡间的羊肠小道上步行。钻山沟、趟涧水，山道弯弯，水路涟涟，麻防工作者们就是在风雨里，一步一个脚印，越岭翻山、走村访寨，从山庄村寨、家家户户中走出了今天的业绩。"橡皮肚"的寓意那就多了，其最重要的两层意思，一是说麻风防治工作者要有个能饥能饱、能松能紧的肚子，饿几顿不在话下，一旦吃上饭，撑饱点儿又能充以备饥。身为外科医生的张国成等人多年就养成了早饭吃得香、吃得多的习惯，一上手术台便从早干到晚，一下子工作十五六个小时，常常吃过早饭便不知道下一顿饭是什么时间了；这其二

是麻防工作者的素质、涵养要好，肚量要大，要面带微笑、宽以待人，再多的热讽冷嘲，再多的冤枉气、怨气也能受得了、装得下，在肚皮里能走马、撑船……为了麻风患者，医生、护士可以和他们认亲戚、搭故交、做朋友；巡诊、送药时不穿工作服、白大衣，带上点小礼品，装扮成走亲戚。即使是查看患者，也将其约至远离其家住址的异地，为的是不给患者增添更多的、不必要的周围环境和邻居舆论的影响。人本、人性、人伦、人文……麻防工作者就这样用看似平常，实则不平常的行为，默默地为麻风患者这一特殊群体服务，这份关心、维护，充分体现出麻防工作者人道主义精神的光芒。

承先启后

承前启后、开拓进取、不断创新是中国麻风防治奉行的精神之一。

1985 年，在新中国麻风预防与控制的进程中所发生的几件事情，具有历史里程碑的意义。这一年 11 月 26 日，在马海德顾问亲自呐喊呼吁、四处奔走、组织联络、多方努力下，中国麻风防治协会、中国麻风福利基金会、中国麻风病防治研究中心在广州揭幕，《中国麻风杂志》亦于同日面世发行。按理说，成立协会、杂志创刊，均系今人所为。厚今薄古，时过境迁，将功劳记录在当代当事人的名下亦无可非议。但中国麻防人志向远大、心胸宽广、尊重前辈、不忘历史，他们认为，历史不能也不会被人为地隔断，现代继续于近代，人们认识麻风、防治麻风、建立麻风学科的历史是循序渐进的。因此，定中国麻风防治协会为创建于 1926 年 1 月的"中华麻风救济会"之恢复；而《中国麻风杂志》则视之为创立于 1927 年 1 月《麻风季刊》的恢复，就连季刊的发行模式先期也沿袭有序，直到 2001 年方改为双月刊，2005 年始为月刊。

1987 年 11 月 27 日，中国麻风防治协会第一届第三次理事扩大会在云南昆明南疆宾馆召开。此次会议决定：①将国际麻风节定为中国麻风节；②将"5·12"国际护士节定为中国麻风护士节；③设立麻风研究奖。1988 年 2 月 15 日，首届中国麻风节联谊会在北京科学会堂举行，时任党和国家领导人胡启立、陈慕华、黄华、陈敏章、康克清、周培源等出席。自此以后，每年麻风节期间，全国各地均举行宣传、慰问活动，旨在唤起全社会对麻风防治事业的关心与支持。

中国麻风防治虽然常借鉴国外先进方法,但又不拘泥于全球消除战略的要求,依据中国的具体国情,实事求是地提出较 WHO 更高的麻风控制目标,并从开始就把控制标准落实在以县(市)为单位的政策水平。其实,"以县(市)为单位控制麻风综合防治措施的研究"的建议,1959 年就由医科院皮研所叶干运等人首先提出。该建议曾经卫生部批准后率先于1959—1965 年期间,在江苏省海安县和广东省潮安展开,防治人员不遗漏一村一庄、划片包干、挨家挨户地普查皮肤病工作,不仅了解了当地麻风流行情况,还早期发现和隔离治疗麻风病人。根据"现场基地化,基地综合化"的原则,摸索总结防治经验,向全国推广。这项研究为我国 80 年代初制订以县(市)为单位基本消灭麻风病考核验收计划奠定了基础。改革开放后,适时对防治策略实现四个转变,即:①从单一药物治疗转变为联合化疗;②从隔离治疗转变为社会防治为主;③从单纯治疗转变为治疗与康复医疗相结合;④从专业队伍的单独作战转变为动员社会力量协同作战。在麻风防治技术要求上也不是随波逐流,而是切实从国情出发,坚持实践是检验真理的唯一标准,走自己的路,在不同的流行地区实施有侧重的综合性防治措施,以期取得稳定的防治成效。

正确的政治路线确定之后,干部就是决定的因素。中国麻风防治事业也是如此。如何培养造就中国麻风防治的骨干人才和领军人物,除从普通高等院校招聘应届毕业生,专业科研机构自行培养硕士、博士研究生外,

图6　1991 年 5 月,卫生部组织在南京召开"基本消灭麻风考核验收研讨会"

国家医疗卫生主管部门、中国麻风防治协会采取的办法颇多,这其中开展的最多、行之最有效的手段就是办班! 根据政策的需要、根据形势的需要、根据技术的需要、根据学科的需要……总而言之一句话,只要有需要,就可以因地、因时制宜,分门别类地办各种各样、不同水平、不同层次的班,请进来、派出去,

能者为师，讲授更新的知识，介绍必须掌握的技术和技能，快速训练出人才队伍，满足麻风防治实际工作之急需。诸如麻风医师临床讲习班、全国麻风管理干部训练班、全国早期麻风快速血清诊断讲习班、全国麻风社会医学讲习班、全国麻风流行病学统计学习班、全国麻风联合化疗研讨班、麻风康复培训班、麻风眼病培训班、麻风病理班、麻风护士训练班……，林林总总，不一而足。总之，无论办班的内容、名称、方式、地点千变万化，其目的只有一个：承前启后、学以致用。

学科的发展、学术的进步，日新月异、层出不穷，一批又一批、一代又一代，中国麻风防治成果丰硕、英才辈出。独辟蹊径务求真，精益求精做学问，从国家到地方，从集体到个人，麻风学科领域中所获得的奖项，不胜枚举。甘耐清苦讲奉献，平凡之中铸非凡。中国共产党各级代表大会代表、人大全国到地方各级代表、政协全国到地方各级委员，麻风防治工作者有参政议政的人员出席；全国到地方各级劳动模范、全国到地方各级五一劳动奖章获得者不乏麻风防治工作者的身影；全国评比获奖人数极少的南丁格尔奖，第40、41、42连续三届都有工作在麻风防治第一线的护理工作者获得。社会和人民不会忘记为中国麻风防治实实在在、认认真真做事的人，让中国麻风防治工作者的努力实至名归。麻风病人、麻风防治工作者、麻风村、麻风防治事业……麻风被诗人丁芒称为"游离于大千世界之外的特殊领域"，而越来越多地受到人间的温暖、社会的关注，民间善款、大众的爱心纷纷洒向这曾经被唾弃、被污名、被遗忘的角落。

"台湾娘子上凉山——感动中国"的张平宜，感动中国组委会授予她的颁奖辞这样写道："跨越海峡，跨越偏见，跨越怀疑，她抱起麻风村孤单的孩子，把无助的眼神柔化成对世界的希望。她看起来无比坚强，其实她的内心比谁都柔软。"四川省教育厅副巡视员林强，2005年3月至今，先后数十次徒步翻越海拔三四千米的高山，冒着摔下山崖的危险，深入到四川省凉山州布拖县乌依乡的麻风村，与村民同吃同住，修路、建学校，真心实意帮助彝族同胞改变山乡生活。

成立于1996年8月19日的广东省汉达康复协会，倡导"助人自助"的理念，在民政部门注册、由省卫生主管部门管理且具有法人资格，是非政府、非宗教、非营利性的社团组织，是国内第一家专门服务麻风康复者和患者、具有麻风防治专业背景的本土民间组织,其通过综合康复项目提高康复者参与社会活动的积极性,增强康复者的自我认同感;同时它也是麻风康复者自治的组织,以会员代表大会作为最高权力机构,选举产生理事会和常务理事会,充分体现协会既是康复者的利益代表,也是他们主张权力的代言人。

山坳人生,照样出彩!一支以 12 位 70 后、80 后为主的年轻医疗护理团队,寂寞坚守在浙江湖州,离德清县城约 13 公里处的金车山山坳中——浙江省皮肤病防治研究所上柏住院部。这是一支优秀的青年团队,面对艰苦的条件和有限的资源,充满青春活力的医护工作者刻苦认真地学习、勤奋图强地工作,长期坚持为麻风残疾者服务,涌现出在国内和国际上有影响的专家和模范,对国内麻风防治的发展起到了学术引领、政策影响和服务榜样的作用。为此,整个中国麻风防治界赞誉其为"中国麻风第一村里的年轻医护团队"。

2007 年,中国麻风防治协会经过对全国各省市麻风院村现状的普查、调研分析后所形成的报告,经卫生部讨论由王陇德副部长签报送国家发展改革委员会,马凯主任签批中央 2.2 亿资金直接用于规划改建麻风院村的房屋及医疗设施。2014 年 5 月 15 日,中国科学技术协会批准新一批学科史研究项目,《中国麻风学科史》赫然在列。据潘春枝介绍:中国科学技术协会 2008 年启动学科史研究,与医学有关的项目《中国中西医结合学科史》《中国中医药学科史》已经成书,而为一种病编纂一部学科史,麻风学科开创了中国中、西医学界的先河。

如今,麻风病已是一种可以防治的慢性皮肤病,在我国仅列为丙类传染病。通过百余年现代麻风的预防与控制活动,中国及全球均已取得了显著的成就。但是,控制其发病乃至完全消灭,特别是进一步完完全全改变公众对麻风的态度,依然任重而道远!如何有效地保证低流行状态下麻风防治工作的持续、协调、健康地发展,绝不是轻而易举地说说就能达到的目标,一个在医学和社会方面都没有麻风问题的世界麻风防治工作仍面临严峻挑战。虽然已经把麻风流行控制在一个较低水平,但这才仅仅是实现了同它进行长期斗争的一个阶段性目标。我们始终应该清醒地认识到,人类与疾病的斗争绝不会简单地就销声匿迹;更何况,麻风作为一种在历史上长期流行的慢性传染病,至今尚未有疫苗等一级预防的措施,依靠科学研究和科技进步,仍还有许多问题有待探索和解决。加之,麻风流行有簇集性的特点,现在云贵川湘藏等西部地区仍存在有麻风局部高流行区,以中国基本消灭标准核计,至 2014 年底还有 186 个县患病率超过 1/10 万,在这些流行区开展麻风防治,强化发现病人,消除传染源是今后工作的重点。即使是已达标地区的成果巩固,也绝不可掉以轻心,沿海各大城市的外来人口中开展麻风病例发现工作,也是一项重要工作;加强对现有的 10 多万存活麻风残疾患者的残疾预防和全面康复工作,继续是今后予以重点解决的问题。还应为麻风病人及其康复者,在社会建设中创建出宽容、和谐的氛围,使他们共享到经济社会发展的成果,更好地恢复麻风患者及其康复者的自尊,保障他们及其后代的公民权益。若能如此,巩固取得的控制成果,控制疾病传染,防止疾病卷土重来,我国消除麻风危害的目标才有可能实现,一个没有麻风的世界才可能早日到来!

谢锦华　张国成　中国医学科学院皮肤病研究所、皮肤病医院
中国疾病预防控制中心麻风病控制中心

（谨以此文纪念"中华麻风救济会"成立 89 周年暨"中国麻风防治协会"恢复活动 30 周年,同时写给"中华医学会"成立 100 周年暨"中华医学会皮肤性病学分会"成立 78 周年;致谢医科院皮研所信息处张爱华、杨莹为本文提供资料、图片）

头黄癣,哪去啦?
——中国头黄癣消灭的三重奏

头黄癣简称黄癣,俗称癞痢头、秃疮,在江西,群众更是形象地叫它"光山(光山二字连读"卡")头",这是一种严重危害人民尤其是青少年儿童身心健康的皮肤病。新中国成立前后曾在我国广泛流行,据1958年有关方面估计:仅江苏、安徽及江西三省就有几百万患者。在农村尤其多见,得病后不仅痒痛难忍,有的会发出鼠臭等异味,后期更可引起毛囊破坏而使头发脱落至秃甚至毁容,患者会因此发生心理障碍,形成乖僻、离群甚至好斗的性格等,引发一些社会问题,这些都与贫穷、落后、不卫生等社会问题密切相关。因而,1956年全国农业发展纲要曾提出应该大力进行防治。为此中国医学科学院皮肤病研究所(以下简称"皮研所")先后在胡传揆所长和曹松年教授等专家的关心领导下,多次到现场进行防治研究。1964年,中国医学科学院更将之列为"全院两年奋斗目标",并组织小分队与江西省南昌市联合成立"中央、省、市头癣防治工作组",在南昌青云浦公社进行试点。经过1964—1966年2年多的努力,终将该公社8 677人中296个头癣(主要是头黄癣)患者都治愈。1977年复查,患病率从1964年的3.4%下降到0.009%。1970年,皮研所从北京战备搬迁到江苏泰州后,又在江西和江苏泰县、淮安、如皋、泰兴及靖江等农村验证,收效很好。在其后的第12年、25年及40年,又经湖北等省大力推广,最后使这种在农村地区危害甚大的皮肤病得以控制。第12年、25年及40年时,经吴绍熙、郭宁如、吕桂霞、沈永年、赵建林、秦振宇、唐宁枫等人又先后在江西青云浦公社及江苏泰县等农村进行防治后的复查,证实患病率一直控制在百万分之一以下。2008年,江西省皮肤病专科医院曾组织专人到该省数十个县的农村进行调查,证实黄癣已绝迹。同年,我们又随该院专门到青云谱公社调查回访,也未见到头黄癣患者。

总结近60年的头癣防治工作,有很多史实和经验值得回顾。

领导关怀是黄癣防治成功的关键

1975年冬,根据卫生部指示,皮研所让吴绍熙和曹正仁立即到卫生部报到,时任卫生部副部长钱信忠在百忙中抽出时间接待他们,语重心长地指出:"周总理有一次出国回来,途经乌鲁木齐,发现那里少数民族中头癣病人很多。周总理虽然因病住在医院,还记挂着新疆的头癣问题,特别指示卫生部一定要派两名有头癣防治经验的同志,去新疆协助制定全区头癣防治规划,及早控制该区的头癣流行,你们一定要把周总理关心新疆少数民族地区头癣患者,尤其是对儿童患者的心意带去,与当地卫生行政管理部门和专家们一起,制定好全区头癣防治规划。"受命次日,2人就直接由北京赴新疆,深入托克逊、鄯善和吐鲁番等农村,先进行头癣流行情况,特别是患病率及病种的调查。调查了很多个农村小学和巴尔泽(农村集市)后,发现这些地方儿童头黄癣患病率在10%以上,有的地方甚至超过20%。随即与当地卫生厅厅长和地方流行病研究所曹所长及该所田树仁大夫等共同制定了一套适合新疆的调查发现病人、现场诊断和防治的方案。结合江西试点经验,还对如何在防治一遍后巩固效果等方面提出了初步方案。当时治疗头癣的王牌药是灰黄霉素,为免运输麻烦,建议就地制造。由于研制灰黄霉素需乳糖作培养基,而该区当时粮食紧张,后得知内蒙古海拉尔生产乳糖,就建议调拨以供应作生产灰黄霉素用。回北京向钱部长汇报后,卫生部非常重视,指示有关部门一一落实。

就在周总理指示前后,李先念副总理在考察湖北省英山地区时,也发现农村头癣问题较严重,他亲自写信给卫生部黄志刚副部长,指示"头癣病虽然不死人,但是人民很讨厌……就应进一步积极开展防治工作和科学研究,不断总结提高,下大决心,坚决把这种病消灭掉。"

这些重要指示促使各地领导比较重视头癣防治工作,如当时卫生部领导互相传阅该指示后,医政司邵毅处长即多次深入现场指导、检查头癣防治工作。在周总理和李副总理等领导人的亲切关怀和直接指示下,头癣防治工作在全国得以普遍开展。卫生部曾先后几次在江苏姜堰、江西九江和湖北武汉等地现场开会,总结经验并交流推广各地经验。正是由于各级领导的重视,头黄癣终于在我国得到控制最终被消灭。

群众支持头黄癣防治是取得成功的条件

由于头癣,尤其是头黄癣在中国流行多年,以往没有特效药物,常要等到头发毛囊全部破坏,留下秃瘢,才算痊愈,因此群众对防治头癣深感悲观失望。为了取得群众的理解和支持,在防治过程中,除免费送医送药上门外,还要进行广泛深入的宣传,群众理解后才能接受。为此,在试点工作中我们编写了快板、歌曲等来普及头癣防治知识,如"要把头癣消灭掉,清洁卫生不能少,移风易俗讲卫生,防治头癣可更好。头癣病根是真菌,一旦毛囊被入侵,痒痛难忍且发臭,头发就被破坏尽"等等。更和北京科教电影制片厂合作拍制了一部广为流传的"防治头癣"科教片进行科教普及。群众在了解头癣的防治知识和意义后,积极支持和配合头癣的防治工作,特别是广大乡村医生在防治头癣工作中更是起着不可忽视的作用。广大农民在治好头黄癣后,积极性大大提高,一改以往因头黄癣而抬不起头、见不得人的自卑心理,并积极参与学习和生产。以往江西有些农村青少年学生黄癣患者学习成绩普遍下降,健康状况不佳,且江西历年常因广大青年患有头癣,体检不及格不能参军而完不成征兵任务。当为他们治好头黄癣后,许多青年都踊跃参军、升学,很多人后来还成了各级骨干。而且由于他们有亲身经历,更言传身教,使防治工作走上良性循环,人们的卫生面貌及健康状况亦大为改善。如江西及江苏农村,经防治后 12 年、25 年、40 年复查,患病率普遍下降,同时当地人们的卫生面貌也大为改观,群众高兴地唱起"治好头癣身体壮,工作学习劲高涨,移风易俗讲卫生,农村面貌大变样。"

科研创新是保证头癣防治成功的要诀

头癣的科研任务曾列入 1964—1966 年中国医学科学院全院的两年奋斗目标之一。当时,曹松年、吴绍熙等组成的科研攻关团队,把科研和防治紧密结合起来,在防治实践中不断探索、勇于创新,并及时推广应用。为保证科研工作的质量,赴现场工作组的同志连续 2 年不休假,春节亦不回北京,坚持现场工作,终于研究总结出一套大范围防治头癣的方法。如调查发现病人的方法经反复对照研究证明,14 岁及以下儿童用普查,而 15 岁以上患者用滤过普查来发现病人的阳性率最高而且最经济。在农村现场诊断头黄癣的方法采取临床、午氏灯及直接显微镜检查三结合,可更省力、省时,阳性率更高。在治疗方法上采取分型诊治:外治结合服小剂量灰黄霉素加定期剪发、洗头,即防治头癣五字诀"搽、服、理、洗、消",此种五字诀后来已为很多皮肤科参考书列为综合疗法。"拍、刷、洗、晒、煮的"预防五字诀也被广泛推广。中西结合的雄硫膏脱发剂和对羟基苯乙酮增效灰黄霉素的研究也在头癣防治中起到一定效果。

由于20世纪50年代以前头黄癣无特效药,只得用极毒的醋酸铊或X线放射使毛囊萎缩而使病发脱落来治疗头癣,而这些疗法也只能在城市大医院做到,且毒副反应很多,难以在农村推广。另外,当时国外虽有用抑制真菌细胞核的新药——灰黄霉素可治头癣的报告,但当时中国正处于三年自然灾害后,经济十分贫困,如直接引进使用此药,其价格昂贵,治好1例黄癣约需5头肉猪的价格,农民根本无法负担。于是曹松年、吴绍熙等与当时医学科学院抗生素研究所张为申、张致平教授等联合开发国产灰黄霉素,终于在20世纪60年代用灰黄青霉发酵制成国产灰黄霉素,并更加微粒化以利吸收,同时为利于推广,将药品剂量由进口的0.125g/片改为0.1g/片,以便更利于按体重计算。随即我们又进行了严格的临床验证,确认对头癣有效且无明显不良反应后,再到江西农村现场反复分组对照研究。发现可按黄、白、黑不同类型头癣选用不同剂量和疗程。而头黄癣又可根据其病损大小分型论治,按小、中、大不同面积用1、2、3周灰黄霉素按20mg/kg/d的剂量即可治愈90%以上头黄癣,既节省药物

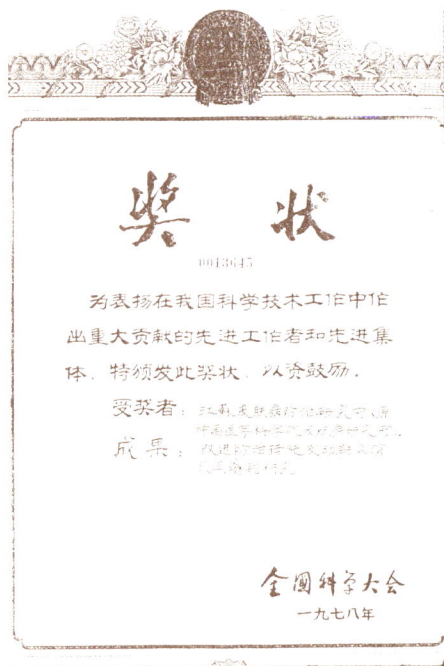

图1　江苏皮肤病防治研究所(原在该医学科学院皮肤病研究所)因消灭头癣的研究所获奖状

又可减少不良反应[1]。后经各地反复验证了该治疗方案，并在全国得到推广应用，此方法至今仍然是很多参考书推荐治疗头癣的首选方案。经十余年不断努力，终于在全国取得了一个公社、一个县、一个地区、一个省乃至全国范围头黄癣的控制和消灭，1978年经卫生部推荐参加了全国科学大会并获得了"改进防治措施，发动群众消灭头癣的研究"的大会奖状。

尾声

经全国各级领导、群众及广大研发人员、皮肤科工作者等三层面几十年的不断努力，头黄癣总算在我国大地上得到控制乃至消灭，这是一次改变人们卫生面貌及健康状况的大事，正如我国德高望重的皮肤科先贤，原北京医学院院长、中国医学科学院皮肤病研究所所长胡传揆教授所提出的，"防治结合消灭一种病是医疗工作为人民服务的最高要求"。

因此在看到成绩的同时，更应考虑是否彻底？据报告，江西皮肤病医院1985—2014年门诊患者3 535 093人，发现黄癣6人，其中有2例是祖孙相互传染后移居到此[2]。而今年我们在一些原头癣流行区三甲医院皮肤科门诊于1985—2014年30年间所有16 302 803例病人中共发现了11例头黄癣，另一例则临床拟是而真菌培养阴性（发病率小于百万分之0.8）。另知在新疆一些地区亦有一些散发头黄癣病人，但是由于现症病人已极少，很多医学院校已找不到教学示教病人[3]。我们也应看到，要吸取天花、麻疹等防治的经验，随着我国人民生活的普遍提高，宠物热的日益高涨，黄癣虽然已消灭，但是其他人与动物共患的真菌病如头白癣、头黑癣等日益多见，应引起我们足够的重视，一定要见微知著，制敌机先，免走复辙。

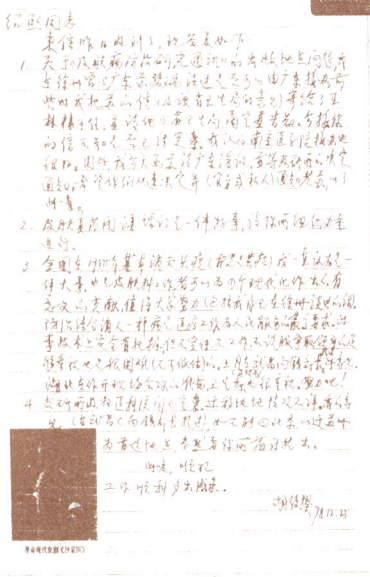

图2 胡传揆教授答复信件

吴绍熙　中国医学科学院北京协和医学院皮肤病研究所

参考文献及附注：

[1] 吴绍熙,等. 皮肤病防治研究通讯,1976:5(1)19-21;1978:7(2)107-109

[2] Zhan P, Geng CF, Li,ZH,et al.Evolution of Tinea Capitis in the Nan-chang Area, Southern China, a 50-year Survey(1965-2014). 2015,2:in press

[3] 承郑岳臣、李春阳、耿承芳教授、张爱华、汤洁主任、占萍博士、李奇同志等搜寻、提供有关资料,非常感谢。

佑皮护肤除却疾病，臻美至善愉悦助人

——中国医学科学院皮肤病研究所一瞥

　　有人说，人这一辈子最好不要和两院打交道——法院与医院。这其中的心思很简单：既不喜欢惹上官司，更不愿意染上疾病。但不知道您是否曾听说过，或者知道、去过中国医学科学院北京协和医学院皮肤病研究所皮肤病医院（以下简称皮研所）？可能有人会对您说，其实到皮研所那儿真不仅仅是看病噢！许多朋友冲皮研所而去，是为了面子问题，是向往着青春靓丽，除皱防衰、祛斑祛痣，更加漂亮、貌美；当然，更多的人是专门去祛除皮肤疾患、咨询养颜润肤知识、收集保养肌肤的护理用品！不信，您见到的皮研所的门诊病历本封面，8个朴实无华的白色行楷字跃入眼帘，是充满诱惑性的一句："佑皮护肤，臻美至善"。正如江苏省城发行量颇大的《金陵晚报》所报道的那样：南京东郊紫金山北麓的曹谷山上，此地附近曾因建有蒋王之庙而闻名。然而，对于现在的南京人来说，"蒋王庙"的记忆正渐渐远去，"皮研所"的身影日渐清晰。

　　皮研所创建的缘由和动议，几乎可以回溯到新中国成立初期。1951年，《民族地区性病防治工作方案》中即提出："为了防治全国性病，须由中央卫生部成立全国性的性病防治研究所。"当时，囿于条件，未能照此施行。后经过两年多时间的考虑与酝酿，并鉴于性病及职业皮肤病愈来愈严重地危害着国人的健康，中央卫生部遂于1953年11月报请中央人民政府政务院文化教育委员会批准筹建皮肤性病研究所。1954年5月15日，顺应国家皮肤病、性病、麻风病等公共卫生疾病预防的需求，皮研所的前身——中央皮肤性病研究所在北京甘水桥23号（原苏联红十字医院院址）开幕。时任中华医学会副会长、皮肤花柳科学会会长、《中华皮肤科》杂志总编辑、北京医学院院长、著名皮肤性病学家胡传揆（1927年毕业于北京协和医学院）首任所长，戴正启、李全成任副所长，叶果洛夫、马海德任顾问。从那时候起,60余年来,皮研所尽管三地两迁(北京—江苏泰州—南京),名称数易,但是,"佑皮护肤、除却疾病"的天职须臾不离,皮研所人始终坚持以人道主义、人文精神、公民利益为立身之本,将为皮肤这一人体表面积最大的器官尽心尽力地服务视为神圣使命,救死扶伤、治病祛疾,努力做到臻美至善、愉悦助人,竭诚维护求医者的身体、心理健康。皮研所人总说:"这是我们的职责,更是从业者的良心。"正是这样,皮研所作为我国最早成立的从事皮肤病、性病、麻风病的国家级公益性专业机构,集临床医疗、科学研究、疾病防控、研究生教育等事业于一体,因为责任、良知与一腔热血的笃定,皮研所人筚路蓝缕、披荆斩棘、攻坚克难,一步一个脚印地走到了今天,一步一个脚印地迈向未来……

医者仁心纯

皮研所是国家临床重点专科、唯一的部(现国家卫生计生委)属部管皮肤病专科医院,皮肤病与性病学亚学科国内最齐全,常见皮肤疾病的诊治易如反掌,少见深部真菌病、大疱病、银屑病、血管炎、皮肤肿瘤诊疗,重症药疹抢救,皮肤血管瘤放射治疗和皮肤病理诊断等技术国内领先,亦可与国际先进水平相媲美。

据皮研所档案室留存的资料显示:早在1954年4月19日,尚在紧锣密鼓筹备中的皮研所便已开始了上午8:00~12:00的试门诊,而且实行的是男、女分诊制,配套的病房亦于同日收治病人。去皮研所看医生,挂号要排队那时是都城的一景。吴绍熙,今年86岁,仍坚持出门诊。回想起皮研所在北京时的临床医疗场景,这位毕业于上海第一医学院皮肤病学界泰斗杨国亮教授门下的研究生,说起当年好激动:北京时期的皮研所位于鼓楼西大街,交通比较便捷,每日里求医者门庭若市,车水马龙、人来人往。求医者一是图医生的水平高、看病放心;二是为药品的疗效好、价格实在,那时候翘翘大拇指、送锦旗、寄表扬信赞颂皮研所大夫诊断正确、用药神准、手到病除的事情司空见惯。吴绍熙说,胡传揆所长、马海德顾问、曹松年、李洪迥等均亲自门诊,所里同时还聘请北京著名老中医赵炳南兼任皮研所中医顾问(1955—1970年),邀约京城中医内科、中医针灸等科名家申芝塘、尚古愚、朱仁康常来所里联合坐堂,展开中西医学术交流、联合会诊、大查房,热心、耐心、细心地给患者解决疑难杂症,望、

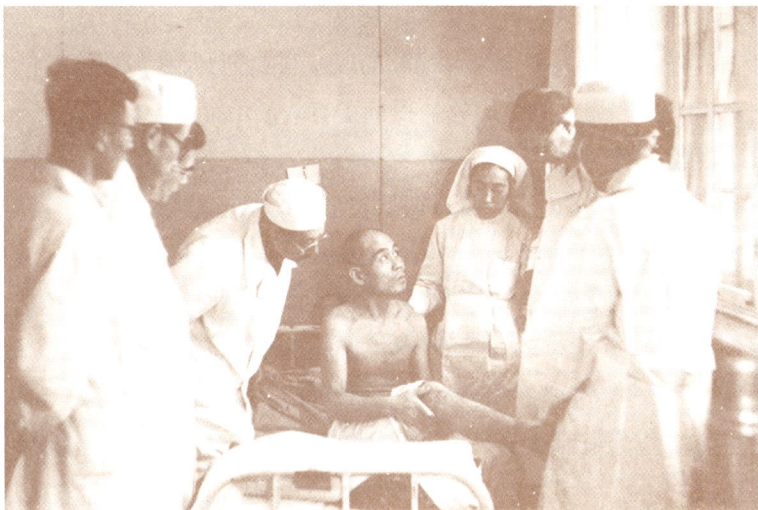

图 1　皮研所在北京期间，经常组织中西医联合大查房，图中左起为吴绍熙、李全城、曹松年、赵炳南、病员、张惠雍、李洪迥等

闻、问、切，辨证施治、一丝不苟。与此同时亦言传身教以医德、医术、立身、处事的哲理，让年轻的医生们耳濡目染、受用经年；诊断开给患者使用的良方则更是留存于皮肤病治疗学中的经典之作。

　　医院的良莠，不仅仅取决于临床诊断水平的高低，医院自制制剂的优劣亦具有极大的影响力。鉴于皮肤病治疗的特殊性，皮研所自然有一套相克的独门绝技，这就是建所伊始便自行研究、自行创制的医院制剂！现如今有医药管理部门批准文号的"膏、霜、粉、酊、水、油、涂膜"等外用、胶囊和中成汤药等内服自制制剂计百余种。20 世纪 50 年代为京剧名旦梅兰芳大师化妆打底用的保护品——硅油乳膏，沿袭至今经久不衰，每年秋冬之交，互联网上就应时流出相约到皮研所开几支硅油乳膏搽搽手、抹抹脸的帖子。省、市医疗协作单位申请调配，一些工矿企事业单位视其为劳动保护的佳品发放，逢此时令的药剂科制剂室，为确保需求而加班加点地制作是家常便饭。不仅如此，积六十余年之所能，皮研所许多总结临床医疗经验自行研制的成果转让给制药厂家生产，使医院自制制剂转化为产品，步入市场，更好地造福社会。1993 年，卫生部授予 24 人"协和名医"的荣誉称号，皮肤病与性病学科仅靳培英一人名列其中。靳培英根据其多年行医的探索，与药物研究室合作研制成功"复方丙酸氯倍他索软膏",获得国家药监局新药证书(复方三类新药)转让生产上市,这个曾经被皮研所人称之为"牛Ⅱ"的医院自制药膏,使数以万计的银屑病(俗称牛皮癣)患者的体表病情得到了有效的治疗。

教授精气神

教授精气神,在皮研所具有两层意思。首先,教授一词可当动词讲,是说皮研所从事教育事业,所传授的皮肤病性病学科知识够精巧、有气力、能神通;其二,教授一词应当名词用,可解释皮研所从事教育工作的教授们做学问、传道授业够精明、有气派、真神灵!用教授精气神,来说明皮研所的研究生、进修生和职工的继续教育工作,当无过誉之嫌!

国家实施论证后的第一批国家级继续医学教育基地的批准文件中,皮研所就榜上有名。其实,早在20世纪50年代,皮研所就有"中国皮肤科工作者之家"的美誉。皮研所设立之初的具体任务中包含了"对各地区皮肤性病防治工作在技术和学术上给以指导""培养和提高性病防治工作中的专门人才",有史料表明,皮研所建所以来自编教材,通过办班和接受进修等多种模式,为全国各地(含港、澳、台地区)培训皮肤病、性病、麻风病等医技人员逾万名。一张拍摄于1956年2月20日,微微泛黄的黑白照片真实地展示:第三期少数民族地区性病防治化验干部训练班结业纪念时的情景。可想而知,教育之职能随皮研所创建则如影随形、相生相伴。西藏自治区人民医院皮肤科是皮研所多年支援的对口单位,常宝珠主任医师曾赴拉萨工作整整一年。2012年,该科医生索朗曲宗在皮研所免费进修3个月,了解和体会到皮肤性病学科的前沿动态,受益良多的索朗曲宗告别时诚恳地说:"感谢皮研

图2　1956年2月20日,第三期少数民族地区性病防治化验干部训练班结业

所对我科的长期帮扶和无私援助,3 个月的时间虽然很短, 但我很有收获。我们将以此不断提高自身专业水平和专业能力,更好地为藏族同胞服务,以优异的工作成绩作为对你们的回报。"

皮研所是教育部重点学科,中国医学科学院、北京协和医学院皮肤病与性病学专业博士、硕士学位授予点;博士后流动站。现有在职的博士、硕士生导师 40 人。采取小规模、精培养,学生、导师一对一的教育培养模式, 已毕业博士研究生 171 名、硕士研究生 63 名, 在读研究生 75 名。2004 年至今,与美国医学院校等机构联合培养国际研究生 16 名;受教育部、北京协和医学院委托,先后举办两届全国皮肤病与性病学博士生学术会议,广获业界的好评。

教授精气神还体现在著书立说、文化示人。长期以来,皮研所人撰写、主编、主译、主审的 150 余部学术专著在皮肤病与性病学科领域中发挥着工具书的作用, 靳培英主编的 *Color Atlas and Synopsis of Blistering and Pustular Diseases* 是我国皮肤科学界首部英文写就的专著,孙建方等主译的《皮肤病理学:与临床的联系》《*Bolognia* 皮肤病学》等已成为学科领域中权威的大型参考书。《中华皮肤科杂志》《国际皮肤性病学杂志》已分别度过了创刊 60 周年、50 周年的纪念。这两本伴随着新中国皮肤性病学科成长,记录着新中国皮肤性病学科业绩的杂志,始终由皮研所编辑、出版。曾担任过两刊总编辑的徐文严,1955 年从北京协和医学院医科毕业后即到皮研所工作,亲身经历了两刊的停、复,他在祝贺"中皮"60 周年、"国皮"50 周年的文章《两刊三地我伴行》中写道:"《中华皮肤科杂志》《国际皮肤性病学杂志》累 60、50 之经历,学术交流于作者和读者,临床实践经验分享于医者和患者,信息沟通于国内和国外,如桥梁纽带,亦益友良师,是中国皮肤性病学科发展的阶梯。"徐文严的表述,又何尝不体现皮研所人"授人以鱼而又授人以渔"的情操呢?

当下,常有人时不时地提起 1972 年 4 月 10 日创刊的《皮肤病防治研究通讯》。他们记忆犹新地回想起当年,正值"文革"期间,皮研所由北京下放到江苏省长江北部的小县城——泰州,地处偏僻,交通不便,消息往来几乎是凭邮政信件、电报电话,文字处理是手写笔描,最多是铅字打印,编辑、出版、印刷、发行刊物困难重重。但皮研所的前辈们就是执着、认真，就是要在业界学术刊物凋零（"中皮""国皮"均停刊久矣）、学术业务交流受挫的情况下奋起，尽心尽力地将《皮肤病防治研究通讯》办出特色、办出精彩，开始仅限赠阅、内部发行，1975年12月后获准向全国发行，1979年底，因《中华皮肤科杂志》复刊，皮研所忍痛割爱将《皮肤病防治研究通讯》转至南京医学院附属医院，1981年该刊更名为《临床皮肤科杂志》。如今在古城金陵，《中华皮肤科杂志》和《临床皮肤科杂志》编辑部的地理位置一东一西，遥相呼应地共同为中华皮肤科学的进展而辛勤耕耘。

科研探究真

1964年，皮研所首任所长胡传揆在北京国际科学讨论会上宣读"我国对梅毒的控制和消灭"的论文报告，标志着新中国成立后仅用15年的时间，便实现对性病的基本控制和消灭，论文以翔实的数据和推论，一时间引起国际社会的瞩目。

2000年，陈祥生7篇学术论文收录于SCI杂志，为当年我国医学界个人之最。

2007年，皮研所陈志强等在国际著名医学期刊《柳叶刀》（*Lancent*）杂志上发表"中国性病防治之梅毒"论文，《柳叶刀》杂志同期刊登编者按文章，肯定了论文发表的主要意义。国外媒体如美联社、路透社、法新社、BBC、CNN等均在第一时间内予以报道与评述。该文SCI影响因子达23.88。

2010年，王宝玺等在国际著名学术期刊《科学》（*Science*）杂志上首次报道γ-分泌酶是反常性痤疮致病原因的深入研究。这是新中国建立以来，《科学》杂志上发表的第一篇皮肤病领域的"中国原创"研究成果。

……

如上所列是皮研所科研工作成果中的部分秀林之木。良田沃土，只要勤于耕作，有生命的种子就会生根、发芽、开花、结果。"科研工作者结合工作实践自出难题、行知知行、自找困难、破解迷秘，明知山有虎、偏向虎山行，自讨苦吃，却又乐在其中。"这是皮研所科研工作者们的共同心声。国家级研究所，性病、真菌病和感染性皮肤病研究为卫生部临床学科重点项目，江苏省皮肤性病分子生物学重点实验室……科研楼大门旁，镶挂在墙上的 20 余块金色铭牌是职责使然，也是皮研所科研工作者们艰辛努力之果然。

1954 年皮研所立业后，多次组织科技人员，到革命老区、少数民族地区、边疆地区致力于性病等传染病的防治研究工作，曾派出全所三分之二的科研人员下达到西部 8 省、自治区，一去几个月，真正是扎根于基层，把皮肤病、性病的门诊临床诊治与广袤城乡的现场防治研究结合起来；20 世纪 60 年代，重点投入到

图 3 1958 年，皮研所组织技术力量下达西部八省，开展性病、麻风、头癣的现场防治研究工作

麻风、头癣等皮肤病的防治研究；改革开放后，积极参与国家攻关项目研究，开发研制成中药雷公藤、"反应停"治疗麻风反应及多种皮肤病的国家级新药；20 世纪 80 年代，研制成防足癣袜、鞋垫、胶鞋与防股癣的短内裤。1984 年，邵长庚等开展的全国银屑病流行病学调查数据；顾恒等 1998 和 2002 年开展的全国儿童特异性皮炎流行病学调查数据，都仍然是相关领域重要的全国性数据。

1983—2013 年，皮研所承担和完成国家、部省、院校等各级各类课题 578 项，获得科研经费 1.5 亿多元（尚不包括横向课题）。"防治性病对预防艾滋病作用研究"及"传染病检测技术研究之子课题——重要和新发现传染性真菌病原体先进检测技术的建立"等获国家重大传染病专项支持。皮研所同时是中国微生物菌种保藏管理委员会医学真菌中心，拥有 400 多株医学真菌标准菌株，其中不乏我国分离鉴定出的首个医学真菌菌株。到目前为止，医学真菌中心已向国内外分发供科研、教学用标准菌种近 6 000 株。皮研所同时还是国家食品药品监督管理总局药物临床试验机构，承担其认可的"药物临床试验机构""化妆品行政许可检验机构"，江苏省国家食品药品监督管理局指定的"化妆品行政检验"管理和

业务工作。仅 2009—2013 年，开展药物临床试验研究项目 131 项、化妆品检测项目 8 项。

科学探究真。"全国控制和基本消灭麻风的策略、防治技术和措施的研究"获国家科技进步一等奖，"麻风畸残防治和康复研究"获国家科技进步二等奖。1978-2013 年，皮研所获国家科技进步一等奖 1 项、二等奖 2 项、三等奖 1 项；获全国科学大会奖 3 项，全国医药大会奖 5 项；获国家发明专利 24 项；获部省市级奖 90 余项；发表各类论文 4 000 余篇，SCI 文章 300 余篇。作为我国皮肤病防治研究的前沿重镇，皮研所从创建的那天起，便执着探索，努力攻克科技难题，所取得的丰硕科研成果，奠定了皮研所在中国皮肤病与性病学科领域中无与伦比的位置。

防治担国任

历史上，医学界曾将麻风、梅毒和结核病并列为三大慢性传染病，困扰着世界，也困扰着中国。铭记初衷、不辱使命，皮研所始终如一地履行着传染病防治之国家大任。三大慢性传染病防治中皮研所承担了两个。因此，中国 CDC 京外挂牌的极少，地处南京的皮研所一下子有了两块——中国疾病预防控制中心性病控制中心、中国疾病预防控制中心麻风病控制中心。当然，皮研所绝不仅仅有众所周知的在抗击麻风的显著成效、防治性病的非凡建树，皮研所还有另一大鲜为人知的功绩——消灭头癣！

头癣是我国流行多年的身心疾病。或许因时间久远，说到头癣，现在的 40 岁上下的人可能知之不多，这还真得说是因为皮研所自 20 世纪 50 年代开始攻坚，将此病基本消灭于 20 世纪 70 年代。小说《阿 Q 正传》可以帮助你了解，书中所描写的阿 Q 即为一头癣患者形象的典型代表。鲁迅先生写出："他体质上还有一些缺点，最恼人的是在他头皮上，颇有几处不知起于何时的癞疮疤……他讳说'癞'，以及一切近于'癞'的音，后来推而广之，'光'也讳，'亮'也讳，再后来，连'灯''烛'都讳了。"由此可以看出头癣的形象在民国年代就很受屈辱，新中国成立后头癣患者的遭遇也好不到哪里。

20 世纪 50 年代，《全国农业发展纲要》中明确提出"要积极防治消灭农村常见传染病"，开国总理周恩来和副总理李先念很关心头癣这种常见皮肤病的防治工作,明确指示"要下大决心,坚决把这种病消灭掉"。"疥癣小疾"何以会引起如此重视?不妨了解一些这种病的危害常识。头癣临床按照癣疮的颜色,大致分为黄、白、黑三类。其中黄癣是由许兰黄癣菌(trichophyton schoenlienii)引起的毛发皮肤病,侵犯头皮毛囊,引起糜烂结痂,痒痛发臭,是三类头癣中危害人类健康最严重的一种。许兰黄癣菌破坏毛囊,造成头皮溃烂形成瘢痕,严重者终生秃发。故而民间俗话黄癣为"癞痢头""秃疮",江西老表更绘声绘色形象地称之为"光山头"。黄癣病患者如不及时治疗,会导致头发秃光形成残疾,患者不仅身体上受到病痛的折磨,心理上也承受着巨大的压力,一定程度上影响到工作、学习和生活,有些患者因此而情绪低落、性格孤僻,找对象、谈恋爱、结婚均成问题。

1959年,皮研所协助卫生部在江西宁都召开全国防治性病、麻风、头癣现场会,会议提出:必须控制乃至消灭这种压在农民头上的"光头"。胡传揆、曹松年等多次组织带队赴现场、与江西省南昌市联合成立中央、省、市头癣防治工作组,并分成若干个小分队在江西南昌市郊区青云谱公社进行试点。20世纪中期之前对头癣没有特效疗法,国内只能用极毒的醋酸铊或X线放射使毛囊萎缩而将病发脱落,但即使是这些疗法还只能在有条件的大医院才能做到,往农村推广几无可能。国外用抑制真菌细胞核的新药——灰黄霉素可治头癣,如直接引进并使用此药,价格昂贵,治好一例约需五头肉猪的价格,当时中国农村十分贫困,农民根本无法承受。于是皮研所想到了国内生产,便联合抗生素研究所张为申所长共同开发,采用灰黄青霉发酵制成国产灰黄霉素药片,随即进行临床验证确认对头癣有效且无明显不良反应后,再到江西农村现场分组对照、反复研究,发现按黄、白、黑不同类型可选用不同剂量和疗程。而黄癣又可根据其病皮损分型论治,按大、中、小不同面积用1、2、3周灰黄霉素即可治愈90%以上黄癣。经过两年的努力,治愈了该公社8 677人中296个头癣(主要是黄癣)患者。

1970年,皮研所战备搬迁下放至江苏后,全所的工作重点主要是防治麻风和头癣,李桓英、吴绍熙、邵长庚、靳培英、龙振华等都随医疗队蹲点现场,是时将在青云浦公社取得的经验大力推广。如:"预防五字诀"之

"晒、拍、刷、洗、煮"。14岁以下儿童用普查,而15岁以上的用滤过性普查来发现病人的阳性率最高;在农村现场诊断黄癣的方法采取临床午氏灯及直接显微镜检查可更省力、省时,阳性发现率更高。在治疗方法上采取分型诊治:外治结合服小剂量灰黄霉素加定期剪发、洗头和消毒五字诀(搽、服、理、洗、消)等。经验在推广中光大发展。为了解决药品的短缺,土法上马,用麦麸、稻糠、白薯丝等作为固体培养基,放在烫洗的门板上,培养荨麻青霉菌,待其发酵生长后,收集发酵物,灭菌,晒干,磨粉,制成"灰黄丸",给患者内服,再结合剪发和外用药,效果奇佳。在泰县共生产了3 000斤"灰黄丸",有效地治疗了近2 000例患者。再者是中西医结合,利用利胆中药茵陈配合灰黄霉素口服,这是因为茵陈的利胆成分——对羟基苯乙酮可以提高灰黄霉素的生物利用度,可节省其药量的30%~50%,同时也能提高疗效,便以此作为大规模消灭头癣的经验用方以补充灰黄霉素药源的不足。在泰县、泰兴、淮安、如皋及靖江等农村验证,收效甚好。紧接着又在湖北、新疆等地致力推广,终将使头癣——这种主要在中国农村地区危害甚大的皮肤病得以控制。防治后的12年、25年,吴绍熙、邵长庚等曾再赴青云谱公社及江苏泰县等旧地复查,患病率一直控制在万分之一以下。2008年,江西省皮肤病专科医院组织力量到该省数十个县的农村进行调查,均证实黄癣已绝迹多年,未出现一例新的患者。同年吴绍熙等人也曾随该院专门到青云谱公社调查回访,也未见到黄癣患者。

麻风被认为是人类最古老的疾病,在我国已流行2 000多年,对人们的身心健康构成了严重威胁。"从20世纪50年代到2001年,皮研所几代麻防工作者的不懈努力,带领全国同道大规模地开展麻风防治工作。历经积极防治,控制传染的研究(1949—1980年),基本消灭麻风的研究(1981—2000年)的漫漫长路,20世纪末,麻风在中国基本消灭。"国际甘地奖获得者、中国麻风防治协会会长、麻风病控制中心常务副主任张国成感慨道:"尽管其间的过程十分辛苦和艰难,但每每想到有成千上万的人因此而重获新生,再多的付出也是值得的,这是对麻防工作者最好的褒奖。"步入巩固"麻防"成果,消除麻风危害(2001—)的阶段,如何做好低流行状态下的麻风防治工作,皮研所人不自满、不懈怠,张国成和他的团队依然一如既往地为麻风防治奔波,2011年,麻风病控制中心努力促成国家11个部委联合颁发《全国消除麻风病规划(2011—2020年)》,计划到2020年,全国麻风病患者数量较2010年减少50%,98%以上的县(市)麻风病患病率控制在1/10万以下;新发现麻风病患者中2级畸残者控制在20%以内。统计显示,60多年来,全国累计登记报告麻风病患者约51万例,麻风病年发现率从1958年的5.56/10万下降至2013年0.069/10万,比1966年下降了98.4%。2014年底,我国新发麻风患者只有823例。

喜人的成绩从未让科研工作者停下上下求索的步伐,一代代皮研所人前赴后继,在中国性病防治史上留下了浓墨重彩的一笔笔……

1954年,皮研所因防治性病等皮肤疾病而创立;1964年,胡传揆等论文《我国对梅毒的控制和消灭》,标志着新中国成立15年后,性病在中国得以控制而基本销声敛迹。随改革开放,性病沉渣泛起、死灰复燃,并不断由沿海向内地、由城市向农村蔓延。面对这一严峻形势,叶干运等深感忧虑和不安,多次向全国人大提案"加强性病防治工作,控制性病蔓延",向卫生行政主管部门提出我国性病防治策略措施的建议,得到中央和国务院的高度重视,国家先后下发国发(1986)85号和中办发(1987)15号文。1986年7月,卫生部指定皮研所为全国性病防治研究中心,勤奋、严谨的皮研所人重新肩担起7项国之大任:负责全国性病防治、监测的指导工作;制订全国性病防治规划、全国性病防治技术标准和方法;培训全国性病专业技术骨干;开展性病防治新技术的研究;承担性病宣传工作,并负责编辑性病宣传资料和刊物;负责国际性病方面的学术交流;负责性病专家咨询委员会的组织工作。倾心尽职、奋勇前行……开展流行病学调查、宣传教育与编辑出版专业资料和科普文章、创刊《性病情况简报》、办班培训专业与专门人员、组建性病疫情监测体系、建立全国淋球菌耐药监测网络,为制定全国性病控制规划和定期修订我国性病诊疗标准与指南提供了科学决策依据。多年来,皮研所不仅参与制定了全国性病防治措施、标准和实施方案,还建立了遍布全国的疫情监测网络,并且通过多种教学模式,为全国各地(含港、澳、台地区)培训了急需与必备的性传播疾病预防与控制的医技人员。

"性病防治既是我国社会的现实需求,更是全球重要的公共卫生难题,我们需要开拓视野,需要精诚合作"。性病控制中心副主任陈祥生说。多年来,中心不仅与世界卫生组织、联合国艾滋病规划署、美国疾病控制预防中心、美国国立卫生研究院等国际组织及科研院校建立了科研合作与学术交流。同时,还培养出多名在国际上有一定影响力的性病领域专家,他们还作为世界卫生组织顾问参与了国际和地区性病防治策略和技术指南的制定工作。

良史飞驰颂大雅,居高声远非藉风。1978 年,全国科学大会是新中国成立以后史无前例的科技界盛会,此时的皮研所还在苏北小城泰州,并没有因其地处一隅而被人们忘记,"以县为单位控制麻风综合防治措施的研究""头癣的综合防治研究""基本消灭性病的防治研究"三项大奖花落皮研所,奖状上获奖单位名称写的是"江苏皮肤病防治研究所",但办事客观、公正、严谨的会务秘书组在其后的括号内准确地写注"原中国医学科学院皮肤病研究所"的字样。

医教研防新管理,博浪领航续辉煌。度过了花甲生辰的皮研所,随着 2015 年 5 月 15 日的翻过又添一岁。无论过去还是将来,人们生活中皮毛微恙绝非无关紧要而可以忽略,介癣小疾任性则可能溃败成体之大患。因此,皮研所人不会忘记历史、不会忘记传承传统的优良文化。审时度势、因势利导、与时俱进是皮研所人的光荣传统,有理由相信,皮研所人绝不会愧对先辈们创下的丰功伟绩,不辜负国家和人民的期望,牢记职责,坚持发展,服务社会,永不停步。

谢锦华　张爱华　中国医学科学院皮肤病研究所、皮肤病医院

(谨以此文纪念"中华医学会"成立 100 周年暨"中华医学会皮肤性病学分会"成立 78 周年,纪念皮研所成立 61 周年)

陈洪铎：挚爱祖国的皮肤科学领航人

陈洪铎（1933—），浙江绍兴人。我国著名皮肤性病学专家、临床免疫学家，中国工程院院士，国际美容皮肤科学会会长。朗格汉斯细胞功能研究的主要奠基人。

图1　陈洪铎院士

绍兴，自古以来，地杰人灵。"古有三圣，越有二焉"，这里曾被毛泽东誉为"鉴湖越台名士乡"。1933年2月18日，绍兴陈家的一个男娃呱呱坠地，他就是陈洪铎。陈洪铎青少年时期先后就读于成章小学、鲁迅小学、锡麟小学、绍兴县立初中、承天中学、省立绍兴中学（绍兴一中前身）。家乡优秀的历史文化传统，像"大禹治水九过家门而不入""越王勾践卧薪尝胆终复国"以及秋瑾、鲁迅等革命志士的故事，在他年幼的心中播下了爱国爱家、奋发图强的种子。

弃数从医，投身红色医科大学

熟悉鲁迅先生的人都知道，他是弃医从文。类似的事情恰恰也发生在陈洪铎身上，他是弃数从医。事情是这样的：1949年，16岁的陈洪铎考入了上海同济大学数学系，一个偶然事件改变了这个爱国少年的一生轨迹。1950年初，中国医科大学到上海招生，当陈洪铎知道中国医科大学是中国共产党创办的第一所医科大学，其前身是中国工农红军军医学校和红军卫生学校，经历过二万五千里长征的红色大学时，他不顾家人反对，毅然弃数从医。

1950年2月，顺利通过考试的陈洪铎踌躇满志地与同学北上求学。虽然已有心理准备，但2月的沈阳正是天寒地冻的时候，北方的寒冷天气还是给了陈洪铎一个不小的下马威。抗美援朝前夕，中国医大全体师生撤到了中苏边境。那里的温度在零下50℃左右，很多来自南方的同学纷纷离开。陈洪铎咬牙坚持着，毅然加入了救援伤兵的担架队。

1956年毕业后，他被分配到中国医科大学附属第一医院皮肤科。当时的皮肤科是一个小科，只有七八张病床，但他服从组织分配，一干就是近60年。早在20世纪60年代末，30多岁的陈洪铎就显示出了自己在医学研究上的天赋。一天，他在门诊出诊，发现一名患者脸上长的癣颜色异常，就认真询问患者的病史，当他听说患者饲养的家兔身上也长了癣时，脑子里立刻闪过了一个念头："家兔会不会是病菌的传染源呢？"善于思考的他经过多次实验研究，预想得到了证实。这位新中国培养出来的第一代大学生，成为国际上第一个证实家兔是须癣毛癣菌传染源的人。

几年时间，他打下了坚实的专业知识和外语基础。机遇总是留给有准备的人，1978年国家要选派首批留学生到海外学习，陈洪铎在全国英语选拔考试中脱颖而出。

留学美国，揭开朗格汉斯细胞之谜

1979年初夏，国家选派陈洪铎到美国宾夕法尼亚大学深造。陈洪铎知道自己又向曾经的远大志向迈进了一步。宾夕法尼亚大学医学院，聚集着几十个国家的优秀学者。起初，这位在西方人中间显得有些矮小纤弱的中国访问学者并没有引起他的导师——美国遗传学会主席、著名免疫学家、宾夕法尼亚大学塞尔维斯教授的注意。当听陈洪铎说，他希望研究的课题是朗格汉斯细胞的免疫作用时，他的导师惊讶得几乎喊出：这不正是我想要攻克的诺贝尔奖项目吗?! 没想到这位中国学者和自己不谋而合。

对朗格汉斯细胞,塞尔维斯教授在 20 世纪 50 年代曾做过一些研究。陈洪铎用了两个小时的时间,向导师谈了自己的看法,并且指出了过去在这方面研究中的一些漏洞。导师高兴地发现,陈洪铎的基础扎实、才思敏锐、见解独到,是一位难得的人才。他惊叹,经过"十年内乱"的中国,竟会有这样的免疫学家脱颖而出。直到这时,塞尔维斯教授才明白,来到他身边的这位中国学者是一位理想远大、志向专一的热血男儿。导师的目光中流露出欣赏和期许。第二天,他对陈洪铎说:"今后找我不必通知秘书,随时可到我办公室,实验室你可随便出入,不必受时间限制。"同其他医学研究实验相比,陈洪铎做的动物实验周期较长,急于多出成果的陈洪铎,又给自己的工作加了码,他除了朗格汉斯细胞的研究,又同时承担了其他 2 项科研课题。塞尔维斯教授对他这股拼劲十分赞赏,并为陈洪铎买了一个定时器,帮助他安排时间。从此,人们经常看到,那位中国访问学者在各种仪器的包围之中,腰间挂着定时器,穿梭似地来往于三个实验室之间,像机器人一样,有节奏地行动着、思考着,定时器的"嘟……嘟……"声不时地提醒他记录各种数据。强烈的民族自尊心,把陈洪铎推上与时间竞赛的跑道上,他以百米冲刺的速度,向朗格汉斯细胞的目标飞奔。

研究朗格汉斯细胞,需要从第一代小鼠开始做实验。在解剖显微镜下,他用一根比头发丝略粗的针,将一只小鼠的骨髓注入刚生下的如同花生米大的新生小鼠的静脉里。待新生小鼠长大后,又把第三只小鼠的皮肤移植到它的身上。之后观察 100 天左右,获得一个数据……这样的移植,需要精力专注,视力集中。他先后做了 3 000 多只鼠的相互移植,手术剪刀把他的手磨出了血泡,又变成了茧子。经过数千次的实验,陈洪铎终于成功了。他一举获得 7 项科研成果,其中 3 项是国际上的首次发现。他初步揭开了朗格汉斯细胞之谜,在国际上第一次用动物实验证实了朗格汉斯细胞在免疫排斥中的重要功能。据此,他提出,在器官移植中,如果把朗格汉斯细胞和类似的细胞设法消除掉或加以更换,在一定条件下,就可能把这个器官移植到其他个体身上。这个发现,为人类的器官移植和治疗肿瘤研究,开辟了一个新的途径。

朗格汉斯细胞——这个细胞王国之谜,百年来不知吸引着世界上多少生物学者为之探索、奋斗。许多外国人做梦也没想到,揭开这百年之谜的竟是一个中国人——名不见经传的中国医科大学附属第一医院皮肤科医生陈洪铎。陈洪铎在美国近3年的时间里,他的杰出成绩,受到美方人士和其他外国学者的公认和钦佩。美国宾夕法尼亚大学聘请陈洪铎为客座教授。外籍的讲师能够被聘请为美国著名大学的客座教授,这在美国是很少的,这是一项很高的荣誉。

我是中国人,我的事业在中国

当得知陈洪铎决意要回国时,导师塞尔维斯教授把他请到自己豪华的客厅里,做最后一次挽留。他真诚地对陈洪铎说:"我劝你留下,不是出于师生的友情,而是出于事业。我们学校有世界一流的实验设备,你将会在人类医学事业上更有所作为。"导师期待的目光,使陈洪铎回忆起在美三年导师对自己的帮助和支持,一种感激之情油然而生。他深深地向导师鞠了一躬说:"我离开妻子、孩子两年多了,我十分想念他们。"陈洪铎知道,用这个理由来向西方社会的人说明急于回国的心情,对方不好拒绝。可是塞尔维斯教授却说:"如果你能留下,我就把你的夫人和孩子接来。你夫人不会英语,我可安排她先学习半年,再安排工作。"面对导师的诚意,陈洪铎只好说出自己的真实想法,他说:"我是为振兴中国的医学事业出国学习的。我的事业在自己的祖国。我们的设备暂时是比较落后的,但正因为落后,才需要我们去改变,去更新啊。"导师为他一片真挚的爱国之情所感动,感叹地说道:"你是中国最出色的人才,当初如果我不接受你,那将是我一生最大的错误。你回国后,需要什么资料和实验物品,尽管来信,我将全力援助。"导师塞尔维斯教授写信给中国医科大学校长,称陈洪铎为"第一流的免疫学家"。从此,陈洪铎如鱼得水,畅游于浩瀚的免疫细胞的海洋。

1982年6月,一架国际航班的波音747客机在北京首都国际机场降落。陈洪铎带着凝结着他心血的结晶——一本本资料、实验记录,带着他在国外历尽艰辛而赢得的成绩、荣誉,怀着献身中华的赤子之情和再登国际讲坛的志向回国了。久别的妻子翟明,赶到北京机场迎接他。在候机大厅,翟明看到旅客们拎着收录机、电视机等外国货,大包小裹地走出来,而陈洪铎却像在市里办事一样,肩背着旅行包,手里拎着两个鼠笼子匆匆走出机场。翟明心里又好气又好笑,她嗔怪地说:"你呀,心里只装着你的实验老鼠,看来,你回来后,家里的事还是指望不上你。"

潜心科研,全力推进我国皮肤科发展

回到医院后,校、院领导同志关切地询问陈洪铎生活上有什么要求,他说:"生活上我无所需求,我只有两点希望:一是尽快成立实验室,把我在国外进行的科学实验继续下去;二是希望组织上帮助我克服缺点,使我早日加入伟大的中国共产党。作为一名党所培养起来的知识分子,我觉得,人生最大的享受,莫过于奋斗;最大的乐趣,莫过于奉献;而最大的需要,莫过于党的信任和支持。"

回国后不久,陈洪铎在美国的导师塞尔维斯教授空运来了第一批纯系大鼠和小鼠,他亲自到北京去接货。在北京的 3 天时间里,他奔波于民航局、机场、海关、卫生部、动物检验所、农业部等十几个单位、部门之间,办理烦琐的动物入境检疫、取货、检查等手续;晚上,就住在民航局最近的一个洗澡房里,以便随时再去机场。飞机半夜 12 点抵达北京机场,当时已是秋季,为了不使小鼠受凉,陈洪铎来不及等卧铺票,他带着鼠笼子,连夜坐火车赶回沈阳。他没时间回家,每天早上,他要对上百只大鼠和小鼠进行查房。为此,他经常不吃饭而只吃些点心。一次,他爱人来到实验室,看见陈洪铎正在吃长了绿毛的月饼,心疼地哭了。以后,他爱人每天早上把一天的饭菜送到实验室,晚上再把饭盒带回家。他们夫妻俩被同事们风趣地称为"盒饭夫妻"。

无论是元旦夜还是年三十,他都工作到很晚才回家。医院的大门夜里 10 点上锁,他就钻栏杆。有一天,被盯了好几天的保安逮了个正着,结果却是保安被感动了,非要等到每天午夜出来为他开门不可。

有段时间,陈洪铎不仅要做研究员、教员等工作,还要当采购员、材料员、饲养员。另外他还要处理许多行政事务,白天的时间被占用了,只能利用晚上时间搞科研。他在和时间赛跑,向每一天挑战。一次,陈洪铎感冒发烧 38℃多,同志们劝他回家休息,陈洪铎想实验已经进入关键时刻,不能离开,就躺在床上指导工作。陈洪铎的爱人翟明教授说:"老陈回国后,那可是玩命地干,甚至到了发傻的程度。"工作的紧张,使他常常忘记自己的帽子、围巾、饭盒、自行车丢在哪儿。为了保证科研的顺利开展,他临睡前,都会对所有的大鼠和小鼠逐一检查,看哪个怀孕了。早起第一件事就是查看哪个大鼠和小鼠分娩了。对新生小鼠,他首先进行 X 光照射,然后把成年鼠的骨髓或淋巴细胞注入这些新生小鼠的静脉内,这一套工作必须在出生后 24 小时内完成。经过处理的新生小鼠,即使精心饲养,一百只中也只能幸存十几只。待这十几只新生小鼠长大后,再把另外一种鼠的皮肤移植到它们身上,这中间由于麻醉问题,这批鼠大概还要死掉一些。半年后,再把鼠身上移植成活的那块皮肤移植到另外一只鼠身上。对这只鼠再观察 100 天左右,才能得出一个数据。而每一项研究,需要上百个数据。

也许正是"投入到发傻的程度",他才做出那么多骄人的"世界第一":在国际上首次证实,成年个体即使不使用免疫抑制剂也可导致对弱移植抗原的耐受;在国际上首次发现皮肤移植物内朗格汉斯细胞在移植物内被排斥过程中的作用及 MHC 限制性,为器官移植和肿瘤治疗开辟了新途径;在国际上首次发现,维甲酸可促进紫外线所致结缔组织损伤的恢复;角质形成细胞具有多种免疫功能……因为这些成就,陈洪铎获得国家自然科学二等奖,是我国临床医学工作者首次获得国家自然科学奖。他还先后获得卫生部科技进步一、二、三等奖。1999 年 12 月 6 日,陈洪铎当选为中国工程院院士。2012 年,陈洪铎获得了有中国医学界诺贝尔奖之称的"吴阶平医学奖"。2014 年,陈洪铎获得了全国"杰出专业技术人才"荣誉称号。

今天,陈洪铎大学时的远大志向终于实现了。这些年来,他发表学术论文 551 篇,其中英文论文 204 篇;主编、参编或主审教材专著 34 部,其中在国外出版的英文专著 9 部。他是国际美容皮肤科学会(总部在意大利)会长、国际生物医学科学协会(总部在美国)副会长、国际皮肤科学会(总部在美国)常务理事,美国皮肤病学会荣誉会员、美国皮肤科学会国际荣誉会员、研究皮肤病学会荣誉会员、日本皮肤科学会荣誉会员、亚洲皮肤科协会名誉理事。他曾荣获国际皮肤科学会突出贡献奖、国际皮肤科学会联盟表彰奖,世界卫生科学院终身荣誉会员,吴阶平医学奖,中华医学会皮肤性病学分会终身成就奖等荣誉。陈洪铎多次成功主持国内外大型学术会议,如亚洲、欧洲和北美的 1 000 多位代表参加的第五届亚洲皮肤科学大会(1998 年)主席;海外 600 多位皮肤科专家和国内 700 多位专家学者参加的第九届国际皮肤科大会(2004年)主席;中日联合皮肤科学术会议(1994年、1996年)中方主席;第九届国际美容皮肤科学大会(罗马,2009年)主席等,大大提高了中国在国际皮肤科领域的学术地位。

甘当人梯,为祖国医学事业鞠躬尽瘁

"他身上有一种独特的人际亲和力和领导力,他可以把所有人团结在一起。"熟悉他的同事这样说。

而陈洪铎则说:"沟通交流、团结协作是今天科研工作者必备的素质。当今世界,一切科学研究都不可能是个人所为,现在有些人,就是做事不太考虑周围的人,这是不对的。"

这些年,陈洪铎千方百计地分期分批安排科室的人出国深造;把有潜力的人推荐到中华医学会和国际上的皮肤科学会或皮肤病学杂志当委员、编委……他把自己变成一架最好的梯子,让年轻人踩在自己的肩膀上登得越高越好!

陈洪铎在科里提出的口号是:"卧薪尝胆,团结苦干,实力政策"。这些年,他培养了几十名硕士和博士研究生,如今,从英、法、美、德、日、加等国留学归来的"海归派"已成为科室的骨干力量,而他的努力也换来了"团队"的出色表现:科室在国内外发表论文1 000余篇,其中300余篇发表于 *Nat Genet*、*J Immunol*、*J Cell Mol Med*、*J Invest Dermatol* 等国际期刊;与卡迪夫大学、牛津大学、柏林自由大学、宾夕法尼亚大学、梅奥医学中心等国外20余所著名科研机构携手合作。他所在的科室被评为国家重点学科,实验室被评为卫生部免疫皮肤病学重点实验室及教育部免疫皮肤病学重点实验室,团队被评为教育部创新团队、科技部创新团队。

陈洪铎认为学科的整体实力体现在各个亚专业都具有出色的人才,所以这些年他千方百计地输送科室的有潜力的年轻人出国进一步深造。他培养的研究生中很多都成为国际知名的专家,如长江学者特聘教授高兴华,他从牛津大学留学归来,是国际美容皮肤科学会副会长、国际皮肤科学会常务理事、美国Sigma Xi科学研究学会荣誉会员、中华医学会皮肤性病学会副主任委员、*J Appl Cosmetol*(欧洲)副主编,*Int J Dermatol*(美国)、*Dermatol Ther*(欧洲)、*Journal of Pigmentary Disorders*(欧洲)等编委;共发表学术论文170余篇,其中SCI收录100余篇,他关于温热治疗跖

疣的论文在 *J Infect Dis* 发表后被路透社报道；出版专著 20 余部，其中主编英文专著 *Hyperthermia* 已在美国出版；获专利 6 项，并实现转化 1 项；曾任大会主席主持召开第十届、第十一届国际美容皮肤科学大会（2011年，2014 年）和诺贝尔奖获得者 Zur Hausen 教授参加的国际高端论坛（2013 年）等。何春涤教授从柏林自由大学留学归来，是亚洲皮肤科学会常务理事，曾任大会主席召开首届国际皮肤生理研究高峰论坛和首届亚太皮肤屏障功能研讨会；肖汀教授是教育部新世纪优秀人才，东京大学留学归来；李远宏教授是泛亚太屏障功能研究学会常务理事、皮肤科与美容外科国际联盟常务理事，法国弗朗士–孔泰大学留学归来。还有很多青年医师如徐宏慧、夏立新、郑松、齐瑞群、曲乐、洪玉晓等都在陈洪铎院士的帮助下到加拿大、英国、美国等国学习深造，他们在各自领域学成归来后成为学科的中流砥柱。

陈洪铎说，靠前人的基础，靠周围人的帮助，最后靠年轻人的努力，这是历史进步的规律。他常跟自己的学生说："第一，你们要不想超过我，那就叫没出息；第二，要想超过我也要费点力气，这几十年，我天天不休息，天天在看书；第三，超过老一辈后要对老一辈客气一点，年轻人不要有点成就就尾巴翘上了天。"

岁月悠悠沉淀了如许往事，但不同的故事却有同一个主题，陈洪铎在每次接受记者采访时，都反复提及一段朴实的话："国家要好了，大家就都好了；爱国首先要爱脚下的土地，爱自己所在的城市、所在的单位，爱自己的事业；爱人民首先要学会爱自己的家人、同事、朋友……"说这话时，他的目光深邃而清澈。

在成绩与荣誉面前，陈洪铎没有陶醉，他对同事们说："我出生在古代春秋时代越国的都城——浙江绍兴。古人越王勾践尚能卧薪尝胆，我们新中国的知识分子岂能不为祖国奋斗拼搏呢！"老骥伏枥，志在千里。在医学研究的道路上，陈洪铎院士又在向一个个新的目标迈进。

郭　昊　高兴华　郭秀芝　中国医科大学附属第一医院

机会偏爱有准备的头脑

——一个险些溜走的新菌种

廖万清(1938—),出生于新加坡,祖籍广东梅县。著名皮肤病学专家、医学真菌学专家,中国工程院院士。长期致力于医学真菌病学的研究,在我国首次发现了9种新的病原真菌及新的疾病类型,对隐球菌脑膜炎的诊治及军队真菌病的防治研究做出了重要贡献。

在世界性的生物制品中心——美国菌种保藏中心(American Type Culture Collection,ATCC),永久保藏着一种名叫格特隐球菌 ITS C 型(S8012)的菌株。它是导致一种危及人类生命的凶险疾病隐球菌性脑膜炎的元凶,而其发现得益于一位中国皮肤病学、真菌病学专家。

血的教训

1978 年上半年,第二军医大学长征医院收治了一名 43 岁从事海运工作的男性患者,入院时,这名男子高热、昏迷,腰穿检查后发现,患者系隐球菌性脑膜炎。当时,廖万清刚刚在时任皮肤科主任邵经政的推荐下接手了皮肤科真菌研究的部分,而这又是一种真菌引起的脑膜炎,所以虽然他当时还是皮肤科的住院医师,但病人仍是被指派给了他。作为主管医生,廖万清请来了神经科主任一起会诊。尽管经历了多科联合会诊和抢救,但无奈患者病情实在是太危重了,几天后就因救治无效而身亡。

"起病急、来势凶、治疗难,这让我备受刺激。"这一血的教训使他下定了决心:"研究真菌,认清真菌的真面目,啃掉医学领域的这块硬骨头。"

这并不是件容易的事。20 世纪 70 年代,我国医学界在真菌病,特别是在隐球菌性脑膜炎方面的研究基本为空白。1978 年,中国刚走出十年浩劫的碾压,百废待兴。在当时的中国皮肤医学界,"真菌"对于大多数医生来说还是个陌生的词汇。在上海,皮肤科泰斗杨国亮教授于 20 世纪 40

年代赴美学习了当时国内还没有的皮肤病理学、医学霉菌学,回国后将其发扬光大,影响了一批皮肤科同行,也使霉菌的"风头"远超真菌,当时的医院内设有"霉菌实验室",而找不到"真菌实验室"。包括知名专家在内的很多皮肤科医生都认为真菌隶属于霉菌,但也有一些皮肤科学者已经有了现代真菌观念的萌芽,认识到了霉菌只是真菌的一部分,真菌包含了霉菌。因为观点的不同,两派学者甚至能在会议上吵得面红耳赤。当时还是上海皮肤科学会青年委员的廖万清常被这些学会常委、老专家间的争论弄得一头雾水,不知到底该听谁的。当时对隐球菌所致疾病的研究更是几乎没有,可谓是块尚待开发的空白领域。

廖万清意识到了自己以往的皮肤临床知识对于解决真菌病、隐球菌病而言是远远不够的,他决定从微生物基础知识开始学起。他联系了复旦大学微生物学系,看看自己是不是能在工作之余做他们的"走读生"。微生物学系的一位真菌学者——张纪忠老师爽快地答应了下来,他对廖万清说:"你就跟着我吧。我讲课、我学生做实验时,你都跟着一起听、一起做。"于是在当了十几年医生后,廖万清又回到了课堂,当起了学生。

在复旦学习的一年时间里,廖万清不知道多少次骑着他老旧的自行车,骑行四十分钟,从位于凤阳路上他工作的长征医院赶往位于邯郸路上的复旦大学,往往是刚脱下白大褂就进入课堂当起学生。

在复旦大学微生物学的课堂上,廖万清跟其他二十郎当岁的学生们一起听课,但他有一点是不同的,那就是善于归纳总结。对于在临床上经常遇到的一些菌种,比如曲霉、青霉菌、念珠菌等,他会用图示、表解的方法将其鉴别特征、属性等知识进行分类、归纳,记录在本子上,供今后工作所需。

一场漂亮的翻身仗

一年后,长征医院又收治了一位脑膜炎患者小陈。入院时,患者头痛剧烈、喷射性呕吐、体温40℃以上、意识丧失。家人都不抱太大希望了,甚至已经准备好了寿衣。在家属们准备后事的同时,廖万清凭借扎实的基础和经验,给出了隐球菌性脑膜炎、隐球菌性败血症的诊断。事实上,检查结果的确显示小陈的生机渺茫,他脑髓液中的菌体数已经高达每立方毫米 2 080 个。按照常规,这一数值超过 280 就没办法治疗了。2 080,这意味着小陈体内的致病菌数量之多,足以让他死亡5次。

疾病这么严重,怎么治疗?廖万清采用了一种直接鞘内注射的方式——腰穿,鞘内注射给药。对此,他是这样考虑的:如果单单是口服或静脉给药的话,有血脑屏障的阻隔,药物很难进入大脑,治疗作用肯定不佳,但是如果能通过腰穿直接进行鞘内注射,将药物打入蛛网膜下隙,便能使药物在脑脊液中达到治疗所需的浓度。

然而,腰穿并不是皮肤科医生的专长,而且是一项有风险的操作。因为脑膜炎,小陈的颅压增高,而腰穿恰恰给了颅内高压一个宣泄的出口,一旦颅压迅速降低,脑组织就会移位,从而发生脑疝,这可是会致命的。

除了病人可能面临的风险、技术的高要求,外部的一些声音也让廖万清压力重重。很多同事反对他接管这例病人,认为这根本不是皮肤科医生的职责范畴,应该送到感染科去。而事实上,这例病人本来就是其他科室转到廖万清这里的,他不忍再将病人推出去。当时的他可谓是孤军奋战,承受着巨大的心理压力。

即使前路难测,他还是给患者进行了自己认为最正确、有效的治疗方法——鞘内注射,他的敢于担当给病人带来了生的希望,一条年仅27岁的生命得以延续。

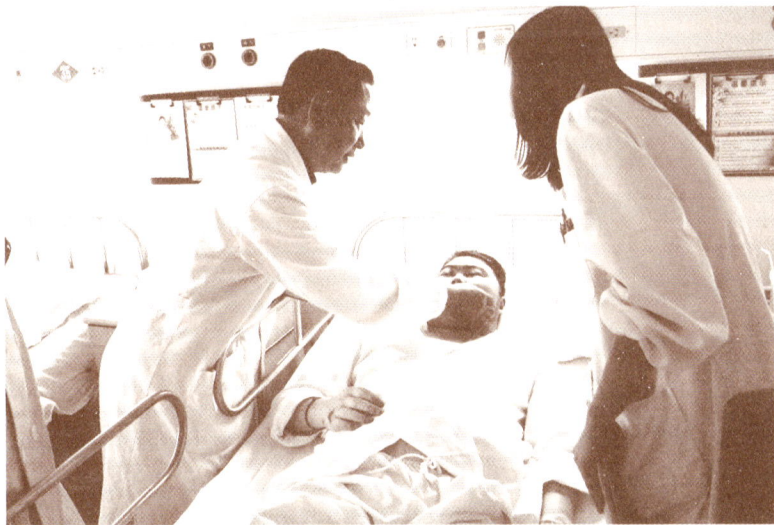

图1　廖万清院士(左一)救治隐球菌性脑膜炎患者

显微镜下的奇异菌体

1980 年 12 月 13 日,长征医院接收了一名 42 岁的男性患者,初诊医生将其诊断为"结核性脑膜炎"。然而,用相应药物进行治疗后,患者的病情却始终不见好转。

病人被转给了廖万清。他为病人进行了腰穿,取出一些脑脊液进行了涂片检查。显微镜下,廖万清发现了一个奇怪的现象:以往脑脊液中的隐球菌大多都是他所熟知的圆形或者椭圆形,也就是导致隐球菌性脑膜炎最主要的病原菌——新生隐球菌,在荚膜下是圆滚滚的菌体;而这位患者脑脊液中的菌体在厚厚的荚膜"外衣"下裹着的却是奇异的细长形,外观就像是针形、棒形或梭形。

这是什么东西?廖万清从未见过。于是带着这种菌的样本去请教了各大医院的真菌学权威。华山医院、瑞金医院、长海医院等上海大医院,廖万清都请教了个遍,结果竟然没人认识这种奇怪的菌。

一位权威的老教授说:"这大概是污染菌吧。"

"污染菌怎么会引起脑膜炎?"执拗的廖万清对这种轻描淡写的解释并不认同。他很清楚,这种菌明明是从那位脑膜炎患者脑脊液中分离出的,怎么可能是污染菌。他下定决心要弄清楚其真面目,于是开始了对这个神秘菌种的研究。

如今,我们得庆幸他当年的坚持,由此在中国才有了一个新菌种的"诞生"。

揭开神秘面纱

要证实这种菌并不是简单的"污染菌",只要它能使动物表现出与患者同样的病症即可。为此,廖万清教授必须开展动物实验。当时,长征医院所属的第二军医大学是有动物房的,位于五角场。但当时唯一的交通工具是自行车,如果从位于凤阳路上的长征医院骑到位于五角场的动物房,那来回

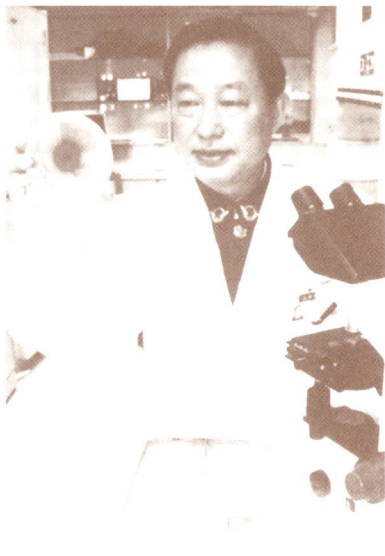

图 2 廖万清院士在实验室

就要花掉一天时间。这太浪费时间了,廖万清决定自己养实验用的小鼠。很快,他买来了用铁丝做的鼠笼,让老鼠住进了简陋的"窝"里。狭小的实验室里,因为老鼠的进驻而让人无从落脚,空气里也弥漫着一股恶臭的气味,廖万清不得不把鼠笼用绳子吊在窗台上,挪到了窗外。尽管这种养实验小鼠的方法现在看来不那么正规,但在当时这是没有办法的办法。

在把这种疑似病原菌打入小鼠的腹腔和大脑后,像预想中的那样,小鼠在 7~14 天感染脑膜炎并死亡。这证实了这种未知的菌正是引发脑膜炎的元凶。为慎重起见,廖万清还把样本送到了复旦大学微生物学系和南京皮肤病研究所进行了确认。他们的研究结果如出一辙——正如廖万清的研究所显示的那样,这种菌确实是一种致病菌,而且是一个特殊的菌种。

3 个实验室的结果完全一致,廖万清有了充分的把握,当时认为这种菌是新生隐球菌上海变种,后经分子生物学的进一步研究证实这种菌为"格特隐球菌 ITS C 型(S8012)"。S8012(Shanghai8012——上海 8012)代表着 1980 年 12 月,该菌株由上海第二军医大学附属医院首次发现。

目前,隐球菌 S8012 菌株不仅被收录于美国微生物真菌保藏中心 ATCC(ATCC 56992),比利时微生物真菌保藏中心(Belgian Co-ordinated Collections of Micro-organisms,BCCM)(IHEM 4164)、荷兰微生物真菌保藏中心(Centraalbureauvoor Schimmelcultures,CBS)(CBS 7229)等国际著名实验室也都收录并永久保藏着这一中国学者的发现,并公开向世界各研究机构出售供应。在美国,它的售价高达 295 美元/株。迄今为止,这仍是上述国际真菌库中唯一由中国学者贡献的菌株。

这一新菌种在国际真菌领域的知名度可以用一个例子说明。20 世纪 90 年代,廖万清推荐自己的学生李竹青去比利时真菌病学专家、世界人和动物真菌协会秘书长迪维莱门下学习。秘书长先生为了表示对廖万清的尊重,亲自前往机场接人。可是,他并不认识这个中国学生。

怎么办?这位专家就在胸前挂了个小牌子,上面写着——S8012!就凭这个著名的菌种,未来的学生认出了老师!

收获无数光环背后,廖万清关于 S8012 的研究一直没有停歇,从 20 世纪八九十年代的形态学、生理生化研究,到 20 世纪 90 年代后期以及进入 21 世纪后,又开始了分子生物学、基因组学的研究,随着科学技术的不断进步,关于 S8012 的研究也在不断翻新。

现在,廖万清带领团队已经用分子生物学技术测出了 S8012 的序列,并上报给了美国 Genbank 数据库,其序列号为 ITS 序列 EF081158,为真菌研究做出了新的贡献。

抓住机遇,探索奥秘

S8012 的发现过程充满了偶然,并险些被否定。回顾这一历程,不禁让人想起法国著名微生物学家巴斯德所说的那句话,"机会只偏爱有准备的头脑"。廖万清凭借知识和经验牢牢抓住了稍纵即逝的机会,成就了科学发现。从中,他感慨道:"碰到前人没有论述过的问题没有关系,但不要认为前人没有发现这个问题就觉得没有这个问题,更不等于已经解决了这个问题。碰到陌生的问题,这是很好的事情,如果你抓住不放去钻研一下,就可能有所创新。"当然,要想抓住偶然出现的机会,前提是要有良好的科研素质、深厚扎实的基础知识、敏锐的眼光、无边的想象以及强大的创造力。

S8012 的发现只是廖万清科研道路上的第一步,此后,他又陆续发现了 8 种新的致病真菌和新的疾病类型。熟悉他的人说,他是个有心人,总能从别人忽略的病例中找到机会,就像维生素 C 的发现者、1932 年诺贝尔奖得主 Albert Szent-Gyorgyi 曾说的:"看到所有的人都熟视的,想到没有人能想到的"(to see what everyone else has seen and think what no one else has thought before)。每当遇到不知名的真菌时,都能激起他肾上腺素的加剧分泌,使他兴奋莫名,他愿意用自己的一生去探索其中的奥秘,这是兴趣使然,而非名利驱使。

廖万清对科研的热衷赢得了尊重。2010 年,第二军医大学新闻人物颁奖大会在给他的颁奖词中写道:

> 他是一位可敬的院士,更是一名无畏的战士,
> 功成名就之时,他仍冲锋在医疗科研第一线,
> 用自己 70 年的人生轨迹,成就了救死扶伤的崇高事业,
> 书写了一心报国的毕生夙愿。

白蕊 《康复·生命新知》编辑部

中国皮肤科巨著的30年

——赵辨教授与《临床皮肤病学》

赵辨教授是全国皮肤科医师耳熟能详的皮肤科专家,他主编的《临床皮肤病学》更是誉满业界。

自 1981 年第一版问世,经过 1991 年第二版、2001 年第三版,到 2010 年全新升级版图文并茂的《中国临床皮肤病学》出版,《临床皮肤病学》已跨越了 34 年的历程,充实了全国皮肤科医师的案头。《临床皮肤病学》每一版的印数都在 10 000 册以上,全国的皮肤科医师几乎达到了人手一册。正如在第三版前言所说,"《临床皮肤病学》为全国皮肤科专业医师提供了一本比较系统和完善的皮肤病学的临床参考书,为我国皮肤科人才的培养和皮肤病学的发展壮大发挥了积极的作用。"《临床皮肤病学》(第三版) 获得了第十三届中国图书奖 (2002 年);《中国临床皮肤病学》是"十一五"国家重点图书,是皮肤科学界最具权威、最全面的经典巨著之一,获得了 2011 年第二届中国出版政府奖提名奖和首届江苏省新

图 1 赵辨教授

闻出版政府奖特别奖。

已年过八旬的赵辨教授仍积极活跃在皮肤科临床及学术交流活动的第一线,继续为他挚爱的皮肤科事业做出贡献。作为国内皮肤病学泰斗,赵辨教授一生医人、育人无数,耕耘建树,于1992年获国务院政府特殊津贴,并获江苏省科技进步类二等、三等、四等奖各一次,卫生部科技进步三等奖一次(1997年),并获全国麻风防治马海德基金奖(2002年)。

1931年4月,赵辨教授出生于医学世家,1954年他从江苏医学院(今南京医科大学)毕业,进入江苏省人民医院,开始了他大医精诚、救人济世、淡泊名利的皮肤科医生生涯。

他心系病患,不畏艰苦。20世纪40年代之前,由于缺乏有效的药物治疗,麻风病被视为不治之症。新中国成立初期,我国有近52万例患者,而基层医疗卫生条件艰苦,医疗水平落后,是麻风病的"重灾区"。赵辨教授积极参与麻风病防治工作,举办了十多次基层卫生人员培训班,宣讲麻风防病治知识,并编写教材,致力培养麻风病防治人才,建立了防治麻风病的技术队伍。在1957年至1962年期间和基层防治人员 起,长期深入十多个县市偏僻农村,调查发病情况,宣传和普及麻风病知识,为基本消灭麻风病贡献了青春年华。

他大慈为怀,舍己救人。1976年唐山大地震发生后,赵辨教授毅然主动参加了江苏省人民医院赴灾区的医疗队。灾区条件十分艰苦,医务人员的生命安全也无从保障,赵辨教授坚持在唐山灾区日夜守护了一个月,为灾区人民送医送药。越是在艰难时刻,越是彰显了一位共产党员专家的动人风采和大爱精神。

他术业精钻,硕果丰传。20世纪70年代末,性病在我国再燃,赵辨教授最早在国内杂志上发表了介绍国外性病防治的学术文章,普及有关性传播疾病的新观念、新诊断方法及防治经验,成为卫生部性病防治咨询委员会专家成员。赵辨教授积极开展科学研究,于20世纪80年代初,首先引进国外新的斑贴试验方法,创建适合我国应用的接触性皮炎斑贴试验变应原筛查试剂盒,并在全国范围内推广应用。

他一生坚持,愈人无数。赵辨教授一生治愈无数病人,年过八旬仍然坚持每周两次特约专家门诊,为住院及疑难病例查房解惑,他对病人耐心细致,从不考虑私利。他德高望重,却从未停止对新知识、新技术的学习,年逾八旬仍然参加全国各种学术会议,并认真聆听学术报告。赵辨教授的厚德仁心,是皮肤病患者的福音,他的坚持和执着,是皮肤科年轻医师的榜样和前进的动力。

他注重传承,桃李天下。赵辨教授作为皮肤病学界一代宗师,他培养的研究生,在皮肤病领域都取得了不一般的成就,皆为国内外皮肤科临床、科研的骨干,并活跃在临床、科研的第一线,目前在美国的皮肤病理专家李杰教授、皮肤免疫学专家王秉鹤教授,国内的张美华教授、范卫新教授、刘彦群教授、顾富强教授等都是赵辨教授的爱徒。

他著书立说,无私分享。《临床皮肤病学》是赵辨教授50多年皮肤病专业医师生涯的完美总结。为了使这本书成为一本比较系统和完善的皮肤病学的临床参考书,他用看病的态度写书,投入了自己一生对皮肤科事业倾注的全部心血。书的目录设置不仅考虑到疾病分类的科学性,也考虑到读者检索的便捷性;尽量使全书的病种齐全,涵盖皮肤科的方方面面;写法上推陈出新,能将新知识、新经验充分体现在各个疾病的诊疗方案中。审稿过程中,他都会亲自通读全书,发现同一病种在不同章节重复出现,他会与作者商榷如何安排更合理,并处理各个细节。在定稿付印前,赵辨教授还要帮助出版社的责任编辑解答疑难问题,对责任编辑罗列认为有问题或有疑问的地方,指出其所在的页和行,原文如何,已做修改处还要请他审定改动是否正确。赵教授对待每一个问题都非常认真,从不放过任何一点疑问。他曾开玩笑说,编辑们所列问题多数也都是"病痛"所在,需要精细"治疗"。

赵辨教授精益求精的著书方式,特别体现在2010年全新升级版,图文并茂的《中国临床皮肤病学》中。

为了达到"全、新、精"的编写原则,全书的结构及内容较《临床皮肤病学》第三版有了较大的修改和补充。全书的修订参考了 *Andrew's Diseases of the Skin*(第十版),*Rook's Text Book of Dermatology*(第七版),*Bolognia's Dermatology*(第三版)和 *Fitzpatrick's Dermatology in General Medicine*(第六版)。全书主要的参考文献都是2000年以后的。

在书的修订过程中,考虑到目前皮肤科学的基础及临床研究的迅速发展，各有特色的亚专业已经形成，故全书将"中医及中西医结合皮肤科学""性传播感染""皮肤外科学""美容皮肤科学"均作为独立一篇。"皮肤病临床"这篇核心内容的编写，既囊括了近年来的一些新知识、新经验，还增补了一些遗漏的病种或新病种、新病症，并在章节的分类上反复推敲，适度创新，使之适合读者学习的逻辑思维习惯，方便读者在临床工作时查找。

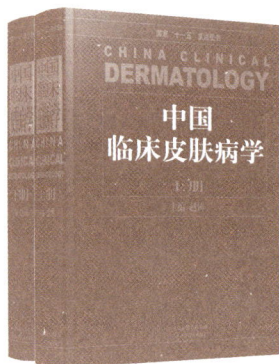

图2 《中国临床皮肤病学》立体封

　　图文参排是本书的另一重要进步。皮疹的识别是皮肤病诊断的基础之一。作为大型皮肤科参考书，只有文字而无图片无疑是一重要缺陷，《中国临床皮肤病学》弥补了这一由来已久的缺憾，实现了图文并茂、图文互释的目的。全书共收集了2 000余幅珍贵临床、病理照片。为了使所有图片达到最佳效果，赵辨教授化了几天时间，亲自到出版社参加了每幅图片的校色工作。正是这种严谨的态度深深感动了大家，也成就了这本好评如潮的皮肤科传世巨著，最终全书共有400万余字，收录了2 000余病种。

　　赵辨教授除主编《临床皮肤病学》外，还主编了《皮肤病彩色图谱》等专业著作。他还创办了《临床皮肤科杂志》，并于1979—2002年间担任该杂志的主编。《临床皮肤科杂志》是深受广大皮肤科医师欢迎的、全国皮肤科发行量最大的一本杂志。退休后，赵辨教授仍积极为杂志审稿，参加定稿会。他还是 *International Journal of Dermatology* 杂志编委（1982—2000年），获芬兰皮肤科学会（Finnish Dermatological Society）通讯会员名誉称号，也是 International Society of Cosmetic Dermatology 荣誉会员（1992年）。他曾任：江苏医学会皮肤性病科分会主任委员（1983—1999年），中华医学会皮肤性病科学会常委（兼接触性皮炎学组组长）(1983—2002年)，卫生部性病专家咨询委员会第二届、第三届委员，卫生部科学技术进步奖评审委员会第四届、第五届委员。目前还任：江苏省疾病控制中心顾问，中国中西医结合学会皮肤性病学分会及变态反应学分会顾问；《临床皮肤科杂志》名誉主编,《中国皮肤性病学杂志》《中国麻风皮肤病杂志》《中国中西医结合皮肤性病学杂志》《美中皮肤科杂志》编委,中华医学会科技进步奖评审委员会第一届委员(2001年)。

他丰标不凡,淡泊名利。从事皮肤科专业五十多年,赵辨教授担任过数十种专业技术职务,获得过数十种奖项,在他淡泊的眼神里却看不到一丝杂念。和他一起讨论专业问题,你会觉得,原来,科学的世界如此祥和、美好。

赵辨教授对中国皮肤科的临床、研究、教学等方面的贡献巨大,在学术上他当之无愧为一代宗师;赵辨教授淡泊名利,治病救人,心怀大爱,在品格上他不容置疑为标杆楷模。

毕志刚　南京医科大学附属明基医院

生命不息，奋斗不止

——记首都医科大学附属北京友谊医院北京热带医学研究所麻风病专家李桓英

在新中国防治麻风病的历史上，李桓英作为医学专家，可谓敢与麻风病人零距离接触的第一人！她开创的"麻风病现场非隔离式短程联合化疗方法"在全国范围内取得了显著疗效，并为世界医学界治疗麻风病提供了新的蓝本。

为推动麻风病防治工作的深入开展，20多年来，李桓英竭尽全力，费尽心血，奔波于山高路险的云、贵、川3省，7个地州，59个县的村村寨寨留下了她的足迹。

暮年的李桓英勤勉不辍，仍然致力于麻风病的防治和研究。她不仅自己身先士卒，而且带领着课题组成员力争为"实现一个没有麻风病的世界"贡献全部力量。

奉献来自对人生道路的选择

1945年，李桓英以优异的成绩毕业于同济大学医学院，毕业后远渡重洋赴美留学，获得硕士学位后，留校担任了微生物学助理研究员。1950年，世界卫生组织成立，李桓英成为世界卫生组织的第一批官员，在世界各地从事雅司、性病等防治工作。

李桓英认为，医生是没有国界的，只要能为病人解除痛苦，就是对人类做出了贡献。在世界卫生组织任职的七年里，她目睹了很多亚非的国家和地区因为贫穷导致疾病蔓延的状况，她深感祖国需要自己。于是，在富裕的生活和祖国的需要之间，这位年轻的学者经过冷静的思考之后，谢绝了世界卫生组织续签的聘请，瞒着家人回到了祖国，在自己的人生道路上做出了第一次重大抉择。

回国以后，李桓英被分配到中国医学科学院皮肤病研究所工作。"文革"中，她被下放到苏北农村一个远隔人世的"麻风村"，那是她第一次接触到麻风病人,病人的悲惨状况深深地刺痛了她的心灵。她知道,麻风病属慢性传染病,但并不可怕。"麻风病人也是人,他们有思想,有感情,更需要社会的关心。"她感到当时在麻风病防治中,存在隔离和药物单一的问题,于是决定尽自己所能帮助那些麻风病人,这是她人生道路上做出的第二次重大选择。

身先士卒,开辟麻风病现场研究

1978 年,十一届三中全会召开以后,李桓英获得了实现自己远大抱负的机会。她要求调入北京友谊医院热带医学研究所,并分配从事麻风病的研究工作。来到研究所的第二年,李桓英只身一人来到云南麻风病高发区,考察了西双版纳十几个麻风病盛行的村寨。麻风病作为一种有着 3 000 多年历史的慢性传染病,由于长期以来,没有特效药,麻风病人一直在疾病和受人歧视的双重折磨中艰难生存。李桓英了解到,20 世纪50 年代以来,我国采用隔离和长期服氨苯砜治疗病人,60 年代取消隔离。80 年代初,世界卫生组织正在研究一种用多种抗麻风有效的新药联合化疗治疗麻风病的新方法,药物配方已经完成,但是缺乏临床试验,没有限定疗程。也就是说,只要有足够的试验结果作依据,就可能为全世界治疗好麻风病人! 拿到那些新药对于缺医少药的医疗界来说,可谓千载难逢的好机会!

1980 年李桓英被派往美国进修学习,并考察了美、英、印等七个国家

图 1　2014 年李桓英(右)获得母校约翰霍普金斯大学校友奖

的麻防中心和现场麻防工作。回国之后，李桓英经过认真的试验研究和精心准备，带着世界卫生组织推荐的联合化疗方案和药品，走进事前选定的研究基地——勐腊县小勐伦麻风寨，又在山东潍坊地区各麻风村选了33例活动性病例，开始了全国乃至世界上第一个不住院的短程联合化疗(MDT)试点。

李桓英自1979年在勐腊县选点，到出国参观访问，从选用治疗新方案，现场应用，到每年看望病人，经过十年随访，肯定疗效。直至判愈和监测完毕，研究周期长达十几年(1979—1995)，每年都要到各试点巡诊和调研。

李桓英郑重告诉大家："人类是麻风菌的主要宿主和传染源，未经治疗的麻风病人(主要是多菌型患者)，其皮肤及黏膜损害处可能含有许多麻风菌，并能够通过呼吸道和皮肤传染，但这并不意味着它就是'一触即发'的传染病。在与传染性麻风患者同等接触的条件下，只有极个别人发病，这是因为绝大多数健康成人对麻风菌有自然的免疫力。因而，最高发的村寨患者也达不到5%。新治疗方案极其有效，即使是多菌型病人在接受联合化疗一周内，亦可基本消除其传染性。"

李桓英曾半开玩笑地说："麻风菌很难在体外培养，一般人想被传染也非易事。我常年与麻风菌打交道，至今不是啥事情也没有嘛，有时候我甚至巴不得自己被传染上呢，到那时我可以自己消灭它！"

"我之所以和麻风病人亲密接触，一是表明国家和我们医生对他们的亲切关怀，二是表明医生、患者联手抗击病魔的必胜信心。医生和政府的行为举止是会影响病人和周围人群的，如果连我们做医生和做干部的都心里害怕、畏首畏尾、裹足不前，病人心里哪还有希望可言呢！"在新中国防治麻风病的历史上，作为医学专家，李桓英可谓敢与麻风病人零距离接触的第一人！

麻风病现场非隔离式短程联合化疗当时在国际上尚无先例，服药的初期阶段，有的病人缺乏信心，有的病人无法适应严格的要求，特别是服药后，色素沉着严重，面呈黑紫，脸上愈发令人生畏，有的病人甚至开始自暴自弃，有人开始怀疑李桓英带来的治疗方案，甚至扬言要赶她走。但李桓英心里清楚，自己的"大胆"是建立在缜密的科学依据之上的，她敢于冒险和承担责任,她向病人庄严承诺,一定会找到新方法把麻风恶魔赶走。由于担心病人中断治疗,她不顾蚊虫叮咬,在简陋的条件下,与基层卫生人员一起宣传坚持规则服药的重要性,劝说病人并亲自喂药,在他们的耐心说服下,病人克服了对面部色素沉着的恐惧,坚持服药,2~3个月后普遍感到病情好转,身心舒畅。就这样,24个月停药后,细菌指数每年持续下降,这大大出乎众人的预料。经过两年时间的治疗,勐腊县的麻风病患者全部由版纳卫生局颁发了"治愈证"。李桓英用不争的事实证明,麻风病现场非隔离式短程联合化疗方案是绝对成功的。1990年的泼水节,摘掉了麻风帽子的山寨,作为一个行政村被正式划入勐仑镇。整个"麻风村"都沸腾了,村里的男女老少纷纷跑到李桓英面前,用鲜花串成花环,将亲手缝制的傣家服装献给他们心目中的大"摩雅"(傣语:医生),她被感动得热泪盈眶。刀建新老人的话代表了千万麻风病患者的心声:"麻风病把我们变成了鬼,摩雅李把我们又变成了人!"从此"麻风寨"更名为"曼南醒"(新生的村寨)。

之后,李桓英的麻风病现场非隔离式短程联合化疗方法在全国范围内也取得了显著疗效,有几万例麻风病患者被治愈。经过十年监测,在云、贵、川扩大试点的基础上,地图上麻风寨也改成了"曼南醒",复发率仅为0.03%,远远低于世界卫生组织规定的1%的标准。这一巨大成功,

第二篇 光辉篇章

图2 2012年李桓英(左四)受邀到约翰霍普金斯公共卫生学院讲学

很快引起世界卫生组织的高度重视，经十年的监测期考察论证后，短程联合化疗于1994年向全世界推广。李桓英用自己的智慧和汗水，取得了世界水平的成果，谱写了防治麻风病历史的新篇章！

谈及病区的艰苦，李桓英笑得很坦然："麻风病是个穷病、落后病，既然干了这一行，就不要计较条件，条件是工作的一部分，不容你挑三拣四，若要计较，那就哪儿也别去，那就什么也干不成。"因地制宜、与时俱进是她的座右铭。"人的一生很短暂，只有拼搏，才是生命的最好延长，而再长的生命若只为自己也将毫无意义。"

李桓英敢顶。在工作上，只要她认为正确的，她就一定要坚持到底，就连中国麻防事业奠基人马海德博士，她也曾和他争个面红耳赤。"在学术上、工作上，没有权威，只有真理。对的，我一定坚持；错了，我马上修正。"李桓英戏称这叫"真理越辩越明"。

永不满足，推动麻风病防治工作的深入开展

20多年来，李桓英竭尽全力，费尽心血，奔波于山高路险的云、贵、川3省，7个地州、59个县的村村寨寨留下了她的足迹。她为基层培养了大批麻风病防治骨干，在走村串寨中，李桓英总结出了一个早期发现麻风病的小窍门：她让小学生们每天都回家检查父母的双手、双脚，看身上有没有不痛不痒的斑块，有异常马上报告老师，由老师通知村里的麻风病防治人员，进行病情记录和追踪、诊治。方法简单，却实用有效。但是，她叹息道："首先还是应该在中小学教科书中加强现代卫生知识的教育，改善农村的医疗条件。"

为了祖国的麻防事业，二十余年来，李恒英努力为基层普及现代麻防知识，她把实验室的设备放在了基层，把她得来的种种奖金拿出来，用于医学科研，她还利用出席国际会议的机会，向世界卫生组织申请资助，用自己出色的研究成果为国家争取到上百万美元的药品、器材和15辆越野车，并全部交给基层使用。

迄今为止，李恒英在国内外发表多达16篇论著，在国际上首次提出并在西南边远的麻风病高发区推行了"麻风病垂直防治与基层三级防治网相结合"的模式，利用当地原有的县、乡、村医生三级防保网，开展消灭麻风病的"特别行动计划"和"消除麻风运动"，对遏制麻风病的发展起到了非常重要的作用。

1998年，第十五届国际麻风会议在北京召开，这也是对我国在麻风病防治这一领域做出的成就和贡献的肯定。在这次会议上，李桓英教授被推选担任本次大会的轮值执行主席。她领导开展的短程联合化疗和消灭麻风病的特别行动计划，被誉为全球最佳治疗行动。世界卫生组织官员诺丁博士紧紧握着李桓英教授的手说："全世界麻风病防治现场工作，你是做得最好的。"

领导课题组向麻风病分子流行病学研究领域进军

时光如梭，岁月似水。如今，李桓英教授已经86岁高龄了，虽然不能像年轻时那样常年战斗在防麻第一线，但她仍然坚持每年到那里调研一次。她说"现在我虽已至耄耋之年，但仍精力充沛，应当为消除麻风而奋斗。"

时至今日，麻风病仍是威胁人类生理和心理健康的公共卫生问题。在实施MDT近20年后，原麻风病高流行的国家或地区，发病率下降仍很缓慢。我国的云、贵、川三省，尽管患病率有所下降，但发病率仍居较高水平。麻风流行病学中的许多问题尚未解决，影响了麻风病的彻底控制。李桓英教授不断地提醒人们："目前，虽然我国麻风发病人数很少，但随着流动人口的增加，发病和就诊往往打破了流行地域的界限而松散出现。据对历年综合医院漏诊的麻风病例分析，临床上麻风病易被误诊为皮肤病、神经疾患及其他各科疾病，2006年下半年，东北一位麻风反应患者被当成脉管炎治疗，延误诊治长达3年。尤为令人担心的是，现在有些医院的大夫已经不能诊断麻风病了。"她告诫医生："麻风病诊断应及时而慎重，需与皮肤科、神经科等多种疾病相鉴别，遇有诊断怀疑时，应转诊或列为观察病例，定期就诊或随访，做到既防止漏诊又避免误诊。"

暮年的李桓英勤勉不辍，仍然致力于麻风病的防治和研究。目前国外麻风病学者，已将基因分型作为流行病学研究的工具，在疫村对麻风病患者体内的、接触者携带的以及存在于土壤、水等环境中的麻风菌进行基因分型，广泛开展追踪麻风菌传播的研究。李教授说："21世纪是分子生物学的世纪，我们要用新方法从事麻风病的研究，做到早发现、早诊断、早治疗，让我们的下一代不再因麻风致残！"自2000年开始，李桓英又领导北京热带医学研究所麻风病研究课题组的同志进入分子生物学研究领域,开始了麻风病早期诊断、耐药基因检测和分子流行病学的研究,获得了美国 NIH 和 Heiser 基金会的资助,已发表 SCI 收录的论文数篇,研究工作得到美国科罗拉多州立大学合作者的肯定和赞扬。该课题组的研究工作也多次得到国内麻风病专家组及卫生部麻风病研究中心的表扬,他们说:李桓英领导的课题组是在目前国内麻风防治人员流失、缺少课题经费支持的情况下,国内唯一一支坚持麻风病实验研究和现场相结合的科研队伍。李桓英不仅自己身先士卒,而且带领着课题组成员力争为"实现一个没有麻风病的世界"贡献全部力量,她说:"由于我和全国所有的麻风病防治工作者的共同努力,我国的麻风病防治取得了举世瞩目的成绩,但是我们对此并不乐观,反而更加感到紧迫。因为现在全国每年仍然有大约 2 000 名新发病人,而且一半以上集中在云、贵、川 3 省,这不得不引起我们的重视。麻风病尚缺乏早期诊断的实验手段,发病机理也不十分明了,还有很多基础工作要做,我希望通过我们的不断努力,做到早发现、早治疗,保证下一代不再出现因麻风而致残者。"

人物链接

李桓英(1921—),著名麻风病学专家。北京出生,原籍山西襄垣。毕业于同济大学医学院,后留学于美国约翰霍普金斯大学卫生研究院学习

图 3　李桓英治好两代麻风病人,相片里的儿童(右侧)如今已成长为生产队长

公共卫生和细菌学专业。1950年到世界卫生组织工作。1959年回国后任中国医学科学院皮肤病研究所主治医师。自1980年任北京热带医学研究所研究员，曾任中国麻风协会副理事长、卫生部麻风防治科研专家咨询组副主任委员、国际麻风学会理事、1991–2000年WHO麻风病专家组成员、马海德基金会理事、北京市人民对外友好协会理事。全国政协第七、八届委员。

她先后荣膺云南省先进工作者、全国"五一"劳动奖章、北京市有突出贡献专家、全国优秀科技工作者、全国麻风防治先进工作者、中国医学基金会首届"圣洁杯"医德医风奖、全国先进工作者、全国杰出专业技术人才奖等数十项荣誉。获国家科学技术进步奖1项，省级科技进步奖6项，局级科技进步奖2项。2005年11月8日，以她名字命名的"北京市李桓英医学基金会"成立。2006年又获得何梁何利"科学与技术进步奖"。2006年被提名为"感动中国"候选人。2007年12月被中国教科文卫体工会全国委员会评为全国十名"医德楷模"之一；入选第二届"首都杰出人才奖"候选人。2008年获得宣武区第三届公民道德之星；2009年获得全国侨届"十杰"提名奖；2009年获得"时代领跑者——中华人民共和国成立六十年最具影响的劳动模范提名奖"；2009年获第二届首都十大道德模范称号；2010年被授予北京市"三八"红旗奖章荣誉称号；2010年被授予第二届"首都杰出人才奖"；2011年被授予第三届"全国道德模范提名奖"；2013年被北京市卫生局评为"北京市麻风病防治先进个人"；2014年被授予北京市华侨华人"特别荣誉奖"。

温　艳　首都医科大学附属北京友谊医院　北京热带医学研究所

中国学者首先报告的皮肤病

现代皮肤科学起源于欧美,因此欧美皮肤科学家发现和命名了大部分皮肤病。亚洲以日本学者首先报告的皮肤病为多,如太田痣(太田)、鳞状毛囊角化症(土肥)、川崎病等。

1931 年,我国学者 Frazier 和胡传揆发现了维生素 A 缺乏性皮肤病,相关文章发表于 *Archives of Internal Medicine*,引起国内外皮肤科界的关注。国际皮肤科权威著作 *Andrews′ Diseases of the Skin* 直到第九版出版一直在引用,*Dermatology in General Medicine* 也引用了该文的资料。此病的发现开创了中国学者首先发现和描述皮肤病的先河,但之后的几十年,我国一直未能再发现新的皮肤病。直到 20 世纪 80 年代,随着我国皮肤科学的飞速发展,我国皮肤科医生开始报告一些新的皮肤病或皮肤病亚型,并且有一大批专家发现和报告了多种皮肤病的致病基因,为世界皮肤科学做出了贡献。本文初步总结了我国学者首先报告的皮肤病和皮肤病致病基因,其中绝大多数发表于国际杂志。

中国学者首先报告的皮肤病

1. 维生素 A 缺乏性皮肤病(cutaneous lesions associated with a difficiency in vitamin A) 1931 年我国北京协和医院学者 Frazier 和胡传揆报告,发表于 *Archives of Internal Medicine* 上,引起国内外皮肤科界的关注。患者为军营士兵,常常伴有维生素 A 缺乏症的其他保险如夜盲症,皮肤表现为干燥、四肢伸侧为主毛囊角化性丘疹,补充维生素 A 后症状迅速好转。

2.儿童特发性真皮弹力纤维溶解(idiopathic dermal elastolysis of children) 1998 年,中国医学科学院南京皮肤病研究所孙建方等报告。患儿临床表现为上肢、躯干散在分布洗白色至淡黄色丘疹或斑,直径 0.1~

0.6cm,表面有细的皱纹,部分似有疝囊样感,边缘清楚,卵圆形,不融合,周围无红晕,分布不对称,无自觉症状。组织病理显示,表皮正常,真皮上中部血管及附属器周围散在炎症细胞浸润,弹力纤维染色示真皮上中部弹力纤维缺乏。

3.妊娠股臀红斑(gluteofemoral erythema) 2001年,北京大学人民医院张建中等报告,疾病的特点是发生于妊娠后期,表现为臀部和大腿对称性界限清楚的红斑,浮肿性,无自觉症状,分娩前自行消失。发生于首次妊娠的妇女。此后作者又发现多例该症患者。

4.外伤后细菌性致死性肉芽肿(fatal bacteria granuloma after trauma) 2002年第四军医大学西京医院高天文等报告。特点是发生于头面部的进行性发展的肉芽肿性斑块。抗生素、抗真菌药治疗不佳,病人大多数因病变侵犯脑部导致死亡。随后的研究提示丙酸棒状杆菌可能是感染源,患者可能存在针对该菌的免疫缺陷。

5.弥漫性色素沉着伴点状色素减退(universal hyperpigmentation with punctiform depigmentation) 2007年中国医学科学院南京皮肤病研究所孙建方等报告3例患者,年龄分别是13、15和11岁,自幼全身皮肤弥漫发黑,略呈铅灰色外观,同时在黑变的基础上出现密集点状白斑,随年龄增长逐渐明显。均无家族史。病理显示表皮基底层轻微黑变、灶性空泡化和真皮浅层色素失禁。

6. 对称性肢端角化病(symmetric acral keratosis-a new dermatosis) 2008年孙建方等报告。患者平均年龄35.4岁,平均发病年龄26.5岁;主要表现为手背、指背、手腕出现对称性褐色角化性斑片(11/11),主要分布在掌指关节及其周围、指背、手背两侧和手腕屈侧,足背损害较轻,损害有明显的季节性;组织病理学表现为表皮角化过度和轻度乳头瘤样增生。

7.伴发脓疱的家族性可变性红斑角化症(familial erythrokeratodermia variabilis with pustular lesions) 2010年中国医科大学附属第一医院发现一个家族,6代92人,有30人发病。19例被调查的患者中有5例(包括先证者)曾短期出现脓疱样皮损,排除局部细菌及真菌感染。先证者皮损处组织学检查发现,表皮上部角质形成细胞空泡样改变,颗粒层有角化不良和轻度中性粒细胞浸润;电镜下可发现细胞间隙增大,线粒体空泡形成。

8. 特应性皮炎样移植物抗宿主病(atopic dermtitis-like GVHD)2013年北京大学人民医院张建中等报告。此病是一种慢性 GVHD,发生于造血干细胞移植后 3 个月以上,发病缓慢,见于任何年龄和性别,主要表现为皮肤干燥、湿疹样皮疹、毛周隆起,伴有明显瘙痒、外周血嗜酸性粒细胞和/或血清总 IgE 水平升高,局部抗感染治疗有良好反应。

9.肢端含铁血黄素性淋巴管畸形(acral hemosideric lymphatic malformation) 2013年第四军医大学西京医院王刚等报告了 12 例发生于肢端的局限性淋巴管畸形,所有患者皮疹均为先天发生或发生于 2 岁以内。临床表现为肢端的红色或褐色的丘疹、结节, 病理表现为真皮内扁平或裂隙状血管内皮细胞增生,同时伴有不同程度的血管外红细胞和含铁血黄素沉积;免疫组化所有的病例均表达淋巴管标记 D2-40 和 Prox1,不表达 WT-1。

10.PLACK 综合征(PLACK syndrome) 2015年北京大学第一医院杨勇等报告,为一种罕见的常染色体隐性遗传性皮肤病,主要表现为泛发性皮肤剥脱、白甲、肢端点状角化、唇炎及指节垫,作者同时还确定了其病因为 CAST 基因突变。

张建中　北京大学人民医院

参考文献:

[1] Frazier CN, Hu C-K. Cutaneous Lesions Associated with a Difficiency in Vitamin A in Man. Arch Int Med, 1931,48:507.

[2] 孙建方,史同新,辛林林.儿童特发性真皮弹力纤维溶解症.临床皮肤科杂志,1998,1:47.

[3] 张建中,陈秀琴.妊娠股臀红斑:一种新的妊娠皮肤病,中国皮肤性病学杂志,2001,15:121.

[4] Gao TW, Li CY, Zhao XD, Liu YF. Fatal Bacteria Granuloma After

Trauma: a New Entity. Br J Dermatol, 2002, 147(5): 985-93.

[5] Wei J, Zhang Y, Xu H, Jin J, Zhang J. Atopic Dermatitis-like Presentation of Graft-versus-host Disease: a Novel Form of Chronic Cutaneous GVHD. J Am Acad Dermatol, 2013, 69(1):34.

[6] 姜祎群，曾学思，孙建方，等. 弥漫性色素沉着伴点状色素减退三例———一种新的色素性疾病. 中华皮肤科杂志, 2007, 2:107.

[7] 姜祎群，曾学思，孙建方，等. 对称性肢端角化病———一种新命名的皮肤病. 临床皮肤科杂志, 2008, 7:428.

[8] Zhang L, Huo W, Gao XH, et al. Familial Erythrokeratodermia Variabilis with Pustular Lesions: a new variant Acta Derm Venereol, 2010, 90:274-8.

[9] Lei Wang, Tianwen Gao, Gang Wang. Acral Hemosideric Lymphatic Malformation J Cutan Pathol, 2013, 40: 657-660.

[10] Z Lin, J Zhao, D Nitoiu, C Scott, V Plagnol, F Smith, N Wilson, C Cole, MSchwartz, W McLean, H Wang, C Feng, L Duo, E Zhou, Y Ren, L Dai, Y Chen, J Zhang, X Xu, E O'Toole, D Kelsell, Y Yang. Loss-of-Function Mutations in CAST Cause Peeling Skin, Leukonychia, Acral Punctate Keratoses, Cheilitis and Knuckle Pads. American Journal of Human Genetics, 2015, 96(3): 440-7.

第二篇 光辉篇章

寻根溯源显身手
——中国皮肤科医生首先探明致病基因的遗传病

作为第一人口大国，我国拥有丰富的医学遗传学资源。在近 20 年里，随着国家科技投入的加大和新技术的不断涌现，我国科学家在单基因病的研究领域取得了举世瞩目的成就。1998 年中南大学夏家辉院士课题组首先确定了 GJB3 基因突变可以引起神经性耳聋，实现了我国确定遗传病致病基因零的突破。2001 年，中国医学科学院沈岩院士和上海交通大学贺林院士课题组分别明确了遗传性乳光牙和短指症的致病基因。迄今为止，不完全统计，中国科学家所鉴定的引起遗传病的致病基因约 60 种，而其中引起遗传性皮肤病的基因约 20 种，占比例最大，充分体现了国内皮肤科医生杰出的研究实力和良好的合作精神。笔者谨就国内皮肤科所发现的遗传病致病基因的研究历史与大家分享，但受限于笔者的阅读量和理解能力，谬误和遗漏恐在所难免，不当之处请读者海涵。

中国最早有关遗传性皮肤病基因诊断的文章出现在 1997 年，北京大学第一医院皮肤科朱学骏教授课题组在国内的单纯型大疱性表皮松解症患者中发现了角蛋白 5 的基因突变。虽然该病的致病基因是国外首先确定的，鉴于当时国内的科研条件，这种跟踪性研究已经殊为不易，并且为之后的原创性研究奠定了人才和技术基础。之后此类文章如雨后春笋般涌现，在国内皮肤科发表的英文文章里占有很大的比例。

2004 年 3 月，两篇由中国皮肤科医生首先确定遗传病致病基因的文章分别发表于《皮肤科学研究杂志》(*Journal of Investigative Dermatology*，*JID*)和《医学遗传学杂志》(*Journal of Medical Genetics*，*JMG*)，由此吹响了国内皮肤科发现新致病基因的号角。安徽医科大学张学军教授课题组在 *JID* 上发表的文章明确了引起家族性毛发上皮瘤的基因为 CYLD，之后国内外的多个课题组都验证了他们的结论，文章至今被引用 88 次(本文涉及的引用数据来自 Google Scholar，下同）。在北京大学第一医院朱学骏教授和医学科学院沈岩院士的领导下，杨勇博士带领课题组在 *JMG* 上发表的文章阐明了原发性红斑肢痛症的致病基因为钠离子通道 SCN9A，该文章现已经被包括 *Nature*、*Science* 和 *Cell* 等杂志引用 404 次。

在之后的 7 年时间里，杨勇带领北京大学第一医院课题组以原发性红斑肢痛症为切入点，针对致病基因筛选、基因突变热点、基因型与表现型的关系、发病机制、治疗机制等进行了深入系统的研究，阐明了钠离子通道 SCN9A 在疼痛中的重要作用，发表 SCI 收录杂志论文 12 篇，包括 *Annals of Neurology*、*Brain*、*Experimental Neurology*，及 *Molecular Pain* 等杂志。课题组揭示了疾病的病理生理学机制：钠离子通道 SCN9A 功能增强所引起的痛觉敏感；检测了温度变化对该钠通道电生理学的影响，阐述了温度降低能缓解疼痛的机理；解释了美西律对部分患者治疗有效的机制；率先提出疾病具有 SCN9A 的突变热点；揭示了该病基因型与表现型的关系：早发病患者(<10 岁)的突变其各项电生理学指标的改变均较晚发病患者 (>10 岁) 的突变更为显著。本系列研究的主要贡献在于：由于 SCN9A 不在中枢神经和心脏表达，这"显然有利于开发一种选择性强的 SCN9A 拮抗剂作为理想镇痛药的设想：①仅止痛而不影响其他感觉。②副作用小(不影响心率、中枢活动等)；③没有依赖性(作用机制与吗啡完全不同)(引自韩济生院士《生理科学进展》：消除疼痛的最终理想还有多远——一种离子通道病显示出疼痛的根源)。2006 年，*Nature Reviews Genetics* 发表综述，认为 SCN9A 是研发新药物的重要靶点。一些著名的制药公司，如 Pfizer、Merck、AstraZeneca、Schering-Plough 等，对此高度关注，重点开发 SCN9A 的特异性阻断剂。如今 Pfizer 等公司开发的相关药物已进入临床实验。预计在不久的将来，该类药物会在治疗慢性疼痛方面造福人类。

中国医学科学院张学教授课题组和国内多家医院的皮肤科专家合作，先后确定了 Marie Unna 型遗传性少毛症、反向性痤疮以及部分多毛症的致病基因，其中最具代表性的是前两项工作。他们与中国医科大学何春涤教授等合作，2009 年发表在《自然-遗传学》(*Nature Genetics*)杂志的文章，首次确定了 Marie Unna 型遗传性少毛症的几种致病突变，位于

HR 基因的 U2HR 区域,突变可以增强 HR 基因的翻译水平,揭示了 HR 基因对于毛发生长具有精细的调节作用。这种独特的突变类型及发病机制引起了大家的广泛兴趣,并且被国内外多个课题组所验证,现已被引用 94 次。2010 年,他们与沈岩院士、北京协和医院王宝玺教授等合作,首次确定了组成 γ 分泌酶的几个基因的突变可以引起反向型痤疮,而以往国外发现 γ 分泌酶的基因突变可以引起早发性阿尔兹海默病,提示这两种疾病存在一定的相关性,文章发表在顶级期刊《科学》(*Science*)上,引起了学术界的广泛关注,现已被引用 111 次。

2009 年起,随着一种革命性技术外显子组测序的出现,确定遗传病致病基因的步伐发生了极大的飞跃,突破了以往依赖大家系进行连锁分析的瓶颈。国内科学家利用此技术,迅速确定了多种遗传病的致病基因。

北京大学人民医院张建中教授课题组 2011 年发表于 *Human Mutation* 的文章,在两个常染色体显性遗传的单纯型少毛症家系中首先发现了编码核糖体蛋白基因 RPL21 的错义突变,这是国内皮肤科发表的第一篇应用外显子组测序技术成功确定致病基因的文章。之后的几年里,外显子组测序成为发现皮肤遗传病致病基因的强大武器,几乎是此类文章必备的技术方法。

2012 年张学军教授课题组在 *JMG* 上发表两篇论文,首次发现一个 Marie Unna 型遗传性少毛症家系存在 EPS8L3 基因的突变,以及一个点状掌跖角化病家系存在 COL14A1 的突变。同年,张学军教授课题组在《自然–遗传学》发表的论文首次明确了播散性浅表性光线性汗孔角化病的一种致病基因,编码甲羟戊酸激酶的 MVK。文章收集了几十个家系和散发病例,并进行了功能学研究,其后国内的多个研究组也证实了此结果,文章现已被引用 28 次。2014 年张学军教授、崔勇教授课题组又发现了引起播散性浅表性光线性汗孔角化病的另一种新的致病基因:SLC17A9,在两个家系中存在不同的错义突变,文章发表在 *JMG* 杂志。

2012 年杨勇教授课题组与李若瑜教授、张学教授等合作,在《美国人类遗传学杂志》(*American Journal of Human Genetics*,*AJHG*)发表两篇文章,分别确定了离子通道 TRPV3 的功能增强型突变可以引起 Olmsted 综合征,提示了该基因在皮肤角化、毛发发育和瘙痒感受中的重要作用,国内外的几个课题组也相继证实了此发现，文章已被引用 83 次；他们还确定了 HOXC13 的功能缺失型突变可以引起纯发–甲外胚层发育不良。2013 年，北京大学第一医院李若瑜教授课题组与杨勇教授等合作，在顽固性镰刀菌感染和暗色丝孢霉病中分别发现了 STAT1 和 CARD9 基因的突变，两篇文章发表在《过敏和临床免疫杂志》（*Journal of Allergy and Clinical Immunology*）。2013 年，杨勇教授和林志淼副教授课题组独立发现了水通道 AQP5 的基因突变可以引起 Bothnia 型掌跖角化病，然而在他们功能学研究的过程中，英国 Kelsell 教授课题组在国际研究性皮肤科学会议中报道了几乎相同的发现，两个课题组的文章几乎同时在线发表于 *JID* 和 *AJHG* 杂志。于是，两个课题组在 2015 年的 AJHG 杂志上联合发表了一篇文章，首次提出了一种新疾病：PLACK 综合征，是由于 CAST 基因的功能缺失所导致的。这也是以国内皮肤科为主导，首次命名一种新的遗传性皮肤病。2015 年，杨勇教授课题组发表在《人类分子遗传学》杂志（*Human Molecular Genetics*）的文章，首次确定了间隙连接通道 GJA1 的功能增强型突变可以引起角皮症–少毛–白甲综合征。杨勇教授课题组基于所发现的 4 种疾病的致病基因是离子通道，建立了国际皮肤科领域的第一个电生理学实验室，并率先提出了皮肤离子通道病的概念。

2013 年，3 种遗传性色素病的致病基因被我国皮肤科专家相继发现。上海新华医院皮肤科姚志荣教授、李明博士课题组发表在 *AJHG* 杂志的文章，首先明确了 POFUT1 为泛发性屈侧网状色素异常的致病基因，并证实该基因在黑色素合成和转运方面发挥重要作用。北京同仁医院魏爱华副教授课题组联合中科院李巍教授，发现了一种白化病的致病基因 SLC24A5，相关文章发表在 *JID* 杂志。武汉同济医院邓云华教授与华中科技大学刘木根教授合作，发现了 ABCB6 突变可以引起遗传性泛发性色素异常，相关文章也发表在 *JID* 杂志。以上的发现都得到了功能学实验的支持，也相继经过了国内外同行的验证。

2014 年，山东皮肤病医院张福仁等发现氨苯砜综合征的风险基因 HLA–B*13:01。氨苯砜综合征是患者在口服氨苯砜治疗后 5 周左右发生的一种以高热、皮疹、内脏受累为特征的药物高敏综合征，发生率 3.6%，死亡率达 11%~13%，课题组采用全基因组关联研究结合测序技术定位氨苯砜综合征的风险基因为 HLA-B*13:01,临床应用的敏感度和特异度均达 90%,在患者服用氨苯砜前检测 HLA-B*13:01 有助于预防氨苯砜综合征的发生。该位点业已获得国家专利保护(国家发明专利号:ZL 2012 1 0407149.2)。

从以上罗列的工作不难看出,丰富的遗传资源,良好的国内外合作,先进的研究技术是取得成果的重要基础。实验包含多个家系,充分的功能学研究,其他课题组的验证,是确保所鉴定的致病基因准确无误的 3 个必要条件。如果所发现的致病基因具有重要的生理学功能,可能成为研发新药物的靶点,该研究往往会得到国际同行的广泛关注。在人类的近 20 000 个基因中,现在已经明确可以引起疾病或者表型的才仅仅 3 000 多种,还有大量的未知疾病和致病基因在等待科学家的探索。相信在国内皮肤科同仁的不懈努力下,更多原创性、重量级的工作将不断涌现,我国皮肤科医生会在遗传性皮肤病领域扮演越来越重要的角色。

杨　勇　北京大学第一医院　北大－清华生命科学联合中心

参考文献:

[1] Y Yang, Y Wang, S Li, Z Xu, H Li, L Ma, J Fan, D Bu, B Liu, Z Fan, G Wu, J Jin, B Ding, X Zhu, Y Shen. Mutations in SCN9A, Encoding a Sodium Channel Alpha Subunit, in Patients with Primary Erythermalgia. Journal of Medical Genetics, 2004, 41: 171-4.

[2] Zhang XJ, Liang YH, He PP, Yang S, Wang HY, Chen JJ, Yuan WT, Xu SJ, Cui Y, Huang W. Identification of the Cylindromatosis Tumor-suppressor Gene Responsible for Multiple Familial Trichoepithelioma. J Invest Dermatol, 2004, 122(3):658-64.

[3] Zhou C, Zang D, Jin Y, Wu H, Liu Z, Du J, Zhang J. Mutation in Ribosomal Protein L21 Underlies Hereditary Hypotrichosis Simplex. Hum Mutat, 2011, 32(7):710-4.

[4] Wang B, Yang W, Wen W, Sun J, Su B, Liu B, Ma D, Lv D, Wen Y, Qu

T,Chen M,Sun M,Shen Y,Zhang X. Gamma-secretase Gene Mutations in Familial Acne Inversa. Science,2010,19,330(6007):1065.

[5] Wen Y,Liu Y,Xu Y,et al. Loss-of-function Mutations of an inhibitory upstream ORF in the human hairless transcript cause Marie Unna hereditary hypotrichosis. Nat Genet,2009,41(2):228-33.

[6] Xin Zhang,Bi-Rong Guo,et al. Exome Sequencing Identified a Missense Mutation of EPS8L3 in Marie Unna hereditary hypotrichosis. J Med Genet,2012,49(12): 727-730.

[7] Lin,Q Chen,M Lee,X Cao,J Zhang,D Ma,L Chen,X Hu,H Wang,X Wang,P Zhang,X Liu,L Guan,Y Tang,H Yang,P Tu,D Bu,X Zhu,K Wang,R Li,Y Yang. Exome Sequencing Reveals Mutations in TRPV3 as a Cause of Olmsted Syndrome. American Journal of Human Genetics, 2012,90:558-64.

[8] Z Lin,Q Chen,L Shi,M Lee,K.A. Giehl,ZTang,H Wang,J Zhang,J Yin,L Wu,R Xiao,XLiu,L Dai,X Zhu,R Li,R.C. Betz,X Zhang, YYang. Loss-of-function Mutations in HOXC13 Cause Pure Hair and Nail Ectodermal Dysplasia. American Journal of Human Genetics, 2012,91: 906-11.

[9] X Cao,J Yin,H Wang,J Zhao,J Zhang,L Dai,J Zhang,H Jiang,Z Lin, Y Yang. Mutation in AQP5,Encoding Aquaporin 5,Causes Palmoplantar Keratoderma Bothnia Type. Journal of Investigative Dermatology, 2014,134(1):284-7.

[10] H Wang,X Cao,Z Lin,M Lee,X Jia,Y Ren,L Dai,L Guan,J Zhang, X Lin,J Zhang,Q Chen,C Feng,EY Zhou,J Yin,G Xu,Y Yang. Exome Sequencing Reveals Mutation in GJA1 as a Cause of Keratoderma-hypotrichosis-leukonychia Totalis Syndrome. Human Molecular Genetics,2015,24(1):243-50.

[11] Zhang SQ1,Jiang T,Li M,et al. Exome Sequencing Identifies MVK Mutations in Disseminated Superficial Actinic Porokeratosis. Nat Genet,2012,44(10):1156-60.

[12] Cui H, Li L, Wang W, et al. Exome Sequencing Identifies SLC17A9 Pathogenic Gene in Two Chinese Pedigrees with Disseminated Superficial Actinic Porokeratosis. J Med Genet, 2014, 51(10):699–704.

[13] Guo BR, Zhang X, Chen G, et al. Exome Sequencing Identifies a COL14A1 Mutation in a Large Chinese Pedigree with Punctate Palmoplantar Keratoderma. J Med Genet, 2012, 49(9):563–8

[14] Cui H, Gao M, Wang W, et al. Six mutations in AAGAB confirm its Pathogenic Role in Chinese Punctate palmoplantar Keratoderma Patients. J Invest Dermatol, 2013, 133(11):2631–4.

[15] Zhang F, Liu H, Irwanto A, et al. HLA–B*13:01 and Dapsone–Induced Hypersensitivity Syndrome. N Engl J Med, 2013, 369:1620–8.

中国皮肤科的大样本遗传学研究

皮肤病种类繁多,据目前统计,具有不同临床特征予以命名的皮肤病就多达 2 000 多种。皮肤是人们外在形象的重要组成部分,而皮肤病不仅危及患者的身体健康,同时对患者的生活质量造成严重的负面影响。因此,揭开皮肤病发病的神秘面纱,提高皮肤病的诊疗效率,促进患者的健康是皮肤科医生工作的重中之重。为了阐释皮肤病的发病机制,皮肤领域的前辈们始终坚持不懈,通过临床观察和严谨的实验发现了多种皮肤病属于遗传病,遗传因素在疾病的发生发展中起到重要的作用。在遗传性皮肤病发病机制研究中,中国皮肤科奋起直追,逐步赶超国际水平,目前在多种疾病的研究中居于世界先进行列。

遗传学研究溯源

17 世纪孟德尔被公认是遗传学的创始人,他发现生物性状的遗传受遗传因子控制,并在随后的研究中提出了著名的遗传分离定律和自由组合定律,成为现在遗传学研究的基石。1953 年,沃森和克里克成功发现了 DNA 双螺旋结果,随后克里克提出了 DNA 转录、翻译、复制的"中心法则",促进了现代遗传学研究的飞速发展。

利用微卫星标记等遗传标记的连锁分析将疾病相关基因定位到一个区域,在后续研究中对该区域开展进一步精细定位分析,并对候选基因进行功能研究的策略在很长时间内是遗传学研究的主要方法。我国人口众多,民族多样,在很多地方还保存着许多相对隔离的群体,是我们开展人类遗传病相关基因研究的资源优势。在皮肤科领域,通过 20 多年来的不懈努力,我国皮肤科专家先后对银屑病、白癜风、点状掌跖角化症、播散性浅表性汗孔角化症、区侧网状色素沉着症、Marie Unna 遗传性少毛症、遗传性对称性色素异常症、雀斑、汗疱疹、进行性对称性红斑角化症、多发性毛发上皮瘤、逆向性痤疮等常见和罕见疾病的连锁区域进行定位。

然而连锁分析存在一定的局限性，首先该策略基于家系研究，不便于大样本资源的采集；其次，连锁分析所发现的是一个区域，其中可能包含数百乃至上千个基因，范围太过宽泛，因此很难确定疾病的易感基因。

大样本量的遗传学研究

人类基因组计划（Human genome project, HGP）1990年在美国正式启动，随后，包括中国在内的其他国家积极响应。1999年12月1日，人类染色体基因完整序列测定完成；2000年6月26日，美、英、德、日、法、中六国科学家公布人类基因组工作框架图，成为人类基因组计划进展一个重要里程碑。我国在HGP中起步较晚，主要负责对其中1%序列的测序，但意义深远，证明中国科学家有能力跻身于国际生命科学前沿，为人类基因组学做出重要贡献。为准确获取相关基因以及序列与疾病关系的信息，国际人类基因组单体型图计划（Human Haplotype Map, HapMap）顺势启动，并于2005年宣布完成，发现人类基因组310多万个常见单核苷酸多态性（SNPs），为研究者建立某一特定表型与遗传多态位点间的联系提供可能。HapMap计划在我国主要由中国科学院北京基因组研究所牵头，承担其中3号、21号和8号染色体短臂单体型图的构建，约占总计划10%。在人类基因组研究进程中，中国研究份额从1%到10%的转变，显示了中国在基因组学的巨大进步。

这两个计划的相继完成和对外开放，揭开全基因组关联分析（Genome Wide Association Study, GWAS）的序幕。GWAS通过在人类全基因组范围内找出存在的序列变异，从中筛选出与疾病或性状相关的SNPs，同时开展多中心、大样本、反复验证易感位点与疾病关联的研究，揭示疾病发生、发展，以及与治疗相关的遗传基因。随着分型技术快速发展，分型成本不断降低，GWAS得到广泛应用，鉴定出大量与疾病或性状相关的遗传变异。2005年《科学》杂志报道年龄相关性视网膜黄斑变性GWAS研究是国际上首个关于复杂疾病GWAS研究的成果。

由于GWAS研究仅需散发病例即可进行研究，对资源采集较方便，有利于大样本量遗传学研究的开展。安徽医科大学皮肤病研究所在2001

年国家"863"计划"重要皮肤病遗传资源收集、保存和利用"等基金的支持下，为收集具有广泛代表性的遗传样本，建立了覆盖全国的皮肤遗传资源收集协作网，通过安徽医科大学皮肤性病学系、安徽医科大学——复旦大学疑难重症皮肤病协同创新中心与全国100余家重要兄弟医院皮肤科的共同努力，建立了国际上较为完整的皮肤病遗传资源库，收集储存了银屑病、白癜风、斑秃等10余种皮肤复杂疾病和毛发上皮瘤、汗孔角化症等100多种单基因皮肤遗传病和100余种皮肤单基因病近20万份遗传资源，为皮肤病大样本遗传学研究奠定了坚实的基础。

2008年年初开始，国际上出现了欧美人群银屑病、系统性红斑狼疮的GWAS研究成果报告，这对中国的遗传学研究形成巨大的压力。为了能够尽快赶上世界的步伐，中国皮肤科化压力为前进的动力，争分夺秒地进行相关皮肤科疾病的遗传学研究。安徽医科大学皮肤病研究所在2008年6月提出了"苦战九十天，努力完成国家'863'计划和'973'计划：即GWAS-银屑病、白癜风和系统性红斑狼疮的第一期研究计划"的宣言，同时用实际行动提交了满意的答卷，通过对三种疾病大样本量全基因组基因分型及后续验证，于2009年2月在《自然遗传》杂志正式发表了银屑病第一期GWAS研究的结果，随后的银屑病第二期遗传学研究，通过进一步加大样本量，并与德国和美国的研究团队紧密合作，鉴定出了更多的银屑病易感基因，同时发现了不同人群疾病的异质性。该研究以及白癜风、系统性红斑狼疮、特应性皮炎等研究结果在2009—2011年相继发表在《自然遗传》杂志。麻风作为一种由麻风杆菌引起的传染病，可导致皮肤和神经损害，致残致畸。山东省皮肤病医院张福仁教授经过多年的努力，收集麻风遗传资源达万份，与国家人类基因组南方研究中心及安徽医科大学皮肤病研究所合作，利用大样本量病例和对照开展GWAS研究，初步阐述了麻风遗传免疫学发病通路，论文发表在《新英格兰医学杂志》，随后扩大样本量深入挖掘，进一步阐释了麻风病的遗传学机制。此外香港大学系统性红斑狼疮大样本量的GWAS研究成果也相继发表。这些研究为我国遗传性皮肤病易感基因研究积累了成功的经验和借鉴，标志着我国遗传性皮肤病易感基因研究步入世界先进行列，对创立疾病易感基因/致病基因自主知识产权具有重要意义。

在拼搏的同时,我们时刻保持与国际研究团队进行经验和心得的分享,自 2011 年开始,每年与《自然遗传》杂志社共同举办全基因组关联分析研究国际论坛,以杜绝闭门造车,确保时刻掌握国际遗传学研究的最新动态,做到适时调整自己的思路,促进全国皮肤科领域的共同前进。传统的 GWAS 并不能发现复杂疾病的全部变异,因而很难全面整体地揭示疾病的遗传易感性。因此,近年来中国皮肤科研究人员加强了与国内外研究团队的合作,通过合并相同研究对象的 Meta 分析,进一步发现疾病的易感基因。本研究团队多年来通过与国际银屑病知名研究团队进行合作,收集了 7 个银屑病 GWAS 样本数据,并对候选易感基因/位点在 7 个独立样本中进行大规模验证,累计样本量达到 3.5 万例,是目前国际上最大的银屑病全基因组关联 meta 分析。同时,与香港大学合作研究利用两个团队各自拥有的红斑狼疮全基因组关联分析数据进行 Meta 分析,并在中国大陆、中国香港、中国台湾、泰国曼谷 4 个亚洲人群中进行大样本验证。这些研究进一步揭示了银屑病和系统性红斑狼疮的易感基因,深入揭示疾病的遗传学发病机制。

GWAS 为全面系统研究皮肤病的遗传因素掀开了新的一页,为我们了解人类遗传性皮肤病的发病机制提供了更多的线索,然而 GWAS 很难直接发现与疾病相关的直接改变蛋白结构和功能的致病外显子区编码变异,并不能完全解释复杂皮肤病的遗传学发病基础。为此,安徽医科大学皮肤病研究所在国际上率先对 781 例银屑病患者和 676 例对照进行全外显子组测序,并对多达 9 946 例病例和 9 906 例对照的候选基因进行靶向测序,发现了 7 个常见或低频编码变异,论文发表在 2014 年《自然遗传》杂志。随后本团队再接再厉,针对外显子测序样本量稍小,候选基因不能覆盖整个基因组的局限,设计了包含 13 473 例患者和 11 117 例对照的更大样本量外显子芯片研究,覆盖多达 24 万个编码变异,成功发现了 16 个直接改变蛋白的结构和功能的编码变异,为银屑病发病机制的深入研究,药物研发及疾病预防提供了新的契机,对实现个体化诊疗具有重要意义。

经过多年的奋勇拼搏,目前中国皮肤科已取得了多项可喜的成绩。由于现在的知识更新日新月异,我们不能松懈,要时刻保持着清醒的认识,积极参加国际相关联领域的交流合作与良性竞争,争取获得更多原创性的科研成果,以保持我国皮肤科领域的国际先进水平。

张学军　安徽医科大学皮肤病研究所　复旦大学皮肤病研究所

289

第二篇　光辉篇章

皮肤科领域的表观遗传学发展

表观遗传学被定义为"在基因组序列不变的情况下,可以决定基因表达与否以及表达量并可稳定遗传下去的调控密码"。这些密码包括DNA 的"后天性"修饰(如甲基化修饰)、组蛋白的各种修饰,以及微小RNA 的调控等。与经典遗传学以研究基因序列决定生物学功能为核心相比,表观遗传学主要研究基于染色质事件对于这些"表观遗传密码"的建立和维持的机制,及其如何决定细胞的表型和个体的发育。因此,表观遗传密码构成了基因(DNA 序列)和表型(由基因表达谱式和环境因素所决定)间的关键信息界面,它使经典的遗传密码中所隐藏的信息产生了意义非凡的扩展。因为表观遗传学基因功能改变的可逆性,从表观遗传学修饰角度研究复杂性疾病的预防、诊断和治疗成为生物医学领域关注的热点。十余年来,随着科学技术的迅猛发展,表观遗传学与人类疾病的关系逐步被揭示,其中在皮肤科领域的研究日新月异,近年来,国内皮肤科领域通过致力于表观遗传学的基础与应用研究,取得了一系列原创性研究成果,在国际上具有较高影响力。

20 世纪 90 年代以来,中南大学湘雅二医院陆前进团队一直从事表观遗传学研究。1999—2005 年,他在美国密执安大学医学中心从事博士后和研究员工作。期间, 他发现了与红斑狼疮密切相关的基因如CD40L,CD70,CD11a,perforin 及早期表观遗传标记。2005 年,陆前进教授作为引进人才回到中南大学湘雅二医院, 开始创建中南大学湘雅二医院表观遗传研究中心,由一个空间不到 100 平方米,设备不足一百万的实验室起步,经过 5 年的艰苦努力,使研究中心初具规模。2010 年,开始组建医学表观基因组学湖南省重点实验室,围绕"染色质解码的基础研究""复杂性疾病的表观遗传学发病机制研究""表观遗传标志物和治疗药物的研究与开发"三个方面开展研究,取得了可喜的成果,形成了一支研究素质高、协作能力强、结构合理的创新团队。原创性研究成果:首次发现了与红斑狼疮密切相关的甲基化敏感基因,提出了 DNA 甲基化与组蛋白修饰在 T 细胞基因表达调控及系统性红斑狼疮发病机理中的关键作用,并深入揭示了系统性红斑狼疮 T 细胞基因病理性低甲基化的分子机制,发现 GADD45A、RFX1、miRNA-126 异常表达可能系统性红斑狼疮 T 细胞病理性低甲基化的关键所在。尤其在世界上首次提出 DNA 低甲基化导致 X 染色体编码的 CD40 配体过度表达为女性易患 SLE 的全新发病机制。

2006 年,作为全球有重要发现的三位专家之一,陆前进教授被邀出席在美国首都华盛顿举行的第七十届美国风湿病年会,并在大会做了"女性易患 SLE 的表观遗传学发病机制"的特别报告。这篇报告引起国际社会的广泛关注,国际著名医学杂志《美国医学会杂志》(*The Journal of the American Medical Association*, *JAMA*)对此作了专题评论和报道。其主要研究成果先后在 *JAMA*、*Blood*、*Hapotology*、*J Immunol*、*Arthritis Rheum* 等国际知名杂志发表论文 100 余篇,被 SCI 期刊引 2 000 余次。除了对系统性红斑狼疮的表观遗传发病机制进行了深入研究外,陆前进教授团队还建立了用于系统性红斑狼疮诊断、病情判断的表观遗传修饰标志物检测方法,为系统性红斑狼疮诊断、病情活动性判断及疗效评价提供新的生物标记,筛选出多个系统性红斑狼疮基因干预治疗新靶点,并通过体外实验和动物体内实验证实其突出疗效。医学表观基因组学湖南省重点实验室肖嵘教授还发现系统性硬皮病中女性的高发病率与 DNA 甲基化有着密切的关系,首次揭示了系统性硬皮病及原发性干燥综合征患者 CD4+T 细胞发生 DNA 低甲基化及其分子机制,首次利用小干扰 RNA (siRNA)技术阐明结缔组织生长因子(CTGF)在系统性硬皮病发病中的重要作用,并揭示维生素 A 酸类药物对系统性硬皮病治疗作用的分子机制。

他们还通过对银屑病皮损全基因组甲基化测序,发现了大量的甲基化差异基因,还发现银屑病患者的 T 细胞组蛋白修饰水平也存在异常,说明异常的表观遗传修饰在银屑病的发生、发展中起重要作用。

通过多年的研究经验积累和大量的方法学实验,中南大学湘雅二医院团队成功地摸索并建立了一系列表观遗传学研究的技术和方法,获得国外、国内专利三项。由于这些方法被全世界广泛应用,参与了具有权威性的分子生物学工具书 *Epigenetic Protocol*(《表观遗传实验方法》)一书的编写。特别是 2015 年陆前进教授作为第一主编的英文学术专著 *Epigenetics and Dermatology*《表观遗传学与皮肤病学》由国际著名出版集团 Elsevier 出版发行。美国加州大学戴维斯分校教授 Christopher C Chang、美国密歇根大学教授 Bruce C. Richardson 为共同主编,来自美国、德国、法国、丹麦、韩国、中国的共 49 位专家参与了本书的编写。团队先后获得"湖南省科技进步一等奖"、"湖南省医药科技一等奖"及"高等学校优秀成果二等奖"等。2014 年陆前进教授获得"国际皮肤科联盟杰出贡献奖"。

除医学表观基因组学湖南省重点实验室以外,国内其他单位皮肤科也开展了皮肤病的表观遗传学研究。如上海第一人民医院皮肤科施伟民教授发现编码高等真核生物基因组的人类内源性逆转录病毒(HERVs)与多种自身免疫性疾病发病有关,狼疮 CD4+T 细胞中其转录可抑制 LTR 甲基化被激活,施教授等发现了 HERVs 与系统性红斑狼疮的密切关系。施教授课题组还发现 17β 雌二醇增加了女性狼疮患者 CD4+T 细胞中全基因组的低甲基化水平,通过过表达雌二醇 α 受体介导的 DNA 甲基转移酶 1 下调。另外,复旦大学华山医院皮肤科徐金华教授等在系统性红斑狼疮免疫学异常的表观遗传学机制方面也进行了创新性探索,尤其是在 DNA 甲基化和 MicroRNA 方面,如研究 5-氮杂胞苷与雌二醇对系统性红斑狼疮患者 CpG 基序甲基化状态与 DNMT1 表达的影响,系统性红斑狼疮中紫外线对 DNA 甲基化的影响、系统性红斑狼疮 CD4+T 细胞中 DNMT1 和甲基化结合蛋白 2(MBD2)异常与 DNA 甲基化和转录水平的关系、系统性红斑狼疮患者 CpG 基序甲基化状态与淋巴细胞功能相关抗原-1 表达的关系以及探索 MicroRNA-29b 对 T 细胞甲基化的调控及其在系统性红斑狼疮中的作用等。中山大学附属孙逸仙医院曾凡钦教授对于红斑狼疮的表观遗传学机制也进行了研究,包括检测了红斑狼疮患者 IL4 和 IL6 启动子区域的低甲基化水平。

在银屑病的表观遗传研究方面,中国医学科学院北京协和医学院皮肤病研究所陈敏教授等研究了表皮中 HLA Ⅰ 类分子重链 A、B、C 位点启动子区甲基化与寻常性银屑病的关系,发现了寻常性银屑病患者 HLA Ⅰ 类分子 C 位点启动子区甲基化异常。第四军医大西京医院李春英教授课题组对 miR-146a 的单核苷酸多态性与银屑病的相关性和功能进行了研究。另外,该课题组还就 miR-369-3p 进行了研究,发现它与银屑病的疾病活动度有关。中国医学科学院皮肤病研究所曹元华教授揭示了银屑病患者皮损 p16INK4a mRNA 表达与启动子甲基化的相关性。太原市中心医院张开明教授团队发现银屑病患者骨髓 HPP-CFC p21 和 P15 基因启动子区域的甲基化降低可能与其相对较低的 HPP-CFC 集落形成能力密切相关。

国内关于皮肤肿瘤的表观遗传改变有诸多的报道,安徽医科大学张学军教授团队发现下调长链非编码 RNA TUG1 会抑制黑色素瘤细胞的增殖并且会导致其凋亡,而且主要是通过上调 microRNA-9 实现的。中国医学科学院北京协和医学院皮肤病研究所皮肤科薛燕宁教授等研究了皮肤黑素瘤细胞中 IGFBP7 基因的表达调控机制,重点阐明启动子区 CpG 岛异常甲基化对 IGFBP7 基因表达调控的影响,发现 IGFBP7 基因启动子区 CpG 岛 DNA 异常甲基化是黑素瘤细胞中 IGFBP7 表达改变的主要调控机制。该团队还证实 DNA 甲基化转移酶抑制剂 5-aza-dC 阻滞细胞周期、促进细胞凋亡、抑制肿瘤细胞生长与侵袭。中国医科大学第一医院皮肤科高兴华教授课题组报道了特应性皮炎儿童患者中 MicroRNA 的表达情况,发现了 miR-483-5p 在患者血清中是上升的,而患者尿液中 miR-203 是下降的,因此以上两个 MicroRNA 可以作为特应性皮炎辅助诊断的有效标记物。首都医科大学宣武医院皮肤科连石教授课题组发现 miR-203 通过靶向作用 BMI1 基因能够抑制黑色素瘤的侵袭性和增生性。中南大学湘雅医院皮肤科陈翔教授团队发现 MiR-20a 通过与 LIMK1 直接结合抑制皮肤鳞状细胞癌的转移和增殖。同时,他们还发现 miR-199a-5p 能够调节黑色素瘤细胞中的转移相关基因。浙江大学附属一医院方红教授课题组发现慢病毒转染 miR30 为载体的干扰 RNA 通过对抗乙酰肝素酶来抑制黑色素瘤的转移,具有更低的肝、肺毒性。郑州大学第一附属医院于建斌教授课题组发现 Mir-21 与 A431 鳞状细胞癌细胞的凋亡有关。南京医科大学第一附属医院皮肤科骆丹教授课题组发现 UVB 通过上调 HaCaT 细胞中的 miRNA-141 抑制 PTEN 的表达,还发现 MiR-23a 能调节 DNA 损伤修复和凋亡。

综上所述,近年来我国皮肤科表观遗传学蓬勃发展,在红斑狼疮、银屑病及皮肤肿瘤的基础与临床应用研究方面取得了一系列原创性研究成果。

王子君　中南大学湘雅二医院

追昔抚今,携手共进

——回顾首都医科大学附属北京儿童医院皮肤科的传承及特应性皮炎的研究历程

忆往昔感恩常在

在皮肤科专业的发展过程中,特应性皮炎是一种非常有代表性的疾病。人们在很久以前就认识了它,医生定义这种疾病已有数十年的时间。说起特应性皮炎,首都医科大学附属北京儿童医院皮肤科的诞生可以说与其密不可分。自1942年建院,北京儿童医院有着长达70余年的历史。但在建院的前30余年时间内,并未设立皮肤科专业学科,皮肤病都是由内外科医师兼职诊疗。是一件小事,促成了儿童医院皮肤科的建立。

北京儿童医院皮肤科的首任主任是赵佩云教授,她于1958年怀着做医生的梦想走进了北京医科大学的校园,其真正的从医生涯是从几年后被分配到北京儿童医院外科开始的。一天,北京儿童医院的创建者诸福棠老院长把她喊到了办公室,把一项艰巨的任务交给了当时年轻的赵佩云大夫——到北大医院学习,筹备建立儿童医院的皮肤科。原来,几天前诸院长带着一名皮肤病患者找自己的同学会诊时,提到了儿童医院的皮肤病患者都是由内外科医师诊治的情况。诸老院长的这位同学就是新中国成立后北大医院的首任皮肤科主任胡传揆教授,二位前辈对我国医学的发展都有开创性的建树,是他们共同决定筹备建立儿童医院的皮肤科。在某种程度上说,诸院长携儿童患者会诊之事,提前促成了北京儿童医院皮肤科的建立。后来经证实,诸院长带去的儿童病例即为特应性皮炎患者。

在前辈的安排下,赵佩云大夫不久即来到了北大医院皮肤科学习,也算是"回家"了。作为门外汉,是王光超教授带领她在病房学习,第一次收治药疹病人时,手把手地教她如何开医嘱和护理;在门诊时,陈集舟老师给她讲什么是湿疹,怎么和体癣相区别。过往的时光仿佛就在眼

295

第二篇 光辉篇章

前,当她完成学习回到儿童医院后,丝毫不曾懈怠,每周还要带患者参加北大医院皮肤科的会诊。尤其难能可贵的是,北大医院皮肤科的王光超教授每周来儿童医院查房,帮助把关;北大医院皮肤科的郭英年教授曾经语重心长地问她,何时从外科中建立皮肤科医师队伍,成立独立科室。1974 年,在诸福棠院士和张金哲院士大力支持下,首都医科大学附属北京儿童医院皮肤科开始筹建,经过几年的摸爬滚打,终于建成了独立的皮肤科。其后,科里选送人员到北大医院皮肤科学习真菌学,开设了真菌室;还先后选送了几名优秀医师去进修学习,现在他们都成为了科里的业务骨干。滴水之恩当涌泉相报,几十年的情谊着实让人感恩不尽。可以说,北京儿童医院皮肤科的建立和发展都和北大医院皮肤科的引领密不可分。

从默默无闻到广交朋友

北京儿童医院作为全国最大的儿童医学专科医院,有 60%的患者来自全国各地。因为儿童的年龄特点,皮肤科患者最主要的就诊原因是皮炎湿疹。在成立的初期,皮肤科仅有的三到四名医生每天仅为了完成门诊就疲于奔命,并无暇顾及更深层次的思考和研究,诊治的疾病也主要涉及湿疹皮炎和头癣等儿科常见病,在皮肤科学界更是默默无闻。即便如此,儿童医院皮肤科人也从没有停下前进的脚步。20 世纪 80 年代初期,科室的交流扩展到了北京市及其他兄弟省市的范围。首先,由北京儿童医院赵佩云教授牵头,共有北京、天津、南京、太原、徐州和重庆等六家主要的儿童医院皮肤科开展了特应性皮炎患者的义务咨询活动。在改革开放之初的那几年,这些单位的儿科人不辞辛苦,利用业余时间通过信函给特应性皮炎的患者和家庭出谋划策,指导患者的治疗。不久即会同河北医大第四医院的林元珠教授等,由儿童皮肤科学界的几位前辈牵头,在中华医学会每年的全国皮肤科年会上开设了儿童皮肤科疾病的专科讨论,儿童皮肤科开始被学界所了解。如此一来,皮肤科学界逐渐认识到了儿童皮肤科专业有其特点,并有其发展的必要性,前来加入讨论的同仁逐渐增加,直到后来成立了中华医学会皮肤科分会儿童皮肤科学组。期间,北京儿童医院皮肤科是学组筹建单位之一,随着科室规模的不断壮大,后续还积极参与了学组的各项建设。

疾病是随着社会经济的发展状况而变化的,说到北京儿童医院皮肤科的进一步发展,先要谈谈特应性皮炎的特点。随着对疾病认识的不断深入和研究的不断进展,皮肤科学界渐渐地把此类有特定的湿疹样临床表现和以下四种特应性体质的病人归纳出来,才有了特应性皮炎的诊断。①容易罹患哮喘、过敏性鼻炎和湿疹的家族性倾向;②对异种蛋白过敏;③血清中 IgE 高;④血液中嗜酸性粒细胞增多。遗传易感性、食物过敏原刺激、吸入过敏原刺激、自身抗原、感染及皮肤功能障碍等,都被认为是湿疹的潜在病因。随着社会的发展,罹患包括皮肤在内的各种器官过敏的患者呈明显增加的趋势。随着我国社会的发展,本病患者也不断增加。80 年代以来,国内外在特应性皮炎的发病机制方面,基于总结其发病特点而进行了很多统计学研究,不同时期有不同的发病特点。从 90 年代起,首都医科大学附属北京儿童医院皮肤科主任马琳教授就关注到了这一点。经过数年的积累,2000 年,马琳教授和徐子刚教授带着此前几年的研究成果赴日本参加了日本儿童皮肤科年会,在会上做了"中国特应性皮炎概况"和"中国特应性皮炎诊疗进展"为题的特邀演讲,从而让日本同行了解了两国间儿童特应性皮炎发病特点的异同之处,知道了中国皮肤科人在进行何种特应性皮炎的研究。翌年,日本儿童皮肤科学会主席山本一哉教授一行来儿童医院访问交流,从而拉开了双方十余年合作的序幕。

目前学界公认的特应性皮炎的诊断标准包括 Hanifin 版、Williams 版和我国复旦大学附属华山医院康克非教授等制定的康氏版等。为了取到真经,集各家所长,马琳教授领导的特应性皮炎课题组曾先后请 Hanifin 教授和康克非教授来院交流。几位特应性皮炎研究领域的大家给科室的研究工作不断助力,由此,进一步明确了特应性皮炎研究中的未尽之处,制定了研究的重点方向。马琳教授和邢环教授领导的研究团队首次在国内进行了金黄色葡萄球菌肠毒素与特应性皮炎发病相关性的研究。在随后的几年中,陆续开展了皮肤屏障功能在儿童特应性皮炎发病中的机制、食物过敏源在特应性皮炎发病中的机制和作用,以及金黄色葡萄球菌抗原在特应性皮炎发病机制中的作用等相关研究。该项研究成果申请到了多项国家和省部级基金,发表了数篇高质量的 SCI 文章,研究所覆盖的领域初具规模,与国内外多家科研机构建立了良好的工作联系。

从2006年起,北京儿童医院皮肤科教研室开设了全国儿童皮肤科诊疗进展学习班,旨在集各地儿童皮肤科同仁共有之力,不断提高我国儿童皮肤科医师的专业水平。每次学习班可以说都是一次盛会,既要邀请数名国际著名专家演讲,又会把科室近年的发展成果展示给大家。先后有美国和日本的儿童皮肤科学会主席,以及多位国际皮肤科杂志的主编级人物到会交流。每次会上,特应性皮炎的研究进展都是其中的重点之一,参会的学员来自全国各地,把最新的知识带回到自己的工作中。例如,许多医生学习之后回科室开展了特应性皮炎相关过敏源的检测;掌握了如何给牛奶过敏的儿童患者食用脱敏或低敏奶粉;如何正确应用医学护肤品来保护和恢复皮肤屏障功能等。这些知识也是当好一名儿童皮肤科医师最需要掌握的内容,能够满足广大儿童湿疹皮炎患者的诊疗需求。

共谋发展,共创辉煌

如果说儿童是祖国的花朵,那么儿科医生就是辛勤守护这些花朵的园丁。儿童皮肤科医师每每看到那些患有湿疹或特应性皮炎孩子家长渴求的眼神,怜悯之情会不禁油然而生。如前所说,社会的发展和环境的变化使得特应性皮炎的发病率不断上升,越来越多的儿童和其家庭受到了本病的困扰。为了更好地服务于广大儿童,就需要儿童皮肤科医师联合起来,规范诊疗工作,共享最新的诊疗成果。

近年来,由中华医学会和中国医师协会等部门牵头,北京儿童医院皮肤科主持编写了诸如《中国医师协会——儿童皮肤病培训教材》等基础教科书。北京儿童医院马琳教授和徐子刚教授还依靠本医院及各方的大力支持,主编出版了《儿童皮肤病彩色图谱》和《小儿皮肤疾病健康教育指导》等工具书。更好地普及了儿童健康保健知识,既可以作为儿童皮肤科医师和儿科医师的日常工作参考书,又对普通大众及在儿童医院就诊和住院的患儿及家属进行了健康教育。

在科研方面,还是以特应性皮炎领域为突破口,各地的儿童皮肤科医师进行了广泛的合作。由上海交大新华医院、北京儿童医院和重庆儿童医院等皮肤科牵头,先后有几十家儿童皮肤科参与到"宿主基因多态性与特应性皮炎患者易感性相关的研究"项目中;2014年,包括北京儿童医院、上海新华医院、重庆儿童医院和湖南儿童医院等单位,开展了全国性的"中国儿童特应性皮炎流行病学调查"的课题,摸清了本病在我国的概况。此外,还有十余家省会单位的儿童皮肤科参与了"金黄色葡萄球菌抗原与特应性皮炎致病相关性的研究"。以上项目乃集各方之力的重要之作,其难度和意义都不同以往,成文后的数据都是能够真正代表现今中国特应性皮炎发展现状的代表性结果。

2013年,北京儿童医院医疗集团成立,迄今已经集合了15家省级儿童医院的加盟。集团提出了"全国儿科是一家"的口号,实行了"临床、科研和教学资源共享"的发展模式。这是我国儿科发展的一个重要契机,目前已经相继有了初步的成果,使得专家资源为更广大的患者服务,科研基础为各家单位所共享。自此,皮肤科教研室一年一度开设的全国儿童皮肤科诊疗进展学习班成为北京儿童医院主办的"北京儿科发展国际论坛"其中一个分会场。越来越多的儿童皮肤科医师和儿科医师来到了北京儿童医院皮肤科进修,涉及的研究领域也不断拓宽,涉及激光治疗、皮肤外科和儿童皮肤科重症疾病的诊疗等方面。

在不断进步的同时,儿童医院皮肤科还在自我完善,探索前进。针对现今社会发展态势,人们就医需求出现了新的变化,在首都医科大学皮肤性病学系的支撑下,儿童医院皮肤科会同北京几家单位筹建成立了"疑难病会诊中心",定期为重症患者服务。另外,科室不断培养业务骨干,率先在国内皮肤科领域开展了"异基因干细胞移植治疗遗传性皮肤病"和"激光联合雷帕霉素治疗血管性疾病"等方面的研究。

展望未来,在中国皮肤科的前进脚步旁,始终会有儿童医院皮肤科同仁的陪伴,共创新的辉煌。

马　琳　首都医科大学附属北京儿童医院

第三篇

我国各地皮肤科学发展历程

北京市皮肤性病学科发展的人和事

新中国成立前的皮肤性病学科

北京是元、明、清三朝的帝都,祖国医学源远流长,历代名医不少。皮肤性病一般由外科医生兼治。清康熙年间,御医祁坤著《外科大成》,这本书继承了"外科正宗"的精华,并在理论和内容上有新的发展,成为清代外科名著之一。乾隆年间,太医院判吴谦奉诏编著《医宗金鉴》,其中《外科心法要诀》由御医祁宏源负责编写,他是祁坤的孙子,该书在理论上和内容方面都在较大程度继承和吸收了外科大成的优点,也纳入明代诸名家的精粹,条理分明,列证亦多,为其他著作所不及。《医宗金鉴》成书于1749年,成为清代外科学派的主流,后人称之为"金鉴派",直到新中国成立前后,它仍然是中医外科和皮肤科的重要参考书,民国年间,北京中医外科考执照也以它为蓝本。

清末到民国,北京的外科名中医应提到的有御医房新桥,其子房少桥曾被聘请到北京医学院第一附属医院皮肤科指导中西医结合工作;孙子房芝萱在北京中医医院外科工作。

回民中医丁庆三老大夫,清末民初在崇文门外德善医室开业,授徒中影响较大的有哈锐川中医(1881—1949),医术高明,曾婉辞宣统的御医任命,坚持为民众服务,其子哈玉民、徒弟张作舟也很有成就。

赵炳南中医也是丁医生的弟子,初在诊所开业授徒多人,1954年被中央皮肤性病研究所聘请指导中西医结合工作,后到北京中医医院皮外科任领导工作。

西医皮肤性病科最初由外科医生(德、日)或内科医生(英、美)兼任,它的萌芽应在明、清两朝。创立北京皮肤花柳科的学科带头人之一是中国人蹇先器教授,他在1915年于北京医学专门学校创立皮肤花柳科时任主任,兼管教学和临床工作,他翻译日文版的《皮肤及性病学》作教材,科内有显微镜、真菌培养和镜检、蜡模等实验和教学设备。他的同事林子杨是1922年的本校毕业生,1934—1936年留学德国,回国后担任讲师,蹇教授工作到1937年,抗日战争开始即离开北平到西安工作。

图 1　蹇先器教授像

图 2　《皮肤及性病学》增订版

抗日战争时期(1937—1945),学校改称北京大学医学院,皮肤泌尿科主任先后由小川直秀教授(1937—1942)、三浦修教授(1942—1944)、林子扬副教授(1944—1946)担任,林后升为教授。科内其他医师有刘英范(讲师、副教授)、管间文六(日、助教)、王双元(1940—1946)(助理、助教、讲师)、卢光天(助理、助教)、陈集舟(实习医员,后留日)、雍成伟(实习医员)、麻寿国(研究生)。科内主要工作是临床和教学,科研工作是结合临床进行的,发表的文章基本上是临床统计观察。

1946年初,胡传揆教授任北京大学医学院附属医院皮肤花柳科主任,半年后兼任附属医院院长,科内医师有王光超(讲师)、陈集舟(助教、讲师)、孙鹤龄、陈锡唐、麻寿国、叶干运等,技术员为张恩霖。工作主要是临床和教学,科内规章制度参照协和医院皮肤科建立,发表的论文有:王光超等撰写的《疥疮患者的肾炎》《阵发性血红蛋白尿的病因和治疗》等。

北京协和医院是协和医学院的临床教学医院,1920年建成,皮肤科最初是内科的一个组。1924年由傅瑞思(Frazier CN)教授担任科主任,直到1940年。他的工作业绩对北京地区皮肤科影响很大。科内建立严格的管理制度,皮科临床分门诊和病房。门诊设初诊登记,每天由住院医师负责,并建立卡片。这样,很容易知道哪种病较多,便于进行研究,如:当时疥疮、头癣和梅毒较多,梅毒按照美国分类进行登记,病人较多,每周进行分析研究,资料也很完整。在1927—1939年12年中,共诊治梅毒7962例,这些资料以后成为李洪迥教授编著《梅毒学》的临床基础。科内有照相设备,给病人照相,由经治医师写病历摘要,和照片一起保存。

理疗室的设备在当时是很齐备和先进的,科内有浅层X线治疗机、二氧化碳、紫外线、接触紫外线、电解、电凝等,镭也可申请使用。

实验室开展了各种临床检查,如疥虫、真菌镜检和培养、梅毒螺旋体的暗视野显微镜检查、血清康氏瓦氏反应、动物试验、各种细菌学检查等。

教学和人才培养方面,美国教授讲课用英文,医生写病历、查房用英文。傅瑞思教授从应届毕业生选留住院医师,他按照工作表现和成绩决定解聘、续聘和晋升。住院医师2年升助教,工作几年,成绩好的送国外进修1年,回来任讲师。讲师4年期满,再出国考察1年,升副教授。中国人只有穆瑞五和胡传揆先后被聘任副教授。

1941年底前，协和医院皮肤科的医生和技术员情况：Kein HL (1926—1927)襄教授、陈鸿康(1924—1930)讲师、穆瑞五(1925—1939)副教授、胡传揆(1927—1941)副教授(1940年曾代理科主任)、秦作梁(1929—1935)讲师、陈希礼(1932—1933)、李洪迥(1933—1941)讲师、曹松年(1935—1941)讲师、卞学鉴(1937—1939)、李家耿(1939—1940)、王光超(1940—1941)；技术员有张泽甫(1924—1941)、刘金生(1924—1941)。

Frazier CN 和胡传揆发表论文《男人维生素甲缺乏相关的皮肤损害》。首先报道该病的皮肤黏膜表现，组织病理和治疗效果。1930年由傅瑞思在哥本哈根第八届世界皮肤病和梅毒学会宣读。这是本病的首次报告，受到参加会议的学者们高度评价，后被载入皮肤科学著名的教科书 *Andrews' Disease of the Skin*。

Frazier CN 本人的和他人合作的论文很多，他重视科研和发表论文，也重视临床工作。穆瑞五和胡传揆发表的论文是较多的，1944年之前，胡传揆独自或与他人合作发表英文论文共62篇，他曾深入兵营调查3 000人维生素甲缺乏的皮肤表现，到孤儿院诊治头癣300余例，到妓女检治事务所诊治性病。1929年他向当时北平市卫生局长陈子方提出防治梅毒

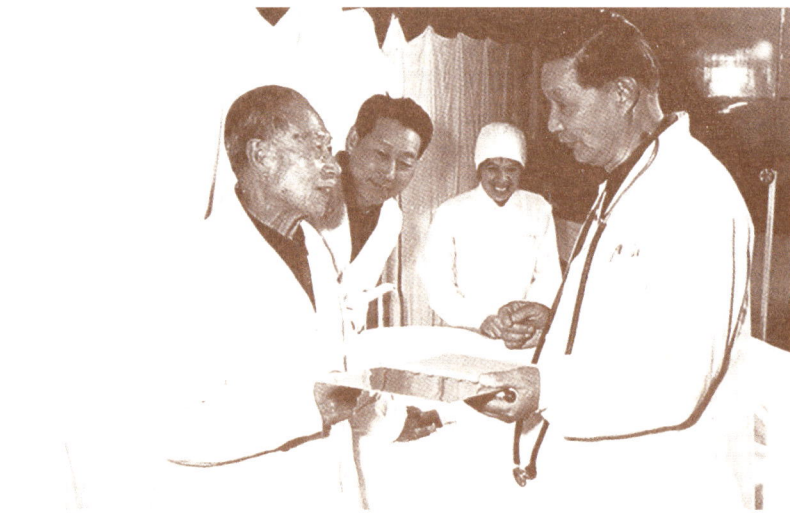

图3 李洪迥教授(右一)工作中

的建议。他熟悉实验室的知识和技术,曾在梅毒患者的病损中,如:在近关节结节、骨骼肌的树胶肿以及心血管梅毒病人死后 32 小时的主动脉内成功地分离出梅毒螺旋体。

陈鸿康讲师是协和医院皮科的第一个中国医生,在文献中至少可查到他 10 篇论文,1937 年当选为中华皮肤科学会首任会长,后在中国香港开业。

新中国成立后,穆瑞五教授任青岛医学院皮肤科主任,著有《职业性皮肤病》一书,在协和医院时发表的论文不少。

李洪迥讲师重视临床工作和研究以提高诊断和治疗的水平,在协和时重视梅毒防治,1935 年在北京第一卫生事务所建立我国第一个先天梅毒防治点。

1941 年底,珍珠港事变后,日军接管协和医院,胡传揆、李洪迥、曹松年、王光超等医师在北平开业。

1946 年前后北平市其他医院皮肤科医生的简况:铁路医院:汪振威医师任主任(柏林大学留学生),科内有韩连捷和贺宗章医师。陆军医院:汪振威兼主任,科内有王双元、贺宗章(兼)等医师。北平市立第二医院:林子扬教授任科主任。林子扬 1947—1952 年在北平市立性病防治所任所长,兼北平医院皮科主任。王家斌是北平市第三医院皮肤科医生。此外,还有开业医师雍成伟等,当时不少医生下班后在家开业。

"文革"前皮肤性病的防治和学科发展

封闭妓院防治性病:1949 年 11 月 21 日,北京市人民政府决定封闭妓院,由市公安局、民政局、卫生局、市妇联和内务部等 5 单位组成处理妓女委员会。市卫生局指定北京医学院附属医院胡传揆教授、市性病防治所所长林子扬教授带领医务人员为妓女诊治性病,1 303 名妓女中,患性病者 1 257 人,占 96.2%;患梅毒者 1 107 人,占 84.9 %;患淋病者 707 人,占 53.8%;患第 4 性病者 374 人,占 28.7%。甚或 1 人同时得数种性病者,没性病者仅 46 人。人民政府全部免费治疗。由于禁娼,消除了社会上性病的主要传染源。自此医院门诊传染性性病患者迅速减少 (参考陈集舟:北京妓院封闭后院内妇女性病的防治总结。中央人民政府卫生部防疫处编印,1950)。

图 4　北京医疗队在内蒙古性病防治现场

1950 年，卫生部派出民族卫生工作队到青海、甘肃防治性病，叶干运医师任队长，胡传揆教授曾现场指导。1951 年叶干运带队回京，受到中央人民政府毛泽东主席的接见。

1950 年，王光超教授、陈集舟、陈锡唐、孙鹤龄、麻寿国等医师，分别两次带领学生到内蒙古防治性病，帮助当地培训干部，在内蒙古牧区普查 163 301 人，梅毒患者 78 377 人，发病率达 48%，采用油剂青霉素治疗。

1950 年，北京市人民政府实施对梅毒孕妇给予免费治疗，以预防先天梅毒。

1951 年，李洪迥教授编著的《梅毒学》由军委卫生部出版。

1951 年 9 月 9 日，中华医学会北京分会皮肤花柳科学会成立，会员 12 人，为各医院工作的医师和开业医师，第一届委员会经选举产生，李洪迥任主任委员，王光超任副主任委员兼秘书。委员为孙鹤龄、陈集舟、王家斌、林子杨和汪振威。由于参加思想改造和"三反""五反"运动，1952 年底以前，会务活动较少。

1952 年 12 月，中华医学会总会皮肤花柳科学会在北京召开会员代表大会，全国会员共 65 人，选举第二届委员会，主任委员胡传揆，副主任委员于光元，常委：王光超、李洪迥、梁华堂，委员：尤家骏、董国权、刘铭锐、刘蔚同、穆瑞五等。

1952 年,胡传揆、王光超等编著的《皮肤病及性病学》,由商务印书馆出版。

1953 年,《中华皮肤科杂志》在京创刊,总编辑胡传揆,副总编辑:李洪迥、杨国亮、董国权。常委:尤家骏、卞学鉴、曹松年、刘铭锐、刘蔚同、穆瑞五及委员 26 人。内容包括临床医学、苏联医学、讲座和书评等。由人民卫生出版社出版,首期印数 3 000 册。

1953 年,北京分会皮肤花柳科学会举办 4 次病历讨论会,首次 5 月 24 日在北医举行,讨论了鼻硬肿、汗管角化和儿童黑头粉刺等病例。到 1953 年底会员发展到 27 人。

1954 年 5 月 15 日,中央皮肤性病研究所在京成立,所长胡传揆教授,顾问叶果洛夫、马海德,主治医师陈锡唐、叶干运。住院医师王洪琛、白齐贤、范廉洁等 10 人。还有北京医学院的 17 名实习医生邵长庚、靳培英等,以后陆续分配来新的医师。该所作为全国梅毒、麻风和其他皮肤病的防治、研究的组织指导机构,为全国培养了数百名高、中级皮肤性病学科的医务人员;研究制订性病和麻风病的防治规划和方案;编写各种指导工作的书利。

1954 年,北京皮肤科学会分别由皮肤性病研究所、协和医院及北京医学院第一附属医院组织病历讨论会,会议记录经整理后,均由中华皮肤科杂志发表。

1954 年毛主席号召西医学习中医,皮研所聘请赵炳南老中医定期到所门诊,由方大定协助,赵老还为皮研所讲授中医皮肤科知识。北医皮科聘请房少桥中医定期参加门诊。

1954—1958 年,北京市皮肤科的学术活动十分活跃,学会一般每 1~2 个月组织一次学术活动,每年 8~10 次,此外,皮研所、协和、北医一院、苏联红十字医院和北京医院等单位的学术活动,各兄弟单位的医师都可参加,这对中央和市属医院、部队、工矿企业等医疗单位的青年医师是很好的学习机会,老一辈的专家胡传揆、李洪迥、曹松年、王光超等对年轻医生的热情教导和鼓励是令人难忘的。学术讨论民主,各抒己见,畅所欲言。学会每年都有年会,年轻医生们积极准备论文,争取在会上宣读和交流。

1955年,胡传揆等应邀出席波兰15届皮肤科学术会议,并报告"中药治疗瘢痕疙瘩的初步报告",胡传揆被选为波兰皮肤科学会名誉会员。

1956年,王光超等访问民主德国。同年7月,中华医学会第十届全国会员代表大会在京举行。收到皮肤性病学会会员的论文44篇,大会宣读3篇。北京方大定等报告:"中医燥药治疗神经性皮炎的初步总结",李洪迥教授报告:"北京皮肤结核病例的初步报告"。该文系组织全市各医疗单位调查近2~4年来北京市皮肤结核360例的临床资料,由11所医院提供,进行综合整理,是北京会员们团结协作的成果。在中华皮肤性病学会上宣读论文15篇,北京代表王光超等、龙振华等、汪心治等和叶干运共报告4篇,参加会议者80人左右。会上改选全国学会委员和《中华皮肤科杂志》编委。北京当选的委员:胡传揆(主任委员)、李洪迥和王光超(常委)。《中华皮肤科杂志》编委:胡传揆(总编)、李洪迥(副总编)、王光超、王家斌等共11人。

1957年7月,李洪迥等到斯德哥尔摩参加国际皮肤科学会第11届大会,报告"改进的施南氏红斑狼疮细胞的方法"。

1958年,协和医院皮肤科并入皮研所,李洪迥教授任副所长,还有曹松年教授,主治医师周光霁、魏泽强等,从而加强了皮研所的技术力量。同年,朝阳医院建院,皮肤科有张成志、赵崇本医师;宣武医院建院,皮肤科主任贺宗章、魏岗之医师。

同年,皮研所开始用磷32敷贴治疗毛细血管痣,取得良好效果。该所孙益之根据胡传揆教授的建议,收集了国内科学工作者近50年内发表在国内外书刊上的有关文献目录1 300余条(到1957年底),在《中华皮肤科杂志》1958年6卷2—6期分别刊出。

同年,中华医学会聘请阿根廷斯胡曼教授来华讲学,稍后他为全国麻风防治专业医师进修班讲学两期。

1959年3月,中华医学会皮肤性病学会在南昌召开第四届全国会议,报告学术论文21篇,会议对贺彪副部长在宁都除害灭病现场会中提出的:"争取在一切可能的地方,基本消灭性病,基本控制麻风,积极防治头癣等"奋斗目标进行了热烈的讨论,会上改选了全国委员会和中华皮肤科杂志编委会。

在1958—1959年期间,大家都鼓足干劲地工作。皮研所的同志们表现出色,派出以李洪迥教授、马海德、叶干运等为首的医疗队,先在江西宁都一个县内组织开展消灭性病的样板,向各省市的防治人员示范,接着李洪迥教授带着医生、护士、技术员组成的小分队,在广西、四川、云南和贵州四省与卫生厅协作开办性病、麻风训练班,每省选一个县作试点,推动性病、麻风防治高潮。江西还开展了头癣防治工作,由于当时没有国产灰黄霉素,单靠外用药治疗,效果不够好。在广东,叶干运、马海德和斯胡曼教授领导对麻风病进行重点普查和线索调查相结合的办法发现病人,进行氨苯砜治疗和病人接触者卡介苗预防,并由洪若诗教授指导开展麻风病畸形的矫正手术等。

1959年庆祝新中国成立10周年时,胡传揆教授等在"十年来皮肤性病科的成就"一文中,综述了全国皮肤科的工作成就和业绩。北京的贡献有:①随着医疗卫生工作的开展,皮肤科医生的队伍迅速发展,从10余人增加到100多人,在老一辈专家教授指导和培养下,业务水平也明显提高。②性病防治。北京首倡封闭妓院,取缔暗娼,为妓女治性病,根除了性病的主要传染源,到1953年早期梅毒已极少见,先天梅毒的发病数字也大大降低。叶干运等长期在兄弟民族地区防治性病,皮研所成立后,马海德、陈锡唐也参加带队工作。胡传揆和李洪迥教授多次参加指导工作。大跃进期间(1958—1959)全市各医院采用线索调查法和快速抗原两滴鲜血化验普查梅毒,阳性者进行体检和治疗,全市基本上消灭了性病。③麻风防治。马海德通过市卫生局组织座谈会,制定了北京市防治麻风的措施:传染型麻风患者,确诊后报市公安局送到河北望都县麻风病院住院治疗。结核样型麻风可在北京治疗,继续工作或学习。北京的麻风病人很少。④职业性皮肤病。陈锡唐于1954年首先报告制酸工人的职业性皮肤病,其后有4个行业的调查报告。曹仁烈、王家斌也有调查报告。后来,李士佐、王双元、蔡有龄等在职业性皮肤病防治方面做了许多工作。⑤头癣防治。孙鹤龄等1954年报告用醋酸铊脱发治疗254例报告。张柏英等1959年报告北京市小学儿童头癣调查。北京做真菌研究和头癣防治的还有曹松年、王端礼、龙振华、曹仁烈、孙在原等。⑥皮肤结核在解放初期病人较多,曹仁烈、李洪迥先后报告,随着人民生活改善而锐减。⑦中西医结合。赵炳南对北京市皮肤科中西医结合的开展有重大贡献,中西医结合治疗脊髓痨、瘢痕疙瘩、神经性皮炎有良好效果。曾在国内外报告。麻寿国、张作舟、张志礼、庄国康、方大定、邹铭西、袁兆庄等在中西医结合方面也有贡献。

1959年曹松年等参加苏联第五届皮肤性病学会,报告"中西医结合治疗脊髓痨的初步报告"。1960年困难时期,北京分会皮肤科学会虽活动暂停,但委员会有一次开会讨论野菜日光性皮炎的发病问题,邀请了朝阳区两位生产队长介绍北京各种可食野菜及哪些野菜可能发病等问题。同年,《中华皮肤科杂志》出版3期后停刊。

1962年协和医科大学建校,李洪迥教授任皮肤科主任,科内有陈锡唐、周光霁医生,以后增加冯树芳、王家璧、俞宝田等医生。

1963年《中华皮肤科杂志》复刊。

同年,李洪迥教授等参加罗马尼亚第一届全国皮肤病学会,宣读论文"北京市皮肤结核的调查"和"下肢结节的临床病理研究"。

同年北医一院孙鹤龄等和皮研所分别用国产灰黄霉素治疗头癣,并在北京分会年会上报告。

1964年胡传揆在北京国际科学讨论会上,宣读"我国对梅毒的控制和消灭"一文,介绍新中国建立前后,梅毒在我国少数民族地区、城市或农村居民中的流行情况,以及采用各种防治措施,使梅毒和其他性病得到彻底控制和基本消灭的成就。受到国际舆论的高度赞扬。

1963—1966年学术活动活跃,一方面注意到临床工作和实验室研究相结合,并注意学习资本主义国家在皮肤病、性病领域的新进展、新知识和新技术;另一方面大力提倡为工农兵服务,对农业职业性皮肤病,如稻田皮炎进行了广泛和深入的调查研究。1965年胡传揆、李洪迥、赵炳南先后介绍了参加农村巡回医疗的经验和体会。

1965年胡传揆、李洪迥等组织在京编委座谈常见病防治,讨论了接触性皮炎、脓疱病及疖、足癣、银屑病、神经性皮炎、荨麻疹和昆虫叮螫等疾病的诊断和防治,由张成志整理,在《中华皮肤科杂志》刊登,每期谈一个问题,上海、天津、西安、武汉的同道们也参加,直到1966年第三期以后"文革"开始后停刊。

1967 年,中国医科院皮研所迁至江苏泰州。

张成志　北京天坛医院

林秉端　北京隆福医院

（资料引用：张成志,林秉端.皮肤性病科.王甲午主编.北京卫生史料医学技术篇.北京:北京科学技术出版社，1997.338–359.部分有改动。）

第三篇　我国各地皮肤科学发展历程

扎根深土,枝繁叶茂

——天津医科大学总医院皮肤科学发展中的人与事

天津医科大学总医院皮肤性病科最初创建于 1948 年,是天津市皮肤科的发源地。

1948 年,梁华堂教授由东北沈阳来津,建立天津市立总医院皮肤花柳病科,是天津最早的皮肤花柳科,简称"皮花科"门诊,出任皮花科主任,当时编制在内科。

建科伊始,在内科病房中收治皮肤病患者,当时的床位共有 12 张。1949 年朱德生教授、1950 年边天羽教授、1951 年李英华教授、1952 年王德馨教授、1953 年俞锡纯教授、1954 年靳培英教授、1957 年陈鸣皋教授、沈楚昌、1958 年沈剑鸣教授相继来科工作,充实了皮花科医疗力量。1958 年皮花科与内科正式分开,成立独立"皮肤科"(当时已无花柳病),梁华堂任第一任皮肤科主任,建立了独立的皮肤科门诊和病房,病房的床位数由原来的 12 张增加到 20 张;同时建立了皮肤科病理室和真菌室;当时皮肤科人员由 1 名教授、2 名讲师、7 名住院医师和 1 名技术人员组成。1961 年傅志宜教授、1963 年王树椿教授、1964 年刘墨义教授由天津医科大学毕业后先后来科。从那时起,由梁华堂教授负责主持全市皮肤科学术活动,奠定了天津医科大学总医院在天津市皮肤科界的学术龙头地位。

1960 年,朱德生教授接替梁华堂教授担任第二任皮肤科主任。朱德生教授相继担任中华医学会皮肤科学会副主任委员和天津皮肤科学会主任委员,在全国皮肤科学界享有盛名。在朱德生教授率领下,皮肤科病理室和皮肤科真菌室开展了越来越多的工作。总医院皮肤科是天津市最早能够进行真菌化验和皮肤病理诊断的科室。刚成立的皮肤科病理室由朱德生教授负责,随着 70 年代陈鸣皋教授、80 年代赵继仲教授相继参加到病理室的工作中,病理室发挥了越来越重要的作用。朱德生教授是全市最早的皮肤科专业硕士研究生导师,天津医科大学皮肤性病也是我国第一批硕士点,并培养了 1 名研究生——骆仲智。

朱德生教授始终非常重视对科室人员业务能力的培养,经常利用业余时间辅导下级医生开展病理读片活动,并在临床工作中时时为下级医生的诊断把关,传授临床经验。朱德生教授还是我院最早开始用英语讲课的教授之一,在我科开创了英语教学,对科室人员英语的学习和提高起到了重要的作用。在朱德生教授的带领下,全科的业务水平迅速提高,达到全国一流水平;同时我科也成为人才培养的摇篮,成长起来的年轻医生们去往其他医院以及全国各地,成为所到单位皮肤科的业务骨干。

边天羽教授后来离开我院到南开医院从事中西医结合研究,随后又创建了天津长征医院并任院长及中西医结合皮肤病研究所所长;李英华教授响应毛主席“626”号召,支援边疆,任宁夏医学院皮肤科主任和教授;俞锡纯教授后任天津长征医院主任医师;靳培英教授后任中国科学院皮研所教授,成为中国医科院“十大名医”之一;沈剑鸣教授后任天津医科大学第二附属医院皮科主任和教授……另外,学科先后接纳了全国许多地方的进修医师,为各地培养了很多优秀的皮肤科专科医生。

朱德生教授不仅学问做得好,英语非常出色。他阅读大量的国外书籍,并在实践中应用自如。他编写我国第一部大部头的皮肤科参考书《皮肤病学》,这本书成为国内皮肤性病学者重要的参考书,很多现在著名的皮肤病专家是读着这本书学成的。而朱德生教授的《皮肤病学》第一版出版时,他才 39 岁。这本书也成了我国新中国成立 10 周年大庆时出版的第一本最全面、最详尽的中文皮肤病学专著,在全国产生了极大影响,成为当时所有皮肤科医生的必读教材。1984 年出版了第二部《皮肤病学》,增加了很多少见病种,去掉了一些已绝迹或我国见不到的疾病,其文字精练、内容系统。1988 年朱德生教授在工作时突发脑血管病离开了他热爱的科室和同志们,当时他的第三版书稿已完成了 70%。他的故去不仅是全国皮肤科学界的损失,对于我们来说,这个损失更是无法估量的。老主任们常遗憾地说,如果朱德生教授没有过早的离世,天津医大总医院的学术地位可能比现在还要高。

　　第三任皮肤科主任王德馨教授，任中华医学会皮肤科学会常委、天津皮肤科学会主任委员，是我国著名专家和中西医结合治疗皮肤病的创始人之一。用中西医结合方法治疗结缔组织病方面确实有独到之处，可以取得优于单一西医和中医的更好效果，特别是对硬皮病、皮肌炎和红斑狼疮的治疗取得了突出的成果。

　　陈鸣皋教授为第四任皮肤科主任。他上任以后，一方面鼓励继续发展中西医结合治疗结缔组织病这一专科特色，另一方面开始着手进行演员化妆品皮炎的研究，在我科形成了由陈鸣皋教授负责，傅志宜、刘金城等骨干力量组成的化妆品皮炎研究小组。他们进行了大量的临床和基础研究，在该领域已经达到国内领先水平。第五任皮肤科主任傅志宜教授是我国当今著名的皮肤性病学专家，曾任中华医学会皮肤性病学会副主任委员、中华医学会性病学组组长、天津市医学会常务理事、中华医学会天津市皮肤性病学会主任委员。傅志宜教授1961年毕业于天津医科大学医疗系，1984年在日本产业卫生协会及日本京都大学医学部研修，1990年在苏联哈尔可夫性病研究所学习。傅志宜教授除了在演员化妆品皮炎领域取得骄人成绩之外，更紧跟形式，在20世纪80年代后期国内性传播疾病发病率刚刚增多之初就开始着手从事性传播疾病的研究，在王德馨教授带领下，傅志宜教授与王树椿教授、方洪元主任、刘全忠主任等主要技术骨干在我科成立了性传播疾病研究小组。1996年创建了天津性传播疾病研究所，性传播疾病的科研工作全面开展，进入了良性循环的轨道，为其后科研成果的纷纷出现奠定了基础，刘全忠教授凭借着在沙眼衣原体方面的深入研究成为全国知名的性病学专家。

　　傅志宜教授不仅在性病研究领域是全国非常著名的专家，在皮肤病领域也做出了重要的贡献：1985年编写《临床皮肤病鉴别诊断》，获北方十省市优秀科技图书奖，1990年编写《临床皮肤病鉴别诊断学》专著，获国家医药管理局优秀科技图书一等奖和天津市科技著作二等奖，1990年至1997年先后5次印刷，达2万余册，全书共100余万字，照片400余张。迄今为止，《临床皮肤病鉴别诊断学》仍是全国唯一的一部皮肤病鉴别诊断学类书籍，2001年傅教授带领刘全忠、车雅敏两位学生编写了《临床皮肤病鉴别诊断学》的第二版，更名为《皮肤病性病鉴别诊断学》，对原来的内容进行了更为全面的补充。傅志宜教授其他参编的主要著作还有《皮肤科疑难病例诊断》《临床皮肤病性病学》等 10 余部。

傅志宜教授 1988 年被遴选为硕士生导师,刘全忠教授 1998 年被遴选为硕士生导师。傅志宜教授共培养了硕士研究生 13 名,后来都成为优秀人才;刘全忠接替傅教授成为皮肤科主任,并成为全国著名的教授和学者;车雅敏 1996 年进入皮肤科,1999 年担任皮肤科副主任,并于 2002 年到北京协和医院攻读博士学位,后到日本留学;陈宏、刘露等也先后在科室工作;王惠平于 2005 年担任皮肤科副主任职务。在我科进修过的各地医生有上百人。

从梁华堂教授到刘全忠教授,60 多年来,中华医学会天津市皮肤性病学会主任委员的职务一直由天津医大总院皮肤科主任担任,1999 年,第六任皮肤科主任的重担交到了刘全忠教授手中,当时他是全院最年轻的行政主任,2000 年又兼任天津性传播疾病研究所所长之职。刘全忠教授带领天津医大总院皮肤科和天津市皮肤科学走向了新的辉煌。

盛年修志,撰写科志既是客观记录我科人员创造辉煌业绩的形式,同时还可以起到教育的作用。根深才能叶茂,天津医科大学总医院皮肤科的全体同志将继承前辈们的光荣传统,继往开来,与时俱进,为天津医科大学总医院和皮肤性病科的不断发展贡献出新的力量!

刘全忠　天津医科大学总医院

大医有魂，大爱无疆

——记黑龙江省皮肤性病科学创始人于淞教授

他，在学术界声名赫赫，作为黑龙江省皮肤性病科学的创始人，组织撰写了《皮肤科学临床外用药》《小儿结缔组织病》《医学美容药物药剂学》等32部医学专著。他曾任哈尔滨医科大学科学技术协会副主席、哈尔滨医科大学图书馆馆长。他是哈尔滨医科大学建校初期6教授之一。曾担任中华医学会皮肤科分会委员、黑龙江省医学会皮肤科分会主任委员、中华医学会皮肤科分会真菌学组组长。先后赴日本、东南亚等地讲学，在皮肤真菌病的研究中发现了皮肤癣菌肉芽肿的形成机制；首次在国内报道了急性发热性结节性脂膜炎。他就是于淞教授。

于淞教授是黑龙江省皮肤性病学科的带头人，多次被学校和医院授予院校级"优秀医务工作者"光荣称号；他是模范的师长，用精湛的医术和优秀的品德培育了无数医学人才；他是患者的贴心人，用一颗仁爱之心慰藉了无数患者。"爱岗敬业，踏踏实实做一名人民满意的医生"是他的追求和最大的愿望。

孙思邈著有《大医精诚》，说："凡大医治病，必当安神定志，无欲无求，先发大慈恻隐之心，誓愿普救含灵之苦……勿避险希、昼夜、寒暑、饥渴、疲劳，一心赴救，无作功夫形迹之心。如此可为苍生大医。"于淞教授正是向这一目标努力的一位在皮肤病患者中有口皆碑的苍生大医。

勤勤恳恳，甘做学科发展的铺路石

于淞教授一生勤奋治学，诲人不倦，从事皮肤性病学的医疗、教学和科研工作约半世纪余，即使到了晚年仍工作在临床一线，为皮肤病患者做出自己的贡献。他先后在哈医大附属一院和附属二院皮肤科组建真菌室。1959年，哈医大二院组建皮肤科，于淞教授作为第一届科主任，带领全科(仅有2名医生)踏踏实实地工作，无怨无悔三十余年。至1979年，科室已经初具规模,人员达 14 名,由最初没有病房到拥有 13 张病床。建立黑龙江省内首家变态反应室及皮肤病理室。作为省内领头羊,于淞教授带领皮肤科同仁艰苦创业、辛勤耕耘,铺就了科室从无到有的发展道路。从此开创了哈医大二院皮肤科蒸蒸日上的发展前景。

　　于淞教授经历过三年自然灾害,非常珍惜当下来之不易的新生活。每每都会跟年轻医生说起:"那时候每天能吃上饭就很幸福了,你们要好好珍惜现在的生活啊。"他用更多的时间指导年轻医生学习和工作,培养他们严谨求实和认真钻研的精神。他经常告诫年轻医生查房时要详细汇报病情,只要有细微的过错,他都会立即为其纠正,让医生养成认真严谨的作风。他认真参加科里疑难病例讨论,每次讨论之前他都会认真的准备,选择合适的患者,详细了解病情,查阅相关资料,让每一次病例讨论都学有所用,并为患者的诊断和治疗提出最好的治疗方案。于淞教授兢兢业业,在其他人安享晚年时,他仍然孜孜不倦地在皮肤学领域钻研。退休后,他自费在民间搜集各种偏方、验方,并不辞辛苦地逐一核对验证,归纳整理出多部实用的皮肤性病书籍出版,他说:"我老了,出这些书不图名利,只希望宝贵的医学经验能传给年轻一代,让患者受益。"

精益求精,做好医生德术并重

　　在医院里,于淞教授对工作的认真是出了名的,无论是门诊还是病房经常会看到他忙碌的身影。不是在病房内向患者嘘寒问暖、查看病情,就是在办公室翻阅病历、查看检查报告。在于老的字典里,没有周末休息的概念,为了最大限度服务患者,他常常加班加点超负荷工作,只要科室和患者有事,他都随叫随到。他说:"宁肯自己不休息,也要使患者得到最好的治疗,要做一个好医生。"

　　于老在临床工作中仔细观察每位患者用药后局部皮肤和全身的变化,并特别注意积累病例资料和患者的图片,不断总结治疗经验,每年病理阅片 1 000 余例,让于老积累了丰富的临床经验和理论知识。"头痛医头,脚痛医脚"不是合格的医生。凭借多年的临床经验,于老发现有些皮肤症状是属于其他疾病的表现,在他的悉心诊治下,一些伴发皮肤症状的内科疾病或其他系统疾病被及时发现,并得到全面治疗。患者都赞扬于老是"神医慧眼"。他生活节俭,深刻体会贫困患者的难处,以人道主义和高超的医疗技术,为无数患者解决了疾苦。于老晚年身体状况并不乐观,步履艰难,每次去门诊为患者诊治走走停停,都需要很长时间。有人劝他回家享清福,他却说:"一想到患者,就怎么也待不住啊!"然而他却没有停下不断前行的脚步。一根拐杖、一部放大镜默默地伴随着于老晚年的行医之路。花白的头发,颤抖的双手却阻挡不了于老那急于为患者解除病痛的热切心情。患者每每早早就等候在诊室外,他们说看于老就心安,病就好得快。作为医者,于老实践了自己的承诺。

作为一名医生,除了具备丰富的医学知识和临床经验外,还要具备良好的医德。于淞教授就是这样要求自己的,无论遇到什么困难,他总是想尽办法替患者排忧解难。每次他出诊,慕名求医者非常多,为了保证远道而来的患者都能就诊,他宁可晚下班。为了帮助患者排除心理压力,每次就诊时,他也总是通过谈心的方式,打开那些有着"难言之隐"患者的心结,调动患者配合治疗的积极性。有一个患了白塞病的患者,每当病情发作都非常痛苦,于老对她精心治疗,同时增强她战胜疾病的自信心,这个患者病好了,精神也乐观起来了,这样的例子举不胜举。

在于淞教授脑海中,时时刻刻都是患者的病情。救一个患者,交一个朋友,留一个口碑!正是这种心无旁骛、高度负责的敬业精神,使于淞教授成为一名人民满意的医生,他交出了一份令人满意的答卷,也折射出了人性的光辉和人格魅力。

诲人不倦,做好教师桃李天下

医学事业在不断创新和发展,这就需要临床医生不断地学习和提高。于老这样说的也是这样做的。于淞教授晚年仍几十年如一日地到书店、图书馆查阅相关书籍,了解学科发展新动向,坚持学习,病房的办公室(没有主任室)内总是有于老学习的身影。作为黑龙江省首位皮肤科研究生导师,他非常注重人才培养,先后培养了7名硕士研究生,他的学生足迹遍及全国和欧美各地,现均已成为皮肤科界的骨干力量。他对学生严谨求实,精益求精,和蔼可亲,对学生的学习和生活体贴入微和关怀备至。对学术中的每一个细小的问题都会细细探究,直至晚年仍坚持阅读英文皮肤病理专著。于淞教授发表学术论文数十余篇,主编《皮肤科学临床外用药》《结缔组织病》《小儿结缔组织病》《现代性传播疾病》《医学美容药物药剂学》《皮肤医学美容学》《皮肤病与化妆品》《皮肤病外用药物疗法》《皮肤病中药外用疗法》《芳香疗法》10 本书籍；参编专著 18 部：《稻田皮炎的防治》《生殖免疫学》《性病学》《社会医学》《中国内科专家经验文集》《自然科学学科字典》《自身免疫与风湿病》《小儿综合征》《医院管理学》《医师考试题集》《实用皮肤组织病理学》《实用皮肤组织病理学彩色图谱》《家庭常见病防治》《化妆品与家用化学品卫生学》《新编儿科药物手册》《临床真菌学》《中国科学美容大典》《性医学小百科》等。于淞教授在学术上精益求精的精神是年轻人学习的楷模。

于淞教授会定期把科室里年轻的大夫聚到一起进行总结，让大家相互交流学习心得。他是一个严师，可关心起学生来，又是一个大家长。每天清晨他都会带着科室年轻的大夫查看患者，然后主持病历讨论。渊博的知识、认真负责的治学态度让这群年轻人钦佩不已。年轻医生说："我们跟于淞教授能学到真本领，在工作中心里有底。"患者们说："从这些年轻大夫身上，我们看到了于淞教授的影子。"

于淞教授讲课非常生动、精彩，听过于老授课的人，无不为他饱满的热情、渊博的知识、繁简得当的教学内容所吸引和陶醉。他的授课技巧，对学生心理把握十分纯熟。学生在聆听他授课时，课堂鸦雀无声，只有他浑厚洪亮的声音回荡在教室的上空。他精彩地讲，学生忘我地听，时间在不知不觉中飞逝。课程结束时，学生最大的感受就是意犹未尽。于老常常在学生们依依不舍的目光注视下和热烈的掌声中离开课堂。有许多精彩的授课场面在校内、院内传为佳话。

热爱外语，受益终生

于淞教授对外语有一份天生的热爱，幼年学习俄语，后来学习英语，都是带着一点痴情。他通晓英、日、俄、德 4 种外语，喜欢精读原版著作，也热爱翻译，曾翻译的书籍（俄译中或中译日）有：主译《中医皮肤美容学》，参译专著《正常生理学》《中医临床大战》。他认为医学著作的翻译和介绍是向世界学习的重要途径，要尽量汲取有益的营养，"拿来"为我所用。他每每描述自己从译著中所得到的收获时，总是喜出望外，"这使我多年来临床积累的许多困惑豁然开朗，我仿佛进入林木葱郁的森林，呼吸到无比清新的空气。"学生和青年教师把于老称为"活字典"，懒于查字典时就求助于于老。作为 30 年代的老教授，能够精通几国外语是多么不容易，没有教师，没有磁带，全靠自学。于老常对我们说起马克思的一句名言："外国语是人生斗争的一种武器。"他也经常地，用俄文默念这句话，用英文默念这句话。

在于淞教授的眼里，医疗事业之路没有尽头，救死扶伤的爱心之路没有尽头，医学造诣更是没有尽头！他的一言一行感动着患者家属、影响着周围的医护人员。他用精湛的医术演绎了"天职"的崇高，他用高尚的医德诠释了"仁医"的真谛。他用真诚的服务奉献了一个共产党员的高尚情操。

"春蚕到死丝方尽，蜡炬成灰泪始干。"于淞教授的音容笑貌、杰出成就以及终生奋斗不已的精神将永远留在人们心中，他爱岗敬业的精神、严谨求实的治学态度值得年轻一代学习继承和发扬光大。

他，一个永不停歇的、勇攀皮肤科学高峰的跋涉者，我们永远的师长。

栗玉珍　哈尔滨医科大学附属第二医院

同舟共济扬帆起，乘风破浪万里航

——回顾吉林省皮肤科学的发展历程

自 1948 年长春医科大学附属第一医院（现吉林大学第二医院）皮肤科成立以来，吉林省皮肤科学经历了近 60 年的发展历程，目前已经成为东三省乃至全国皮肤科发展的中坚力量。

一、艰难中求索

1936 年 11 月建成伪满洲国新京特别市立医院，1946 年更名为长春大学医学院附属医院，1948 年更名为长春医科大学第一附属医院，同年成立了吉林省第一家皮肤科；1950 年更名为长春军医大学第二学院，1954 年更名为解放军第一军医大学第二医院，后又更名为吉林医科大学第二医院，1978 年更名为白求恩医科大学第二临床学院。1984 年从白求恩医科大学第二医院（现吉林大学第二医院）皮肤科抽调医务人员分别建立了白求恩医科大学第一医院和第三医院皮肤科。2000 年 6 月，吉林大学、白求恩医科大学等 5 所高校合并组建新吉林大学，医院易名为"吉林大学第二医院"。

自 1948 年成立皮肤科以来，由张行担任第一任主任，历任主任依次为何廷贵、孙国范、张民夫、段正芳、金学洙、庞传超，2001 年李福秋担任主任，几十年来，二院皮肤科在医疗、教学和科研方面飞速发展，在科研方面多次获得国家及省内各项表彰和科技成果奖及医疗成果奖。1998 年被批准为第一批国家临床药理基地，1985 年开始吉林省皮肤性病学首批硕士研究生的招生工作，吉林大学第二医院皮肤科目前无论在临床还是在科研、教学方面都成为省内皮肤科领域带头单位。

建国初期，人们对西医的了解有限，皮肤病的诊断治疗还未成熟细化，对科室的工作带来了不小的难度，当时科室仅有 7 位医护人员，没有任何专科检查设备，大部分疾病只能凭经验诊治。据老一辈专家金学洙教授回忆，解放初期科室接收的砷剂中毒的患者多表现为剥脱性皮炎。有一例患者表现为全身皮肤松解，伴有大量渗出，因为诊治经验欠缺，抢救无效死亡。经历这件事情，老一辈的专家们深切感受到了走出吉林省、学习先进的诊疗技术的重要性。1965年张民夫教授前往上海进修病理，回科后建立了省内第一个皮肤科病理室。1984年金学洙教授赴东京医科齿科大学及日本千叶大学皮肤科学习两年，回国后建立了皮肤科真菌检查室及PCR实验室。1997年夏建新教授留日进修皮肤病理。1999年李福秋赴日本顺天堂大学留学，2007年王劲风副教授在日本九州大学皮肤科进修学习，2008年姚春丽副教授赴美国佛罗里达大学攻读博士后学位。吉林大学第三医院姜日花主任曾经留学日本，第一医院李珊山主任曾留学英国。通过不断跨省和跨国的学习、进修，吉林省皮肤科在医疗、科研方面取得了飞速地发展。

二、皮肤病理专科及病房的发展

20世纪70年代中期，张民夫教授建立了省内第一个皮肤病理室，开展皮肤病理检查的工作。他深知病理检查这个"诊断金标准"的重要性，认真查看、核对病理片，使疑难病确诊率明显升高。2000年，夏建新教授负责病理诊断工作。如今吉大二院皮肤科病理室承担着省内各地医院的疑难病病理诊断工作，每周病理会诊达百余例，已发展成为皮肤科的优势。并引进了免疫荧光显微镜、计算机病理图像分析系统及用于教学的多头显微镜等先进设备，开展直接免疫荧光、免疫组化等项目。

自1948年以来，吉林大学第二医院开设了皮肤科病房，并开设了皮肤科夜间急诊，进行省内乃至全国内的疑难、重症皮肤病患者的抢救及治疗工作。60年来，科室教授每天认真查房，仔细交接班，一个又一个重症皮肤病患者的生命得以延续。目前皮肤科病床53张，诊断疑难病、抢救危重症患者水平在东三省及全国处于先进水平。

三、对孢子丝菌病为主的真菌性皮肤病的深入研究成为吉林省的研究特色

每一位在东北工作的医生对"孢子丝菌病"都不会感到陌生，孢子丝菌在东北农村地区高发，每年冬春季节会有大量孢子丝菌病患者就医。

但在 60 年代，没有辅助检查手段，医生只能靠皮损的特点诊断，误诊率较高。70 年代中期，建立皮肤病理检查室后，明显提高了诊治成功率。孢子丝菌病为何发病率如此高？是如何感染人体的？进入人体后又是怎样产生毒力的？带着这些疑问，在金学洙教授、李福秋教授的带领下，收集了大量的芦苇、土壤及玉米秸秆，并从中分离了孢子丝菌，对其进行了大量的研究。孢子丝菌的分离技术、流行病学、耐热性、致病性及临床感染途径逐渐清晰。吉林省孢子丝菌病已形成系列研究，并取得了较大的成绩，得到了全国同行的认可。

1999 年李福秋赴日本顺天堂大学留学，回国后，对孢子丝菌及其他深浅部真菌进行分子水平的研究，分别分析了三种不同类型孢子丝菌的基因序列、黑素水平的差异。自此以后，科室开始投入大量的人力、物力对以孢子丝菌病为主的真菌性疾病进行深入研究。随着时代的发展，研究的逐渐深入，皮肤真菌研究已发展成为学科具有鲜明专科特色的重点研究方向，在国内、国际真菌学界有一定的影响力。

四、皮肤美容分枝的萌生

随着社会的进步和人们生活水平的提高，人们对皮肤科的要求不仅停留于治疗皮肤疾病，越来越多的人想要得到更美丽、年轻化的治疗。在 1998 年吉林大学第二医院皮肤科引进了第一台激光治疗仪。经过近十年的发展，皮肤科陆续引进了多台国际、国内先进的激光治疗设备，已成为省内激光设备齐全，开展项目最多的激光治疗中心，在引进先进设备的同时，不断探索新技术、新疗法，开展了多项国内首创新技术疗法。

2005 年，吉林大学第二医院皮肤科成立皮肤外科，由姚春丽教授负责。作为科里唯一的外科医生，她独立完成多项复杂的手术，2008 年姚春丽教授前往美国佛罗里达大学攻读博士后，回国后继续致力于皮肤外科事业，为吉林省皮肤外科的组织建设及普及皮肤外科基础知识与技能做了很大的贡献。

五、百花齐放，百家争鸣

吉林大学第一医院皮肤科始建于 1984 年，由白求恩医科大学第二医院孙宝符教授担任科主任，建科初期创建了皮肤科病理室，并在省内率先开展了皮损组织直接免疫荧光诊断红斑狼疮和自身免疫性大疱病项目,1985年皮肤性病科成为吉林省首批皮肤性病学硕士授权科室,并建立了皮肤性病学实验室,1992年张林教授担任皮肤科主任,1993年在国内首创了沙眼衣原体的PCR快速检测法,并获得吉林省科技进步二等奖。1999年设立性病门诊,并成为全国性病监测点之一及省内最早的艾滋病定点筛查实验室。1999年刘喜福教授担任皮肤科主任,其团队于2001年将较难配制的生殖支原体培养基改良并配制成功,投入临床使用后为非淋菌性尿道炎的诊断提供了可靠的实验室证据,并获得吉林大学医疗成果四等奖。2005年,李珊山教授担任皮肤科主任,皮肤科迅速发展。积极开展各种新技术新疗法,使学科的临床诊疗水平有了大幅度的提高,2012年成立了拥有36张床位的皮肤科病房。

吉林大学中日联谊医院皮肤科创建于1984年7月,由白求恩医科大学第二医院王景山担任科主任。1985年开展了变应性皮肤病的病因诊断及脱敏治疗。1986年开展了挤奶员结节病因研究。1991年程滨珠教授任科主任。1994年科室在东北三省率先开展自体表皮移植术治疗白癜风。1996由姜日花教授担任科主任工作至今。2004年始开展激光美容治疗,2008年开展皮肤外科治疗,在损容性皮肤病、痤疮疤痕、瘢痕疙瘩、腋臭、皮肤肿瘤治疗及自体表皮移植治疗白癜风方面,积累了丰富成熟的经验。2013年6月科室被中华医学会授予"国家级皮肤医疗美容示范基地",2015年1月科室与韩国首尔大学皮肤科、韩国中南大学皮肤科建立了友好合作关系。

延边大学附属医院成立于1956年,经过近50年的发展建设已在国内外享有一定声誉和影响。2009年皮肤性病科被聘为中华医学会皮肤性病学分会瘢痕疙瘩与增生性瘢痕研究中心,2010年成立延边大学皮肤病研究所,2011年被批准为吉林省卫生厅重点实验室,2013年又被评为国家级皮肤医疗美容示范培育基地。目前学科带头人为金哲虎教授,他同时兼任医院院长。

皮肤性病科在吉林省具有相当规模的,除吉林大学第一医院、第二医院,中日联谊医院,延边大学附属医院以外,还有吉林省人民医院、长春市中心医院、吉林北华大学附属医院、吉林市中心医院、吉化总院、四平市中心医院等,这些科室各具特色,百花齐放,百家争鸣,共同铸就了吉林省皮肤科事业的腾飞和发展,为吉林省广大的皮肤病患者提供了健康的保障!

李福秋　白　玉　吉林大学第二医院
李珊山　吉林大学第一医院
姜日花　吉林大学中日联谊医院
朱莲花　延边大学附属延边医院

浇 筑 时 光

——解密中国医科大学百年密室中的千尊蜡型

在中国医科大学附属第一医院一个阶梯教室下夹层里,隐藏着一个神秘的储藏间,在这外观略显破旧的"密室"里却储存着中国医科大学的传世之宝——千余尊皮肤病蜡型。这间蜡型室非常隐秘,但也多亏了这隐秘和无奇的外观,才使得这些珍贵的蜡型在这里存放近百年,躲过了多次浩劫至今依然完好无损。

蜡型真容

这间传奇的"密室",因里面摆满了木橱而显得阴暗,狭小。透过木橱的玻璃橱窗可以看到里面大量蜡制的肢体、头面、躯干。这些蜡型实际上是各种皮肤病的临床复制品,共千余件,表现了数百种皮肤病。在昏暗的灯光下,木橱里陈列着一张张"人脸",一条条"肢体",在蜡型下端的标签上写着患者的编号和诊断等基本信息。全部蜡型制作得非常精致,来此参观的师生和国内外同行屡屡惊叹:"跟真的一模一样,就像进了停尸房,仿佛能听到那些病患在哭喊。""真佩服百年前的制作工艺,蜡型的皮肤纹理清晰可见,毛发也与真人无异,头面部的蜡型上患者的表情栩栩如生,太难得了!"确实,之所以如此真实、精巧,是因为这里的每一尊蜡型并非在蜡块上直接雕刻而成,而是真真切切源自于患者或患者的尸体——对患者或尸体的病损处进行倒模,复制下病损处的形态,之后灌入蜡质并上色,历经复杂的工序得到蜡型,再通过标签标识出蜡型的编号和诊断等信息。蜡型再现了患者的临床表现,上面的皮肤纹理甚至汗毛都清晰可见。

据不完全统计,在全世界范围内,只有法国巴黎圣路易蜡像馆的藏品数量能够与这间"密室"匹敌。这间蜡型室在国际皮肤科学界非常著名,它的规模至少是"亚洲第一,世界第二"。现在世界范围内很难再找到这样规模的医用蜡型馆，因为医用蜡型制作工序非常复杂并需要患者的参与配合，且不易保存。在"二战"时期大量医用蜡型被破坏，能找到的多数只是一些散落的孤品，像这样成规模的已经很少见了，而这里因为隐秘而幸免于难。这大量的皮肤病蜡型究竟从何而来？我们要从中国医科大学的历史说起。

从何而来？

1906年6月日本成立了掠夺我国东北资源的大本营"南满洲铁道株式会社"，后在沈阳成立南满医学堂。1922年南满医学堂更名为满洲医科大学，招收日本学生和少量的中国学生。日本战败投降后，原满洲医科大学先后被苏军和国民政府接管，于1946年7月更名为国立沈阳医学院。

中国医科大学是中国共产党创建的第一所医学院校，也是我党我军创办最早的院校，其前身为中国工农红军军医学校和中国工农红军卫生学校，1931年创建于江西瑞金，后随红军长征到达陕北。1940年在延安，经毛泽东同志提议，中共中央批准，学校更名为中国医科大学。1946年7月，学校奉命随军挺进东北，到达黑龙江省鹤岗市。1948年11月，东北全境解放，学校奉命进驻沈阳，合并了当时的"国立沈阳医学院"（即原"满洲医科大学"）和当时的"辽宁医学院"（即原"奉天医科大学"）。当时中国医科大学的校址是原满洲医科大学校址，至今中国医科大学和中国医科大学附属第一医院仍然在使用原满洲医科大学的部分建筑，也获得了原满洲医科大学所遗留的一些珍贵的医学材料，其中最具代表性的就数这千余件皮肤病蜡型。

因为20世纪20年代彩色照相还未实际应用，缺乏直观感觉是皮肤病教学中的主要障碍之一，所以制作皮肤病蜡型对于皮肤科的学习和交流是非常重要的。即使是对于现在的学习交流，观看立体的疾病蜡型标本毕竟也比阅读文字和图片更直观，更印象深刻。更加难得的是随着时间的推移，世界各地的疾病谱已发生了巨大变化，一些曾经常见的疾病正在逐渐淡出视线。这些珍贵的疾病蜡型记录了20世纪前叶的数百种常见疾病的直观、典型的临床表现，其中的部分疾病现在已经很少见到，通过这些珍贵的蜡型我们还能够直观地感知这些疾病原貌。这些蜡型集教学意义和历史意义于一身，其重要性不言而喻。难怪很多国外著名学者曾询问本文作者关于这些蜡型的情况。这些珍贵的医学蜡型的作者是谁？很长时间我们都不得而知。

图1　中国医科大学附属第一医院高兴华教授(左)带领宾夕法尼亚大学皮肤科主任 George　Cotsarelis 教授(中)和梅奥医学中心皮肤科主任 Mark　Pittelkow 教授参观蜡型室

是谁所为？

20世纪80年代，中国医科大学收到了一封来自日本的信，还附带着整整8个大箱子。这信来自制作这些蜡型的技师家里，技师留下遗嘱，要把自己毕生的作品全存在中国，于是技师的家人就收集了他所有的作品，装满了8个箱子，运送到了中国医科大学。中国医科大学收到这些馈赠后，试图联系这位技师的家人，但直到现在都没有找到，甚至连这些作品主人的名字在当时都无从知晓。

根据这位技师的遗愿，中国医科大学附属第一医院皮肤科的工作人员把这8只大箱子搬进了"密室"，原封不动地放在里面。而因为蜡型本身易碎，而且根本无法清洗，只要有灰尘落在上面就会留下永久的痕迹；另外，温度要尽可能保持恒定，否则蜡型有变形的风险。"密室"里的展橱已经没有空间放置了，只能把这些箱子完好无损地放在这里，等有条件了再拿出来。

有了这封信和遗嘱，我们仅得知了这些蜡型的部分"身世"。但中国医科大学附属第一医院的皮肤科领导们一直没有放弃对于蜡型制作者的找寻,在本文作者之一陈洪铎院士的积极努力下,他的朋友、日本学者卫滕延江帮忙查阅了大量的旧报刊书籍,将2份旧报刊中记载的材料邮寄给了陈洪铎院士,揭开这位神秘的蜡型制作者的面纱。

蜡型制作者名叫"长谷川兼太郎",他被誉为日本医疗模型界的"明灯"和"国宝"。长谷川先生出生于1892年,曾就读于东京帝国大学。日本皮肤科鼻祖土肥庆藏教授精于皮肤病蜡型制作,他将技艺传给了伊藤有氏。长谷川先生居住在东京下谷临近伊藤有氏居住的地方,后师从伊藤有氏,学习技艺。1906年南满洲铁道株式会社成立,南满医学堂即后来的满洲医科大学是当年日本侵略我国期间建立的最主要的医学院校,战略意义非常重要。当时全中国没有其他擅长蜡型制作的技术人员,1920年5月,长谷川先生受到时任满洲医科大学医院皮肤科主任太田正雄教授的邀请,来到满洲医科大学医院皮肤科工作。在对长谷川先生的纪念文章中,我们得知长谷川先生不仅技艺超群,且清正廉洁,聪慧勤奋,做事情计划性、执行力强,兴趣爱好广泛,与太田正雄教授一样热爱文学,并且是一位诗人。日本投降后,1946年长谷川先生回国,太田正雄教授推荐他到爱知医院皮肤科工作,后爱知医院皮肤科成为名古屋大学皮肤科教研室,长谷川先生得以继续蜡型制作。他是名古屋大学唯一一个专注蜡型制作长达27年的技术员,获得了长期勤务表彰银杯、蒙古巡回诊疗金

图2　蜡型制作者长谷川兼太郎(引自《辅仁》第57号,1956年1月)

杯、研究奉献奖、名古屋荣誉市民、文化功劳者等奖项。1981 年 2 月 28 日，长谷川先生在名古屋市昭和区自己的家中去世，享年 89 岁。名古屋大学的师生们为他举行葬礼以表悼念与缅怀。

对于蜡型的制作方式，卫滕延江邮寄来的材料中也有详细的记载，步骤非常复杂，尤其是疾病皮损上色部分，需要多个步骤和非常精细的操作，现在已经很难有人掌握这项技能了。庆幸的是长谷川先生毕生的心血并未毁于战乱和社会动荡，这些传世杰作在中国医科大学得到妥善保管并将在条件成熟时开放展出。满洲医科大学内曾充斥着日军侵华的邪恶行径，如北野政次曾在此秘密进行惨无人道的人活体解剖和细菌病毒实验等。侵华日军在对于中华民族所犯下的罪行更是罄竹难书。但长谷川先生本人厌恶战争，他对中国医科大学皮肤科以及中国皮肤科的发展所做出的贡献不能被否认。满洲医科大学的许多学生后成长为国际著名的专家学者，其中部分日本籍学生为战后中日两国友好关系做了很多有益工作，中国籍学生大部分成为我国医疗卫生和医学教育事业的著名专家和学者。

中国医科大学的百年蜡型室，存放着长谷川先生的毕生心血和一段刻骨铭心的历史，热盼这些珍品能早日展出，以教育、警示和激励后人。

陈洪铎　高兴华　郭　昊　郭秀芝

中国医科大学附属第一医院

站在巨人的肩膀上

牛顿说过："如果说我比别人看得更远些,那是因为我站在了巨人的肩上。"医学是对生命奥秘的探索与实践,皮肤病与性病学作为一门紧密结合临床与实践、与人民的健康休戚相关的医学分支,前辈们勇敢的探索与指引对于后人无疑是一面面鲜明的旗帜, 也是一盏盏智慧的灯塔。几位辽宁省皮肤科学界的令人尊敬的前辈和他们辛勤耕耘、无私奉献的事迹,就是这样深刻地影响着我们一代又一代的皮肤科年轻人……

一、永不停息的奉献精神——皮肤性病领域的探路者,辽宁省人民医院皮肤科白义杰教授

"春蚕到死丝方尽,蜡炬成灰泪始干。"在辽宁省人民医院皮肤性病科的诊室里,至今仍然可以看到一位年近九旬、平易近人的老教授出诊的身影。他就是我国皮肤性病专业著名专家——白义杰教授。提起白教授行医的一生,完全可以用"敬业,探索,求实,辛勤,利人,奉献"12个字来概括。平淡之中彰显不平凡,点点滴滴之事令人心生崇敬!

建国前夕步入医学殿堂的白教授可谓新中国的第一代皮肤性病专业人才,1954 年行医至今已经走过了整整 61 个不平凡的行医岁月。他先后在大连医学院、遵义医学院、辽宁省人民医院的临床一线辛勤耕耘,探索钻研,默默地奉献着自己宝贵的人生。他勤于思考,敢于创新,救治了无数生命垂危的病人,同时也为无数患有疑难杂症的皮肤性病患者解除了病痛。他兢兢业业,忘我奉献,始终活跃在临床的第一线。他言传身教,一丝不苟,为我国的皮肤性病事业的开展培育出了大量的杰出人才。

一个 1928 年生人的著名老教授,如今完全可以在家享受幸福、安度晚年,然而白教授至今仍然坚持每周出五次专家门诊,仍然在临床一线默默付出,仍然在发挥余热为广大患者服务与奉献自我,这种始终如一的燃烧自我、永不停息的奉献精神着实令人钦佩!

白教授是我国最老一辈的医学真菌学专家之一,在医学真菌学专业进行了大量的临床与基础理论方面的研究试验,发表了无数篇学术价值与应用价值极高的学术论文。最难能可贵的是,他能够及时地将研究成果运用到临床实践之中。他为我国的医学真菌学事业的开展和发展做了大量的铺垫与探索工作,在此领域享有盛誉。他的研究成果多次获得省部级科研成果,很多研究成果获得省部级科学技术进步奖。为此,白教授也成为我国第一批医学领域为数不多的享受国务院特殊津贴的专家。

改革开放以后,性病自 20 世纪 80 年代起在我国大陆死灰复燃。白教授在性病再次泛滥与猖獗肆虐之时,又一次走在了性病临床研究与诊治领域的最前沿。他在国家最权威最有影响力的专业期刊上及时发表了大量具有极高学术价值与应用价值的学术论文,并将众多研究成果及时地应用到了临床一线。最近几十年,他还领头承担了多项有关性病治疗方面的国家级新药的临床观察试验应用研究工作,他工作严谨认真,药物临床效果明显,受到了上级的认可与同行的好评。最新的研究成果的运用,精心的诊断与治疗,数十年以来,白教授已经为成千上万的各种性病患者解除了疾病的痛苦与精神的折磨,同时合理的规范性诊治也为众多并不富足的患者节省了大量的医疗费用。这正是兢兢业业为病者,日久天长见真情。白教授崇高的医德受到了广大患者的赞誉,高超的技术得到了省内外同行的认可,省内外大量的同行来白教授门下进修学习,也让规范的诊疗得以广为传播,真正地造福了广大性病患者! 与此同时,省内外慕名而来的求医者也络绎不绝。

为了指导广大基层皮肤性病医生能够进行规范的皮肤性病专业的诊疗工作,白义杰教授还亲自主持编写了《实用皮肤性病疗法》《皮肤性病诊疗手册》《性病的科学治疗》等专业书籍。书籍的内容言简意赅,实用性极强,得到了广大同行的认可,为皮肤性病诊疗工作的正规化做出了巨大贡献。

急病人所急,想病人所想,平易近人,不谋私利,兢兢业业,始终如一。对待患者一视同仁,不分贫贱富贵,不论地位高低,永远态度和蔼,语言亲切。这些看似简单的行为实乃崇高医德之体现。白教授行医一生之表现,足为行医后人之楷模!人的一生做一件好事不难,难的是一辈子都在做好事。"毫不利己,专门利人"那闪闪发光的白求恩精神在白教授身上得到了充分体现!

二、皮肤科激光医疗的开拓者——沈阳市第七人民医院皮肤科创始人陈光发教授

陈光发教授,辽宁沈阳人,生于1921年,1951年毕业于中国医科大学,1963年9月起担任沈阳市第七人民医院皮肤科主任。陈老长期从事皮肤病的研究和临床工作,是沈阳市第七人民医院皮肤科的开拓者和创始人。陈老生前曾担任中华医学会皮肤科学会委员、中国医用光学会委员、辽宁省光学会理事长、沈阳市皮肤病研究所顾问等职;发表《激光在临床应用及实验研究》《低功率2HE—NE激光照射与甲皱微循环》《激光抑癌实验研究》《激光扫描在皮科应用》《声光治疗机在临床应用》等论文40余篇;著作有《激光临床治疗实例》和《陈会心医案选》等。他还入选《中华人民共和国英模大词典》《中国高级医师咨询词典》《中国当代中西医名医大词典》等辞书。

陈老一生从医50余载,始终潜心于皮肤病的临床与研究,治学严谨,博中西医医学之所长,尤其是在激光的皮肤科应用和实验研究领域方面,取得了开创性的、跨时代意义的建树和成果,他是东北三省乃至国内皮肤科领域在临床激光治疗方面的旗帜和权威,也为沈阳市七院皮肤科在国内树立了良好的声誉和影响。

激光医学作为一门新兴医学,发展大致经历了四个阶段:20世纪60年代为基础研究阶段,20世纪70年代为临床试用阶段,20世纪80年代为学科形成阶段,20世纪90年代为发展成熟阶段。早在20世纪60年代,陈老就开始了激光医学方面的学习和研究,70年代开始在国内皮肤科领域率先尝试应用激光手段治疗皮肤病的探索和研究,在此基础上,陈老主编了《激光治疗临床实践》一书,1981年由辽宁人民出版社出版。内容包括激光仪器、医学临床应用及治疗机理探讨,共20多万字,受到广泛赞誉和好评。1983年3月,陈光发主任应中国香港"中药促进会"邀请,就激光医学赴港进行了专题演讲。中国香港皮肤科界各级医务工作者及从事光学的其他学科的专家共70余人倾听授课。讲学题目为《激光医学及其进展》。在陈光发主任的开拓和传承引领下，沈阳市七院皮肤科的激光医疗及中西医结合特色医疗，一直脚踏实地，辛勤耕耘，不断拓展提升，在二十余年的光阴里，实现了从市级重点专科到国家重点专科的跨越。

陈老一生为人谦逊低调，工作勤奋认真，生活乐于助人，兼修人文、哲学，是吾后辈永远学习之楷模！

前辈风范，医家仁德，令后来人心生仰慕的同时，更当以之为标尺，不断奋进向前。辽宁省皮肤科学，在未来还将沿着令人尊敬的前辈的足迹一路长足发展下去，站在巨人的肩膀上，瞭望到更辽阔的天空。

李正刚　辽宁省人民医院

李铁男　沈阳市第七人民医院

不积跬步,无以至千里

——山西省皮肤病理学发展历程

皮肤组织病理学是皮肤科学不可缺少的重要组成部分,它不仅对许多皮肤病的诊断极为重要,而且还有助于对疾病病因及发病机制的判断和理解,今天皮肤病理已成为当前皮肤病诊断与研究的最重要、最基本的手段。

旧中国从事皮肤病理的专业医师很少,20 世纪 50 年代中央皮肤病理研究所(即中国医学科学院皮肤病研究所的前身),率先在国内建立起专门的皮肤病理室,之后国内较大医学院校附属医院皮肤科的一些教授开始从事皮肤病理工作,并举办了皮肤病理学习班。那时,我科老一辈医务工作者敏感地意识到皮肤病理的重要性。

创建山西省第一个皮肤科专业的病理室

1964 年,山西医科大学第一医院皮肤科派叶培明教授参加卫生部在山东医学院主办的全国皮肤病理班,通过这次学习,叶培明教授初步了解了皮肤组织病理学的基本知识,当时山西省皮肤科界皮肤病理仍是一项空白,叶教授决心带头开展皮肤病理学工作,他通过这次学习,积累了大量与皮肤病理学相关的知识。1978 年,他再次参加了卫生部在中央皮肤病研究所举办的全国皮肤病理学习班。在两次学习的基础上,他联合科里陈丽瑛教授、白立仁教授共同着手筹办病理室。当时的条件非常艰苦,没有经费,他们就从山西医科大学病理教研室找来报废的切片机、陈旧的显微镜,自制的简易烤箱,终于在 1979 年 2 月 28 日成立了皮肤病理室,之后开始投入临床工作。时经一年,通过全科人员的不懈努力,我们的病理室取得突出的成绩。为此,于 1979 年 12 月底荣获山西省高校先进工作者称号,并颁发了奖金、奖章及证书。同时,突出的工作成绩也受到山西医科大学领导的重视,自此,分派了专业的技术员,配备了专业的 OLYMPUS 多头显微镜、专业照相机等。

开办山西省皮肤病理班

经过两年的努力,终于拥有了足量皮肤病理切片,积累了丰富的经验,于 1981 年 3 月 30 日举办了山西省第一个皮肤病理学习班,从此促进了我省皮肤病理的发展,为省、市、县级医院奠定了开办皮肤病理室的基础。为了便于更好的学习皮肤病理学,叶培明教授、陈丽瑛教授、白立仁教授及郭再唐教授还共同编写了学习班教材《皮肤组织病理学》,全书共分为两大部分,其中包含总论八章、各论二十二章,共 445 页。该书系统、详细地介绍了皮肤组织切片的制作过程,皮肤的胚胎学、解剖学及组织学结构,皮肤病的基本病理改变及各种皮肤病的病理改变。为当时及后人皮肤病理学的学习提供了宝贵的素材。经过五年的努力,于 1986 年开办了第二期学习班,第二期学习班结束后,我省皮肤病理得到了较快发展,先后有五所大医院成立了皮肤病理室。

参加国内皮肤病理学术交流

我科皮肤病理室为早期全国皮肤病理学术会议成员单位,1983 年参加了在黑龙江五大连池举办的第一届全国皮肤病理学术会议,此后,积极参加全国皮肤病理学术会议,同全国二十几个单位,定期举办读片会,每两年一次,提供会议交流切片,在不断地交流学习中,我们的病理室逐步发展壮大起来。

开展皮肤病理国际学术交流

为了尽快提高我科的皮肤病理诊断水平,1989 年,我们加入了澳大利亚皮肤病理切片俱乐部(DPSC)。由于我科皮肤病理学几年来成绩突出,当时朱跃文院长去澳大利亚参观访问期间,发现当地的皮肤病理学术活动有组织(DPSC)要求与我们交流,我们通过信件了解后,定期互寄切片,每年 1~3 次,每次 20 张,从中学到国外的许多优点,进一步提高了我们的制片和诊断水平,尤其是他们寄来的病理切片染色均匀,透明度高,质量好,为我科病理切片制作提供了宝贵的学习经验。1992 年接待了澳大利亚堪培拉皇家医院病理科专家 Jocelyn Farnsworth 来访,在来访的 5 天期间,组织全省皮肤科医师参加了他的学术报告及疑难病理讨论会。访问结束后,我们赠送客人条屏书有"中澳皮肤病理学术交流川不息乎,有朋自远方来不亦乐乎"，增进了中澳友谊，为以后互相学习打下了基础。同时澳洲友人也回赠给我科 *Journal of the American Academy of Dermatopathology* 系列杂志，为我科皮肤病理学的学习和发展提供了宝贵的素材及丰富的经验。

《实用皮肤病图谱》出版

经过了五年的皮肤病理学的学习及实践工作，我们积累了丰富的临床经验，由叶培明教授、陈丽瑛教授、白立仁教授共同编写的《实用皮肤病图谱》，经中国皮肤病研究所病理室主任刘季和和本科郭再唐教授审阅后，于 1986 年正式出版，并荣获了山西省科技著作二等奖。该书是本省第一本皮肤科著作，由山西科学教育出版社出版，全国新华书店发行。本书共二十二章，详细阐述了 85 种基本皮肤病理改变，289 种皮肤病病理改变。本书还录入了临床照片与病理图对照共 141 幅，这也是本书的最大特点。该版本也是国内较早的皮肤病理学书籍，受到同行的广泛赞誉，为我省皮肤病理学事业的发展提供了宝贵学习素材。

临床与基础合作搞科研

在皮肤病理工作顺利开展的基础上，我们与学校组胚教研室合作，通过组化免疫电镜方法研究了肥大细胞与良性肿瘤、恶性肿瘤、皮肤纤维瘤、系统性硬皮病、血管内皮瘤等的关系，发表论文于《中华皮肤科杂志》《中华肿瘤杂志》《山西医药杂志》《山西医科大学报》，为今后进一步科学研究打下了基础，也为临床与基础协作开辟了一条新途径。

结语

不积跬步，无以至千里。正是因为我科老一辈医务工作者的积极探索与不懈钻研的精神，在简陋的科研环境中不断学习、积累皮肤病理学方面的知识及经验，同时与国内外研究机构合作交流，使得我科在皮肤病理学方面不断发展壮大。长江后浪推前浪，多年来在临床及科研工作中，我们能够继承老一辈的优良传统，利用精密的现代化工作设备，不断学习，勇于创新，在临床、皮肤病理及科研工作中取得了一定的成绩，展望未来，我们更需百倍努力，为了山西更加辉煌的皮肤科学事业。

白　莉　郭书萍　山西医科大学第一医院

在平凡医疗工作中的探索与发现
——记河北医科大学第四医院皮肤科与林元珠教授

　　林元珠,女,汉族,主任医师、教授,1957 年毕业于上海第一医学院医疗系本科皮肤性病专业,毕业以后分配到保定河北医学院附属医院工作 1 年,1958 分配到石家庄河北医学院附属第四医院皮肤科, 河北医学院以后更名为河北医科大学。经过了几乎一辈子的学习打拼,林元珠取得了令人瞩目的成绩,直到 2000 年退休以后仍然被返聘在该院,勤勤恳恳工作至今,亲身经历和见证了河北医科大学第四医院及皮肤科的发展历程。

一、学校的历史回顾

　　河北医科大学的前身河北医学院, 是中国近代第一所官办西医院校,可上溯至光绪二十年(1894 年)创办的北洋医学堂,至今已有 120 年的校史。北洋医学堂创建于 1894 年,1913 年改为直隶医学专门学校,1915 年该校由天津迁往保定。1918 年,直隶公立医学专门学校在保定城内北大街成立附设诊所, 副所长赵瀚恩专门为患者诊治皮肤病和花柳病。1920 年(民国 2 年),附属医院建立门诊,分八科,第四科为皮肤花柳科。赵瀚恩任附属医院院长后,还兼任皮肤花柳科医长,1933 年(民国 22 年), 高祀瑛教授任皮肤花柳科主任,1936 年秦作梁任皮肤花柳科主任。1952 年皮肤花柳科归内科管理,设 2~3 张病床,皮肤花柳科医师有张宝瑞、郭文友,护士为嫱华。1956 年皮肤花柳科成为独立科室。

　　1956 年河北医学院和附属医院搬迁到石家庄,原在保定的附属医院搬迁到石家庄后称为河北医学院第二医院, 历任皮肤科主任为郭文友、姚春华、四荣联、李玉平。1958 年,河北医学院接收了原河北省纺织管理局医院,更名为河北医学院附属第四医院,皮肤科历任科主任为林培泉、林元珠、梁祖琪、高顺强。1958 年,河北医学院接收了石家庄市房管局医院,更名为附属第三医院,皮肤科历任科主任为张志书、马淑珍、陈强。"文革"期间,河北医学院更名为河北新医大学,"文革"后又恢复河北医学院名称。1987年,华山冶金高等医学专科学校由西安迁往石家庄市,1995年并入河北医学院并命名为附属第五医院,2002年正式更名为河北医科大学第一医院,皮肤科历任主任为段志拴、李艳佳。1995年院校合并时更名为河北医科大学,河北医科大学目前共有四所附属医院,分别称为河北医科大学第一医院、第二医院、第三医院和第四医院。

二、科室的发展之路

河北医大附属第四医院暨河北省肿瘤医院。该院皮肤科建立于1958年,初建时仅有林培泉、林元珠两位医师,一间诊室,一台显微镜,以及血压计、压舌板、台灯等简单医疗器械,日门诊量30到40人次,遇有重病人收至外科病房住院治疗。1960年医院体制改革,一度取消了皮肤科改为以病因分科。皮肤科医师分别在变态反应科和神经体液科上班,并接受内、外科的基本功训练约一年。1961年又恢复了原分科,当时我们又在简陋的条件下开展真菌培养并做了真菌药敏试验。1962—1965年开展了念珠菌女性阴道炎的研究,1963年独立开展了真菌的镜检、培养和鉴定。

"文革"期间,我院实行综合连队制,皮肤科再次被取消。皮肤科医师在综合门诊、急诊室和外科门诊上班,直到1972年才恢复了皮肤科门诊。在1972—1978年间,皮肤科由于医生少,门诊量大,医院曾派刘亚娴、刘建德两位中医师先后到皮肤科门诊协助工作,并由此(70年代)开展了中西医结合治疗皮肤病。80年代开展了同位素敷贴治疗血管瘤。

1975—1983年,头癣防治工作是河北省卫生防治工作的重点。受河北省地方病防治所的委托,皮肤科曾组织人员到厂矿、学校普查,收集全省各地、市的头癣标本400余例,进行逐个培养鉴定;并与医学院电镜室合作开展头癣病发电镜观察。在1979年全国头癣防治经验交流会上,林元珠和应国华医师在大会发言的文章"石家庄地区头癣防治工作总结及电镜观察"受到全国各省代表的一致好评。鉴于多年来全科在头癣防治上齐心协力的工作,1984年皮肤科获河北省卫生防疫奖。

1981年,我院皮肤科承办了为期2个月的"全国真菌学习班",主办人孙鹤龄为北京大学肿瘤医院的真菌学研究员,邀请了全国知名的真菌学专家郭可大、秦启贤、吴绍熙、王瑞礼、张民夫、尤刚担任讲师,林元珠亦参加了讲课,这次学习班为全国培养了80余位中、高级的医学真菌人才。

1985年10月,林培泉和郭文友教授在石家庄承办了"全国首届儿童和老年皮肤病学术会议",并由我院出面,林元珠协助邀请了日本信州大学医学部院长高赖去雄教授和大阪关西医学院附属医院院长朝田康夫教授在学术会议和大学作专题演讲,从此,开展了我省皮肤科与日本皮肤科专家的交流。20世纪80年代初期还曾邀请日本小川秀兴及国内知名专家朱德生、边天羽、张志礼、陈洪铎、郭英年、马圣清等来我省讲学,扩大了我省与日本和国内各省的交流。

1996年9月和1999年11月分别在北京和广州主持了全国首届和第二届全国儿童病学术会议,林元珠担任大会主席。

皮肤科在进入20世纪90年代以后,科室的发展很快。1992年成立河北省医疗美容中心,1996年获临床皮肤病学与性病学专业硕士学位授予点,1996年末在皮肤科设立性病检验室和皮肤免疫检验室,开展各类性病检测和自体免疫性疾病的自身抗体检测和免疫荧光检查,1997年起建立皮肤病理室并开展皮肤病理学临床诊断,1997年开展免疫酶法检查过敏原和脱敏治疗。1997年开展了大疱病的实验室诊断技术,如皮肤组织病理诊断和免疫荧光检查诊断。1998年获批在我科设立河北省皮肤病研究所。1999年开展表皮移植治疗白癜风。2009年被批准为国家药物临床试验基地,全国真菌病诊治示范门诊,2013年被授予国家级皮肤医疗美容示范基地,2014年被批准为国家级皮肤科住院医师规范化培训基地。

三、辛勤耕耘与收获

林元珠参加工作后,对她的科研方向最具有决定性影响的是1961年医院派她回母校复旦大学附属华山医院参加杨国亮和秦启贤教授举办的全国真菌学习班,和在上海新华医院学习儿童皮肤病学的教学法。在学校就成绩优异的林元珠,参加工作以后仍然坚持不懈地学习进修,1960年、1976年和1977年曾三次脱产参加院办和省办西医学习中医班,共计2年零3个月。1981年和1987年两次赴日本信州大学附属医院皮肤科和日本大阪关西医科大学附属医院皮肤科进修学习和交流共 4 个月。

50 余年来,在皮肤科平凡的医疗、教学工作中,她勇于探索和创新。若干科研成绩是她和她的团队,在日常工作或下乡巡诊中曾诊治过的成千上万头癣、体癣、面癣、手癣、疑似银屑病、疑似皮炎、湿疹和待诊的患者中发现的。有的带有偶然性,但大部分都是经过她和她的团队细心地问诊、查体以及科学地实验室研究后发现的。有时从病房、门诊或农村采集癣病或疑难病例的真菌学检查标本,实验室初报为阴性,但是因为临床上疑似癣病,她就利用中午休息时间或节假日,重新反复制片,亲自显微镜检查,结果真的就有了阳性发现。

1982 年去日本信州大学附属医院进修期间,她把从国内带去的 10 余份婴儿头皮念珠菌的菌痂标本,亲手制作成透射电镜的树脂样品,在透射电镜下可见到念珠菌菌丝和孢子。回国后她继续与河北医科大学电镜室协作,多次作真菌的扫描电镜观察,结果发现了白念珠菌可以感染头发,改变以往认为的白念珠菌不感染头发的传统观念。以后她和朱敬先又发现林生地霉亦可以感染头发的证据。

林元珠就是这样在平凡的临床医疗中一步一个脚印、扎扎实实地工作着、探索着,在条件致病真菌感染的研究中获得了若干发现。

(一)念珠菌和林生地霉可以感染人类头发

1975—2011 年 3 月,她的团队累计报道发现 47 例头皮念珠菌病,其中婴儿头皮念珠菌病 45 例,儿童头皮念珠菌病 1 例,老年头皮念珠菌病(葡萄牙念珠菌所致)1 例。扫描电镜观察婴儿头皮念珠菌病的病发,有菌丝和孢子围绕毛发,毛发变细出现裂隙。2004 年,她和朱敬先从一例脓癣患儿的皮损处分离出一株白色粉末状、边缘有绒毛样的菌落生长,该菌株经中科院微生物研究所白逢彦教授鉴定为林生地霉(Geotrichum silvicola),取皮损处的毛发接种沙氏培养基上 7 天后取毛发送扫描电镜观察,见到大量菌丝包绕毛发外,还可见到菌丝穿入毛发的现象。应用白念珠菌和林生地霉分别作体外毛发感染实验,发现白念珠菌于 12~20 周同样显示菌丝和孢子入侵毛发。

（二）发现 1 例林生地霉致中毒性表皮坏死松解症的血液感染

2006 年高顺强主任查房时发现 1 例大疱性表皮坏死松解型药疹（TEN）患者，血液和尿液检验中报告查到真菌，林元珠和朱敬先协助做了以下多种实验室研究，证明为生地安，经静点大蒜素和口服依曲康唑 2 周后痊愈，随访一年无复发。

（三）国内外首报墙毛壳菌致暗色丝孢霉病 1 例

该例为 25 岁的女性农民，主诉胸腹部出现散在红色斑块伴低热、消瘦一年余。病理检查显示真皮和皮下组织炎性细胞浸润间有粗细不一棕色壁、胞浆透明的分隔菌丝。

（四）首报裂褶菌致老年人变应性支气管炎

2008 年，林元珠和万力发现 1 例男性 68 岁的老年患者于做冠脉搭桥术出院 1 周后频繁地咳嗽、咳黏稠样痰，做痰液培养和镜检两次，均发现白色潮湿丝状菌落，其分离的菌株做形态学、生理学和分子生物学鉴定为裂褶菌。该例患者经伊曲康唑口服两周后治愈。

（五）首报粉末毕赤酵母可致婴儿皮肤感染

患儿为 16 个月男孩，因上呼吸道感染长期应用抗生素，出现鹅口疮，头颈部和躯干生长小红丘疹 3 个月。鉴定为粉末毕赤酵母。临床诊断为慢性皮肤黏膜念珠菌病伴皮肤粉末毕赤酵母感染。经口服特比奈芬 4 周后皮损痊愈。一年后又因上呼吸道感染应用抗生素致鹅口疮复发，复诊时口腔和指甲真菌培养均为白念珠菌，该患儿最终死于肺部双重感染。

近 30 年来，林元珠教授先后主编、副主编、参编了《皮肤病学及性病学》《现代儿童皮肤病学》《皮肤性病学》等 16 部著作。

林元珠，正像我校的校志铭上记载的："甘做园丁士，只求耕耘忙"。她是一位甘于奉献的园丁，也是一位成就非凡的大医。

林元珠　口述

郭艳久　整理

高顺强　朱敬先　王文氢　审校

河北医科大学第四医院

延绵青草原，坚韧护肤人

——记内蒙古自治区皮肤科学发展中的人与事

一、草原皮肤科艰辛发展路——内蒙古医科大学附属医院皮肤科发展历程

艰难的起步

内蒙古医科大学附属医院皮肤科始建于 1958 年，由中国医科大学杨盛林教授组建，当时仅有几间门诊诊室、处置室及杨盛林教授带来的几十份皮肤病蜡型标本，无单独病房，科室医生郭绍业教授、莫安乐教授、晁锦芙教授、高立蕴教授，护士 1 名，仅能够开展常见皮肤病门诊诊疗及简单处置工作。

完善科室基础条件，逐步提高诊疗水平

1962 年及 1964 年，李治、刘淑华分别毕业于内蒙古医学院医学系，

图 1　20 世纪 70 年代末内蒙古各盟市皮肤科部分医生合影（前排右四为杨盛林教授，后排右三为李治教授）

同年就职于内蒙古医学院附属医院皮肤性病科,历任住院医师(助教)、主治医师(讲师),与科室老一辈共同组建了皮肤真菌室、皮肤病理室,率先使内蒙古自治区皮肤病诊断水平上了新台阶。李治教授于1973年参加内蒙古医学院附属医院举办的第二期"西医离职学中医"班半年,结业后赴天津南开医院皮肤科进修40天,自此开始了中西医结合治疗皮肤病的医疗生涯,由于中西医结合治疗皮肤病的独到之处,吸引了大量区内外患者,使科室门诊量有了极大提高,社会声誉良好。李治教授于1982年10月—1983年4月赴上海医科大学皮肤病研究所进修皮肤临床免疫,于1983年6月组建了皮肤科免疫室,从此使结缔组织病、大疱病等自身免疫病的诊治和研究得到了长足发展。

由李治教授牵头与上海医科大学华山医院合编的《常见皮肤病图谱》于"文革"期间发行(1972年),并荣获内蒙古自治区科学技术进步成果三等奖,与穆瑞五、杨盛林等教授合编的《皮肤病综合征》于1981年出版。科室重视学术交流,多次委派医生参加全国性、地区性及国际性学术会议。

细化专业,拓展专业领域,跻身内蒙古自治区领先水平

李治教授自1983—1998年担任皮肤科负责人及中华医学会内蒙古

图2 1982年,中华医学会内蒙古分会第二届皮肤科学术交流会

分会皮肤科学会副主任委员期间,发展并完善了本科室5个实验室(临床免疫实验室、病理室、真菌室、变态反应实验室、PCR标准实验室)及理化治疗室,免疫室能够开展ANA、ENA、补体、CIC检测;病理室承担皮肤病理取材、染片、阅片、特殊染色及皮外手术;真菌室开展真菌镜检、培养及菌种鉴定工作;变态反应实验室自制多种抗原,并行变态反应性皮肤病的特异诊断和治疗工作;PCR标准实验室开展了性病病原微生物检测,率先使我区皮肤科专业进入了分子生物学水平。1996年统计皮肤科全年门诊量达46 000人次,占历年全院门诊人数的十分之一,病房正式床位20张,三分之一患者为疱病、结缔组织病,治愈好转率95%以上。

同时,科室不断增加新鲜血液,加强科室人员建设。至1996年,皮肤性病科共有14名各级医生,11名各级护士及3名技师,共计28人。共分七个专业学组,包括临床免疫专业、皮肤病理专业、皮肤真菌专业、变态反应专业、理化治疗专业、皮肤外科专业及性病专业,每一专业均有主任医师、副主任医师或高年主治医师负责,进行相关专业的医疗、教学、科研工作。每年有计划有步骤地派出医师、护士及技术人员到全国各大医院进修学习,鼓励参加全国会议交流,拓展业务领域、更新增长知识。积极举办学术会议,邀请国内知名教授进行专题讲座。

至1996年,全科发表近百篇科研论文,成为内蒙古自治区临床、教学、科研领先的皮肤性病科。

从白手起家到发展为内蒙古自治区医教研领先的皮肤性病科,靠的是附院皮肤科几代人坚定的信念和积极的进取,团结协作,顽强拼搏,仁心仁术是我们继续追寻的目标。期盼内蒙古医科大学附属医院皮肤科的明天更美好!

李治教授　口述

李东霞　执笔

内蒙古医科大学附属医院

二、心系皮肤科,传承两代情

皮肤性病虽多非性命攸关,却实属难言之隐疾。即便在综合医院中,皮肤科也属于小众科室,一名皮肤科大夫,通常有着大多数医务人员无法体会的尴尬和艰辛。而有这么一对父女,几十年间在塞外草原执着奉献、心血传承,谱写、演绎着皮肤科人对生命的尊重、对职业的忠诚、对患者的承诺……

时间还要回溯到 1984 年,刚刚以优异的成绩从内蒙古包头医院毕业的陈涛,被分配进内蒙古包钢医院。这个风华正茂、意气风发的小姑娘,憧憬着成为一名优秀的外科医师,而命运却给了她意料之外却命中注定的选择——皮肤科。因为她的父亲陈照龙正是国内著名的老一代皮肤科专家,时任内蒙古包钢医院皮肤科主任。

陈照龙主任 1952 年毕业于山西医学院,同年分配到北京协和医院皮肤科工作,师从国内著名皮肤科专家李洪迥教授。1957 年,陈照龙加入中国人民解放军,在北京 301 医院(中国人民解放军总医院)做主治医师、助教工作。1958 年,他积极响应祖国号召,满腔热血奔向祖国的边疆,支持内蒙古包钢的建设。作为内蒙古包钢医院皮肤科首任主任,陈照龙与其他两位同志一起艰苦创业,克服了各种难以想象的困难组建皮肤性病科,早期的皮肤科只有一个诊察室、一个治疗室,根本没有病房。而与落后的硬件条件形成鲜明对比的是病人的迫切需求。1958 年的包钢建设正在如火如荼地进行中,作为服务十余万包钢工人、家属乃至整个包头市民的大医院,包钢医院承担着巨大的就诊压力。这地方许多皮肤病是常见的,也有一些是其他地方见不到的,或是罕见的,例如 SWEET 综合征、白塞氏综合征、灰菜中毒、手足口病、螨虫皮炎、晚期梅毒、麻风病等,对于这些疾病我们都做出了满意准确的诊断和有效的治疗处理。随着患者需求的增长,陈照龙与另外两位同志在药物短缺的条件下亲自制了虫咬水、止痒剂等。3 个人的皮肤科白天出门诊,夜间急诊,早就成了家常便饭,甚至还要利用难得的休息时间深入厂矿和车间进行调查研究,向厂矿领导提出改善生产环境和个人防护措施的建议。

20 世纪 50 年代,全国开展了梅毒、麻风、头癣的防病灭病工作,此后相继开展了暗视野显微镜检,对梅毒的早期诊断具有十分重要的价值。60 年代初,头癣在包头市幼儿园中流行,首先开展使用午氏光检查真菌的技术,提高了头癣诊断准确率,为使更多患儿得到系统的治疗,陈照龙等人到幼儿园中进行调查研究和防治工作,直到此病得到基本控制。60

年代中期，陈照龙主治医师利用亲自提炼的煤焦油治疗银屑病取得成果，同时自配9号药水、白降汞软膏治疗银屑病。他具有本学科高超的实践技能，并在长期的临床实践中积累了丰富的临床经验，他自研自制各种治疗皮肤病外用药物10余种，疗效肯定，深受患者青睐。陈照龙还建立了小儿皮肤病及银屑病专病门诊，观察小儿皮肤病的发病规律，开展银屑病病因与治疗的研究，研制"牛皮癣Ⅰ号"与"Ⅲ号"、"各种湿疹洗剂"用于银屑病及各种湿疹的治疗，都取得一定进展。这些年经过实践也总结出一些方剂，如扁平疣洗剂、疥虫洗剂、手足癣洗剂、外阴痒洗剂等等。

通过他日复一日的忘我工作、不懈努力，在陈照龙主任的带领下，包钢医院皮肤科由两间诊室扩展为一个现代化科室，门诊量达到日均200~300人，许多区内和周边地区的患者慕名而来，市内各医院经常请去会诊，成为自治区及本市远近知名的专科。

正是为了包钢医院皮肤科能得到更好地传承发展，时任院领导亲自找到陈照龙、陈涛父女，希望陈涛进入皮肤科女承父业。其实父亲当年的理想也是成为一名外科医生，不忍心让女儿也放弃自己的人生规划；然而作为女儿，从小到大耳濡目染父亲的付出和艰辛，如今面对着领导的殷殷期望，父亲的苍苍白发，陈涛最终做出了一个虽让她勉为其难，但却无悔今生的选择。

从那天起，陈涛在皮肤性病科一干就是30年，跟随父亲全身心地致力于皮肤病、性病、职业性皮肤病、皮肤美容、小儿皮肤病等疾病的研究及治疗，进而不断涉足皮肤外科、皮肤肿瘤、激光及相关学科等专业领域，拓宽了皮肤性病的治疗技术手段，缩短了疾病的疗程，提高了治愈率，不但使自己成为蜚声区内乃至全国的皮肤性病专家，更在医院的支持下，克服医疗设备简陋、医疗资源匮乏的困境，令皮肤科逐渐发展壮大成为一个拥有皮肤内科、外科、性病科，设置20张床位的全市最大的皮肤科。在父女两代人的努力下，包钢医院皮肤科从无到有、发展壮大、步入辉煌、成就未来……

古语有云："医者父母心。"而在今天的社会，红包、医闹等不和谐的因素，却给正常的医患关系蒙上挥之不散的阴影。作为院内的老专家、老主任,父亲也给了女儿最好的言传身教。秉承老协和人的传统和作风,即便退休后 80 多岁的高龄,陈照龙主任仍坚持出诊。他半天要看 50 多个病人,从不言累,始终把病人的急需放在第一位;对待患者一视同仁,不分高低贵贱细心诊治。经常有慕名远道而来的患者,老人还挤占自己的休息时间,热情接待,耐心询问,仔细检查,认真诊治,从不将病人拒之门外。患者及家属都绝口称赞他"不但医术精湛,更是医德高尚的典范"。

父亲的榜样始终激励、鞭策着陈涛更加严格地要求自己。而作为一名一直在一线临床救死扶伤的医生,即便也曾面对误解和刁难,陈涛却始终将恪守医德放在与精进医术同等重要的地位,作为自己的职业操守和为人准则。

"奉献不言苦,追求无止境。"陈涛说,"这是父亲一生的座右铭,更是融入我血液中的传承。"六十多年的时间里,父女两代人始终坚守着皮肤科医生这个神圣的职业,始终把皮肤科的事业作为人生的价值追求,用自己的言行践行着对病人、对事业、对生命的承诺,燃烧自己照亮别人,无怨无悔!

乌日娜 内蒙古医科大学附属医院

一生的赤诚

——记河南省人民医院皮肤科朱钵主任

毕业分配

朱钵主任 1952 年毕业于中国医科大学医学系。当时是全国统一分配,在填写志愿时,他的第一志愿是到朝鲜战场,第二志愿是支援边疆,第三志愿是服从组织分配。当他被分配平原省医院(现为河南省人民医院)时,第一份工作是到外科做了将近两年的住院医师。当时的外科只能做一般的腹部手术和骨科手术。在这期间,朱钵主任被调到洛阳矿山区支援重工业,主要负责一些行政方面的工作。但是,朱钵主任由于太爱医学专业的缘故,以至于无法安心做行政工作。

1956 月 2 月,朱钵主任借着到省委组织部报道的机会来到了河南省人民医院,开始了他的医路生涯,一干就是几十年。

防治头癣

1978 年,第一次全国皮肤科学术会议(即第四届中华皮肤科学术会议)在徐州召开。在全国开展头癣病的防治工作就是在这次学术会议上提出的。当时胡传揆教授被选为主任委员,朱钵主任被选为委员。

那时胡传揆教授手拿党中央华国峰主席和国务院李先念总理"一定要把头癣的防治搞好"的批示,找到朱钵主任并告诉他:"河南是个大省,头癣病不少,你的任务就是把河南的头癣防治工作抓起来,争取两年内完成任务。"朱钵主任一口答应了下来。

首先,成立"头癣防治技术指导组",组长一名(卫生厅推荐了王先发副厅长),朱钵主任任副组长,负责挑选技术指导组的成员。朱钵主任亲自挑选了当时省医院的白凤菊、河南医学院的王诗淇、开封市二院的朱树萍、洛阳市二院的买红叶、安阳地区医院的李景林、许昌地区医院的王道通。他们都是业务水平高、工作能力强的皮肤科骨干。而省卫生防疫站皮肤科的程水来和张拴紧两位大夫也都加入了技术指导组。卫生厅要求防疫处及省卫生防疫站大力配合。

1979年春，一切准备就绪，指导组先到了驻马店，在确山县搞试点：在该大队"赤脚"医生带领下进行全民普查，按照朱钵主任编写的《头癣防治手册》的要求，做到"村不漏户，户不漏人，人人低头，个个检查"。查出疑似头癣的一律采集病发，用纸包好，登记入册，进行真菌镜检。阳性者临床确诊为黄癣、白癣或黑癣或脓癣。确诊的头癣患者被集中到大队卫生室，由大队"赤

图1　朱钵在头癣防治学习班开学典礼上讲话

脚"医生按照朱钵主任编写的《头癣防治手册》中的"理、洗、涂、服、消"五字措施进行治疗。

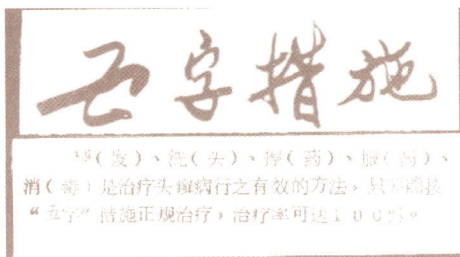

图2　"五字"措施

"理"，即治疗前理发1次，治疗中每周理发1次，理发只能用推子推，不允许用剃头刀剃，理下的头发立即焚毁。

"洗"，即每天洗头2次。

"涂"，即每次洗头后立即涂5%硫黄软膏1次。

"服"，即口服灰黄霉素，按公斤体重每日给予20mg（分2次内服），连服20天为一疗程。疗程结束后进行复查，未愈者(真菌镜检阳性，临床表现尚未痊愈者)再补治一疗程。

"消"，即患者的枕巾、头巾、单布帽每天煮烫1次，衣领和被头每周煮烫1次。

所有头癣患者采用上述治疗方法，1疗程结束后治愈率竟达到97%，未愈的多数是白癣，而黄癣和黑癣（即常说的黑点癣）全部痊愈。治愈的标准是临床症状消失，真菌直接镜检阴性。

有了这一可喜的试点结果，指导组接下来在县防疫站开办全县头癣

防治培训班,学员为各公社卫生院负责防疫的医生和大队赤脚医生。培训班的学习内容就是朱钵主任编写的那本《头癣防治手册》的内容,边讲课边当场用黄癣、白癣和黑癣患者做示教,并拔取病发作直接镜检以加强学员对疾病的认识。随后就选一个离县城最近的大队进行普查普治以进一步增添回各自公社和大队搞头癣防治的经验和信心。

图3　朱钵主任亲自指导头癣患者的治疗

具体实施办法:

首先,各地举办头癣防治培训班(方法与在确山县一样,仍按"理、洗、涂、服、消"5字措施)。

其次,头癣防治技术指导组的同志们每天随机选取一两个大队进行抽查、指导。发现个别问题,个别解决;普遍性问题通过电话会议全地区统一解决。

除了确山县作为试点县提前完成任务,其他各县如西平县、遂平县、上蔡县、新蔡县、平舆县、汝南县、正阳县、泌阳县和驻马店镇等均于1979年秋先后圆满完成了头癣防治任务。

有了驻马店地区的经验,第二年即1980年,便把信阳和周口地区作为重点,其他如南阳、洛阳、许昌、商丘、开封、新乡和安阳等地区也按照《头癣防治手册》的要求进行防治。

周口和信阳这两个头癣的重点地区领导对工作十分重视:周口的卫生局长和防疫站长经常和朱钵主任沟通防治意见;信阳的王副专员经常和朱主任一起下到县、公社甚至大队督促工作的进展情况,实在是感人!由于大家的努力,这两个地区的头癣防治工作进展顺利!

经过近1年的时间,这两个地区胜利地完成防治任务,其他地区也圆满完成。至此,经过两年的奋战,河南省共治愈10万余例头癣患者,基本上消灭了头癣!

图4　一家六口人头癣治疗前后

30余年来,再未见到1例影响美观的黄癣。这些成就算是朱钵主任和省头癣防治技术指导组的同志们为河南人民做出的一大贡献吧!

研制方剂

既往的皮肤病,诊断上主要是靠两个眼睛看,再结合主诉、现病史、既往史、家族史;检验上靠化验室;治疗上,外用药都是根据病变情况临时配制。

时间久了,朱钵主任医生自己研制了氧化锌膏、氧化锌油、炉甘石洗剂、怀特氏膏、龙胆紫、四石散、复方松馏油膏、湿疹膏、鱼鳞癣药水、止痒药水、洗头粉等外用药以及内服的白癜风丸、斑秃丸等中成药的协定处方。经实践证明,这些方剂都是行之有效的很好的药方。

用中草药煎汤泡洗治疗感染性、湿烂性足癣也是朱钵主任琢磨的十分有效的绝妙药方,其成分也不复杂。其中就是:川椒 10 克、勾藤 30 克、苏木 30 克、防风 15 克、防己 15 克、黄芩 15 克、黄连 15 克、公英 30 克、明矾 10 克。 朱主任自豪地说:"我每年夏季都用此方治疗一部分湿烂、感染性足癣患者。这个方治疗湿烂型足癣可以说是又快又好!"

诊治原则

行医多年,朱钵主任始终坚持着自己的一套诊治原则。一、在临床诊断方面,他始终保持自己的见解,不人云亦云。二、在治疗方面, 首先,他的原则是:"不拘一格,只要这个方法能有效我就采用。""中药好我就用中药,西药好我就用西药,中西医结合好我就用中西医结合。"另外,他始终主张"少花钱治好病,尽量减少患者的经济负担"的原则。"如果有同样疗效的药物,如患者不反对,我就尽可能给他们用价格低廉的药物。如果某种病只有用某种价格比较贵的药物才能治好, 患者又有能力接受,我也照用。"少花钱、治好病一直是朱钵主任始终不渝的信条。

李振鲁　李雪莉　周　武　河南省人民医院

回忆往事，憧憬未来

——追忆江苏省皮肤科学发展中的人与事

中华医学会于 1915 年 2 月 5 日在上海成立。从 1933 年 1 月至 1950 年秋，江苏陆续成立了南京、苏州、南通、靖江浦、武进、无锡、镇江、扬州等分会，各分会直接与中华医学会进行业务联系，各自组织学术交流活动。直至 1962 年 7 月，正式成立江苏省医学会，并改名为中华医学会江苏省分会，同时成立了 13 个专科学会。皮肤科专科学会是其中之一，郭锡麟教授任主任委员。

我 1954 年被统一分配回江苏医学院（即现在的南京医科大学）皮肤科。当时年轻，精力旺盛，在郭锡麟、戴骥盈两位老前辈的领导下，无论科内或学会工作，大小杂事都全力参加。经历了风风雨雨，见证了江苏皮肤科的发展壮大，领略了江苏皮肤科大家庭的温馨、友爱、相互尊重、团结协作的氛围。回忆往事如一幅长长的画卷，现截取几段，和大家共享。

温馨的春节团拜会

图 1　1981 年一次团拜会上，叶干运等笑容灿烂

1956年，江苏医学院由镇江迁至南京，在郭锡麟教授的带领下很快和南京市各医院皮肤科的主任，如崔连山、李凤歧、许寿松、许铭等教授打成一片，春节时都带着我们到各家拜年。郭老的这种谦和的行为感染着大家，后来在李凤歧教授的倡导下改为团拜，每年轮流主办。一杯清茶、几碟瓜子糖果，畅谈友谊，交流经验，气氛十分和谐，当年许多学术上的活动常常在这样的交谈中商定下来。20世纪80年代初，医科院皮肤病研究所迁来南京，团拜会的规模也越来越大，延续至今已有数十载，成为南京皮肤界一个传统节目，相互尊重、团结协作之风，代代相传。

艰难的防病之路

20世纪50年代初，江苏的麻风病流行程度在全国排名第二，不仅麻风病流行，还有省内独有的雅司病的流行。早在1946年左右，郭锡麟教授就亲赴苏北地区调查研究，收集大量临床资料，并在上海全国医学会年会上做了报告。新中国成立后，根据全国防病治病要求，郭锡麟、戴骥盈及省内各医学院皮肤科的专家，如张振楷、陆惠生等都分别参加流行病学调查，参与培训基层专业防治人员并同时开展防治研究。1957年承担北京、江苏、上海协作在泰县开展的"卡介苗接种预防麻风研究"，1959年北京、上海、江苏等单位成立"江苏省麻风病综合防治研究试点协作小

图2　1958年郭锡麟、戴骥盈、叶干运、李家耿等北京、上海及江苏皮肤科医生参加麻风防治研究协作会后在泰州麻风医院留影

组",杨国亮、郭锡麟、戴骥盈、朱仲刚、李家耿、叶干运、陆惠生等专家参加,我担任秘书。小组选择了海安县 10 个乡试点,连续五年定期普查,走村串户复查防治效果。还常驻麻风村观察和治疗病人。当时许多省内年轻皮肤科医生参加了艰苦的防病治病任务,锻炼了一代江苏皮肤科队伍,发展了皮肤科的事业。

一次难忘的学术会议

"文革"期间,皮肤科也和其他学科一样是万马齐喑,一片萧条景象。学会停止了活动,但当时江苏各医学院皮肤科与"下放"泰州的中国医学科学院皮肤病研究所,在"麻风防治"任务的带动下,以协作组的形式积极开展了学术交流活动。自 1974—1977 年先后在扬州、海安、无锡、常熟召开几次全省皮肤科学术会议,上述一些会议除本省的代表外,还有其他省市代表参加,扬州及无锡的两次学术会议杨国亮教授均有参加。但使我至今难忘的一次学术会议是 1978 年在徐州召开的全国地区性学术会议。

1977 年,胡传揆等一批老前辈希望在中华医学会尚未恢复工作的困难条件下,在江苏召开一次以地区性学术会议为名,向全国皮肤科发出邀请,而实际上是使全国各地皮肤科工作者都能参加的会议。由戴骥盈教授承担在徐州召开。消息不胫而走,各地反响强烈,如同深夜里一声响亮的钟声,迷雾中显露出的阳光,皮肤界顿时活跃起来。徐州医学院的孙国治和我具体负责接待工作和学术交流活动的安排工作,看到的许多情景令我至今难忘。

许多老前辈千里迢迢,风尘仆仆从四面八方赶到徐州,情谊之深至令人感怀。当时参会的有宁誉、穆瑞五、胡传揆、杨国亮、于光元、李洪迥、董国权、郭锡麟等老前辈,和各地的许多知名老专家如广东的李松初、新疆的钱戌春、兰州的刘铭锐、山西的刘世明、上海的李家耿等。穆瑞五教授不顾年迈多病行动困难,执意由其子陪同护送参加会议,董国权教授在报到当晚匆匆到达。老前辈们相隔十多年,不通音讯。今日相会,怎能不激动!各地专家相聚,共叙情怀,其亲切兴奋之情难以言表。我第一次看到这么多、这么齐全的老前辈、老专家和各地皮肤科学界的知名专家济济一堂,更是兴奋不已。

谦让和谐之风令人难忘：这么多的老前辈、老专家和各地皮肤科学者到会。开幕式上谁上主席台？我记得李洪迥教授在开幕式上很风趣地介绍说："今天会上只有70岁以上的才有资格上主席台，我刚巧到70岁，所以就上了主席台。"我们科的郭锡麟教授过了70岁坐在主席台上，而作为东道主筹备会议的戴骥盈教授按理应上主席台，他和胡传揆、于光元、杨国亮教授等都是老朋友，但不到70岁，也只能坐在台下。这次以年龄大小安排上主席台恐怕也是"空前绝后"的吧！但是体现尊老、谦让、祥和、宽容的氛围却是可以代代相传的。

老前辈的敬业精神令人难忘：会议期间老前辈们自始至终参加会议，非常认真。王光超教授手中拿着小本子，不管谁的报告，不仅听，还要记，会下还要和报告者讨论。于光元教授还单独向我发表了对会中论文的评论。这种对学术的认真态度和一丝不苟的作风也令我敬佩不已。

这是一次在特殊时期、特殊条件下召开的会议。参加会议的中国人民解放军第四军医大学车乃轸主任深情地对接待的孙国治说："这在我们那里，非办砸了不可！"可见这次会议的影响。今天看到在远离市区的淮海战役纪念馆前广场上全体代表的照片，前面一排坐着胡传揆、穆瑞五、宁誉、杨国亮、于光远、董国权、李洪迥、王光超、郭锡麟、戴骥盈、周鼎耀、朱仲刚、刘世明、刘铭锐、李松初、钱戊春、李家耿、吴鹤声、石福畴等

图3　1978年全国地区性学术会议全体代表合影

前辈,后面整齐站立这么多全国各地专家和代表,不能不使人惊叹,当时的组织者如何在困难条件下精心策划留下这张珍贵的照片!

往日虽早已逐尘而去,但往事的一幕幕珍贵画卷依旧会在江苏省皮肤科学的当今发展中铺陈开来,激励着一代代江苏"皮科人"再接再厉,不断向前。未来的发展盛况,也令人憧憬着,憧憬着……

赵 辨 南京医科大学第一附属医院

安徽省皮肤科学发展中的人与事
——我对安徽省皮肤病学发展和成长中的回忆

新中国成立前,安徽省医学卫生事业非常落后,没有医学大专学校,医疗水平较低。医院科室不完全,无皮肤科专业,亦无皮肤科医师。1953年安徽医学院初建时,请李文澜教授(原东南医学院毕业,留学日本)和沈钧助教(由病理科调来)二人来建皮肤科。当时全国除上海、北京、天津、南京、西安、成都等大城市外,均未建皮肤科。

1954年9月,我由上海第二医学院医疗系毕业,分配到安医。毕业前参加卫生部委托上海华山医院皮肤科培训的"皮肤性病学高级师资格培训班"学习。当时安医皮肤科除门诊外,病房仅有10张病床(男6张,女4张),皮肤科办公室和治疗室均设于现在的安徽中医学院附属医院的内科病区中。1956年,安庆市建立安庆市立医院,初建时安医附院各科室均有医师支援。沈钧医师主动要求去安庆,于是调往安庆市立医院设皮肤科。寇濂医师1956年任安徽省立医院皮肤科主任,后皖南医学院新建成立时,调皖南医学院工作。高玉祥教授在新中国成立前任上海广慈医院(后划归为上海第二医学院,现为上海交通大学医学院附属瑞金医院)皮肤科副主任。他是我在上海第二医学院学习和实习时的老师。1960年蚌埠医学院初建时,当时的教授、主任均由上海第二医学院附属瑞金医院的医师担任。高玉祥教授担任蚌医附院的皮肤科主任直到离休。张树中主任解放初期就在解放军105医院工作(任副院长),1956年安徽省皮肤病学会成立时,被选举为第一届安徽省皮肤性病科学会主委。1957年,李文澜教授在他参加的民主党派会上即兴发言,向政府提意见,因言论不当被打成右派,开除公职。李教授就此离开安医,后一直未再见面,于1985年病故。此后曾请西安医学院皮肤科刘辅仁教授来领导,参加临床和教学工作。这对安徽分会有很大帮助,当时刘辅仁教授组织分会医师编辑《全国皮肤科文摘》历时数月,很遗憾在"文革"中资料全部丢失。这也是后来西安医学院出版的《皮肤科文摘》的前身。以后,每年皮肤科都有新的大学毕业生 1~2 人分配到科室,皮肤科队伍逐年扩大,病床数亦有增加,至 1958 年增加到 14 张床(8 男 6 女)。设皮肤科医师办公室、教研室各一间,有独立治疗室。

解放初期,安徽省头癣流行,是头癣发病率最高的全国三省之一(安徽、江西、新疆)。那时合肥市长江路上随时可看到头上覆有黄脓痂和秃头的病人,门诊每天都有大量头癣患者。1955 年秋,科室派我再到上海第一医学院华山医院真菌室进修医学真菌学,历时 6 个月。1956 年 2 月返回安医,医院也分来一名技术员,建立真菌实验室,开展临床真菌检查。1956—1957 年,我科与省皮肤病防治所合作,先在合肥市各小学和市郊区农村应用 X-ray 照射脱发和醋酸铊(毒副作用较大)内服,配合人工拔发,历时约 2 年,控制了合肥市区头癣的流行。1958 年,我再次去上海华山医院跟秦启贤教授进修学习真菌学半年。同年,省卫生厅开展全省头癣防治,试用多种中药,结果完全失败。直到 1960 年灰黄霉素在国内生产后,对安徽省各市县头癣患者分片进行灰黄霉素内服、配合外用抗真菌药,按照"五字方针"应用临床,才取得了满意的疗效。当时我担任中华医学会皮肤科分会委员、全国头癣防治小组委员,在我省头癣防治、最后消灭的全过程中,负责具体计划、组织,总结了多篇关于头癣防治工作和实验室研究论文,刊登于《中华皮肤科杂志》。在每次全国头癣学术会议上,都有论文在大会上做报告。安医皮肤科与省皮肤病防治所合作,历时10 余年,至 1975 年全省应用灰黄霉素,结合外用药,基本消火了全省(包括大别山区)的头癣,共治疗、消灭头癣数十万例。

在 20 世纪五六十年代,我省麻风病流行,卫生部门将全省病人均隔离于肥西和淮南二地的麻风医院。当时每逢星期日上午,我带领正在接受皮肤病学课程的学生,分组乘坐由学校派发的卡车去肥西麻风医院,查房、见习,边做教学,并与麻风医院医师讨论治疗方案。同期,我省大别山区梅毒流行也非常严重,1958 年,省卫生厅组织了省内数十名医师进入大别山区,大规模调查、防治,历时四五年,我科沈钧、徐谋康医师连续脱产数年,战斗于大别山区进行防病治病工作。防治结果由沈钧医师和寇濂医师(当时在省立医院皮肤科工作)负责总结,写成论文多篇,留存卫生厅,但未见发表。1959年起,我们将职业性皮肤病的调查防治研究作为科研重点之一。1959年,我带领医学院学生进入合肥农药厂和合肥钢铁厂等厂矿进行调查研究,曾总结出多篇有价值的论文发表于《中华皮肤科杂志》。1970—1985年,我曾领导科室医师开展了"皮肤职业病的防治研究"。采取与省职业病防治所合作的方式,对农药厂(666)、合肥钢铁厂、缫丝厂、橡胶厂、泾县宣纸厂等工厂的皮肤职业病进行调查。并主动上门指导,约见有关生产工厂领导,提出防治意见,直到1985年企业改制后停止。并撰写《缫丝女工职业性皮肤病调查报告》等论文,均刊登于《中华皮肤科杂志》。

由于组织病理学在皮肤科的诊断中有很大的作用,1960年9—12月,经医学院批准,我到北京中国医学科学院皮肤病研究所,进行皮肤组织病理学学习、读片练习,初步获得皮肤病的组织病理和显微镜下组织病理变化等知识。并学习到神经末梢染色法,荧光显微镜检查法。返院后在学院病理科帮助下,开展了皮肤组织病理学临床诊断。

1980年后,全国医学会工作重新开始活动。省皮肤科学会于同年负责主办在合肥市召开三省(安徽、江苏、江西)一市(上海市)皮肤科学术会议。会议由张树中、朱一元、孙锡惠、刘季和等负责,系"文革"后召开的一次大型学术会议;同时还召开"文革"后第一次《中华皮肤科杂志》编委会,国内著名人士如胡传葵、王光超、李洪迥、杨国亮、朱德生、徐文严等编委全部参加。此次会议建议主办华东六省一市学术会议。全国著名皮肤科专家都做了学习专题报告。外省如江西、湖北、四川等省都有代表参加。也为以后的华东六省一市的皮肤科学术年会打下了坚实的基础。1984年10月—1985年7月,我被公派到法国里昂Claude Bernard医科大学和Edward Herio医院作访问学者,学习皮肤病临床和医学真菌学。1988年,《中华皮肤科杂志》编委会再次在合肥召开,同时进行省皮肤科学术会年会,会议由朱一元、盛仲灵、唐鸿珊等负责。

因"文革"动乱,各地皮肤科医师和卫校师资明显减少且质量下降。七八十年代,各项工作开始恢复,当时我省各市、县皮肤科医师缺乏,不能很好防治皮肤病。为培训和扩大我省皮肤科医师队伍,1989年,我任安徽省皮肤性病分会主任委员期间,向卫生厅汇报后,并在卫生厅领导下,以皮肤科学会名义在蚌埠医学院和合肥市卫生学校,举办了三期"皮肤科师资、医师"训练班。一次在省卫生干校,学员脱产一年上课和实习;一次在蚌医附院,学员脱产一年上课和实习;一次在 104 医院,学员脱产半年学习,由张树中负责,师资由高玉祥、朱一元、盛仲灵、唐鸿珊等担任。由省内各市、县医院,抽训一名医师参加培训,学习皮肤科理论知识,并见习病例,以增加我省皮肤医疗队伍,提高医疗质量。合肥市当时除安医皮肤科外,省医、市一院刚设皮肤科,一般皮肤科医师亦仅 1~2 人。市二院尚未设皮肤科。我主动去找各医院领导,建议他们建皮肤科,并帮助他们培训和提高医疗质量。我每周去市一、市二医院半天,看病并带教,连续年余;每周半天在省立医院皮肤科举行"病例讨论会"。市各医院将诊断、治疗困难病例约来,进行讨论、总结,历时一年余;提高全省皮肤科医师"组织病理学"诊断水平。在 1980—1990 年间,由省皮肤科学会(在省卫生厅科教处支持下)进行过多次皮肤科中级卫校师资和皮肤科医师培训班,同时为全省各县医院培训一名皮肤科医师,目的使每一县、每一卫校都有一名合格的皮肤科医师(教师),1980—1990 年由省皮肤科学会主办,在省中医学院附院连续举办了二期皮肤组织病理学习班(每期学员脱产 2 个月学习),对全省各主要皮肤科医师的皮肤组织病理知识和读片起了扫盲作用。师资由安医和中医学院皮肤科和病理科担任(具体由我和盛仲灵负责)。90 年代初期,针对我省我市社会上性病诊疗市场的混乱情况,唐鸿珊主委两次写信给卫生厅权循珍副厅长反映,受到卫生厅的重视,采取整顿措施使混乱情况得到改进。省内多位皮肤性病科专家撰写了关于性病诊治的科普文章在报刊上发表,对性病患者起到了一定的教育作用。

图 1　朱一元教授

　　朱一元，男，1928 年 1 月 19 日出生，江苏省吴江市人。主任医师，教授。

　　曾任中华医学会皮肤科学会(第八届)委员。安徽分会皮肤科学会(第五、第六届)主委,第七届名誉主委。安徽省医学美容专科分会(第一届)副主委。曾任中华皮肤科杂志(第五、第六、第七届)编委,第八届常务编委。临床皮肤科杂志(第一、第二、第三、第四届)编委,第五届特约编委。中国皮肤性病学杂志(第一、第二、第三届)编委。国外医学皮肤性病学分册(1993—1999)特约编委。安徽医科大学学报编委和临床医学美容杂志,安徽医学特约编委。1992 年起享受国务院特殊津贴。曾任安徽医科大学皮肤性病学教研室硕士研究生导师。1984 年 10 月—1985 年 7 月曾在法国里昂 Claud-Bernard 大学附属 Edward-Herriot 医院皮肤科做访问学者。

朱一元教授　口述

周文明　整理

安徽医科大学第一附属医院

皮科医旅,携手奋进

——记湖北省皮肤科学发展中的人与事

新中国成立前,湖北省仅在武汉市武汉医学院附属协和医院、武汉市一医院等极少数几家医院开设有皮肤科,另外还有少许麻风病医院(如武汉市麻风病院)。从事皮肤专业的医师人数更是寥寥无几。

新中国成立后,全省各地包括地市级医院陆续开展成立了皮肤科,使我省皮肤科开始步入正轨,尤其是改革开放以后,随着经济水平的提高,人们对健康的需要也日益迫切,我们国家的医学教育也日趋步入正轨,皮肤科在我省取得了突飞猛进的发展。如今,几乎所有的县级及以上医院已经开设了皮肤病专科门诊,一大半拥有床位数量不等的皮肤科住院病房。专业皮肤科医生已超过千人。一大批拥有医学硕士或博士学位的人才投身到我省的皮肤科事业发展中,也有一大批具有海外留学经历的专家教授从事皮肤性病学专业。

全省各单位的皮肤科兄弟科室间的良性竞争和发展,使得一些皮肤科专科不仅享誉本省,在全国皮肤科中也占有一席之地。华中科技大学同济医学院附属协和医院皮肤科已经成为全国首批国家卫计委临床重点专科,成为名副其实的国家队;武汉市第一医院(中西医结合)皮肤科在中西医结合治疗皮肤科方面享誉全国,有全国皮肤科四小龙之称;位于鄂西北的十堰太和医院皮肤科,住院床位也超过 100 张,吸引了周边陕西、河南及重庆的一大批患者。

回忆往事,想起创业的艰难。让我们一起重温那些年所走过的心路历程。20 世纪 50 年代初期,武汉市第一医院皮肤科主任汪心治、武汉市麻风病院卢建民所长就已经开始主持武汉地区消灭性病工作并开展麻风病的防治工作。1955 年,我国现代皮肤科的奠基人之一,国家一级教授于光元随上海同济医学院迁院来武汉,在武汉医学院讲授皮肤花柳病学并担任医学院附属协和医院皮肤科科主任。

1956 年,中华医学会武汉分会成立,以于光元、汪心治、卢建民等为核心,在市内定期举行病例共览及疑难病例讨论会,这一传统一直延续至今,为年轻医生的培养做出重大贡献。20 世纪 50 年代,市内大医院除看皮肤病以外,另设有梅毒专科门诊,到 1964 年全省基本消灭性传播疾病。20 世纪 60 年代初期开展了职业性皮肤病调查防治工作,重点为沥青、高温、化工、油漆及制药工业。20 世纪 70 年代,开展全省大规模的头癣防治工作,全省共普查 40 223 643 人,普查率为 91.33%,查出头癣 467 219 例,治愈 451 867 例,治愈率 96.7%。1979 年全国在武汉召开头癣防治现场会议。一直坚持麻风防治工作,从 50 年代到 70 年代全省培养了大批麻风防治医务工作人员,省内建立相应地区麻风医院及麻风村,市郊开设麻风门诊,开展联合化疗,健全检查和随访,为 1995 年消灭麻风奠定了良好基础。

1982 年中华医学会湖北分会皮肤科学会正式成立。由于光元教授担任第一届主任委员,其后基本每四年进行一次换届选举,第二、第三届主任委员由协和医院皮肤科许彤华教授担任,第四、第五届主任委员由同济医院皮肤科陈映玲教授担任,协和医院皮肤科涂亚庭教授担任了第六届主任委员,同济医院陈兴平教授担任了第七届主任委员,在 2014 年 9 月的换届选举中,协和医院皮肤科涂亚庭重新被大家推举为第八届主任委员至今。省医学会皮肤科学会每年举行一次省内的学术研讨会,不定期组织讲学团到全省各地巡回演讲,深入基层,送医送药并下乡进行义诊。1989 年省学会还主持纪念于光元教授执教 60 周年学术讨论会。另外,还举办多场全省皮肤科专科医生进修学习班,例如:真菌培训班、皮肤病理培训班、性传播疾病诊治新进展培训班、基层皮肤科医学技能学习培训班等等。

省医学皮肤科分会学术活动也不仅仅局限于省内,与中华医学会和省外兄弟医学会皮肤科学会积极交流、学习。2001 年 9 月 25—28 日,在武汉举办"中南六省首届皮肤性病学术会议",中南六省联合开展学术活动和地区间学术交流、协作,互相学习、互通讯息,是大家多年的意愿,经湖北、湖南、河南、广东、广西、海南六省主委多次协商,在大家共同筹备下，顺利举办六省会，出席代表130余人，全国皮肤科学会主任委员、中国工程院院士陈洪铎教授赴会指导并讲学，六省多为老专家、老前辈出席会议并关心指导工作，会议开得很成功，肤性病学术会议也就这样固定下来，成为六省皮肤科医生交流的很好一个平台；2005年5月20—22日，与广州市皮肤性病学会联合，在武昌东湖湖滨客舍召开"鄂粤皮肤性病学术交流会"，出席会议代表100余人，为两地区的协作、交流打下良好的基础；2005年9月22—25日，在武汉承办"全国皮肤科学会治疗组、美容组学术会议"，来自全国数百名著名专家、学者和代表出席了会议，会议学术气氛浓厚，对湖北地区皮肤科工作者是一次学习好机会，促进了本地区学科的发展。

近几年来，配合中华医学会皮肤科分会，在我省开展了多场多届（每2年一次）科主任高峰论坛（委员扩大会议），基层大讲堂以及中华医学会高级讲师团活动。

湖北省医学会皮肤科学会从第四届起每届都会主导编印湖北省皮肤科医师名录，为促进湖北省皮肤科医师的学术交流和学科发展提供了便利。

湖北省皮肤科事业的发展已经历经半个多世纪，在这几十年的发展历程中，一大批优秀的医学人才投身其中并为湖北省皮肤科事业的发展呕心沥血、鞠躬尽瘁，有更多默默无闻的人在工作岗位上默默做出自己的贡献，他们的这种精神值得我们尊重和学习。

皮肤科人才辈出，薪火相传，我们时刻不能忘记他们为学科所奉献出的一切。虽然于光元、汪心治、卢建民、祝兆如等几位医学大家已离我们而去；但孙曾拯教授、张锦章教授、陈映玲教授、王椿森教授、郑岳臣教授、徐世正教授等如今还奋斗在医学的前线。更有一批年富力强，正在领导我省皮肤科事业发展的专家教授，比如我们的涂亚庭教授、陈兴平教授、李慎秋教授、段逸群教授等等，不胜枚举。新生代中，初生牛虎，通过自身的努力而有所成就的有陶娟教授、雷铁池教授、陈柳青教授、宋继权教授等一大批中青年骨干，他（她）们代表了我省皮肤科的未来和希望。

我想记录每一个为我省做出贡献的人和事，想介绍每一个皮肤科医生的成长，但笔墨纸张不允许，那就让我们重点了解一下为我省皮肤事业发展中做出重大贡献的省医学会皮肤科学会的历届主任委员们吧。他们是湖北省皮肤科学科发展的舵手和见证人，代表了属于他们自己时代的湖北省皮肤科的丰碑和水平。

湖北省皮肤科学会主任委员——于光元教授

于光元（1899—1991），男，山东省烟台市人，我国著名皮肤性病学专家、一级教授，我国皮肤性病学科主要奠基人之一。

1921年毕业于奉天医科大学，1925年获英国爱丁堡大学医学博士学位。先后任教于奉天医科大学、国立中央大学医学院、成都三大学联合医院、兰州大学医学院、同济大学医学院、中美医院、上海第二军医大学、同济医科大学。历任第三届全国人大代表，第五、第六届全国政协委员，第四届湖北省政协委员，上海市皮肤科学会主任委员、中华皮肤科学会副主任委员、中华医学会湖北分会理事、湖北省（第一届）及武汉市皮肤科学会主任委员、《中华皮肤科杂志》副主编等要职。早年研究药理学，后从事皮肤性病学研究。主要论著有《毛地黄及其类似药物的药理学研究》《亚硝酸五烷的研究》《皮肤病及性病学》《麻风病学》《职业性疾病和工业性疾病》《皮肤病及性病学》等。主校译卡塔梅舍夫的《皮肤性病学》《安德鲁斯临床皮肤病学》第六、第七版。在国内外发表重要论文40余篇，1957年代表我国出席第十一届国际皮肤科学术会议，并在大会上宣读论文《日光性皮炎》。50年代发表论文《见于中国的雅司病》《全身性弥漫性血管角化瘤》。《核黄素缺乏病的皮肤组织病理研究》一文获全国科学大会奖，核黄素缺乏病的皮肤组织病理研究在世界上属于领先水平。

湖北省皮肤科学会主任委员——许彤华教授

许彤华，女，1930年7月生，汉族，武汉人。1956年毕业于武汉医学院医疗系，是我国第一位女皮肤科医生，1963年晋升为主治医师，1978年晋升为讲师，1980年晋升为副教授，1990年晋升为教授。任中华医学会皮肤科学会委员，湖北省皮肤科学会主任委员（第二、第三届），担任《中华皮肤科杂志》《临床皮肤科杂志》《中国皮肤性病学杂志》等编委。主编专著1部，参编专著2部，编译专著1部，获武汉市科技进步三等奖2项，发表论文30余篇，培养硕士研究生4名。

湖北省皮肤科学会主任委员——陈映玲教授

陈映玲教授,女,1936年生,广东人。1959年毕业于同济医科大学医疗系,毕业后一直工作于同济医科大学附属同济医院皮肤性病科,教授、主任医师、硕士生导师,1972—1996年任皮肤性病科(教研室)主任,1991年被卫生部授予部属高等学校优秀教师称号,1993年国务院授予国家政府特殊津贴。

陈映玲教授从事医疗、教学、科研、培干工作五十余年,热爱本职工作,并积极参加和组织各种学术交流活动,曾任中国光学学会激光医学分科学会委员,湖北省医学会理事兼湖北省皮肤科学会主任委员,湖北省性学会常务理事兼性传播疾病专业委员会主任委员,湖北省微生物学会理事及国内多个医学杂志编委。

1982年,在全国著名皮肤性病学专家于光元教授的主持领导下,中华医学院湖北分会皮肤科学会正式成立,带领全省皮肤科医师开展各种学术交流活动。陈映玲任第一届委员会(1982.9—1987.3)常务委员,第二、第三届(1987.3—1995.5)常委兼秘书,第四、第五届(1995.5—2006.6)主任委员,第六、第七届(2006.6—2014.9)名誉主任委员。

涂亚庭　林能兴　华中科技大学同济医学院附属协和医院

湘雅学子，奉献"皮科"

——湖南省皮肤科学发展中的人与事

  抗战胜利后，时任沅陵湘雅医院院长的刘泽民教授将湘雅医院回迁长沙，于 1947 年赴美国得克萨斯州州立医学院深造，致力皮肤病学的研究，成为湖南省皮肤科事业的奠基人；1948 年回国后在湘雅医院开设皮肤花柳科门诊，1954 年成立湘雅医学院皮肤病学教研组，1958 年在新建成的湖南医学院附二院(现中南大学湘雅二医院)组建湖南省首个皮肤科病房并担任附二院皮肤科主任；刘泽民教授在 50 年代初于国际上首创异烟肼局部封闭治疗皮肤结核，开创了治疗皮肤结核的新方法。编写了皮肤病学教材，翻译《皮肤性病学》《免疫学》及多篇论文，介绍、引进、推广皮肤病学的新理论。

  在刘泽民教授的感召和影响下，一批优秀的湘雅医学院毕业生如陈服文、张其亮、熊声忠、张运昌、钟植难、饶汉珍、戴若玲、刘稚然、颜兰香教授等，以及王仁林、郭定九、文海泉教授等相继分配或调入湘雅附一、附二院皮肤科，大大充实我省皮肤科队伍，建立相对完整的皮肤科学科体系，为湖南省乃至我国皮肤科事业发展，特别是皮肤医学美容学科建设做出杰出贡献。

  陈服文教授 1956 年从湖南医学院毕业后留湘雅医院皮肤科工作，曾担任皮肤科主任、湖南省皮肤病学会主任委员；1961 年创建的我省首个皮肤病理实验室；1970 年在国内最早开展冷冻治疗皮肤病，1990 年创建我省首家皮肤免疫实验室；曾负责全省培训麻风病防治专业队伍及麻风病理检验工作。陈服文教授还是一名出色的医学教育家，1987 年任湖南医科大学副校长，主管教学工作；1995 年被聘为全国高等教育评估专家组成员。在此期间，湖南医科大学的教学管理水平和教学质量受到了卫生部和社会的高度评价，为我国高等医学教育事业做出了重要贡献。

1985年成为我省首批皮肤病学硕士生导师,培养出多名优秀的皮肤性病学专家,如谢红付、陈明亮教授等。

张其亮教授1959年毕业于湖南医学院,并分配至附二院皮肤科工作,曾任中南大学湘雅二医院副院长、院长,皮肤科主任、教授、硕士研究生导师,是当代中国医学美学与美容医学学科的创建者和推动者之一,历任中华医学会医学美学与美容学分会第一、第二届主任委员,第三至第五届名誉主委,《中华医学美学美容杂志》第一至第四届总编辑。1990年11月在武汉市成立"中华医学会医学美学与美容学会",张其亮教授任第一、第二届主任委员。1995年张其亮教授主编当时国际上第一部美容医学专著《医学美容学》出版发行,同年北京黄寺美容外科医院和中南大学湘雅二医院共同承办《中华医学美学美容杂志》出版发行,张其亮任第一至第四届总编辑。1999年张其亮教授任总主编编写出版了我国第一套高等医学院校美容医学专业教学用书10部。张教授还主编《美容皮肤科学》专著2部,《医学美容实用技术学》1部。张其亮教授十分注重研究生的培养,他的学生中如陆前进、杨斌、万苗坚教授等已成为国内乃至国际知名皮肤病学专家。

熊声忠教授1956年毕业于湖南医学院,留湘雅医院皮肤科工作。曾担任湘雅医院皮肤科主任,曾兼任湖南医学会皮肤科学会分会第一、第二届主任委员,中华医学会皮肤性病学分会全国委员;对性病、真菌病、荨麻疹、大疱性皮肤病、白癜风等皮肤病具有丰富的临床诊疗经验,培养毕业多名优秀的硕士研究生。

王仁林教授1962年从中国医科院皮肤性病研究所调入湖南医学院附二院皮肤科工作,曾任皮肤科主任,湖南医学会皮肤科学会分会主任委员,湖南省麻风协会理事等职。20世纪70年代初期,在国内较早开始应用喜树子软膏治疗银屑病,继而在省内率先开展MOP+PUVA治疗银屑病。70年代,王仁林教授建立湖南省首个真菌实验室,牵头全省的头癣防治工作。1985年成为湖南省首批皮肤性病学硕士导师,培养出6名优秀的皮肤性病学专家,如黄进华、肖嵘教授等。

郭定九教授1955年从西安医学院毕业后分配到湖南医学院皮肤性病教研组工作,曾任湖南医科大学附二医院副教授,硕士研究生导师,中西医结合学会湖南分会皮肤性病专业委员会首届主任委员,中国中西医结合学会皮肤性病专业委员会理事。主持召开在我国美容医学学科发展史上具有里程碑意义的首届"皮肤美容专题学术研讨会"(衡阳,1986年)和"全国皮肤美容学术研讨会"(承德,1987年);主持翻译出版了《皮肤免疫病理学》《希氏内科学皮肤科分册》等大型经典著作。由于对学术的执着追求,未注意自身健康,导致英年双目失明,成为终身遗憾;其先进事迹先后被湖南日报以"灵魂之光"为题,及湖南卫视以"光明行"为题作专题报道。

张运昌教授1958年毕业于湖南医学院,曾任湖南医学院附二院皮肤科主任、湖南省中西医结合学会皮肤科学会副主任委员。有扎实的皮肤性病学科的理论知识和丰富的临床医疗经验,擅长中西医结合治疗各种疑难皮肤病。发表论文10多篇,并在报纸杂志上发表科普卫生知识文章近300篇,为宣传科普卫生知识做出了有益贡献。培养多名优秀硕士研究生。

刘稚然教授1962年毕业于湖南医学院,曾任湘雅医院皮肤科主任、湖南省医学会性病学分会首届主任委员,湖南省医学会皮肤病学分会副主任委员。长期从事性病的临床与基础研究,具有丰富的临床经验;培养多名硕士研究生。

文海泉教授1979年调入中南大学湘雅二医院皮肤科,曾任皮肤科主任,主任医师、教授、博士研究生导师,曾兼任湖南省皮肤科学会分会主任委员,中华医学会皮肤性病学分会全国委员,治疗学组副组长;在皮肤病理及疑难危重皮肤病的诊疗方面造诣精深。他在国内较早从事特应性皮炎研究,提出"卡介菌多糖核酸免疫调节治疗特应性皮炎"的新观点。主编参编学术专著十余部,发表论文100余篇;曾担任卫生部统编教材《皮肤性病学》的编委。培养了一批高水平的博士生和硕士生,如陈翔、杨斌教授等。文海泉教授甘当人梯,善于培养和引进人才,为我省皮肤科学科近十年来跨越性发展奠定扎实基础。

在老一辈专家学者的教导下,在全国皮肤科同仁的大力关心和支持下,经过几代人,特别是在陆前进、谢红付、陈翔、黄进华、肖嵘、苏玉文教授等一批学成归国的中青年专家的不懈努力与奋斗之下,近十年来湖南省皮肤科学科事业取得跨越性发展。湘雅二医院皮肤科在复旦大学专科声誉排名榜连续三年(2011—2013)居于全国第九位,湘雅医院皮肤科也进入专科声誉排名提名榜。以上两家医院皮肤科双双获得国家重点临床建设专科,湖南省"十二五"重点学科,拥有两个湖南省重点实验室——医学表观基因组学湖南省重点实验室、银屑病和皮肤肿瘤湖南省重点实验室。湘雅二医院皮肤科是中华医学会皮肤性病学分会红斑狼疮研究中心和特应性皮炎研究中心,湘雅医院皮肤科是中华医学会皮肤性病学分会皮肤肿瘤研究中心,中国医师协会皮肤科医师分会全国皮肤美容培训基地。陆前进、肖嵘、苏玉文教授等领衔的免疫性皮肤病(系统性红斑狼疮、系统性硬皮病、银屑病、特应性皮炎等)表观遗传学发病机制研究,陈翔教授领衔的皮肤肿瘤与银屑病研究,谢红付教授领衔的面部损容性皮肤病研究取得了一系列原创性研究成果。

在前辈们创建的湘雅皮肤科这块土地上,后起之秀层出不穷,陆前进、谢红付、陈翔、肖嵘、苏玉文、黄进华……他们接过了前辈的接力棒,把湘雅皮肤科推向了新的辉煌。

陆前进　梁云生　中南大学湘雅二医院
谢红付　中南大学湘雅医院

红土地上红心传

——记江西大地上皮肤科先驱们的事迹

胡廷桢为江西新余人,于 1918 年赴日本长崎医科大学学习,在日本期间,曾与孙中山、廖仲恺、何香凝等革命先驱有所接触,受到革命熏陶。1926 年回国,在大连任助理医师,次年受同学邀请回江西省任江西公立医学专门学校诊断学及眼科学教授,并兼任附属医院皮肤、泌尿科主任医师,为江西早期西医教师之一。1928 年胡廷桢看到江西的光头(秃头)不少,决心攻克这一病态学,致力研制,终于获得好效果,并撰写了"关于秃头病治疗成果"的论文,先后在国内与日本有关医学刊物上发表。1938年,日本侵略军飞机轰炸南昌时,胡廷桢正回到罗坊老家,他得知医专迁往赣州,又到赣州任教数年。胡廷桢在江西医专前后十几年,既是医学专科学校的教授,又是附属医院的主任医师,总是白天忙到深夜,废寝忘食,把自己的一切献给了医学事业和家乡的患者。

林荣年,福建平和人,1929 年毕业于日本仙台东北帝国大学(现东北大学),1930 年后即从事热带病学和皮肤病的医疗及教育工作,先后在杭州医院皮肤科、福建省立医院皮肤科、江西省立医专皮肤科、福建省立厦门医院等地工作,是我国较早的皮肤科开拓者之一。特别是抗日战争期间,林荣年仍在江西承担着皮肤科医疗和教学的重任,其崇高品格当为我辈楷模。

刘懋淳,江西上饶人,1922 年考入日本东京帝国大学医学部,毕业后留部属医院皮肤科工作。工作之余曾翻译日本医学教授林春雄的《药理学》,送回祖国出版,对指导医学临床实践起到了积极的作用。1931 年 6月,他曾携带皮肤真菌病研究用品归国考察,调查家乡头癣病况,采集资料。"九·一八事变"发生后,刘懋淳于当年 12 月毅然归国,历任南昌市立医院院长、江西省医学专科学校德文教师、皮肤科主任、乐平县立卫生院院长,广西田阳卫生院院长、广西医学院皮肤科主任、泌尿科主任、副教授、教授等职。抗战胜利后,他执教于江西医专。1950年,他根据20年来的临床教学实践,撰写了省内第一部皮肤病学专著——《临床皮肤科学》。1958年担任江西省皮肤(性)病研究所所长,1962年受命建立省市头癣联合防治组。他为了摸清病情,跑遍了南昌市50多所小学,为数千名患头癣病学生检查。在防治中,他认为传统性的口服醋酸铊脱发毒性过大,对儿童不宜使用。为此,悉心研究,新创了雄柳膏外用拔发法,不久又新创了硫黄乳剂外用治疗药。仅年余即治愈500多名头癣病人。"文革"期间,江西医学院附属医院皮肤科人员下放,单位撤销,他不顾年老体弱和自身困难处境,到处奔波,提建议,发呼吁,终于征得有关部门的同意,于1970年恢复了皮肤科门诊。刘懋淳晚年身患重病,依然不忘江西皮肤科学的发展,竭力协助恢复江西省皮肤科学会,被推选为主任委员。

江西最早的皮肤科是1927年江西中山大学(医学部)改建为江西公立医学专门学校,成立的皮肤花柳科。1937年7月抗日战争爆发,皮肤科随江西公立医学专门学校迁到泰和,1945年抗战结束,皮肤花柳科随省立医院回迁南昌。1947年皮肤花柳科与泌尿科合并更名为皮肤泌尿科,由留日归来学者刘懋淳博士任科主任,同时科室还有廖信鸿、汪品兰等人。

1952年学校改名为江西省医学院,1953年更名为江西医学院。1954年皮肤泌尿科分为皮肤科和泌尿外科,皮肤科单独成立,1955成立皮肤性病教研组。1958年与中国人民解放军第八军医学校合并,仍称江西医学院,将第八军医学校附属医院改名为第一附属医院,原江西医学院附属医院更名为第二附属医院。1958年9月以二个附属医院的皮肤科为基础,成立了江西省皮肤性病研究所,刘懋淳任所长,廖信鸿任书记。据说,当时全国只有五个皮肤病研究所。1959年在江西宁都县召开现场会议,在南昌召开了第四届中华医学会皮肤性病学分会改选工作,江西省皮肤性病研究所和中国医学科学院皮肤性病研究所江西头癣工作组协作,在省内开展以头癣为主的研究工作,在解决治疗方法问题上首先收集了头癣的验方秘方及国内外治疗法,并对一百多种中西药物在实验室及临床上进行了筛选工作(计有中药94种、西药22种)。此后全省各地相继成立皮肤病或麻风病防治所。1961年上半年,江西省皮肤性病研究所撤销,大部分人员调回江西医学院第二附属院皮肤科,还有一些分散到全省各地医院,如南昌、赣州、吉安、九江、上饶等地。1969年江西医学院与江西中医学院合并,成立江西医科大学。1972年11月与江西中医学院分设,复名为江西医学院。1972年为支持麻风病防治,廖信鸿由江西医学院第二附属医院调入南昌市皮肤病医院任院长。

江西省皮肤性病专业学会情况

1957年中华医学会江西省皮肤科专业委员会成立,第一、第二届主任委员为刘懋淳,第三届为廖信鸿,第四、第五届为吴铁锋,第六、第七届为钟淑民,第八、第九届为刘志刚,第十届为陈丽。1982年九江地区成立了江西省皮肤病学专业委员会九江分会,主任委员为张述华。1999年赣州地区成立了江西省皮肤病学专业委员会赣州分会,主任委员为孙传寿。2004年经江西省医学会批准正式更名为江西省皮肤性病学专业委员会。2008年12月南昌地区成立皮肤与性传播疾病专业委员会。2013年11月萍乡成立皮肤性病学专业委员会。

1988年成立江西省麻风病防治协会,1992年为第二届,会长由省卫生厅厅长兼任,法人代表为省血地办处长。2015年4月举办第三届。

1991年中国中西医结合学会江西省皮肤性病学组成立,1993年成立江西省中西医结合学会皮肤性病专业委员会,第一届主任委员为傅援锟,第二、第三届为杨建葆。第四届为杨美平。

2011年11月江西省中医药学会皮肤病学分会成立,第一届主任委员为龚丽萍。

刘志刚　南昌大学第二附属医院
陈　丽　南昌大学第一附属医院

欣欣向荣，如日方升

——见证中华医学会浙江省皮肤病学分会发展历程

一、历届分会的人员架构

浙江省皮肤病学分会成立于 1956 年。1956—1984 年，第一、二、三届委员会主任委员由姚继昌教授担任，秘书先后有林能武、姚雨冰、朱铁城和郑福兆教授。1985~1999 年第四、五、六届委员会，孙国均教授担任并连任主任委员，副主任委员为朱铁城、张瓒、陈德友、李学熹，第六届增加了郑福兆，第四、五届秘书郑福兆、劳力民，第六届秘书郑敏。1999 年换届，主任委员为郑福兆，副主任委员许爱娥、郑敏、方红、余土根、李秉熙，秘书郑敏、潘卫利。2004 年第八届主任委员郑敏，副主任委员方红、许爱娥、余土根、李秉熙、潘卫利，秘书劳力民。2009 年第九届委员会，主任委员郑敏，候任主任委员方红，副主任委员许爱娥、余土根、李秉煦、程浩、潘卫利，秘书劳力民。2014 年 9 月，选举产生了第十届委员会，现任主任委员方红，候任主委郑敏，副主任委员劳力民、李秉煦、程浩、潘卫利、沈宏、张小央，学术秘书劳力民，工作秘书乔建军。新一届委员会提出的愿景为：传承和发展浙江省皮肤科事业，扩大在国内外的影响力，引领全省皮肤科同道共同提升学术水平。

二、分会早期的主要学术活动

浙江省皮肤病学分会不定期组织开展临床病例讨论会；积极协助卫生行政机构及有关部门，开展头癣、麻风、疥疮三大传染病的群防群治工作；举办性病防治学习班；为浙江消灭头癣、消灭麻风病、控制性传播疾病做出了重要贡献；并定期举办浙江省皮肤性病学术年会。

早期临床病例讨论会采用将患者直接带到会场，通过现场观察皮疹，对疑难少见病例进行分析讨论；以后逐渐过渡到幻灯、投影及目前的多媒体形式。

浙江省第一期麻风病防治专业学习班于 1954 年由姚雨冰负责举办。继之以浙江省武康疗养院为省麻风病防治中心,开展全省麻风病的流行病学调查及防治工作。1954—1991 年间学会共举办麻风病防治专业班 35 期,学员达 888 人次。至 1994 年底,全省皮肤科医师和从事性病、麻风防治人员已达 600 余人。在国家级及省级刊物公开发表了多篇相关临床经验总结及科研成果论文。1995 年在浙江省实现了以县(市)为单位基本消灭麻风的指标,通过卫生部的审核验收。

1980 年 4 月,浙江省皮肤病学分会受浙江省卫生厅委托,在仙居县举办了为期 20 天的性病防治学习班,组织 80 余名医务人员系统学习性病防治知识,并到现场进行实地调查,为全省培训性病防治骨干。1981 年、1983 年和 1986 年受卫生部委托举办全国管理学习班共 3 期,参加学员共 118 人。近年来,每年都会举办各种类型的继续教育学习及皮肤性病新进展学习班。

三、近年来分会的主要工作

20 世纪 80 年代以后,各地皮肤科医师逐步由正规大学毕业生充实、人员素质不断提高、学会活动内容不断丰富、学术水平也进一步得到提升,每年定期在省内举行浙江省皮肤性病学术年会的规模也逐渐扩大。

浙江省皮肤病学分会还承办了华东片、全国性及国际性学术年会。1991 年在杭州,2007 年在宁波成功承办了华东六省一市皮肤性病学术会议。2008 年由中华医学会皮肤性病学分会主办,浙江省皮肤病学会协办,在杭州成功举行第十届中日皮肤科学术大会。2014 年 5 月 29 日至 6 月 1 日由中华医学会、中华医学会皮肤性病学分会主办,浙江省医学会、浙江省医学会皮肤性病学分会、浙江大学医学院附属第二医院承办,在杭州省人民大会堂隆重召开中华医学会第二十次全国皮肤性病学术年会,同时举办了 2014 国际感染–免疫–肿瘤研究论坛、2014 国际皮肤病遗传学论坛、2014 国际特应性皮炎论坛和 2014 国际银屑病研究论坛,集国际会和国内会于一体,会议规模大,内容丰富。本届年会的办会规模再创历史新高,参会代表超过 3 200 人,其中来自海外的知名学者 40 余名,受到参会者的好评。

分会还积极组织国内外学术交流,每年不定期邀请国内外皮肤病学专家教授来省内各市、县举行皮肤病学学术交流,据不完全统计,2005—2015年已邀请美国,日本,德国,荷兰,丹麦专家50余人次和国内知名专家教授200余人次来浙江省各地做皮肤科专业学术报告。

从2006年开始,分会在前任主委郑敏的带领下,每季度在杭州定期举行省市医院皮肤科沙龙,进行临床典型病例展示和疑难病例讨论,取得很好的实际效果。2014年开始增加了每月一次的病理学组的读片会;激光学组也不定期举办学术活动及操作培训。近几年省内皮肤科专家常常受邀在国际和全国会议上做学术报告或担任会议主席,并受邀到国际学术会议及国内外大学和医院作学术交流,扩大了浙江省皮肤科学会在国内外皮肤性病学界的知名度及影响力。分会主要领导在全国皮肤性病学学术领域里的学术地位有了明显的提升。前任及候任主委郑敏在全国皮肤性病学会中担任副主委及银屑病学组组长职务;前任副主委及本届顾问许爱娥曾连续担任3届全国委员,目前还担任白癜风学组组长;现任主委方红担任全国委员兼毛发学组副组长。2012年浙江大学医学院附属二院皮肤科和杭州市第三人民医院皮肤科被评为国家临床重点学科。

分会近年来还做了大量的其他工作,如主编卫生部视听教材,主译专著,参与中华医学会皮肤病学分会的各种皮肤病的临床诊疗指南的制定,参与编写全国高等院校皮肤性病学教材、各种临床皮肤科参考书及国家级继教教材。省内主要的省市级医院如浙医二院、浙医一院、邵逸夫医院、市三医院、省中医院等,有多项国家自然基金、国家级合作项目及省、部、厅、局级课题,每年在国内核心期刊及国际专业杂志发表数十篇论文(其中有不少高影响因子的SCI文章如 *JAMA*, *New England*, *Journal of Medicine* 等)。积极参加国家SFDA的临床药物试验和化妆品安全性评价的专家评审,参与卫生部住院医师培训计划项目,以及化妆品皮肤病诊断机构的各项活动。

方　红　乔建军　浙江大学医学院附属第一医院

郑　敏　劳力民　浙江大学医学院附属第二医院

不"肤"浅的情怀

——浅记华山医院皮肤科发展历程中的那些人、那些事

治疗皮肤的历史可以追溯到千年以前的古埃及。那时人们便开始使用动物油、盐、雪花石膏、纯牛奶和酸奶,以改善皮肤的外观。正因为人类对美和健康的不断追求,皮肤科学才会应运而生。1929 年,华山医院皮肤科成立,科室经历了八十多年的奋斗与坚守,曾经的小苗终成长为参天大树。现如今,华山医院皮肤科已连续多年在蝉联全国专科声誉排行榜位居榜首,每年,更有逾百万的患者从世界各地蜂拥而至,数量逐年攀升,口碑远近闻名。从此,梦想与情怀始终流淌在华山皮肤人的血脉中,一代代薪火相传。

创业维艰(1929—1949)

1929 年, 皮肤科在原中国红十字会总医院诞生, 由德籍 Frederick Reiss 医师首任科主任。自 1932 年起,杨国亮、潘继盛、蒋以楷、秦启贤、张耀英、钱戊春、刘承煌、童冠等医师相继来科工作。新中国成立前的 20 年中,本科除设门诊之外,还负责国立上海医学院(今复旦大学上海医学院前身,后简称"上医")医学系本科班的教学工作。第一部自编的英文皮肤科教材 Dermatology 于 1939 年问世。1939—1945 年期间因抗日战争,学校部分人员内迁重庆,我科杨国亮教授亦随学校内迁,直至抗战胜利后,于 1946 年返沪。

当时,科内没有任何实验设备,即使在极其艰苦、动荡的年代生活和工作,我科的前辈们也无怨无悔,仍然兢兢业业,忠于本职,不但要完成内迁同学的教学,少数留守上海的老师还要做好母校的临床教学。抗战胜利后, 我科同时兼负红会医院及中山医院的皮肤科临床及教学工作,并十分重视临床资料(如门诊病卡、典型病例)的积累,教具(如照片、挂图、幻灯片等)的添置及外用药制剂的研制等。杨国亮、潘继盛等在那段

时间先后在欧美国家一些皮肤科专业期刊上发表过近20篇论文，诸如丹毒橡皮腿与足癣等相关性的论述、梅毒锁骨病征的报道、用链杆菌抗原治疗软下疳的研究等都对学科发展具有一定推动作用。当时研制的外用药剂如：蜂蜜猪油软膏治疗冻疮，硫黄白降汞捈剂治疗白癜风等，至今仍是被公认为行之有效的外用药物。

获得新生（1950—1965）

皮肤科室在风雨中走过了20年的初创历程，终迎来了新中国的解放。同时，我科也步入大发展时期。科室人员逐年增多，施守义、董绍华、邱丙森、吴绍熙、袁承晏、韩堃元、周永华、孙盛航、吴保苏、周茂恒、黄正吉等先后来科工作，师资力量逐步得到充实。这一时期，在国家卫生部直接关怀下，政府拨专款扩建了皮肤科用房，除门诊扩容外，另开设了具有53张床位的专科病房，并相继建立了真菌、皮肤病理、皮肤生理、皮肤生化及皮肤免疫等实验室，还建立了配备有X线治疗机、放射性核素（90锶、32磷）敷贴器等治疗仪器的理疗室。

在杨国亮教授亲自关心下，并经卫生部批准，我科在上医首次开办了医疗系皮肤性病学专业班（1953—1957）。在开班典礼上，杨教授为同学们讲了"稳定专业思想，为献身伟大的皮肤科医学事业而奋斗"的第一课。在整整4年中我科前辈老师们为办好这个特殊班级，亲自制订教学计划，编写、刻印教材，手把手示教病例，帮助修改书写的病历等，他们呕心沥血为新中国培养了第一批皮肤科专业人才。为了进一步提升我科技术力量，加强学科建设，该专业班于1957年夏毕业，之后即有8人（康克非、王侠生、李树莱、李祖熙、李长恒、郑沛枢、秦万章、丁寿安）被分配至我科工作，4人（张法听、江云玲、刘禧义、汪淑坦）为重庆医学院代培。1959—1965年期间，张琅美、陈慧珍、方丽、朱光斗、杨蜀嵋、廖康煌、徐丽英、王慧英、田润梅等陆续被分配来科。至此，我科的学科梯队建设已颇具规模。

在科主任杨国亮的领导下，全科共同努力，科室医、教、研等各项工作均取得了长足发展，门诊时高年医生巡查制、疑难病例讨论制、病房三级查房制、主任查房制等确保医疗质量与安全的制度也相应建立。除普通门诊外，我科还陆续开设10多个专病门诊，内容涵盖银屑病、湿疹、红斑狼疮、血管炎、大疱性皮肤病、职业性皮肤病、白癜风、中医中药治疗、真菌病等。

同时，为响应国家号召，支援内地及郊县建设，我科钱戊春医生于1956年赴乌鲁木齐市筹建新疆医学院皮肤科；董绍华、袁承宴、周永华、孙盛航等4位医生于1958年赴重庆市筹建重庆医学院皮肤科；郑沛枢医生于1961年赴市郊青浦县人民医院工作。

历经磨难(1966—1976)

正当全科人员以极大热情投入到工作中去时，"文革"开始了，我科同样也被卷入"浩劫"：医、教、研等各项工作受到严重干扰、破坏。我科绝大部分医、技、护人员均参加了医疗队下农村巡回医疗的工作，为期3个月至2年不等，足迹遍及浙、赣、滇、皖、藏等省的市郊及广大农村山区。

虽然困难重重，但我科始终不忘回报社会，细心钻研面向生产实际的课题。1969年，我科杨国亮及王侠生医生参加市组织的医疗队赴赣、黔、滇三省，为插队落户的上海知识青年患上的虫咬皮炎开展调查和防治，不但搞清了病因，而且基本控制了皮炎蔓延。1971年本市曾突发流行一种被称为"桑毛虫皮炎"的病，在市协作组的安排下，我科及时安排人员对该突发事件进行了全面调查研究，最后搞清了发病的原因。

此外，杨国亮教授对音频治疗皮肤病的探索性研究数年如一日坚持亲自操作、观察记录、随访，亦取得了良好效果。

走向辉煌(1977年至今)

"文革"结束后，特别是党的十一届三中全会后，我科医、教、研各项工作又重新步入正轨。科主任负责制得以恢复，仍由杨国亮任主任，秦启贤、施守义、刘承煌、李树莱、李长恒等任副主任。自1985年，杨国亮教授因年事已高，不再担任科主任，其他几位副主任也因各种原因卸任。之后的20多年中，康克非、王侠生、方丽、郑志忠相继担任科主任，自2007年底开始由徐金华任主任。其间廖康煌、翁孟武、傅雯雯、项蕾红、阎春林、杨勤萍等先后任副主任。

1978年，经上级批准，我科在原有的皮肤病研究室基础上成立上海医科大学皮肤病学研究所，并由杨国亮教授出任首任所长。之后，康克非、王侠生、廖康煌相继出任所长，2014年由张学军任所长。研究所成立后，除进一步完善原有的真菌、病理、免疫、生化等实验室外，还陆续新建了细胞生物及光生物实验室,扩充人员编制,增添必要的仪器设备。2002年我科原有的皮肤性病教研室改为皮肤性病学系,翁孟武任系主任。2008年由徐金华任系主任。

华山皮肤科的病例数之大、病种之广都是世界之最,这是一个推动学科发展进而带动全国的重要宝库,也是长久服务好患者的保证。近年来,华山皮肤科致力于将强大的临床优势转化为引领学科发展的势能,目前已是卫生部临床重点专科,也是上海市"重中之重"重点学科和复旦大学"211工程"新学科建设项目。从2010年以来,这片沃土已先后吸引了包括"国家千人计划"的学者、全国主任委员等在内的一批权威人士入驻,也斩获了上海市医学科技进步奖、863国家重大课题、国家自然科学基金、上海市自然科学基金课题,及上海市领军人才、上海市优秀学科带头人各类人才计划等20余项。2014年底,华山皮肤更是打通临床科室与研究所,申请牵头成立了复旦大学疑难皮肤病诊治协同创新中心,力求打造皮肤病诊治、研究与转化的一体化平台。

作为大学的教学医院,华山皮肤科承担了大量的教学任务,皮肤科的教学课程以全英文授课为特色,大量的实践机会又让学生的临床基础及时得以夯实。综合历年的经验和心得,华山皮肤科已编著了《皮肤病性病学》《现代皮肤病学》《临床真菌学》《免疫皮肤病学基础与临床》等等一系列专著,荣获卫生部"科技杰出著作奖"和"教学成果奖",被不少国内院校奉为"皮肤病学的圣经"。

作为具有全国影响的学科,华山皮肤科每年开设国家级继续教育项目7项(为华山医院各学科中数量最多),已累计培养全国骨干3 000多人,他们中的许多人已成为了当地的权威。

华山皮肤的目标不仅仅是享誉全国,还有更大的梦想是立足世界。近年来,皮肤科一直致力于国际化道路的建设。近年来,科室接纳了来自加拿大、新西兰、韩国、巴基斯坦、毛里求斯等国家还有我国香港、澳门、台湾地区的研究生和进修生,可谓桃李满天下。每年,都会有国际级的皮肤科论坛在华山举办,华山的医生亦经常有机会"走出去看看"。自80年代初,我科便陆续选派康克非、郑沛枢、王侠生、廖康煌赴美分别研修皮肤免疫、皮肤病理、皮肤毒理(包括职业性环境性皮肤病)及皮肤光生物学等。之后又陆续选派翁孟武、郑志忠、廖康煌、王家俊、余碧娥、陈明华、章强强等作为访问学者分赴美、法、英、日、意等国学习 6 个月~2 年。近年来，项蕾红、吴文育、陈连军、卢忠等先后赴美、加进修学习。他们回国以后都为学科建设做出了自己的贡献。

此外，因为拥有过硬的技术，华山皮肤科近年来在服务量节节攀升、外延拓展的同时，内涵也上升了，皮肤科的平均住院日已由 2009 年的 8.65 天下降为 2014 年的 5.9 天，在保证质量前提下，效率提升了。用药占比由 2010 年的 43%下降为 2014 年的 41%，"民生答卷"上的成绩斐然！

在公益方面，在独善其身的同时，我科努力践行兼济天下的担当。近年来，已派出医师援疆、援滇、援藏等累计 20 余人次，主动投身各类义诊百余人次，服务居民上千人次。2008 年抗震救灾期间，华山皮肤科第一时间抽调 6 位医师分赴绵阳、安县、都江堰、成都等地救治伤员。2010 年世博会期间，华山皮肤科派出的医疗队员负责世博园 A 片区的各类皮肤问题的防护和诊治，在这个极为重要的舞台上，他们很好地展现了上海医务工作者的风采，也荣获了"上海市卫生系统青春世博行动优秀青年志愿者"的称号。科室更是致力于公益行动的常态化，与长宁区新泾社区卫生服务中心长期建立了双向联动，将三级医院优质医疗资源辐射至社区，进一步提升了社区卫生服务的能力，带动社区共同发展。

随着新医改的深入推进，华山医院北院作为市府"5+3+1"工程的内容之一，已于 2012 年底开业试运行。华山皮肤科以这个平台为依托，在城市之北完成了一次自我复制，建设华山北院皮肤科，这个科室继承了华山皮肤的品牌和精髓，已累计服务门诊患者 10 万余人次，并仍将以过硬的技术服务更广大的人群。

我们希望华山医院皮肤科的患者分为这样三类——今天慕名而来的、今后可能会来的、有需求却无法前来的。三个层次的患者都是催促我们将事业发展下去的上帝，无论有过多少荣誉，无论声誉的排名保持多少年的全国第一，华山医院皮肤科最注重的还是患者的评价和口碑，因为患者满意，才是我们最大的情怀。

徐金华 复旦大学附属华山医院

记广东皮肤科学人和事

今天的广东皮肤科已是一个国内影响力大、国外知名,临床诊疗实力雄厚、科研能力水平高、学术交流能力强的先进学科。回顾它所走过的历程,真令人感受甚多。

早在民国 15 年(1926 年),中山大学医学院(前身为博济医院)正式独立开设皮肤花柳科,为广东最早的皮肤性病学科。民国 17 年(1928 年)增设皮肤花柳教学课程,为广东地区皮肤性病培训的新摇篮和发源地。1942 年,据省卫生处统计,当年各公立医院皮肤花柳病人数达 53 427 人次。此外,新中国成立前我省还有几所由外国教会创办的麻风病院。从事本专业的人员不多,新中国成立后,广东省皮肤科不断发展,全省各市、县、区等地各级医院相继设立皮肤科或皮肤病防治所(站)。仅广州就有 30 所医院设有皮肤科门诊,全省各大医院共有皮肤科病床数达 300 张,广州市皮肤科日门诊量达 5 000 人次。据不完全统计,全省有皮肤科医生 2 000 人左右。中山大学医学院、暨南大学医学院、南方医科大学、广州中医药大学、广东医学院、广州医学院等的皮肤科教研室先后开始招收硕士研究生,其中,中山医科大学、广东省中医院分别成为省内西医、中医的第一个博士点,招收博士研究生及成立博士后工作站,之后南方医院、省中医院、暨南大学第一附属医院、暨南大学附属广州市红十字会医院等也招收皮肤科博士生,上述单位为我省皮肤科人才培养做出了重大贡献。

随着皮肤科的发展,从业人员不断增加,在我国皮肤科学术组织的影响下,广东皮肤科的学术组织也应运诞生。1954 年,省内成立第一个皮肤科学术团体,即广东省皮肤科学会,历届主任委员为黄明一(第一、第二届)、李松初(第三至第五届)、阮其浩(第六届)、张怡源(第七、第八届）。定期组织本地的学术活动并参加全国皮肤科学会与组织逐渐扩建，水平也渐有提高，但因条件所限，历届只有一人成为全国委员，参与的学术交流水平也远不及国内其他发达地区。在张怡源教授任主委的第七、第八届期间，学会与省皮肤病防治所鼎力合作，创办了我省第一份皮肤科杂志——《岭南皮肤科杂志》，这是我省皮肤科学术发展的标志性产物。学会工作发展也较快，学术力影响至中国香港和澳门。因此，在三地同行的努力下先后成功组织了4届省港澳皮肤科学术交流会，使广东省皮肤科的发展进入了新的高度。70年代，随着广东地区改革开放的到来，各行业高速发展。大好形势吸引全国皮肤科的大量人才流入。广东第一批出国进修学习人员曾凡钦、张锡宝先后从法国、泰国学成回国，极大地壮大了人才队伍。1978年，曾凡钦接任第九、第十届广东省皮肤科学会主任委员，连任两届，历时11年，主委会由曾凡钦、李其林、顾有守、廖元兴、侯显曾、赖维组成，充分利用前任班子的良好基础及广东地区的大好形势，凝聚了广大人才，奋起直追，学会倡导团结、奋进、开拓的精神，使广东皮肤界全体同行形成了前所未有的和谐与团结、朝气蓬勃的新景象。广东省皮肤科在技术队伍的建设、科研及学术水平、临床诊疗水平都得到了迅猛发展，取得国内外同行的认可，整体水平逐渐进入国内皮肤科一流行列。

70年代后期，广州市、佛山市和深圳市、汕头市、东莞市、中山市、湛江市、梅州市、珠海市、惠州市、清远市等地级市，相继成立市皮肤科学会，我省中医系统先后成立广东省中西结合学会皮肤病专业委员会，以及广东省中西医结合学会皮肤性病专业委员会，不少专家同时在各学术团体中担任职务。2003年，曾凡钦作为广东省代表首次进入全国皮肤科分会常委会并连任三届。中国医师协会皮肤科分会于2005年12月成立，曾凡钦教授当选为副会长并连任三届，后有赖维教授任第四届副会长。广东省医师协会皮肤科工作委员会则于2006年5月成立，曾凡钦教授为名誉主任委员，李其林主任担任首届主任委员，副主任委员有赖维、曾抗、陈永锋、邓列华、张锡宝、陈达灿，2014年由张锡宝教授接任该分会的主任委员，曾凡钦为名誉主任委员，李其林教授、邓列华教授、郭庆教授、杨斌教授、杨慧兰教授、韩建德教授、翁智胜教授、彭学标教授为副主任委员,其主要职能是:自律、维权、管理和服务。陈达灿任中国中西医结合学会皮肤性病学会副主任,范瑞强任广东省中西医结合皮肤科分会主委。 随学科亚专业的发展,我省皮肤科先后成立相关的专业分会,如:广东美容美学皮肤科分会、广东中西医结合微整形学会等。2011年,赖维教授任广东省医学会皮肤性病学分会主任委员,曾凡钦教授为名誉主任委员,曾抗教授、邓列华教授、张锡宝教授、杨慧兰教授、杨斌教授、王群教授、席丽艳教授为副主任委员,积极使学会各方面工作持续发展,并以良好的学会基础交给了2015年新任主任委员南方医科大学曾抗教授,曾凡钦教授为名誉主任委员,邓列华教授、张锡宝教授、陆春教授、杨斌教授、杨慧兰教授、席丽艳教授、杨健教授、钟绮丽主任为副主任委员。

广东省的皮肤病研究机构从无到有,从小到大,继中山医学院(中山医科大学前身)附属第二医院(即现中山大学孙逸仙纪念医院)何玉琼教授于1954年建立了华南第一间真菌室后,新的皮肤病研究室像雨后春笋,不断涌现发展。中山大学第一、二附属医院和广东医学院附属医院分别成立皮肤病和胶原疾病研究所(室),中山大学第三附属医院皮肤科通过卫生部评审设立卫生部化妆品皮肤病诊断机构(全国13个单位之一)和卫生部化妆品人体安全性与功效检验机构(全国3个单位之一),以上单位和暨南大学医学院、南方医院、省人民医院和广州医学院及广州市第一人民医院等,以及广州市以外三级甲等医院皮肤科都先后建立有皮肤病实验室、真菌室、细菌室、病理室、免疫病理、免疫组化室或性病实验室,部分单位配备有电镜、荧光显微镜、细胞培养仪、CO_2培养箱、酶标仪、PCR检测仪等现代化设备,南方医院及广东省中医院皮肤科开始拥有皮肤病诊疗最新进技术——皮肤CT检查诊断技术,全面进入现代皮肤病的实验室诊断研究工作平台,使皮肤病的诊疗水平迅速提高,尤其在免疫性皮肤病、结缔组织病、皮肤血管炎、银屑病、秃发、老年性皮肤病、小儿皮肤病、皮肤肿瘤、麻风、性病、美容等领域发展活跃。中医方面还开展中药抗细菌、真菌和病毒等方面的研究以及中西医结合治疗的探讨。中山大学第二附属医院、第一附属医院、第三附属医院,南方医院,中医药大学附属第一医院,广东省中医院,广东医学院附属医院,广州市皮肤病防治所,广东省皮肤病院,珠江医院等均先后获得过多项国家自然科学

基金及其他国家级研究项目。在不懈奋斗的长河中,广东皮肤科人取得了长足的进步和辉煌的成绩,主要的成绩表现有:

职业性皮肤病:李松初早年曾留学苏联,我国最早开展职业皮肤病的研究者之一,他重点对稻田皮炎进行过深入系统的研究,已发表论著10篇。其中"广东稻田尾蚴皮炎裂体科吸虫"和"磷酸羟基哌喹所致色素沉着的研究"获部级奖。此外,还对放射性农药、化学药品、塑料等引起的职业性皮肤病进行过研究。

真菌病:1954年,中山大学第二附属医院何玉琼等人建立的我省第一个真菌室,此后,有多个单位皮肤科分别设立,对真菌性皮肤病进行免疫学、超微结构、菌种DNA同源性及中药抗真菌的研究。目前中山大学第二附属医院承担国家自然科学基金面上课题及重点项目多项。

表皮癣菌病:研究发现广东省表皮癣菌病的病原以红色毛癣菌和石膏样毛癣菌为主。头癣的病原菌过往以铁锈色小孢子菌多见,而目前是以狗小孢子菌为主,发病率从1962年的0.24%下降至1981年的0.18%,为全国发病率最低的省份之一。张怡源、李其林(1988年)曾发现两例经真菌培养证实的黑癣;赖维和徐广坤等通过分子生物学和分子遗传学的研究,证实圆形和卵圆形糠秕孢子菌为同源,该论文获省科协优秀论文三等奖。

深部真菌病:广东省常见的深部真菌病为念珠菌病,其次为多发于农民的孢子丝菌病,李松初、何玉琼调查发现,后者于解放初期也曾在粤北旧煤矿区呈职业性流行。1960年,黄醒亮等首次报道见于广东的孢子丝菌病,1965年阮其浩等首次报道在孢子丝菌病脓肿穿刺液的直接镜检中发现大量菌丝;1958年黄明一、何玉琼等报道1例经证实为 Homodendrum Species 的华南首例着色霉菌病;邓锦惠有关地霉安全性研究的论文获省科技二等奖;曾凡钦教授等首次发现并报道国内少见病种马尔尼菲青霉菌原发感染引起的系统真菌病例。1998年王俊杰等国内首次报道"冻土毛霉所致的原发性皮肤毛霉病"。省内偶见足菌肿,还见到组织胞浆菌病和球孢子菌病各1例。

结缔组织病和皮肤血管炎:1955年李松初和阮其浩发表"红斑狼疮临床分析"的论文,引起了学术界的关注,提高了该病的正确诊断率。此后,许德清等对该病进行了系统深入的研究,他于 1986 年主编的《红斑狼疮》,为我国第一部有关本病的专著。他和钟幸福等进行的关于"系统性红斑狼疮发病机理的研究",获国家教委自然科学成果二等奖。曾凡钦教授首先报道分离红斑狼疮患者皮肤做狼疮带实验,首先在我省开展分离皮肤免疫荧光检查技术,成果被《实用内科学》巨著收录。2001 年曾凡钦教授等关于"系统性红斑狼疮患者体内 DNA 及 DNA 酶异常的系列研究"获广东省科学技术奖三等奖。此后,许德清、曾凡钦等对《红斑狼疮》一书进行修订、充实和更新,并于 2003 年 6 月再次出版。佟菊贞、谭仲楷对皮肤病理有研究,前者对皮肤血管炎的研究尤其深入。南方医院曾抗教授等率先在省内开展红斑狼疮、天疱疮骨髓干细胞移植,并获得成功。2003 年彭学标等进行的"系统性红斑狼疮 HLA 分子遗传学及临床系列研究"获广东省科学技术奖三等奖。

大疱性皮肤病:1979 年,广东省人民医院皮肤科报告我省首次用DIF 确诊的幼儿天疱疮。暨南大学医学院赵永铿等对天疱疮的免疫病理有专门的研究。

中医中药:近 20 多年来,我省先后发表中医皮肤病研究的论文百余篇,尤以皮肌炎、硬皮病及银屑病的中西医结合治疗方面取得一定成果,积累了一定的经验。

性病:我省到 20 世纪 50 年代末,除个别少数民族地区外,性病几乎绝迹,对外开放后,该病又死灰复燃。中山大学第一、二、三附属医院,南方医院,暨南大学医学院,广州中医药大学,广州医学院,广州军区总医院,省市皮肤病防治所等单位对防止性病蔓延做了广泛研究,取得了可喜的成绩。近年省皮肤病防治所还负责全省各级医疗单位和各市县皮肤病防治所的性病实验室等级评定工作,已有多个单位通过三级或二级性病实验室评定。为了防治性病,广州市专门成立广州市性病防治技术指导小组,专门研究性病的防治、指导和规范性病治疗,加强性病监管和科研,使性病防治和科研均处于国内先进行列。

麻风:新中国成立前我省麻风病发病率较高,新中国成立后,在党和政府的关怀下,1955 年成立麻风病防治委员会,所属市、县、公社都设立了防治机构,从 70 年代起全省麻风防治人员一直保持在 1 500 人以上,截至 1989 年,在全体麻防人员的努力下,全省麻风病患者由 45 637 人下降至 700 余人。因此,麻风病院多数关闭,专业人员大部分改行,或再培训从事皮肤科工作。至 1998 年达到国家下达的发病率降至百万分之一以下标准。

其他:1988 年由钟南山院士直接领导下的广医一院皮肤科率先在广东省广州市成立脱发治疗专科,在省内外享有较高的声誉和学术地位。1992 年率先开展自体头发移植,该项手术当时填补了我省的空白。10 年前率先在广东开展毛发结构检查,对部分毛发疾病明确诊断,及进行预后判断。侯显曾、虞瑞尧、卢浩锵于 2006 年编写的《毛发及头皮疾病诊治彩色图谱》更是凝聚了他们毕生的心血。2006 年 12 月赖维教授获中国医师协会皮肤科分会颁发的杰出中青年医师奖。

专著和论文:新中国成立后由我省专业人员主编、参与编写或翻译的专著约 60 余部,论文 3 000 多篇。其中,属于全国性、主编的、大型的或获奖的专著有李松初任编委的《中国医学百科全书症状学》(省医药卫生科技进步二等奖)和《怎样防治稻田皮炎》(最佳作品)以及他参与编著的《内科理论与实践》有关皮肤科部分;赵永铿主编的《实用皮肤病学》(全国优秀科技图书奖);赵永铿主编的《实用皮肤病学彩色图谱》(英文版获广东省科技进步二等奖);张曼华、许德清编著的《中医皮肤病精华》(国家级优秀专著奖);张怡源主编的全国医士统编教材《皮肤科学》和他任副校长时编写的《临床皮肤病学》;曾凡钦、赖维教授参与编写全国高等学校教材《皮肤性病学》;许德清、曾凡钦主编《红斑狼疮》;吴志华主编《皮肤性病学》(全国 20 所高校协编教材和增订版)、《现代性病学》《皮肤病及性病彩色图谱》《现代皮肤性病学》(2002 年获广东省科学技术奖三等奖)、《实用性病学》《皮肤病治疗学》;林泽主编《中西医结合防治性病》;廖元兴主编《性病的中西医诊疗》(西南西北优秀国书三等奖)、《现代性病临床彩色图谱》《假性病、真性病》;曾抗主编《图解性病诊治学》;杨健主编《感染性疾病的皮肤表现与鉴别图谱》;谢礼豪主编《皮肤性病急诊学》;陈达灿主编《皮肤性病科专病中医临床诊治》;范瑞强、廖元兴主编《中西医结合临床皮肤性病学》;陈军生、许德清、范瑞强主编《毛发学》等。

1994年创办《岭南皮肤性病科杂志》，1995年正式出版发行，当时为GD号，1999年经国家新闻出版署批准，改为CN、ISSN号，正式国内外出版发行，现名《皮肤性病诊疗学杂志》。

"数风流人物，还看今朝"，广东皮肤科取得了过去的辉煌，还会迎来灿烂的明天，我们深信新一代的广东省皮肤科人一定会走进更加美好的新时代。

曾凡钦　郭　庆　中山大学孙逸仙纪念医院

足　　迹
——回眸福建省皮肤科发展过程中的人和事

回眸福建省皮肤科发展历程，往事历历在目，令人心潮澎湃，思绪万千。经过几代人不懈地开拓、耕耘与播种，目前福建省皮肤科犹如一丘壮苗，期待有志者施肥、除草，从而获得丰收。

一、开拓篇

福建省皮肤病学领域开拓于清朝嘉庆年间，当时福建长乐籍名医陈修园（1753—1823）就有治疗天花及麻疹的记载，他在其《医学三字经》中写道："即痘疹，此传心，惟同志，度金针"，书中所述"痘"即天花，"疹"即麻疹，早期用桂枝汤可治。陈修园还在北京学习了"引牛痘法"，在其所著《金匮要略浅注》卷九中有"附引牛痘法"记载。"引牛痘法"与现在的"种痘法"类似，是预防天花的有效方法。

清朝末年，自学成才的肖治安在福州城澳门桥附近开设诊所，擅长治疗中医外科疑难杂症。受其影响，其子肖拯、肖秋初及肖泽梁也继之成为名医，其孙肖定远 1960 年考入福建中医学院，经过系统理论学习，发扬祖传中医外科优势，擅长治疗疔、痈、丹毒、乳房疾病、周围血管病及癣等。

1931 年，黄丙丁博士带领他的同事在福建厦门、泉州、惠安、漳州等地开展头癣流行病学调查，发现头癣的主要致病菌是铁锈色小孢子菌，其次为紫色毛癣菌、许兰氏黄癣菌及蒙古变种等。1932—1933 年，黄丙丁博士对东北地区军马秃毛症开展研究，发现军马所患秃毛症系石膏样毛癣菌及马癣菌所致，此项研究曾得到日本政府的肯定，被誉为日本最新最早的发现。黄丙丁博士学还发表了《几种皮肤癣菌阳性动物接种成绩》《从单纯性头皮糠疹和耵聍中培养出卵圆形糠秕秕子菌 2 例》等文章。1935 年黄丙丁博士受聘于福州市筹建福建省立医院，1937 年建成并出任院长及皮肤、性病及泌尿科主任，建成我省首家综合性医院皮肤科。

1937年5月,李鼎勋在福建省立医院正式成立时任第一副院长并主持工作,在首任院长黄丙丁博士遇害后,任院长职务。

1945年,厦门市第一医院成立皮肤科,林荣年出任副院长兼皮肤科主任,从事热带病流行病学和皮肤病的医疗及教育工作。

1949年,张南博士回国担任闽北基督教麻风协会医务主任,在协和医院和柴井医院创建了福建省首批麻风门诊部。1950年7月任福建省麻风病防治所(福建省皮肤病性病防治院前身)所长,积极协助全省扩建11所麻风病院和创建了15个麻风病门诊部,形成了全省专业防治机构的网络。

1952年至1983年,福建省皮肤病性病防治院相继举办了32期麻风病培训班,培养专业人才1 603人(其中505人为全国各省、市区专业骨干),为建立健全福建省、地(市)、县、乡四级麻风病防治网络奠定了基础。

1958年至1978年,福建省皮肤病性病防治院先后组织5次全省性麻风调查,全省累计发现麻风病人27 252人,为麻风病早发现、早治疗、早预防、早控制提供了坚实基础。

二、耕耘篇

1979年12月,中华医学会福建省分会皮肤病学学会第一届委员会正式成立,邵康蔚主任医师当选为主任委员,刘日晶教授、顾伟程教授及陈玉麟教授为副主任委员,潘和玉、林爱华为秘书,从此,福建省皮肤病学领域有了正式的学术团体及一批辛勤的耕耘者。这次大会期间,还召开了福建省第一次皮肤科学术会议,出席代表50人。叶顺章、王玉山、倪容之及李长恒教授等应邀参加了会议并进行讲座。

1982年11月,学会在厦门市召开第二次皮肤科学术会议,交流学术论文40多篇。

1983年10月,学会和北京市皮肤科学会在福州市联合举办皮肤科新进展学习班,为期20天,到会学员370多人,来自北京各大医院的10名教授:李洪迥、王光超、张志礼、陈集舟、陈锡唐、袁兆庄、龙振华、李世荫、曹仁烈、虞瑞尧分别在会上做了学术讲座;我省的邵康蔚、刘日晶及施秀明教授也做了讲座。通过这次学术讲座,我省的皮肤科学术水平迈上了新台阶。

1986年间,学会在漳州市召开了麻风及性病新进展报告会各一次,分别为期7天及10天;到会本省学员150名,报告会中也有来自广西、贵州、湖北及山东的学员。李文忠、孟梅白、赵西丁教授及邵康蔚主任医师在会上做了学术报告。

1987年10月,学会进行了换届选举。邵康蔚主任医师再次当选为第二届主任委员,施秀明教授当选为副主任委员,潘和玉、陈明浩为秘书。1988年,学会在漳州市举办性病新进展学习班,为期5天,来自本省及山东、广西、贵州、浙江及江苏等共10个省市的学员参加学习。由陈学荣、刘日晶及邵康蔚主任医师共同授课,并在市皮防院坐诊,诊疗皮肤科常见病及疑难病,1 000多名患者接受诊治。

1991、1992、1993年均开展了学术活动。

1994年11月,我会在泰宁县召开第四次全省皮肤科学术会议,出席这次会议的代表共66人,交流学术论文138篇。会议期间进行了换届选举,邵康蔚为名誉主任委员,施秀明为主任委员,林伯滢主任医师、陈进木及林爱华副主任医师为副主任委员;何成雄和刘茁为秘书。

1995年2月,学会组织对全省皮肤科副主任医师以上的专家编写《皮肤病性病新进展讲义》,为我省皮肤科医学继续教育提供了第一本好教材。

1996年4月,学会组织人员参加华东地区六省一市第四届皮肤科学术会议。

1997年5月,我会在泉州市召开了全省第五次皮肤科学术会议,136篇论文参加交流。

1998年5月,我会和福建省皮肤病性病防治院举办了为期6天的性病临床管理培训班,参加学员36名,采用《中国-欧盟性病/艾滋病临床管理培训项目教材》授课,由施秀明教授、洪宝营及张君坦主任医师,陈进木、胡荔红和何成雄副主任医师,以及王贞生主管技师等主讲。1998年11月又举办了一期为期5天的性病临床培训班,参加学员42名。

三、播种篇

1999年6月,我会在福州市召开了全省第六次皮肤科学术会议并进行换届选举。林伯滢主任医师当选为主任委员,施秀明教授及池信银主任医师为副主任委员,何成雄和刘苗为委员兼秘书。

2002 年,林伯滢主任委员当选为中华医学会皮肤性病学分会第十届委员会委员。

2003 年 9 月,我会在漳州市召开了第八次全省皮肤科学术会议暨换届选举大会。林伯滢主任医师连任主任委员,池信银主任医师、王育英教授为副主任委员,何成雄主任医师为副主任委员兼秘书;刘苗副主任医师为常委兼秘书。

2007 年 10 月,学会在宁德市召开了福建省第九次皮肤科学术会议暨换届选举大会,何成雄主任医师当选为主任委员,王育英教授、刘迎红及刘苗主任医师当选为副主任委员;会议还选出了 13 名常委及 38 名委员,黄宁副主任医师当选为常务委员,并被聘为秘书。

2011 年 10 月,我会在福州市召开了福建省第十一次皮肤科学术会议并进行换届选举,产生了由 59 名委员、19 名常务委员、5 名副主任委员及 1 名主任委员组成的福建医学会皮肤病学分会第七届委员会。何成雄主任医师再次当选为主任委员,刘苗、刘迎红、程波、刘晓坤及吕萍教授当选为副主任委员,纪明开(博士)主治医师当选为委员兼秘书,向妞(硕士)医师被聘为秘书。

2012 年 5 月,成立了由 32 名委员、3 名副主任委员及 1 名主任委员组成的福建医学会皮肤病学分会第七届委员会青年委员会。福建医科大学附属第一医院皮肤病性病分院副院长、主任医师何成雄被指定为主任委员,纪明开副主任医师、向妞主治医师及翁立强主治医师为副主任委员,纪明开博士兼任秘书,苏惠春被聘为秘书。

2013 年 3 月,我会在福州市举办了中华医学会皮肤病学分会继续教育基层大讲堂,及福建省皮肤病新进展培训班,参加这次培训班的学员263 名。授课老师包括省外专家徐金华、谢红付及王刚教授,以及省内专家程波教授及何成雄主任医师。讲授课题既有重症皮肤病的抢救,又有顽固性皮肤病的诊治及皮肤美容进展,内容丰富,学员踊跃提问、学术气氛浓厚。此外,在 2013 年间,我们还分别在福州、南平及厦门市举办了四次中华医学会皮肤病学分会继续教育基层大讲堂,邀请 16 名省内外专家讲课,参会人数达463人次。会上专家与代表之间进行了相互交流,参会代表踊跃提问,学术氛围十分浓厚。通过这四次培训班,省内皮肤科工作者对常见病、多发病及疑难皮肤病的诊治水平进一步提高。10月,我会在厦门市召开了福建省第十三次皮肤科学术会议。参加这次学术会议的学术代表共254名,108篇学术论文参与交流。

2014年间,我们还分别在福州、宁德、南平及沙县举办福建省医学会皮肤病学分会继续教育基层大讲堂或新技术新理论基层推广会,邀请省内外专家共12名讲课,参会人数共242人次。会上专家与代表之间进行了相互交流、参会代表踊跃提问,学术氛围十分浓厚。

福建省皮肤科在1995年第一次摸底调查时,皮肤科医生人数只有196人,高级职称只有22人,硕士及以上学历者只有1人。2007年9月,全省县级以上从事皮肤科工作的医生有325人,其中高级职称及硕士及以上学历者有126人。2009年底,全省县级以上医疗机构全职皮肤病防治医生人数已达401人,其中有正高职称的51人,有副高职称的69人,硕士及以上学历者有25人;2011年9月底第二次摸底调查结束时,全省县级以上从事皮肤科工作的医生超过603人,其中有正高职称的54人,有副高职称的76人,硕士及以上学历者达到36人。2014年11月底全省县级以上从事皮肤科工作的医生人数已达到736人,其中有正高职称的62人,有副高职称的89人,硕士及以上学历者已有42人。各地级市皮肤病学分会已于2014年5月底全部成立,初步形成全省皮肤病防治学术网络。

福建省皮肤病学领域经过三个多世纪的开拓、耕耘与播种,从无到有,尤其是在成立了中华医学会福建省分会皮肤病学学会后,在中华医学会福建省分会的领导下,皮肤病学学会组织和领导全省皮肤科工作者,积极开展省内外皮肤科学术交流活动,举办各类皮肤科学习班,队伍逐渐扩大,学术水平不断提高。

何成雄　福建医科大学附属第一医院
福建省皮肤病性病防治院

第三篇 我国各地皮肤科学发展历程

无畏艰与险，不折亦不挠

——忆广西壮族自治区皮肤性病科发展点滴

回顾历史，广西壮族自治区皮肤性病学科发展从无到有，从小到大，可以说是经过了历代皮肤性病人的努力，才得以在艰难曲折的道路上生存、发展和壮大。坚持不懈的广西皮肤性病人，为广西医疗卫生事业做出了巨大贡献。

一、往事之迹

广西是位于我国南方的边远落后省份，最初于1930年，由外国传教士在广西建立了亭凉麻风医院，主要任务是防治麻风病。民国23年（1934年）12月，随着广西医学院的创立，其附属医院同年建立，并设立了皮肤泌尿器科室，20世纪50~70年代末称为皮肤科，80年代初期改称皮肤性病科并沿用至今。之后广西壮族自治区皮肤病防治研究所成立，自治区人民医院，广西中医学院一、二附院，桂林医学院，右江民族医学院等均先后建立皮肤科，随后各地市级医院也相继建立了皮肤科，多数县建立了皮防站（院）。新中国成立以来，各综合医院专科医师由原来0~2人，发展到目前的1~18人。通过开办学习班，输送医务人员到区内外进修学习，专科医师队伍迅速扩大，到目前为止，据不完全统计，广西皮肤性病专科医师（含皮防系统）约1 000人。

二、打一场控制性传播性疾病的"攻坚战"

自20世纪80年代至21世纪初，性病在广西的发病率快速上升，其中90年代达到了高峰，且发病率持续攀高。近年来，李国坚主任，作为广西卫生计生委领导班子核心，他们高度重视并号召广西全体皮肤性病科的医务人员要打一场控制性传播、性疾病的"攻坚战"，在广西医学会皮肤性病学分会现任主任委员林有坤教授为领导的学会班子的共同努力下，认真研究并找出了存在的主要问题，并根据广西的实际情况编写了

《广西壮族自治区执行〈梅毒诊断标准〉和规范梅毒疫情报告管理的实施办法(桂卫疾控 [2012] 13 号)》,并举办了多届性病学习班,定期到各综合医院及专科医院检查性病诊治及疫情报告的工作执行情况,目前,广西性病的规范诊治和疫情报告制度,在很大的程度上取得了前所未有的成绩,成功获得了广西性病流行病学的真实资料,之后发病率逐年回落。十多年来由于性乱及吸毒人群的增加,广西艾滋病发病率逐年增加,已位于全国第二,而且近些年来广西艾滋病的发病年龄逐渐趋于老龄化。广西卫生计生委领导班子高度重视,专门设置了广西防治艾滋病办公室,领导亲自挂帅,工作层层落实,将宣传工作落到实处,随着广西艾滋病防治攻坚工程的推进和深化,相信在不久的将来广西艾滋病及其他性病的防治工作将取得更加喜人的成绩。

三、科研创新

由于地理气候的关系,广西皮肤真菌病发病率高,是国内较早(1954年)发现孢子丝菌病、着色真菌病的省区之一。至今为止,也是全国发现孢子丝菌病例,尤其马尔尼菲青霉病病例较多的省区之一。近些年来,随着艾滋病的广泛流行,广西尤其是艾滋病流行的重灾区,机会性感染现象明显增加,艾滋病合并马尔尼菲青霉病发病率明显增加,成为艾滋病患者最常合并机会真菌病之一。

记得 1982 年的某一天,广西医科大学第一附属医院皮肤科李菊裳教授接到了一份本院呼吸内科的会诊通知单,患者是一位农民,中青年,男性,因肺脓肿及全身皮肤多发性脓肿收住院,持续高热不退,伴严重的多器官衰竭,生命垂危,取脓液多次细菌培养均显阴性,联合使用多种抗生素但临床症状均没有得到明显改善,病情十分危急。经过会诊,李菊裳教授亲自到病人床前取患者脓肿的脓液进行真菌涂片及培养检查,结果涂片发现镜下白细胞内有菌体,是一种特殊的真菌,从菌体形态认为符合组织胞浆菌的形态,这一结果使李菊裳教授十分兴奋,感觉到患者多天来不清楚的病因终于找到了!患者有救了!大家都沉浸在喜悦之中,但一周后培养基出现了非常漂亮的葡萄酒样的红色色素,同时有白色毛样菌落生长,这很快又使具有真菌专家称号李菊裳教授高兴不起来了。因为培养皿中出现如此迷人的葡萄酒样的红色色素,组织胞浆菌是不具备的,这到底是一种什么真菌呢? 眼前的菌落形态与脓液涂片镜下形态结果不相符,况且当时国内没有组织胞浆菌病的相关报道,这时候,这位具有丰富经验的真菌专家犯难了。

时间就是生命! 李菊裳教授废寝忘食,查阅大量的国内外相关文献,并亲自带上培养标本到北京虚心请教北京大学第一医院著名真菌学专家王端礼教授。经过仔细地观察菌落形态及显微镜下典型的菌体特征,培养之后,发现该菌属于双相性真菌,终于将我们从没见过的菌种确认为马尔菲尼青霉菌,患者最后被确诊为一种当时国内从没有报道的"马尔尼菲青霉病",并非组织胞浆菌病。遗憾的是,虽经过积极地抗真菌药物治疗,但仍回天无力,患者最后没被挽救回来。但李菊裳教授却是我国首次从病人体内分离出了马尔菲尼青霉菌,并在《中华皮肤科杂志》上报道了国内首例马尔尼菲青霉病。

同年,李菊裳教授又接到广西区人民医院的紧急会诊单,患者仍然是一位农民,病史和病情与我院呼吸内科那位病人十分相似,有了第一位病人的诊疗经验,我们得心应手,及时经过真菌镜检和培养,很快确诊了国内第二例马尔尼菲青霉病,并在国内外多个刊物分别发表文章。马尔尼菲青霉及马尔尼菲青霉病的研究,从此在广西医科大学第一附属医院皮肤科拉开了序幕,接下来进行了动物体内实验研究,将从病人体内分离出的马尔菲尼青霉菌接种在小白鼠腹腔内并获得了成功。

我们始终都没有停下实验的步伐,接着又开展了流行病学的研究,多次到患者家乡的住处及其周围,采集泥土、植物(甘蔗)、动物(竹鼠、蝙蝠、家兔、家鼠)等标本。首次从广西野生银星竹鼠体内成功地分离出与病人体内分离出的相同形态的马尔尼菲青霉,提出了"广西银星竹鼠为马尔尼菲青霉菌的贮存宿主"的观点。这一生态学分布的发现,对马尔尼菲青霉病的流行病学调查发挥了重要作用。该研究于 1984 年荣获广西壮族自治区科技进步二等奖。李菊裳教授由于对医学真菌学上的重大贡献,1990 年荣获"广西有特殊贡献科技人员"称号,1991 年荣获首届中华人民共和国国务院颁发的政府特殊津贴。随后对马尔尼菲青霉在体外药敏实验也获得了巨大的成功。1997 年,李菊裳被授予耳鼻喉科合作开展"耳鼻咽喉真菌病诊疗研究"荣获区科技进步三等奖。1998 年,马尔尼菲青霉病综合研究荣获"广西医学卫生进步一等奖"和"中华人民共和国卫生部科技进步三等奖"。李菊裳教授曾多次在国内外学术会议上做报告，应菲律宾 Sant Jomas 大学的邀请前往讲学。我们至今一直致力于马尔尼菲青霉病的研究，成立了老中青结合、实力极强的研究团队，拥有丰富的经验。这些研究取得了巨大成功，更加坚定了我们的信心！

其实马尔尼菲青霉是一种毒性和传染性均极强的条件致病菌，在研究中的密切接触，对于每一位研究者都是一种考验！一旦被感染，同时因某些原因导致人体免疫功能降低就可能引起发病。况且这种疾病十分凶险，对人体危害极大，感染后死亡率极高！国内一些学者都望而却步，但广西医科大学第一附属医院皮肤性病科的每一位参加课题的研究者都无所畏惧，忘我地、全身心地投入到实验中去，长江后浪推前浪，青出于蓝而胜于蓝！之后梁伶教授、曹存巍博士和刘栋华博士对马尔尼菲青霉菌的生态学、形态学、发病机理、耐药机理及其毒力等进行了深入研究，如《广西野生银星竹鼠寄生马尔尼菲青霉菌和人类致病马尔尼菲青霉菌的相关性研究》《马尔尼菲青霉菌抵抗巨噬细胞氧化杀伤致侵袭感染的机制》《马尔尼菲青霉菌耐氟康唑蛋白组研究》《马尔尼菲青霉致病性酵母相对棘白霉素不敏感机制的研究》《马尔尼菲青霉氧化应激调控基因 HOG1 的克隆及功能研究》等获得了国家自然科学基金资助项目，发表了 7 篇 SCI 论文，并在国内医学核心期刊发表了多篇论文。目前以梁伶教授为核心的研究团队，荣获中华医学会皮肤性病学分会颁发的 SCI 荣誉证书，同时获得了"广西自然科学三等奖"的荣誉称号，其成果也得到了国内外同行专家的一致认可和好评。

梁伶教授对广西壮族红斑狼疮基因的研究，林有坤教授对红斑狼疮发病机制的深入研究及开展外周血干细胞移植治疗系统性红斑狼疮，严煜林教授对广西壮族硬皮病、婴幼儿血管瘤的基因研究，郑文军教授对广西银屑病发病机制的深入研究，先后获得"广西科技进步奖三等奖"及"广西医药卫生适宜技术推广三等奖"。撰写及发表论文 250 多篇，先后获得国家级、省厅级、院内科研课题资金资助多达 20 项。

然而，我们也必须清醒地意识到广西皮肤性病学科仍存在许多不足,医疗水平要赶超国内水平,仍需后来者具有坚忍不拔的意志,付出艰辛的劳动,谋求全面发展,再创辉煌。

梁　伶　广西医科大学第一附属医院

开拓:一路笑着走过

——记海南省皮肤科学发展中的人与事

海南省是共和国最年轻的省份。由于建省晚,又孤悬南海,曾被认为是荒蛮之地,经济社会发展相对滞后,医疗卫生事业难免受此影响。而作为其中一份子的皮肤科学更是默默无闻,长时间未有大的进展,广大皮肤科同仁感觉愧对海南父老乡亲,一直憋着一股要让海南皮肤科打场漂亮翻身仗的劲……可喜的是,这一天没有让海南人民等得太久,海南皮肤科终于翻开了新的篇章,目前已经在全国崭露头角,在海南百姓中赢得了一定口碑。说起来这一切都发生在近 10 年,海南省皮肤病医院的成长发展史可以看作是海南皮肤科发展的缩影:

孙达成的故事

在 20 世纪初的一次海口地区皮肤科同仁迎春联欢会上,海南省人民医院皮肤科蒙秉新主任即兴出了个谜语让大家猜,谜面是:"世代行医的医学大家想学习皮肤科,结果到了外科;其第二代学医去了妇科;到第三代终于来到了皮肤科。请猜我省一皮肤科医生的名字。"谜底是海南省人民医院皮肤科曾经的老主任孙达成,晚会中有人猜到了这个答案。孙达成毕业于中山医学院,是个才女,在海南省人民医院皮肤科颇有建树,曾经在海南省皮肤科界大名鼎鼎。蒙秉新主任的这个谜语寄托着许多人对海南皮肤科的款款希望……

三步曲

海南省皮肤病医院成立已有 13 年。2002 年,海南进入了建省以后的第 15 个年头,卫生体制改革正在全省如火如荼地进行。按照海南省卫生厅与海南省人事劳动厅 2000 年的部署,海南省皮肤性病防治所(25 人)与海南省麻风病医院(60 人)要在 2002 年底前完成合并,成立海南省皮肤病医院并正式运转。这对海南省皮肤病医院来讲是机遇但也面临挑战,按照要求合并后,省皮肤病医院的人员将逐年缩减,三年后编制将从 85 人缩减至 60 人,除了要解决 25 人的去留问题,还要为医院发展引进新人预留编制,难度之大可想而知。当年上级给海南省皮肤病医院配备的领导班子精干而年轻。面对如此艰难的处境,医院年轻的领导班子向全体员工喊出了"三年求生存,三年打基础,三年谋发展"的响亮口号,当然口号背后是详尽的前期调查数据及严谨的发展规划的支撑。目前海南省皮肤病医院已有 230 多人,成为三级皮肤病专科医院,拥有了一批包括国务院特贴专家、博导、硕导、教授及博士硕士研究生,成立了安徽医科大学海南皮肤病临床学院,日门诊量有时超过 500 人次,已完成了三步曲,正在向更高的目标攀登。

"两会"

2004 年以来,海南省皮肤病医院每年都要利用双休日组织中层干部远离海口,集中到岛内其他市、县开为期两天的"医院发展战略研讨会"及"理论中心组学习会",用刘巧院长的话说这是省皮肤病医院的"两会"。其中"战略研讨会"是务实的,要求科室主任有备而来,人人登台从医院发展战略的高度阐述科室发展及工作目标,要求尽量用数据说话论证,并接受质询及答辩。"理论中心组学习会"基本是务虚的,由医院领导(有时邀请卫生厅领导)讲授卫生管理、市场营销、儒家文化等方面的内容,并展开讨论,大家称之为"洗脑",这对塑造独特的医院文化功效卓著。

四大行动

来到海南省皮肤病医院,提起"飞鸽行动""先锋行动",员工们往如数家珍,而对于医院曾经推出的另外两个行动"战痘行动"及"风铃行动",虽没有前两个那么知名,但在医院的发展过程中也是浓墨重彩的印记。这四大行动都是由刘巧院长(当时是主管医疗的副院长)针对海南省皮肤病医院当时的状况,于 2005 年规划并倡导的。"飞鸽行动"是指海南省皮肤病医院每月一次的下基层巡诊活动,由医院防治科组织。做法是提前在当地广泛宣传的基础上,利用双休日省皮肤病医院每月派出若干名皮肤病专家轮流到全省各市县,为当地皮肤病特别是疑难患者进行义诊,其宗旨是患者方便就医,除此之外早期发现麻风病是重要目的之一。

"先锋行动"由医院团委组织,组织医院青年团员,每季度利用节假日半天时间,到海口市不同住宅小区开展皮肤病性病防治知识宣传、现场咨询及送医送药等活动,受益群体主要为海口市民。"战痘行动"由医院美容科组织,每逢寒暑假前夕到海口市大中专院校,联系开展痤疮(青春痘)预防及相关知识专题讲座,并介绍海南省皮肤病医院美容科开展的"痤疮"系列治疗活动,引导学生定时集中到医院治疗"青春痘",制造规模效应。"风铃行动"是针对海口市特殊发起的活动,医院从相关科室抽调人员成立外展活动小组,利用傍晚业余时间到海口市娱乐及按摩等场所,通过向特殊从业人员赠送小礼品或安全套等方式获得与其交流的机会,开展艾滋病和其他性病预防知识宣传及行为干预等活动,并发放海南省皮肤病医院印制的联络卡,凭此卡可以到医院免费检测诊断艾滋病等性病及相关项目优惠治疗等服务。

"厚德、精术、求实、利众"

"厚德、精术、求实、利众"是刘巧院长提出的海南省皮肤病医院的院训,围绕此院训着力进行医院的文化建设,建院 13 年来医院一直以"德"字当先,着重培养员工的医德意识、服务意识,让"仁、义、礼、智、信"深入人心。刘巧院长在理论中心组时,多次讲到为医的行为准则,除了替患者着想外,医务人员不能有意无意地在患者或家属面前诋毁其他医院、科室及医务人员。刘巧院长是海南甚至是全国的名医,他的门诊需要提前一两个月预约。

这些年来,海南省皮肤病医院为政府排忧、替广大群众解难的义举数不胜数,从救治重症银屑病患儿、巨大尖锐湿疣失足妇女、家族性红皮病样鱼鳞病患者到深入麻风病院村、深入艾滋病患者群体与患者同吃同乐送温暖;从抗洪救灾抗台风到处理艾滋病、麻风病相关的群体事件,海南省皮肤病医院都反应迅速且义无反顾,履行了应有的责任和担当。

裴东怒 海南省皮肤病医院

坚持、务实，成就实力
——记云南省皮肤科学发展之路

一、历史与传承

1946年，全国著名皮肤病性病学专家秦作梁教授创立了云南大学医学院附属医院(昆明医科大学第一附属医院前身)皮肤性病科，拉开了云南省皮肤性病学发展的序幕。历经孙穆雍、王正文、王朝凤教授等老一辈皮肤病性病学专家的传承与发展，1981年，云南大学医学院成为国务院学位委员会批准的云南首批硕士学位授予点，是我省各级医院皮肤病性病科的发源地，通过对研究生及进修医生的培养，为全国输送了大批专业人才。近10年来，在何黎教授的带领下，作为云南省皮肤性病学的领头羊昆明医科大学第一附属皮肤性病科团队的建设取得了显著成效，成为国家教育部创新团队、国家临床重点专科、国家博士学位授予点、国家临床药物实验基地、全国痤疮研究中心、全国光医学及皮肤屏障研究中心、国家化妆品不良反应诊断机构、国家级皮肤医疗美容示范基地、全国皮肤美容医师培训基地、国家级艾滋病监测哨点、云南省皮肤性病研究所、云南省协同创新中心、云南省工程技术中心。

二、成就

十年来坚持每月一次的全省病案讨论会，提升了云南省皮肤科临床医师诊疗水平，并汇集编写了《皮肤科疑难病例精粹》(第一辑、第二辑)，成为全国同行临床重要参考用书。

云南省地处我国西南边陲，多民族、多气候类型导致疾病谱广、疑难危重疾病高发；而我省医疗卫生资源总体匮乏、诊疗水平参差不齐。在云南省医学会皮肤性病学分会何黎主任委员倡导下，曹萍、邓丹琪、李玉叶、许速副主任委员及各位委员的积极贯彻实施下，云南省医学会皮肤性病学分会近6年来举办了共70期全省疑难病例讨论会，主办单位有昆明医科大学第一附属医院、昆明医科大学第二附属医院、云南省第一人民医院、成都军区昆明总医院、云南省第二人民医院、云南省中医医院、昆明市第一人民医院、昆明市延安医院、昆明市儿童医院、昆明市中医医院、大理学院附属医院、曲靖市第一人民医院、楚雄州人民医院、玉溪市第一人民医院。于每月最后一周周五晚18:00~21:30例常举行，学术活动前一周，主办方将疑难病人的病史、临床皮损彩色照片、实验室检查等相关资料整理并装订成册，送达各医院(保证人手一册)，以利参加学术活动人员提前进行查阅资料等准备，参会人员为各级皮肤性病科临床一线医生、在读研究生，每次参会人数为100~150人，以签到的形式统计到会人数，并作为年终评选年度学术活动先进个人的依据，每位到会人员需填写《关于会议质量评价》的问卷以作为年终评选年度学术活动先进单位及完善第二年学术活动的依据，学术活动主要内容为各大医院疑难病例的诊治经验分享、存在诊疗难点及解决方法的探讨。举全省之力解决患者的诊疗问题，搭建了以解决医疗实际问题为导向的学术交流平台，在浓厚的学术氛围中，年轻医生得到了迅速成长，提高了我省整体学术水平和临床诊疗水平。将有借鉴意义的病例系统整理成《皮肤科疑难病例精粹》(第一辑、第二辑)(何黎教授主编)，成为全国同行临床指导用书。

三、皮肤性病规范诊疗基层大讲堂活动

开展皮肤性病规范诊疗基层大讲堂活动成为全国表率，提升了云南省皮肤性病科专业技术队伍整体实力。为积极贯彻中华医学会"学术促进"的宗旨，提高皮肤性病科基层医务工作者专业技术水平，促进医学科技的普及和推广，提高我国广大人民群众的健康水平。首届"中华医学会皮肤性病学分会皮肤性病规范诊疗基层大讲堂"于2013年1月在云南省启动，拉开了中华医学会皮肤性病学分会全国基层大讲堂的序幕。在何黎主任委员的积极倡导和带头下，在曹萍、邓丹琪、李玉叶、许速副主任委员的组织实施下，在全体委员的积极响应下，根据基层临床一线医务人员的需求，以临床诊疗指南为导向，组织相关领域的省级专家，到相应地州开展有针对性的基层大讲堂学术活动。举办基层大讲堂的地州有：曲靖地区、玉溪地区、大理州、红河州、文山州、楚雄州、普洱市、西双版纳州。每次学术活动参加人数60~300人(各地州从事皮肤性病学医务

人员规模存在差异),90%学员来自县级以下医疗机构(县区人民医院、县乡妇幼保健院、县中医医院、县疾控中心、民营医院)的临床一线医务人员,同时授课专家对当地疑难病例患者进行现场会诊、查房及技术指导。2014 年 8 月大理基层大讲堂活动期间举办了中华医学会皮肤性病学分会全国性病学术会议。更新了基层医务工作者的知识体系,提高了其专业技术水平,利于疾病预防、诊断和治疗工作的规范化,发挥了在各地州工作的省级委员积极发现阻碍当地诊疗服务瓶颈问题的能力,促进了我省皮肤性病科专业技术队伍整体实力的提升,为提高我省广大人民群众的健康水平提供了必要保障。2013—2014 年期间,云南省医学会皮肤性病学分会已成功举办了 25 期基层大讲堂活动,成为同期举办基层大讲堂次数及质量最佳的省份,得到了中华医学会皮肤性病学分会的表彰。

四、美容事业的发展

连续五年,每年举办国家级皮肤美容及疑难误诊病例继续教育学习班,为全国培养专业技术人才 3 000 多人次,组织全国皮肤美容示范基地评审工作,带动了我国皮肤医学美容事业的发展。

每年举办国家级继续教育学习班"皮肤科疑难误诊病例学习提高班",邀请我国皮肤性病学顶级专家:张学军教授、张建中教授、郑捷教授、陆前进教授、高兴华教授、朱学骏教授、孙建方教授、高天文教授、郝飞教授等进行各个临床热点及难点问题讲授,同时结合我省地方疾病特点及学科优势,对光线性皮肤病、光线加剧性皮肤病、医疗美容、艾滋病、疑难少见病进行系列专题讨论,共培养专业技术人次 2 000 多人次,为促进我省皮肤性病科医生的整体水平的提高起到了积极的推动作用,搭建了我省学科人才的成长平台。

昆明医科大学第一附属医院每年都举办国家级继续教育项目"全国皮肤美容主诊医师培训班",共为全国培养专业技术人员 800 多人次;同时,在中华医学会皮肤性病学会的领导下,还组织开展我国皮肤医疗美容示范基地评审工作,共评选全国皮肤美容示范基地 34 家,培育基地 26 家,对引导我国皮肤医疗美容向科学化、规范化发展起到积极促进作用。

五、特色皮肤病研究的新突破

并与科研院所、企业合作,通过产学研结合,成功研发我国第一个具有自主知识产权医学护肤品——薇诺娜医学系列护肤产品,成功实现了转化医学。

针对云南省地处高原,紫外线强,光线性皮肤病及光线加剧性疾病高发等问题,同时,云南毗邻东南亚,是艾滋病重灾区。在何黎教授的带领下,围绕云南特色皮肤病进行了系统研究,在痤疮、皮肤癌、艾滋病致病机制研究上有新突破。

何黎教授率领团队在国际上首次发现中国人重型痤疮两个新的易感基因 SELL 及 DDB2;揭示了 TGFβ/Smads 促进皮肤原位癌向侵袭性癌转化,PI3K/Akt/mTOR 是皮肤癌发生的重要信号通路, 文章分别发表于 *Nat Commun*, *J Invest Dermatol*, *Mol Cancer* 等国际有影响力的杂志。

云南省为全国艾滋病流行重灾区, 将我省 1/3 艾滋病患者死于深部真菌感染及皮肤黏膜损害,作为艾滋病重要诊断线索,在李玉叶教授的带领下,各地建立了相关组织样本库,"云南省艾滋病合并深部真菌感染的系统临床特征及应用"获云南省卫生科技进步一等奖,"昆明地区性传播疾病的临床及实验研究"获云南省科技进步三等奖,《规范化性病诊疗服务工作手册》成为我省性病艾滋病防治工具书。依托科室作为云南省规范化性病诊疗培训基层,对我省医疗系统及疾控系统人员进行性病实验检测、规范化诊断及治疗、宣传教育、行为干预等培训,有效遏制艾滋病的传播。

昆明医科大学附一院与中科院昆明植物研究所、昆明贝泰妮生物科技有限公司产学研用结合,根据临床需要,从云南 30 多种植物中筛选出青刺果、马齿苋、重楼、滇山茶四种天然植物的活性成分,进行了功效学及上市前大规模的临床研究,研发出我国第一个具有自主知识产权医学护肤品——薇诺娜系列产品,成为云南省经济发展支柱产业之一,打破了国外同类产品对中国的垄断。科研成果分别获 2013 年云南省科技进步特等奖"光损伤性皮肤病防治体系的创建及应用",并获云南省十大科技进展荣誉;获 2008 年云南省科技进步一等奖"常见损容性皮肤病发病机制及防治研究"。

何 黎 李玉叶 昆明医科大学第一附属医院

追忆当年，喜看今朝

——记贵州省皮肤科那些人那些事

贵阳医学院(附属医院)皮肤性病科由我国著名皮肤病学家秦作梁教授、张世英教授创建于20世纪40年代。经过几辈人的共同努力，现在为国家临床重点专科，贵州省重点专科。

一、当年那些人那些事

1938年，贵阳医学院于战火中诞生，第一任院长由北平协和医院院长李宗恩担任，那时，我国著名皮肤性病学家秦作梁教授担任教务处处长。1940年，秦作梁教授创建皮肤性病科，当时命名为花柳病科(简称花柳科)，他主要负责医疗和教学工作。1944年，秦作梁教授去了昆明，由张世英教授负责本学科的医疗、教学等工作。当时皮肤病全部归于内科，邻省的云南省昆明医学院却设有皮肤科，并由时任贵阳医学院皮肤病学执教教授。在他的热心鼓励和帮助下，张世英教授把皮肤病和性病从内科学中分离出来，建立了贵州省首个皮肤病学的研究机构和治疗科室，称为皮肤花柳病科(简称"皮花科")，并担任科主任。1945年，本学科开设独立门诊，建立专科病房，设床位16张，开始接收省内及部分省外专业进修医生。1953年起，本科室从应届毕业生中择优选取专业医生进行培养。

1958年，朱润衡教授作为新中国培养的第一代西医皮肤科大学生，在经过多年的潜心研究后，推出治疗渗出性皮肤病效果奇佳的"中药湿敷剂"，疗效显著，治愈率高，受到全国同行专业人士的认可和广泛应用。至今，仍是贵阳医学院(附属医院)治疗渗出性皮肤病的特效药。由此，他开创了"中西医结合治疗皮肤病"的新天地。1962年，朱润衡教授又成功研制出治疗"皮炎湿疹"类疾病的特效药"核焦油"，并将"中西医结合治疗皮肤病"的研究，推上一个新的台阶。他撰写的关于核焦油的论文，先后由同行业内人士认可，并在专业期刊上发表。1967年，全科医生逐渐增加至 14 人,全省皮防工作者先后开展过大规模性病、头癣、职业性皮肤病及麻风病的调查和防治工作。1977 年恢复高考后,组建以张世英副教授为主任、主治医师韦国仁、朱润衡为副主任的领导班子,团结全科同志共同努力,在院领导的大力支持下,改善办学条件、拓宽办学渠道、调整专业结构、加强学科建设、狠抓教学管理、提高教学质量。科室建立了真菌室、病理室、黑光室、专科治疗室等。1978 年,在朱润衡教授的带领下,科室先后推出利用"硼砂"和"乙酰水杨酸"治疗皮肤真菌的新疗法,并成功建立了"中西医结合治疗皮肤病"理论体系。

二、今朝更好看

1981 年,中华医学会贵州省皮肤科学会正式成立(举办首届全省皮肤科大型学术会议)以来,张世英教授曾任第一、二届主任委员,韦国仁教授任第三、四届主任委员。1984 年,开始招收硕士研究生,这标志着我省的皮肤病学理论研究上了一个新的台阶。1991 年,凌淑清教授和李思奉教授接任科室领导工作后,紧紧围绕医院发展的方针,加强人才的培养,也逐步认清本科室发展急需后继人才的现实。

1997 年以后,随着陆洪光教授、魏羽佳教授等具有高学历、新观念、有敬业精神的新一任领导班子的建立,为科室今后的建设带来了新的希望。在院领导的大力支持下,在短短的三年间,学科发展突飞猛进,病床增至 30 张(使用面积 300㎡),建立了专科独立门诊(使用面积 200㎡),年门诊量为 3.5~4.0 万人次、住院达 400 人/年。增建了性病实验室、细胞培养室、性病治疗室、引进激光美容技术、紫外线治疗技术、表皮移植技术、光疗技术等一系列具有高科技含量的诊断及治疗手段。2000 年,被国家教委批准为硕士学位授予点。2001 年,陆洪光主任获得国家自然科学基金,并先后担任国内核心杂志、省级以上杂志的编委。从 2002 年起,陆洪光担任中华贵州皮肤科学会主任委员,中华皮肤科学会委员,2009 年起,学科与中国医科大学第一附属医院皮肤性病科联合培养数名博士研究生,获辽宁省科技进步二等奖一项。2010 年,本科室获得贵州省临床重点专科。 2012 年,科室荣获国家重点专科。

近年来,学科先后聘请 5 名国际著名的皮肤病学家和科学家为我科客座教授,他们分别是瑞典 UPPSALA 大学医学院 VALQUISTA 教授,美

411

第三篇 我国各地皮肤科学发展历程

国 DR.CHEN J 博士、CHUI R 教授，BUMER G 教授，日本 Tokyo Wom-en´s Medical University 大学 TANAKA M 教授。时至今日，我科年门诊就诊达 14 万/年人次、年住院人次约 800 人，学科在国内外学术期刊上发表论文 300 余篇，参编专著十余本，并承担研究生、本科生、进修生等多层次教学任务。今日的贵阳医学院皮肤科，人才济济，风华正茂，全科上下、团结拼搏，正在走向新的辉煌。

李世军　陆洪光　贵阳医学院附属医院

天府之土，英才荟萃
——四川省皮肤科学发展中的人与事

一、罗汉超教授——四川省皮肤病学科的奠基人

四川省皮肤性病学科的发展与罗汉超教授密不可分。罗教授1927年出生于四川省汉源县，1952年毕业于华西协和大学医学院。毕业后留校在华西医院皮肤科工作。1960—1984年任皮肤科主任。曾兼任中华医学会皮肤科学会常委，四川省医学会及成都市医学会理事及皮肤科专委会主任委员，中国中西医结合学会四川省皮肤科专委会副主任委员，卫生部高等医药院校教材编委，中国医学百科全书《皮肤病学》编委，中华皮肤科杂志编委等职。早在1954年，罗教授被派往上海医学院华山医院皮肤科进修，从师杨国亮教授。进修结束回院后，他将华山医院的好经验带回，建立了真菌实验室和皮肤病理实验室，其中真菌实验室在我国西南地区最早建立的。1983年，他指导研究生冉玉平用含子油培养基分离花斑糠疹的病原菌(马拉色菌)成功，"糠秕马拉色菌所致疾病的临床和基础研究"于1998年获四川省科技进步二等奖。冉玉平及其团队在马拉色菌的形态学、生理生化、分子鉴定等方面的研究在国内外发表系列文章，成为国际人类和动物真菌学会马拉色菌研究组的成员。1983年，罗教授建立皮肤病免疫学实验室，指导研究生郭在培等进行结缔组织病和变应性皮肤病的研究。其中SLE患者的dsDNA抗体和Sm抗体检测和对慢性荨麻疹患者血清中组胺含量的检测属国内较早的报道，此后继续开展了特应性皮炎、湿疹等的免疫学实验研究。1985年，罗教授开展了美容性皮肤病的研究，指导研究生李利等进行脱发、白癜风、银屑病等的研究。其中雄激素脱发流行病学、遗传学的调查和应用敏乐迪尔治疗脱发的研究等属国内最早开展者。此后，李利等继续开展多项皮肤美容研究，并增添了大量的器械设备，使我院皮肤医学美容，在技术和设备上处于

国内先进行列。

罗教授在头癣、稻田皮炎、麻风等疾病防治领域做了大量基础和流行病学防治工作，多次获得成都市、四川省卫生厅和四川省的奖励和表彰，并获中华医学会杰出贡献奖。罗教授热心医学会工作，是四川省及成都市医学会的创建人之一。罗教授和四川省皮肤性病研究所袁明忻所长等人筹建了成都市医学会皮肤科专委会，1979年建立了四川省医学会皮肤科专委会。1956—1994年，罗教授一直担任专委会的主任或副主任委员，开展、参与每月一次的成都市学术会议、疑难病例讨论，参加每2~4年一次的全省学术会议。罗教授多次被省、市医学会评为优秀兼职干部。获国务院政府特殊津。罗教授担任科主任20多年中，多次派遣科内医生外出进修，也接受大批来自四川省内外的进修医生。1981—1993年招收的硕士研究生十多人中，大部分已成为国内皮肤科学界的业务骨干、博士或硕士研究生导师，有的已是享有盛名的专家。

图1　罗汉超教授

二、周光平教授——青年皮肤专家培养的推动者

周光平教授担任华西医院皮肤科主任后，正值改革开放之时，皮肤科发展百废待兴，周教授作为国家首批派往国外专家之一前往日本兵库大学学习。学习过程中，周教授看到经过"文革"十年浩劫后，国内皮肤病学临床和研究与国外的差距，深深感到必须奋起直追，迎头赶上。而解决人才青黄不接的问题是当务之急，于是他下决心培养皮肤科青年人才，

组织科里的老专家每周给年轻医生进行系统的真菌、病理、免疫等亚专业讲课,在人员非常紧张的情况下轮流让年轻医生脱产学习外语、准备出国留学考试。在他的努力与培养下,冉玉平获得奖学金前往日本顺天堂大学留学(获得博士学位),郭在培前往日本京都大学留学;李利前往法国留学(获得博士学位)。周教授甘当人梯,不遗余力地为华西皮肤科学术带头人的培养及梯队建设做出了历史性贡献。周教授在担当四川省皮肤性病专委会主任委员期间非常注重全省青年皮肤科医生的学术培养,主办了中日皮肤科会议(1993年)及四川省皮肤性病学年会。鼓励年轻医生到国内和国外学习,提高专业技术水平,让四川的皮肤科临床和科研水平赶上全国。

图2 周光平主委(前排正中)与省专委会委员合影

三、冉玉平教授——以将四川皮肤科推向世界为使命

作为改革开放后77级华西医科大学的本科生和研究生,冉玉平教授肩负着历史的使命,留学日本、美国(CDC)和荷兰,不仅看到与国外先进的研究条件和学术理念的差异,也了解我们的病种(菌种)和资源优势,加强与国内外同行的交流学习,不断引进先进的临床和科研方法,深入发掘病例资源,完成的高质量临床论文在国内外发表。2006年在成都举办中日皮肤科年会。担任四川省皮肤性病学专委会主委以来,冉玉平教授与重庆市医学会皮肤性病专委会主委郝飞教授(第三军医大学西南医院)联合,从2006年起每年举办川渝皮肤病学术会议,按照国际标准办会,强调学术内容原创性和学术会议规范性,邀请国内有学术建树的学者到会报告,逐年推出川渝两地新人,使会议在国内成为有相当影响的品牌学术会议。

2008 年 5·12 地震后,冉玉平教授一边坚守本职工作,一边向全国和国外发布皮肤科医生参加抗震救灾的消息、组织医疗队深入地震灾区义诊,受到海内外同行的赞誉。2006 年在成都举办中日皮肤病学年会,2013 年举办中华医学会皮肤性病学分会(参会代表 2500 余名)和亚太医学真菌会(参会代表近 300 名)。

图 3　2013 年亚太医学真菌学术年会在成都举行,从左至右为罗汉超教授、小川秀兴教授(亚太医学真菌学会主席)、周光平教授、冉玉平教授(亚太医学真菌学会 2013 学术年会主席)

每年举办省学术年会,强调挑战疑难病。2014 年会邀请美国加州大学黄俊铭教授和中国第三军医大学西南医院郝飞教授、高雄黄柏翰皮肤专科暨美容医学诊所黄柏翰所长、台北新光医院皮肤科银屑病门诊蔡昌霖医师、重庆医科大学第一医院陈爱军教授、四川省人民医院林昭春教授、416 医院兰长贵教授做报告。冉玉平教授"婴幼儿血管瘤治疗新疗法"系国际上首次报告,充分体现会议宗旨:突破地域限制,让全省皮肤科医生能快速和零距离感受全球最新的基础和临床研究进展。

2014 年 11 月 28 日,四川省医学会皮肤性病专委会青年委员选举会议在成都市金河宾馆隆重召开。在四川省医学会王伟副秘书长和皮肤性病学专业委员会冉玉平主任委员主持下,各青年委员候选人陆续上台进行了简短的自我介绍并进行答辩。由四川省医学会皮肤性病分会常委无记名投票产生了 21 名青年委员,成立了首届四川省医学会皮肤性病学专业委员会青年委员会。通过常委会提名,全体青年委员投票,选举陈涛、吕小岩、张浩任为副主任委员；何迅、钟建桥任秘书，主任委员由冉玉平教授兼任。首届青年委员会成员 90% 都具有研究生学历，50% 具有博士学位，所在单位既有大型综合性医院皮肤科，也有基层医院皮肤科。青委会的成立将促进我省皮肤性病专业发展，为青年医生搭建交流平台和展示舞台，加快我省皮肤性病专业优秀人才的培养。

目前四川省皮肤科在临床、真菌、病理、免疫、美容、激光、皮肤外科、肿瘤、性病、麻风、遗传等专业领域都有国家级专家领衔的学术梯队，在国内外发表多篇系列文章，主持国家自然科研基金等。四川省皮肤科正在以饱满的激情，自信地面向世界，相信定能创造更加辉煌的明天。

图 4　四川省医学会皮肤性病学专委会和青年委员会委员合影（2014）

冉玉平　四川大学华西医院

山 城 记 事
——重庆市皮肤科学发展中的人与事

一、花开两朵，各表一枝——记重庆医科大学附属第一医院皮肤科建设和发展历程

艰难起步（1957—1966）

源自"上医"，扎根重庆。1955 年上半年，国务院批准调整部分高等学校院、系、专业设置和分布方案，决定将沿海地区一些高等学校全部或部分迁至内地建立新校或加强内地学校的建设。1957 年初，由上海第一医学院（现复旦大学医学院）分迁来渝，创建了重庆医科大学附属第一医院（原重庆医学院综合医院），历经 4 个月的紧张筹建，1957 年 6 月，重庆医科大学附属第一医院在重庆医科大学附属儿科医院内正式成立了，与儿科医院合并办公，时设 3 个科室，100 张床位。其中内科含肺科、皮肤科，为此皮肤科成为建院伊始最早成立的临床科室之一。

对于"分迁"的理解，周永华老教授回忆说："当时中央很重视这项工作，不是随便派几个技术人员来应付一下。接到任务后，上海第一医学院就对相应临床科室人员论资排辈，单数留下，双数派往重庆，派来的都是真正的技术骨干。1958 年，我和师兄袁承晏教授成为首批来重庆医科大学附属第一医院的皮肤科医师。当时，医院刚开始兴建，医疗设备、器械及图书等均缺乏，只开设了皮肤科门诊，我们同时还肩负全院的皮肤科会诊工作。"

1960 年，上级派上海第一医学院华山医院皮肤科的董绍华医师来院任皮肤科主任，他也成为重庆医科大学附属第一医院皮肤科建科以来的第一任主任，同时派来的还有张法听、江云玲（夫妇）等医师。

1963 年 9 月，李桂明医师由重庆医科大学毕业分配来院，李教授回忆道："当时皮肤科一共有 12 位医师，18 张病床，2 个诊室。那时我们就

已经可以进行真菌检查、病理检查，并可以做小手术。但条件比较艰苦，真菌检查技术员需要自己担水到诊室，进行医疗工作。当时皮肤科的病理工作和重医进行合作，科室自行购买设备，是全院第一个具有独立病理科的科室。在当时的国情下，医院讲究社会效益，不追求经济效益，每位医师拿的都是固定工资，更多的是奉献精神。上下齐心协力、艰苦创业、克服了建科经费不足、人员缺乏等困难，在艰难中起步。"

黑暗岁月（1966—1976）

1966年"文化大革命"席卷全国，建院近十年的医院不可避免地受到影响。医院的固有机构建制被工人宣传队、解放军宣传队、革命委员会取代，很多科室被迫撤销，皮肤科也不例外。李桂明教授沉重地回忆起往事："皮肤科最后一个病人，严重的大疱性表皮松解型药疹，只有被迫进行转移。由我和科室另外一个医师，送到内科一楼传染科进行救治，最后病人被治愈了。由于'文革'期间医疗工作无法正常开展，很多医师回到自己的家乡，处于待工作状态。1968年，我被调到医院办公室进行办公工作，到1972年，我被任命为医务科科长，同时也是医院第一任医务科科长。这种状态一直持续到'文革'结束。"

跨越发展（1976—1999）

1978年，医院各项工作陆续恢复。

周教授和李教授忆起往事说："其实在'文革'快结束时，我们的学术工作就开始着手了。1976年，重庆市皮肤科同仁在市情报所的支持下，创刊《新医学文摘皮肤科分册（卡片）》，双月刊，每年6期，每期发行6 000~8 000余册，共11年，共计70余万册，并于1987年由人民卫生出版社发行。"

"文革"之后，沉寂多年的学术活动有序展开。科室开始选送骨干人员到国内进修学习，1979—1980年，李桂明教授被选送至上海医科大学华山医院皮肤病研究所进修学习。1981年他又参加了卫生部举办的皮肤病学卫生部第二期学习班。1979年中华医学会四川省皮肤科专委会成立，举行了首届全省皮肤科学术会议，以后每四年换届并举行全省学术会议，周永华教授担任第四届省医学会的主任委员。周教授说："我担任主委后开展了疑难病例讨论、皮肤病理读片会及学术论文交流等活动，并邀请西安、贵阳等兄弟省市同仁参加。1983年,我们率先在重庆召开了全国二十九省市银屑病专题学术报告会,召开如此大型的银屑病专题学术交流会在全国还是第一次,受到了同行的好评。1984年,第一届全国中西医结合皮肤性病学术交流会在重庆召开,同时成立了皮肤性病专业委员会,推荐我和陈智为全国委员,当时参会人数达400余人。1992年,由重庆医科大学主编的双月刊杂志《医学文摘》,皮肤科章节由李桂明教授担任委员、秘书,负责出版各项工作。1994年,由科室承办的中美人类健康学术交流大会,李桂明教授负责皮肤科项目,参会达200余人。"

举办各种学术活动的同时,也时刻开展了基层的帮扶工作。20世纪60年代,下农村,到涪陵、长寿等地,进行真菌检查,主要头癣的防治。80年代,下工厂,到农村(长寿等地)调查职业病防治,主要针对染料性皮肤病;到农村(建设厂、永川农村等地),进行银屑病的流行病学调查;联合附二院进行慢性皮肤溃疡研究,获得科技进步奖四等奖;联合老年科,进行老年皮肤病的研究,获得三等奖。

在此期间,皮肤科的学科建设日趋完善,新技术、新方法在临床逐渐应用。李教授说:"当时我们的床位已增加到了24张,门诊有了7~8个业务用房,美容部也在此期间成立,当然那时美容主要以面膜为主。"他还说笑式地解释:"这也能证明美容是从皮肤科开始的,而且开展得很早。"1978年,科室采用光化学疗法治疗银屑病,是最简单的铁皮桶式内装紫外线灯,这在西南乃至全国范围都是最早开展的项目。90年代后,科室已经可以开展更多新的技术,已经可以进行激光治疗、二氧化碳激光治疗、冷冻治疗、理疗,当时已经有专门的理疗室,真菌病开展逐日增多,达到比较繁荣的状态。随着交通、经济的发达,性病逐渐增多,科室开展了独立的性病研究室。

科研工作也逐渐起步。周永华教授著译、参编了《实用小儿皮肤病学》《Andrews临床皮肤病学》等,其发表在中华医学杂志的论文《毒隐翅虫皮炎调查》系国内首次报道。科室还参加了多种药物的临床观察研究,为早期国家开发新药、化妆品及防病治病做出了应有的贡献。为此,1986年皮肤科(二级学科)成为医院首批硕士学位授予点,开始向外招生硕士研究生。

在这个时期袁承晏、张法听、李桂明先后担任科室主任,在他们的带领下,皮肤科完成了跨越式的发展。

再创辉煌(2000—2015)

重庆成为直辖市后,医院迎来了前所未有的发展机遇,李惠教授当选皮肤科主任,带领皮肤科人齐心协力,创造更大的辉煌。

现科室已建设成为集临床、教学、科研为一体的综合性科室。2006年成为博士学位授权点,2011年被重庆市教委批准为重点学科。2013年获中华医学会"国家级皮肤医疗美容示范基地",2014年获批国家级临床药理基地。

逐步形成了皮肤病理、皮肤真菌、性传播疾病、皮肤激光美容及皮肤外科5个亚专业,并有鲜明的特色和优势,逐步创建精细化专病门诊,脱发、真菌、白癜风、银屑病、痤疮等专病门诊。建立个人病历档案,量身定制个性化方案,诊治过程全程追踪,创建综合治疗平台,保障治疗安全有效。在红斑狼疮、皮肌炎、大疱性皮肤病、红皮病等重症慢性皮肤病的诊疗上积累了丰富的临床经验,成功救治数百例重症药疹、重型银屑病及深部真菌病。在重庆乃至西南地区享有较高的声誉和一定的影响力。

李桂明、周永华老教授　口授往事
李　惠　陈爱军　主笔
重庆医科大学附属第一医院

二、"江山"代有才人出——颂第三军医大学皮肤科杰出前辈

如果说重庆市皮肤科专业是一脉江山,那么第三军医大学皮肤科就是在其中占有浓彩重笔的半壁江山。第三军医大学皮肤科的发展为整个重庆市皮肤科专业的发展添砖加瓦。

(一)桃李无言,下自成蹊——记第三军医大学皮肤科事业的奠基人宁誉教授

第三军医大学拥有三所附属医院,西南医院为第一附属医院,新桥医院为第二附属医院,大坪医院为第三附属医院。有趣的是,这三所医院皮肤科的各自科史中,均记录着自己的科室是由20世纪早年留学德国

的宁誉教授于50年代前期创建的。而这却是不争的事实。

第三军医大学(前身为第七军医大学)的皮肤科专业是由新中国皮肤科学的先驱和开拓者之一、留德医学博士、一级教授宁誉教授于1954年亲自创建的。建科初期,宁誉教授穿梭于重庆市新桥(新桥医院所在地)、高滩岩(西南医院所在地)和大坪(当时为西南军区门诊部,为大坪医院的前身),从事着皮肤科门诊、病房查房、科室管理及组织工作。在他的领导下,当时的第七军医大学的皮肤科事业很快走上正轨并得以发展,科室汇集了一批皮肤科人才(陈世荣、何美英、刘荣卿、陈智、叶庆佾、徐鸿声和张国钦等),他们中有些人日后成为第三军医大学三个附属医院皮肤科的领军人才,其中有些教授30年后成为我国皮肤科学界颇具影响力的著名专家。由于那个历史年代的某些特殊性,宁誉教授在当时的第七军医大学工作期间,一直未能加入军籍。在20世纪50年代,他成为一名不穿军装却带领着一帮军人建设皮肤科的领军者。60年代后期,宁誉教授在"文革"的风暴中也未能幸免,不再担任科室领导职务的他也受到冲击和冷落。70年代后半期,宁誉教授一直在大坪医院皮肤科工作直至退休,于80年代后期去世。随着时光的流逝,他的儒雅、他的平和、他在早年建科期间的辛劳和他的音容笑貌也许不能被第三军医大学皮肤科的后人们所感受,但他在创立第三军医大学皮肤科事业中的开拓者地位和历史作用已被永久肯定。如果说第三军医大学的皮肤科是一棵参天大树,三所医院皮肤科便是这棵参天大树的树干上的茂盛三枝,宁誉教授就是这棵大树早年的栽种人和园丁。

桃李无言,下自成蹊。第三军医大学皮肤科的后人们将继续推进着他们的"皮肤科先祖"宁誉教授开创的皮肤科事业。

(二)"太阳之歌"永远传递正能量——记第三军医大学西南医院皮肤科刘荣卿教授

《太阳之歌》是第三军医大学西南医院皮肤科刘荣卿教授所著诗集。这本诗集洋溢着刘荣卿教授对祖国大好河山的眷恋、对红色伟人及革命事业的热爱、对净化思想道德的崇高追求、对生活和人民的纯朴情怀。刘荣卿教授是又红又专、教书育人的典范,他的正直人品、宽广胸怀、工作热情具有极强的感染力。

专业领域,颇有建树

刘荣卿教授是第三军医大学西南医院皮肤科前主任、资深教授、主任医师、博士研究生导师,是我国第一部皮肤病理学专著的作者,是我国皮肤科学界著名的皮肤病理学专家。在刘荣卿教授的职业生涯中,他主编和参编了数十本专著,发表了上百篇学术论文,制作了十余部影像教材,荣获各类学术成果奖30余项,成为享誉全国皮肤科学界的第三军医大学皮肤科最具影响力的著名专家。

学科建设,展露风采

刘荣卿教授曾在当时的第七军医大学、新桥医院、大坪医院和西南医院皮肤科均工作过。自1980年起,他领导第三军医大学西南医院皮肤科发展壮大,走向辉煌,成为80年代中后期至90年代中后期全军和西南地区唯一的博士学位授予学科。刘荣卿教授对学科建设有着深刻思考和精辟论述。他有一段关于对学科带头人素质要求的精彩名言:"领导技术要有技术,单纯技术不能领导技术。"其中前一句是指领导专业技术人员的学科带头人自身技术水平也应好,后一句是指学科带头人即使其技术水平高也不全面,还应综合素质高,否则就可能难以领导好专业技术人员。今天再次品味刘荣卿教授的这段名言,更能感悟这句话的精准和深刻。

教书育人,崇德重情

作为资深的研究生导师,刘荣卿教授学风严谨,先后培养了17位博士研究生和13位硕士研究生。作为阅历丰富的长者和资深的专家,他还以其渊博的学识、高尚的情操、宽广的胸怀和纯朴的生活热情,影响着师门中的众弟子和许多未入师门的"编外弟子"的人生观。在研究生培训过程中,他经常邀约研究生到家中谈心,也时常到研究生的宿舍去看望弟子们,每位学生都感受着导师对其生活上的关爱和对其事业发展上的期望。

他在诗歌"人生真谛三则"中写道:"健康和谐是首富,幸福本在群体中……""人生价值在何处,无私奉献百姓中……""……淡泊明志脱樊笼,天地人间自安然",推崇着正直、高尚的人生观。

他在诗歌"钱"中写道:"钱是重要的,但不是万能的。钱可以买到宝贵的东西,但钱买不到的东西,更加宝贵!钱可以使你富裕,也可以使你空虚。钱可以使你成功,也可以使你一败涂地!钱也有两重性,也是对立统一。就看你如何驾驭!"劝导人们树立正确的金钱观。

在"价值""良心""支柱""正""劝善""廉""谦"等一首首诗中,你可感受到刘荣卿教授对腐败的痛恨,对良心的珍重,对正气的尊崇。刘教授的一首首诗歌,饱含正能量,荡涤着人的心灵。

今天,刘荣卿教授的弟子遍布祖国的大江南北。他的弟子中有享誉全国的第四军医大学西京医院皮肤科的高天文教授,有领导着重庆市最大皮肤科团队的重庆第一人民医院暨重庆中医院皮肤科主任刁庆春教授,有被称为"军中女杰"的广州军区广州总医院皮肤科主任的杨慧兰教授,有福建省皮肤科专业领军人物、福建医科大学附属第一医院的程波副院长……这些突出的专业人才是刘教授众多弟子中的杰出代表。刘教授的众多弟子们在师恩、师道、师德的感染下,正继续践行着刘教授的理念、推进着中国皮肤科事业的发展。

重温《太阳之歌》,感受正能量的光辉和温暖!

何　威　中国人民解放军第三军医大学

青海青，黄河黄，高原护肤人在飞翔
——前进中的青海省皮肤病学科

雄踞世界屋脊青藏高原东北部的青海省，辽阔的高原沃土绵延起伏，接壤天际。而在这片土地上，几代皮肤科专家共建起温柔而坚定的护肤屏障，并推动着青海省皮肤病学科一直前进……

青海大学附属医院皮肤科

1959 年 12 月 15 日，随着青海大学附属医院（青医附院）的诞生，作为医院科室之一的青医附院皮肤科建科了。当时科室无床位，仅 2 名医生，设施简陋，技术力量薄弱，就医环境差，但经过老一代皮肤科人的努力奋斗、艰苦创业，皮肤科逐步发展。1966 年逐渐建成 20 张固定床位，1969 年"文革"期间，因医生下乡，床位撤除；1978 年再次成立病房，设置床位 20 张。建科初期奉献青海的有志之士李世荫担任科室主任（曾任北京大学第三医院皮肤科主任，教授，博士生、硕士生导师，现已去世），在他的带领下，又有刘汶、董永丰、李振基医生加入到皮肤科的建设中。

20 世纪 70 年代末至 80 年代初，支援西部的专家纷纷调回内地，随后张忠祥、李振基、宫振钦分别担任皮肤科主任或副主任；张莉自 1984 年至 2001 年担任皮肤科主任，同时白秦玉、王京任副主任；自 2001 年至今，王永任皮肤科主任，王玉生、燕华玲担任副主任。进入 80 年代，科室开始飞速发展，经过皮肤科几代人的努力，逐步发展成为一个技术力量雄厚，业务能力强，设施较为完善和就医环境优美的科室。2002 年被评为青海省名科，并于 2003 年被评为省级重点学科，在青海省医疗界享有一定的声望，在皮肤性病的诊疗方面，始终处于省内领先水平。2015 年成立医学美容科，冶娟担任首任主任。

青海省人民医院皮肤科

早在 1935 年，青海省立中山医院就开设了皮肤花柳科门诊。1953 年

11 月，刘汉杰医师由西北医学院皮肤专修科毕业后分配来本院工作，正式成立了皮肤花柳科，并在内科设了 5 张病床，收治皮肤花柳科病人，当时科里仅有刘汉杰医师 1 人。1954 年，医师增至 3 人。同年 5~6 月间，医院成立了由眼科、耳鼻喉科、口腔科和皮肤花柳科共同组成的混合病房，皮肤花柳科有 7 张病床。同年 8 月，张忠祥医师由西北医学院毕业分配到科内上班，皮肤花柳科有了第一位大学本科毕业生，医师增至 4 人。1956 年夏，由上海等地聘请来的皮肤花柳科专家黄振邦、李玉凯、吴宜庆来科内上班，医师已达 7 人。当年迁入青海省人民医院新址住院部大楼，病床增至 21 张。刘汉杰任科室负责人，后由李玉凯任科室副主任。50 年代末至 60 年代初，人员变动较大，大学本科毕业生相继分配来院或被调入科内，而黄振邦、李玉凯、吴宜庆等相继调离医院，本科医师一直保持在 7~8 人。继李玉凯任科副主任以后，贾育军、刘汉杰、李承义、于天禄、褚慧珍、李学军和刘雪山先后担任科主任或副主任。1996 年 10 月，皮肤科病房迁至住院部大楼后三楼南端，设病床 20 张。有主任医师 1 人，副主任医师 1 人，主治医师 2 人，住院医生 3 人。时任科主任李承义（兼），副主任李学军。2006 年皮肤科病房迁至现内科住院大楼 17 楼，设病床 20 张。现有医生 11 名，其中主任医师 3 名，副主任医师 3 名，主治医师 1 名，住院医生 4 名。现任科主任是刘雪山。

青海红十字医院皮肤科

青海红十字医院皮肤科门诊 1968 年至 1989 年期间由外科医生兼职，1990 年至 1996 年隶属于门诊部，有一名专职医师及一名护士。皮肤性病专科始建于 1997 年，当时隶属于青海省监狱局卫生防疫站。1999 年 9 月 19 日正式独立建科，首任科主任傅强。经过几年的发展，科室从小到大。从原来的一名医生，到现有正高职称 1 人、副高职称 1 人、中级职称 2 人、初级职称 4 人。医生全部完成研究生进修教育，其中 2 人取得了硕士学位。全部医生均在国内大医院进修 2 次以上。

青海省妇女儿童医院皮肤科

该院皮肤科成立于 1986 年 7 月 6 日，1986 年到 1993 年，在这 13 年中，科室的医师最高职称为主治医生(由季均秀、王丽丽医师组成)。诊治病人疾病种类也相对单一，病人人数也比较少。1993 年到 2005 年中，在以上两位老师的工作带领下,科室的发展有了新的起点,接诊病人数量逐年上升, 由原来的每日 10~15 人次上升到 20~30 人次。 2005—2010 年,王丽丽和伊桂秀在科室工作,2011 年伊桂秀担任科主任,随着疾病诊治范围增加,病人平均每日 50~60 人次,最高可达 100 人次,就诊的疾病种类增加了很多,同时开展了过敏原测定和微量元素检查。

青海省中医院皮肤科

青海省中医院皮肤科是从 1985 年从中医外科分离出来独立成为了的一个科室,当时科室命名为疮疡科,首任科室主任为贾鸿魁,科室人员 3 人。经过近 30 年的发展,现科室人员 7 人,设立住院病床 20 张,门诊量由最初每日平均 30 人增加到现在的 120 人左右, 中医特色制剂达到 30 余种,历任主任有李春生,现任主任为马利斌主任医师。

解放军第四医院皮肤科

解放军第四医院前身是原一军卫生部所属的三个卫生休养所。青海全境解放后,经西北军区批准,于 1951 年 4 月 10 日在三个卫生休养所的基础上正式组建医院。建院时即设立皮肤专业,当时称皮花科,与骨科编为一个科室,1971 年与心肾专业合并组成内一科。1992 年 7 月与中医专业合并组成中医皮肤科,1998 年 10 月独立组成皮肤科至今。从设立该专业至 1992 年科室以门诊治疗为主 , 历任皮肤科医生有:刘辅仁(1951—1958)、王文玉(1958—1963)、李智勇(1963—1971)、李蔚林(1971—2002)。1992 年后开设病房,编制床位 10 张,在编医生 3 人,主治医师李蔚林,医师刘军、李波。1998 年成立科室时第一任科室主任为李蔚林副主任医师,医师刘军、李波,编制床位 15 张。2002 年后设立皮肤美容专业,现有医护人员 21 人,其中高级职称 3 人,中级职称 4 人,开展床位 30 张,科室设置激光美容室、美容手术室、NB-UVB 治疗室、皮肤病涂药室。现任科室主任刘军主任医师。

西宁市第一人民医院皮肤科

西宁市第一人民医院皮肤科始建于 1966 年, 由第一任皮肤科主任师文英一手建立了门诊,1986 年建立了皮肤科住院部,开展了液氮冷冻、皮肤病理活检术、黑光治疗,以及自配制皮肤外用药膏。第二任皮肤科主任刘佩莉培养了一支勤奋学习、努力工作、团结协作的皮肤科人才队伍，引进了 NB-UVB 光疗系统、微波治疗系统。第三任皮肤科主任黄梅鹤引进了电离子治疗、中医皮肤美容治疗。第四任皮肤科主任黄咏梅，发展了中西医结合特色治疗皮肤病、皮肤医学美容、皮肤外科三个专业方向。

附:青海省医学会皮肤性病学分会历届主委名单

1980—1984	张忠祥	省主委	全国委员
1984—1997	李承义	省主委	全国委员
1998—2006	张　莉	省主委	全国委员
2006—2009	张　莉	省主委	全国委员
2010 至今	冶　娟	省主委	全国委员

冶　娟　青海大学附属医院

一位医者老人的心愿

——记刘铭锐教授与兰州大学皮肤病研究所
初建点滴事

人道为医道之本,医者乃仁者典范。

救死扶伤行人道,劳谦谨敕成医者。

——刘铭锐教授人生格言

没有高水平的医学科研,就没有高水平的临床诊疗。全国著名的皮肤病学专家、兰州大学医学院皮肤科创始人刘铭锐教授早就意识到了这个理念。三十年前,从医三十五载,当时年逾花甲的老教授经过深思熟虑,鼓足勇气,下决心建立兰州医学院皮肤病研究室。

图 1　刘铭锐教授

来回奔波终立项

丝绸之路上的重镇——兰州,在 1984 年以前,所有的皮肤科医生在诊疗疾病的过程中完全是靠书本知识和临床经验,几乎没有专科实验室检查手段。因此,甘肃省皮肤科专业的诊疗水平远远落后于全国发达地区也就不足为奇。然而这一切却被甘肃省皮肤科的主要奠基人刘铭锐教授看在眼里,急在心里。不知经过了多少次的奔波,撒过多少回的汗水,1984年,兰州医学院终于得到了省政府的批准,获准成立甘肃省第一家皮肤病研究室。

坚定信心绘蓝图

当时政府拨款6万元。但是6万元对于成立一个专业实验室真是杯水车薪啊!怎么办,干,还是不干?大家都很茫然。科主任刘铭锐教授也是满脸愁容,因为他最知道创业的艰难滋味,但最终还是坚定地决心带领全科同志准备大干一场。他向大家说,哪怕是白手起家,也要努力一把,一要对得起患者,二要对得起政府。那时在甘肃省还没有一家医院有像样的研究室,说句老实话,应该建设一个什么样的专业研究室,首先开展哪些工作,需要购买哪些设备、仪器,当时大家心里都没底,本地也没有可参考的样板。左思右想,只有一个办法:向先进大学专业实验室学习。"他山之石,可以攻玉",老刘主任借着外出开会的机会,虚心征求外省专家的意见,又不辞辛苦,去实地参观考察国内知名大学皮肤科研究室。回来后,借鉴先进的经验,结合我省的具体情况,刘教授满怀信心地制定了我们皮研室的建设规划以及将来所要开展的主要工作:首先设立免疫室、真菌室和病理室三个实验室。蓝图已制定,大家说干就干。

购买试剂崎岖路

当时交通、通讯都相当落后,再加上筹建的经费有限,干任何事情都是靠两条腿。记得当时需要购置实验室所需的各种化学试剂,与有关的公司联系后,我们需要自己去接洽提货。大家知道,化学试剂是有一定危险性的,所以一般储存试剂的仓库都远离市区,位于荒郊野外的半山上。那时的刘教授虽然身体还很硬朗,但毕竟已年逾花甲,可是他仍然亲自带着科里几个年轻医生骑着自行车去仓库提货。跋涉二三十公里的路程,爬过几百米的上山大坡,骑车到达仓库时,大家已是气喘吁吁。由于是自行车携带试剂,又都是玻璃瓶,每个人一次只能带十几瓶,挂在自行车的把柄上,徐徐前行。由于东西太重,有好几次都差点使自行车整个翻倒过来。大家骑着自行车,头重脚轻,一路上摇摇晃晃地像喝醉酒似的。这样不知来回多少趟,总算把所需的试剂和器皿给基本购置齐全了。

安装设备汗如雨

接下来我们定做的实验操作台也做好了,台面很大,要是放在今天,一定是请专业公司来完成安装。可是当时经费十分有限,只有我们自己想办法安装了。科里几个年轻人动脑筋、想办法,思考着怎么样才能将这个庞然大物搬到楼上实验室。实验室门窗尺寸有限,怎么办？常言道:不破不立。我们只好先把门窗拆掉。然而那么沉重的东西,体积又大,楼梯太窄抬不上来,大家又开始琢磨,你争我吵,最后刘教授同意空中拉吊的方案。用绳子将试验台固定后,人分楼上楼下两组,上面拼命用绳子拉,下面使劲用肩膀扛。"一二三,上！……一二三,上！"真是人多力量大啊,硬是把这个沉甸甸的实验台从楼下拉吊到了二层实验室,并安装到位。一场惊心动魄的"战斗"结束了,大家都累得瘫坐在地上了。后来陆续购买的超净台、超低温冰箱等都是采用同样的方式搬到实验室里的。

天公作美贵人助

当时购置的荧光显微镜、倒置显微镜这些高档设备,我们根本没见过,更是不会安装了。适逢北大医院朱学骏教授来兰讲学,利用讲课的间隙,刘铭锐教授特意请他来指导。朱教授看了这些设备后,顿时大加赞赏,说有了这些精良的仪器设备,一定能将现有的诊疗水平大大提高一个台阶。朱教授不辞辛苦,利用休息时间帮助我们安装、调试好了这些宝贝仪器。

骨干外出学技术

万事俱备,只欠东风。场地有了,设备有了,可没人会操作也不行啊。朱学骏教授当时就慷慨同意,带李文竹医师去北大医院皮肤科学习免疫荧光技术。在北大医院,朱教授非常耐心地手把手教会了李大夫免疫荧光试剂的制备和应用,经过 3 个月的培训,李大夫便熟练掌握了免疫荧光技术。回到兰州后,李大夫主导积极开展了红斑狼疮、皮肌炎、硬皮病、天疱疮、类天疱疮和变应性血管炎等各种自身免疫性疾病的直接荧光检查工作。随着这项技术的开展,全省各大医院的病人都络绎不绝地来我科皮研室进行相关检查,收到了较好的社会效益和经济效益。

前进路上累与喜

当然,这期间我们也遇到了不少困难,例如随着检查病人数量的增多,带回来的试剂很快就用完了,每次购买试剂都是一件非常头疼的事情。当时很少有人出差坐飞机,而从兰州坐火车到北京要花 36 个多小时, 荧光标记抗体必须在冷冻条件下保存运送, 当时唯一的办法,就是在临上火车之前,从冰箱里取出试剂放在盛满冰块的保温饭盒里送上火车, 保温饭盒还要尽量放在较凉爽的地方——挂在车窗外。一下火车,便马不停蹄地快速送到实验室,以防荧光试剂失效。每次购买试剂,感觉就像是一场战斗,非常艰辛。好在辛勤的劳动换来了丰硕的果实。几年下来,我们皮研室检测了近千份标本。同时,也发表了多篇相关学术论文。

在开展免疫病理后,刘铭锐教授高瞻远瞩,又陆续派送方玉馥医师在北大医院学习了医学真菌检验技术,武三卯医师在华山医院学习了皮肤病理检查技术,为以后皮研室开展工作打下了一个坚实的基础。

三四年后,我们的研究室初步建成了免疫室、真菌室和病理室。

随着各项工作的深入,我科又陆续开展了多项性病检查、螨虫检查、过敏原检测等等。从 1985 年开始,我科开始在全国范围内招收硕士研究生,历届研究生又在皮研室相继开展了免疫组化技术、分子生物学技术等科学研究,既使皮研室服务于临床,又为实验研究和培养研究生提供了一个良好的平台。

老少携手新征途

2004 年,兰州医学院整体并入兰州大学。2006 年,学校发文将原兰州医学院皮肤病研究室更名为兰州大学皮肤病研究所。刘铭锐教授年届古稀才离休,现已 20 年了。2013 年 7 月 26 日是刘铭锐教授九十华诞的日子,科里为他举行了隆重的系列庆祝活动,全市皮肤科医生纷纷前来道贺,并邀请国内知名教授做了精彩的学术讲座。他非常激动,并恋恋不舍地说:"我们这些老骨头即将一个个走了,甘肃省皮肤科学事业的发展就靠你们这些年轻人了。"

回首当年辛酸泪,如今驽马自奋蹄。

刘教授还语重心长地说:"要当一名好医生,只顾看病是不行的,一定要做研究才行,只有临床、科研相结合才能真正有出息。"

临床实践是我们的今天,医学科研是我们的明天。

立命实为基,求生智为根,做人德为准,交往敬为先,劳作勤为本,创业苦为常,处逆忍为上,逢难思为睿,酬勤绩为证,回首乐为然。

——刘铭锐教授"十为"感言

骆志成　李文竹　兰州大学第二医院

桃李不言，下自成蹊

——记第四军医大学西京医院皮肤科刘玉峰教授

2007 年 7 月 13 日晚 19:30，中国人民解放军第四军医大学长乐大礼堂座无虚席，数千名教职员工和学员齐聚一堂，期待着一堂精彩的教学示范课。"今天我的授课内容是淋病，首先解读一下淋病的'淋'字，它反映出汉字的博大精深，一个字至少包含以下四层含义：淋漓不尽、尿意不尽、滴滴答答、缠绵不愈。"鸦雀无声的会场顿时响起了雷鸣般的掌声和欢笑声。这是西京医院皮肤科刘玉峰教授在全校第一场精品课程示范课上的开场白，他用简短的语句高度概括了淋病的发病部位、临床症状、病程特点和可能预后，让所有听课教员和学员感到不仅聆听了一堂精彩的临床课程，而且享受了一场艺术的饕餮大餐。这不是刘玉峰教授的第一次授课示范，类似的精彩演讲已不定期地在校内、院内进行过多次，刘教授那幽默风趣、言简意赅的授课风格渗透着科学性、知识性、趣味性和启发性，这种风格正在西京医院皮肤科传承。

刘玉峰教授是第四军医大学西京医院皮肤科一级教授、主任医师、博士研究生导师，中共党员，我国著名的皮肤性病学专家。于 1939 年 8 月出生于山东省济南市，1962 年毕业于山东医学院（现山东大学医学院），毕业后入伍到第四军医大学西京医院皮肤科工作，并开始了长达半个多世纪的从医执教生涯。入科伊始，在科主任郗耀程教授以及魏克庄、车乃增、关鹏举等骨干（后来均为科室负责人）的指导下，经过 6 年住院医师、助教的培训，为深入掌握临床医学及皮肤病学的理论知识和实践工作打下了坚实的基础。1976 年晋升主治医生和讲师后曾在上海华山医院进修 1 年，使得临床技能得到进一步锤炼。1988 年晋升副教授、副主任医师，次年被批准为硕士研究生导师，1992 年晋升教授、主任医师，1996 年成为博士研究生导师，2000 年被评为三级教授，2010 年被授予一级教授。1993年，刘玉峰教授担任西京医院皮肤科主任，便提出了以科研为龙头，促进科室全面发展的建设规划，使学科在医疗、科研及教学工作方面取得了前所未有的发展，也开创了西京医院皮肤科发展史的新篇章。

刘玉峰教授在50余年的从医生涯中，一直注重学习和提高，具备了渊博的专业知识和丰富的临床经验，无数的常见病、疑难病、复杂病患者经过他的精心治疗使病情得到改善或痊愈。曾在管理病房期间，诊断了西京医院首例HIV感染者，其细心诊查、博览群书，缜密的思维及逻辑推理的诊断思路目前仍对全院医疗工作具有深远的影响。刘教授还在国内首次报道了皮肤假霉样真菌病等多个罕见皮肤病，加深了皮肤科学界对这些罕见病的认识。在临床上，积极开展新技术、新业务用于皮肤病的诊断和治疗，较早地采用血浆置换、静脉输注免疫球蛋白治疗结缔组织病、重症药疹和大疱性皮肤病。特别是对银屑病和特应性皮炎的治疗独具匠心，提出了治疗理念应尽力人性化、个体化和生活化，根据病情严重性外用糖皮质激素制剂、非糖皮质激素制剂和保湿剂联合、交替、阶梯式使用，系统靶向治疗的多靶联合、交替以及和传统治疗的互补的治疗策略。刘玉峰教授对糖皮质激素的应用体会相当深刻，他概括出糖皮质激素"短程治疗要掌握适应证，长程治疗要评估副作用"的基本原则目前仍全科乃至全院人员牢记。

刘教授在医疗工作中特别注重人文关怀，总是和蔼可亲、厚重慈祥，无论贫贱权贵他都能一视同仁，并倾注全部爱心、温情和善意，选择最有效、经济、合理的治疗方案。他还热心关注公益慈善事业，多次为经济困难的患者捐款，多次深入偏远地区或基层医院、社区、厂矿、乡村做公益义诊服务，并作为著名专家参与了陕西省商洛麻风病院的志愿者慈善医疗救助活动。正是这种大医精诚、大爱无疆的品格风范，使得刘教授的医术、医德在皮肤科学界享有盛誉。

在西南战事期间，刘教授主动请缨，先后多次深入老山前线调查、研究作战部队皮肤病的发生情况，并冒着危险到达前沿猫耳洞为部队官兵服务、培训皮肤病防治知识。由于猫耳洞内气候炎热、潮湿缺水、卫生条件差，战士们普遍患有浅部真菌病、过敏性皮肤病、虫咬皮炎及继发感染，刘教授带领团队成功研发了具有多种防治作用的"老山兰"涂膜剂、药物纸裤衩等,并迅速配发部队,有效控制了前线指战员的非战斗减员。他还研制了"维康松"乳膏和特异性表皮转移因子等一批治疗多种皮肤病的口服药、外用药,目前已广泛应用于临床,为广大皮肤病患者解除了病痛,这些新药曾获重大新药创制–军队特需药品保密专项资助和国家发明专利。

在科研方面,刘玉峰教授对天然自身抗体和银屑病方面进行了深入而卓有成效的研究,在国际上首次阐明天然抗角蛋白自身抗体的功能和产生机制,首次揭示了天然抗角蛋白自身抗体在抵御真菌感染中的作用,并率先开展了基因工程抗角蛋白抗体治疗银屑病的研究。他说得最多的一句话是"科研也像人和事,是螺旋式上升",具体体现在两方面,一是随着研究的深入,研究内容一定会进一步深化和发展;二是科研之路不会一帆风顺,没有艰难的"螺旋"就没有与之相随的"上升"。在 90 年代初期,西京医院皮肤科的实验室设备简陋、人员不整,但刘玉峰教授克服种种困难,开始了对抗角蛋白自身抗体功能及生物学的研究,他收集了大量正常人皮肤标本和血清,发现了人体内存在这种可结合表皮的自身抗体,又进一步应用胶体金技术证实这种抗体的识别位点位于角质形成细胞的张力细丝和桥粒上。通过将自体皮片包埋于家兔皮下,发现这种抗体能迅速沉积于角蛋白暴露部位,由此得出抗角蛋白自身抗体普遍存在的观点,其作用机制和意义可能与传统观点上的致病性自身抗体不同,可能对人体具有保护作用。随着研究的进展,一批研究生参与了该项系列研究,王刚、李承新、李巍、付萌、张亮、张衍国等分别建立了角质形成细胞的无血清培养技术和角蛋白亲和层析柱、制备了特异性抗角蛋白单克隆抗体和抗角蛋白人源性抗体、构建了抗角蛋白自身抗体重链和轻链转基因小鼠、建立了抗角蛋白自身抗体杂交瘤技术、合成了角蛋白 K17 置换肽等、发现抗体与表皮的结合位点为 Fab 段、并阐明了抗角蛋白自身抗体生物学功能及其对角质形成细胞增殖、分化的影响和调控机理。这些研究充分证实了抗角蛋白自身抗体的生理学意义及其在银屑病等发病过程中的作用,也为银屑病等严重影响人类健康的皮肤病的临床治疗开辟了一条崭新的思路和策略。

他先后承担国家自然科学基金重点项目 1 项、国家自然科学基金面上项目 5 项、"863"计划课题 1 项,国家 1035 工程项目 1 项、全军重点科研课题 1 项、陕西省科技攻关项目 1 项等研究基金的资助,总资助经费 1 000 多万元。以通讯作者发表 SCI 论文 20 余篇,出版专著、教材 20 余部。研究成果先后获得陕西省科技进步一等奖和国家科技进步三等奖。刘玉峰教授还担任了中国中西医结合学会变态反应专业委员会委员,全军皮肤科专业委员会副主任委员,陕西省皮肤科学会副主任委员,中华医学会银屑病学组委员,中华医学会色素病学组委员,并被聘为《中国皮肤性病学杂志》副主委,《中华皮肤科杂志》《临床皮肤科杂志》《中国美容医学杂志》《中国麻风皮肤病学杂志》等杂志编委。

令人叫绝的是他在教学方面的成就,刘玉峰教授一直是第四军医大学乃至全国皮肤病学界久负盛名的教育家,他的课一直是我校青年教师上岗前的必修课、示范课。刘玉峰教授的口号是:"堂堂讲好,课课打响"。他思路清晰、设计巧妙、口才超人,将各种皮肤病诠释得淋漓尽致,常常令人拍案叫绝。刘玉峰教授的精彩授课源于他对各方面知识几十年如一日的学习、积累、总结、提炼和升华。刘玉峰教授要求自己做到每一堂课都不是过去的翻版,要随着学科的发展随时更改教案,讲课时不能就病讲病,还要横纵贯穿,上下联系,启发学生的主动思维,要让每个学员都有收获。刘玉峰教授也非常重视对年轻教员教学能力的培养,每次检查教案他都会非常认真地提出意见,每次正式讲课前都要先预讲,发现问题并及时修改完善。

他倡导在授课过程中要教学相长、以人为本、注重启发、换位思考,最大限度地发挥学员的主观能动性。刘教授具有深厚的人文素质和专业功底,其出众的演讲才华和饱满热情使他在教学工作中形成了独具特色、富于感染力的教学风格。关于授课技巧,刘玉峰教授常说的一句话就是:提起来"一串串",放下去"一沓沓",意喻在教学中要把教学内容高度总结、归纳,建立条理性和逻辑性,使学员能获得更大的信息量并调动其主体意识。刘教授对课堂设计的要求提出"凤头、猪肚、豹尾",是指授课内容一开始就要简明扼要、耳目一新地切入主题(凤头),而后在启发、诱导中概念准确、内容充实地完成教学的主体内容(猪肚),最后要有精短、响亮回音的收尾(豹尾)。"读三遍书,备一堂课"指在教学前精心准备,第一遍书给自己读,进一步强化对教学内容的熟悉,第二遍书给学生读,进一步分析重点和难点内容在哪里,不错过一个不应该缺失的教学内容,第三遍给课堂的教学设计读,以最符合学生认知规律和特点的方式对教学设计进行反复加工和锤炼。他的每一次授课都经过精心准备、精密设计,用生动的表达、缜密的思维、精彩的比喻、形象的例证、声情并茂、前后呼应、言简意赅、一气呵成。

为了取得更好的教学效果,刘教授不断进行教学改革的尝试。他深知教材是高等教育和教学改革的重要环节,也是保证教学质量的前提,因此根据教学和临床的需要,积极编写教材和专著。他主编了《天然自身抗体》《现代皮肤病治疗学》,编写了《皮肤性病学(供七年制和研究生用)》《临床免疫学》《神经病学》《色素性皮肤病》《现代临床急诊医学》《战时内科学》《现代野战内科学》《现代实用皮肤性病学及美容学》等专著、教材20余部。

针对皮肤病教学形象化的特点,刘玉峰教授早在20世纪90年代初便开始了电化教学的尝试和探索,幻灯片的使用将书本上抽象的描述变成了形象的皮损照片,使教学效果大大提高。在他的带领下,西京医院皮肤科于1997年就在全校率先实现了全部课程多媒体授课,使皮肤科的教学水平更上一个台阶。相关成果和课件获总后优秀成果奖和军队优秀卫生音像制品二等奖。他还积极参与皮肤科互联网远程教育工作,目前西京皮肤医院建有包括"中国皮肤性病网"在内的六个国内权威性专业皮肤性病网站,开设了皮肤病知识宣传、皮肤疾病诊治、疑难病例讨论、远程会诊、远程教育等栏目。刘玉峰教授在远程教育和皮肤科承担的国家教育部"皮肤性病学网络病案库"项目、国家"十五"重点攻关项目"皮肤性病学远程教学示范工程"项目中发挥了重要的指导作用。

除本科生授课外,研究生教学是近20年来刘玉峰教授教学工作的重要组成部分。刘教授认真分析每一位学生的特点,因人而异,因材施教。他总是给学生较为宽松的环境,鼓励学生发挥自己的创造力,在学生遇到挫折时,他总是积极地鼓励和诱导,使其树起信心。刘玉峰教授非常重视和学生的交流,经常与学生谈心,而且他时时事事都能站在学生的角度考虑问题,处处为学生着想。但刘玉峰教授在学术上对学生的要求非常严格,始终以国际标准要求和督促学生,决不允许任何懈怠和弄虚作假。刘玉峰教授已培养研究生 75 名,他不仅用敏锐的思维指导研究生的科研工作,也以他的谦和和人格魅力影响着学生的为人处世,在刘玉峰教授的辛勤培育下,他的学生迅速成长起来,已成为包括西京医院在内的军内外皮肤科的学术带头人和骨干力量,如王刚教授、李承新教授、李巍教授、付萌医生、张衍国教授、兰凤华教授、张开明教授、刘仲荣教授等目前均是科室学科带头人,其中 2 人入选总后“三星”人才,2 人获得军队院校育才奖银奖。已有 18 人担任科室领导,20 人具有副高级以上职称,6 人在全国性学术组织任职,13 人为博士生或硕士生导师,2 人获国家科技进步三等奖,2 人获军队医疗成果一等奖,2 人获军队科技进步二等奖,2 人获军队医疗成果三等奖,3 人获省科技进步一等奖,2 人获国家自然科学基金重点项目资助,1 人获重大国际合作项目资助,11 人出国深造并已全部学成回国。他们正以饱满的热情和拼搏奉献精神在各自的岗位上忘我工作,并将刘玉峰教授教书育人的人格品质在皮肤科学界传承。桃李满天下,芬芳溢杏林,刘玉峰教授的教学成就在学生们的烘托渲染下,显得更加绚丽多彩。

鉴于他在教学方面的卓越成就,刘玉峰教授先后于 1991 年、2004 年两获全军优秀教师称号,2008 年获军队院校育才金奖,2014 年获第四军医大学“教学终身成就奖”。他培育了第四军医大学皮肤性病学教研室优秀的教学团队,推动了学科的巨大发展,西京医院皮肤科于 2002 年成为教育部国家重点学科,2010 年获国家精品课程,2012 年成为首批总后优秀教学团队。由于刘玉峰教授的言传身教,皮肤科的年轻教员迅速成长起来,其中 2 人获得总后勤部优秀教师称号,2 人为军队院校育才银奖获得者,2 人获教育部新世纪优秀人才、教育部国家骨干教师 1 名、总后科技新星 2 名、第四军医大学“十佳”青年教师 5 名(占全院 1/3)、第四军医大学精品课程教员 8 名(全院最多)、第四军医大学“双十佳精品教员”1 名、西京医院“双十佳精品教员”2 名。

虽然刘玉峰教授在全国皮肤科学界德高望重、久负盛誉,但他淡泊名利、甘为人梯,主动让位于后人的故事在第四军医大学被传为佳话。1997 年,西京医院皮肤科在医疗、科研、教学等各方面都已经取得了长足的进步,正处在收获的季节,时任科主任的刘教授并没有陶醉在成绩之中。经过认真思考,他认为目前科室实力已经具备了向最强、更高目标发展的规模,正面临着全面、快速腾飞的良好机遇,如果让一位有魄力、有闯劲的年轻人担任科室主任,将更有利于整个科室的迅速崛起,而自己从繁杂的行政事务中解脱出来也能更专心地把握科研大方向,是一个两全其美的做法。此时正好在国外留学的高天文教授回国,刘教授认定他德才兼备、年富力强,是最合适的接班人选,于是找到校长、院长恳谈,并提交了正式的卸任申请。就这样,刘教授不仅提前3年从主任岗位上退下来,还主动提出做副主任工作,为新主任保驾护航当助手,真正做到了"扶上马,送一程"。事实证明,刘教授的这一决定是极其正确和有远见的:近10年来,在刘玉峰教授的辅助下,高天文教授领导的西京医院皮肤科全科人员团结奋进、努力拼搏,在医疗、科研、教学等方面全面发展,已经成为第四军医大学和西京医院的支柱学科,先后被教育部批准为博士学位授权学科、博士后流动站组成学科、全军皮肤性病中心、陕西省重点学科、国家重点学科,2011年成为西京医院第五个"院中院"——西京皮肤医院,经专家推荐和民主竞聘中,王刚教授脱颖而出成为西京医院皮肤科新一任主任和西京皮肤医院首任院长。王刚教授是刘玉峰教授招收的第一位硕士或博士研究生,他博学多才、视野开阔、稳健务实、足智善谋,曾先后在日本、美国等国家留学或从事研究工作,受聘为日本北海道大学和美国THOMAS JEFFERSON大学皮肤科客座教授,承担了多项国家级和军队重大科研课题,在刘玉峰教授、高天文教授的支持下,他倡导以科研发展带动全面建设的治科思路初见成效,皮肤科在门诊量、收容量、论文、国科金数量上的优势从量的增长到质的提升。

德馨可比玉,术精堪为峰,刘玉峰教授的道德风范、学术思想、治学理念和大医精神仍将惠泽后辈、代代传承。西京医院皮肤科人正在以刘玉峰教授为楷模,以"和谐、拼搏、超越"为科训,为把西京皮肤医院建设成为国际知名的一流学科而奋发努力,只争朝夕。

廖文俊　高天文　第四军医大学西京医院

数十载沉淀，在磨砺中升华

——宁夏医科大学总医院皮肤科发展纪实

宁夏医科大学总医院皮肤科位于塞上江南凤城银川市。学校前身是1958年建立的宁夏医学院。1962年改称宁夏大学医学系。1972年，上海铁道医学院搬迁至银川，与宁夏大学医学系合并，重建宁夏医学院。1978年开始开展研究生教育。2008年8月，学校更名为宁夏医科大学。2010年2月成为立项建设的新增博士学位授予单位。2013年成为第一批临床医学硕士专业学位研究生培养模式改革试点高校，"卓越医生教育培养计划"试点高校。宁夏医科大学总医院集医疗、教学、科研、预防保健和干部保健等职能于一体，是宁夏规模大、技术力量雄厚、医疗设备先进、专家队伍荟萃的一所综合性三级甲等医院。

宁夏医科大学总医院皮肤科成立于1958年，当时只有安国民1名医生，主要以门诊为主。1963年喻昭医生由内科进入皮肤科。1968年又增加姚振强1名医生，皮肤科医生增至3人。当时条件简陋，没有什么仪器设备，仍以门诊工作为主，设病床6张，与血液内科共用一幢病房。

1970年姚振强、安国民医师分别到吴忠、同心工作，同时科室增加了来自天津医学院皮肤科的李英华主任和来自上海铁道医学院皮肤科的陈德利医师，由李英华任科室主任。

1976年以后由喻昭任科室主任，人员不断壮大，至2000年已有医生9人，护理人员10名，其中教授1人、副教授及相当职称人员3人、讲师3人、助教2人，均为大学本科毕业生。拥有单独的住院病房及门诊，设病床20张，医教研水平不断提高。

1983年喻昭主任诊治了第一例梅毒患者，为以后性传播疾病的诊治积累了宝贵经验。同期建立了医学真菌实验室及免疫实验室，拥有恒温箱、培养箱、奥林帕斯显微镜、免疫荧光、显微镜等仪器设备，为真菌病、免疫性疾病的诊治提供了很大帮助。

1990年建立性病实验室，开展梅毒、淋病、非淋菌性尿道炎、生殖器疱疹、尖锐湿疣及艾滋病等性传播疾病的实验室检查。

1992年成立美容室，派人员到广西等地进修医学美容，引进减肥仪、多功能电离子治疗机等设备，开展了减肥、皮肤护理、祛斑、痤疮、脱毛、去瘢痕、腋臭及各种疣、痣的治疗。

皮肤科教研室坚持教学改革，不断创新，教学成果显著。1989年喻昭教授的"皮肤病多形态教学法"获自治区普通高校优秀教学成果二等奖和宁夏医学院优秀教学成果一等奖。"由癣猫传播致人患癣病23例报告"幻灯片，在西北高等医学院校电教协作组第三次年会上被评为优秀教学幻灯片二等奖。皮肤科教研室在1999年第二届、2001年第三届和2003年第四届宁夏医学院临床教师授课比赛中均取得了前三名。皮肤科教研室也在第二届授课比赛中荣获组织奖。

科研工作成绩显著。参与合作的课题"12例着色性干皮病临床遗传学研究"获全国卫生部科技成果二等奖、获自治区卫生厅科技成果一等奖。喻昭主任主持的课题"常见皮肤病免疫荧光检查及其临床意义的研究"获自治区科技成果三等奖、卫生厅科技成果二等奖。

2000年张晓鸣教授任科室主任以来，科室力量进一步壮大，人员结构更趋合理，有3人取得了在职研究生学历。同年成立了宁医附院性病诊疗中心，属区内首家，为我区性传播疾病的诊治、预防开展了有效的工作。

2001年在区内率先开展了"过敏性或变应性皮肤病的过敏原血清特异性IgE的检测"新业务，为变态反应性皮肤病及支气管哮喘的诊断提供了帮助。

2002年在区内首先引进了具有国内先进水平的紫外线皮肤治疗仪，运用UVA、UVB治疗寻常型银屑病、玫瑰糠疹、白癜风、带状疱疹等皮肤病，取得了满意的疗效。另外引进了便携式UV治疗仪，对感染性皮肤病、皮肤溃疡等疾病的治疗提供了帮助。2003年开展了美容皮肤科学。

目前宁夏医科大学总医院皮肤科经过半个世纪的发展和建设，如今已成为我区规模最大、技术力量雄厚、在区内及周边地区享有一定声誉和影响的皮肤性病医疗、教学和科研单位。现有主任医师 8 人,副主任医师 4 人,主治医师 3 人,住院医师 6 人,护理人员 13 人。其中硕士 15 人,硕士研究生导师 5 人。住院部设病床 33 张,年住院患者 1 100 余人。年门诊量近 8 万人次,居全区首位。2008 年被卫生部 CDC 批准为国家化妆品不良反应监测机构。成立皮肤性病教研室以来一直承担宁夏医科大学各专业皮肤性病学的教学任务和区内外基层医生的进修培训工作,并于 2007 年开始硕士研究生招生,先后培养硕士研究生近 30 名。

张小鸣　宁夏医科大学总医院

大音希声,大爱无痕

——新疆维吾尔自治区皮肤科学发展中的人与事

正是凭借那种开放进取的理念、悬壶济世的胸怀、精益求精的学术精神,新疆三代皮肤科人在 60 多年间自强不息、不断进取,使新疆皮肤性病科学界发展成为中国皮肤科不可或缺的重要组成部分。伴随着不断发展的历史长河,新疆皮肤科学界涌现出一批杰出人物,围绕在他们身边发生的往事也令人难以忘怀,并激励着一代又一代新疆皮肤科人奋发图强。

支援边疆,拳拳报国

解放初期,梅毒等性病在新疆广泛流行,但 1954 年以前,新疆没有独立的皮肤病科室,没有皮肤科专科医生,中央卫生部从国内知名医院选派了一大批皮肤科医师支援新疆,这批援疆医师包括中日友好医院田世瑞教授、随行技师张昆教授,毕业于西北医学院的石得仁、赵藩贵等。随后几年内,西安医科大学中国首批皮肤性病系毕业生田树仁、田惠玉夫妇及王诚一等,毕业于南京医学院的沈大为教授,以及上海医学院黄月珍教授等相继志愿支援边疆,为新疆梅毒病流行控制提供了优秀的专业人员及技术保障。1954 年,中华医学会新疆分会皮肤科学会成立,由田世瑞教授担任新疆第一届皮肤科学会主任委员。1955 年,新疆皮肤性病防治所成立,并设有门诊及 30 张床位,这是新疆最早的皮肤病专科病房。随后,各地州也相继成立了皮肤病防治所(站),皮肤性病防治人员从无到有,学会会员逐渐增加。特别是 1956 年,在杨国亮教授的指导下,毕业于上海医学院医疗系的钱戌春教授(华山医院主治医师、讲师),受组织委派来到新疆乌鲁木齐支援边疆卫生工作,并筹备建立新疆医学院附属医院皮肤科。随后,新疆皮肤性病防治所的临床部分归并于新疆维吾尔自治区人民医院,由田惠玉教授负责,组建了新疆维吾尔自治区人民医院皮肤科,并设有门诊和病房。以后新疆石河子医学院附属医院皮肤科、兰州军区乌鲁木齐总医院皮肤科相继成立,进一步促进了皮肤科医疗、教学、科研工作的全面开展,使学会的工作也得到长足的发展,学会会员在防病治病、医疗、教学和科研方面做了大量艰苦卓绝的工作,特别在性病防治方面,对200多万农牧民等进行了梅毒病的普查,对12万多名梅毒患者进行了免费治疗,为新疆消灭梅毒奠定了基础,受到各族人民的热情赞誉;田世瑞医师还曾去蒙古国考察性病防治工作。田树仁、张昆等同志被评选为卫生部性病防治先进个人。同时由新疆性病防治所牵头,云南、南蒙、广西、甘肃诸省(区)性病防治所协同圆满完成了卫生部下达的《潜伏梅毒危害性的研究》及《根除梅毒综合措施的研究》两项重大课题。在头癣防治方面完成了新疆农牧业地区及主要城镇中头部真菌病病原菌菌谱及预防头癣综合组织方法的研究,建立了真菌病动物模型的工作。

图1　田世瑞教授做学术报告

新疆皮肤科学会,在田世瑞、钱戊春、石得仁、沈大为等老一辈皮肤病专家的不懈努力、积极开拓下,60多年来,学会工作得到了长足的发展,他们为繁荣新疆皮肤科学事业做出的无私奉献,一直鞭策着新疆一代又一代皮肤科人。新疆皮肤科学会的发展,同样得到国内皮肤科专家的关心和支持。国内许多知名专家,如胡传揆教授、卫生部马海德顾问、陈锡唐教授、朱仲刚教授、郭锡麟教授、刘蔚同教授、王德馨教授、朱文元教授、倪容之教授、马圣清教授以及刘辅仁教授等,都曾先后来新疆讲学

图 2 新疆医学院欢迎上海第二医学院朱仲刚教授讲学（1964 年）
前排左起：沈大为、钱戊春、朱仲刚、田树仁、石得仁；第二排右
起第一人黄月珍；最后一排左起：吴志华、黄荣魁

和参加学术活动。

拨乱反正，从容不惑

"十年动乱"的年代，学会工作被迫中断。1978 年，随着国家政治形势好转，新疆卫生厅对医学会工作进行恢复整顿，新疆皮肤科学会由石得仁教授担任主任委员。新疆皮肤病防治所并入新疆流行病学研究所，成立了麻风、性病、真菌研究室。1981 年，经卫生厅批准，由新疆流行病学研究所举办了为期半年连续三期的新疆皮肤病医师进修班及一期麻风病学习班，对改革开放以后新疆皮肤科事业的发展起到重要的推动作用。毕业后的大多数学员成为新疆各地州皮肤病学科的中坚力量，为新疆皮肤病学科的发展奠定了坚实基础。其中，普雄明教授、魏清琴医师为第一期优秀学员代表，以后分别成为新疆皮肤科学会主任委员和常务委员。1980 年 8 月、1986 年 7 月和 1992 年 9 月相继召开了第一、二、三届皮肤科学术会议，1996 年 6 月在乌鲁木齐召开了第五届西北五省(区)暨第八届新疆皮肤科学术会议。新疆医学会皮肤学会全体会员以及全疆各族皮肤科工作者克服困难、奋发图强，取得骄人的成绩和丰硕的成果。如维吾尔医治疗白癜风曾荣获全国科学大会及自治区科学大会奖励，新疆消灭

头癣的组织措施与技术方法研究被评为全国一级科研成果,受到全国科学大会嘉奖,新疆性病防治动态的研究,头癣病原菌的研究,新疆 Kaposi 肉瘤光镜、电镜及免疫病理方面的系列研究、驱虫斑鸠菊针剂的制备及疗效研究,梅毒血清学实验研究,梅毒螺旋体特异性试验研究,梅毒血清学技术推广应用的研究及溶脲支原体的实验诊断研究等,先后获国家级及自治区级科技进步奖。同时,钱戌春教授牵头组织几所医院的皮肤科医生定期集中进行病例讨论,并交流分享各自的诊治方法,相互促进,共同提高。钱教授将上海华山医院皮肤科的很多先进经验和技术引用过来,成立新疆第一家皮肤病理室的皮肤免疫室,开展皮肤病理诊断、皮肤免疫病理诊断,使新疆疑难复杂皮肤病的诊断和治疗水平上了一个台阶。另外,20 世纪 70 年代初,陈桂芝医生成为新疆维吾尔自治区中医院第一位皮肤病专科医生,随后师从新疆维吾尔自治区人民医院皮肤科石得仁主任进修学习,并于 1972 年建立新疆维吾尔自治区中医医院皮肤科门诊,配制了氧化锌软膏、炉甘石洗剂等外用制剂。1978 年又前往北京市中医院进修学习,向老中医学习各种皮肤病治疗的方法,她先后配制了普连膏、黄连膏、祛湿散、止痛散等外用制剂,开创了新疆维吾尔自治区中医院在皮肤病治疗中内服外敷的特色治疗的先河。

60 年代初,我国向世界宣布:中国已基本消灭梅毒。然而,潜伏梅毒究竟对人类危害有多大? 按照卫生部中央皮肤病性病研究所指示,由石得仁牵头和五个省、自治区(内蒙古、广西、甘肃、云南、新疆)的医务人员一起对《少数民族地区根除梅毒综合措施的研究》和《潜伏梅毒危害性的研究》等重大课题进行科研论证。当时的新疆交通很不便利,在木垒县牧区调查时,主要交通工具只有毛驴和马匹。因牧区住户比较分散,有时骑马赶一天才能走访一户人家。背着干粮、水壶,骑马奔波在戈壁滩和草原牧场上是常事。几个月的时间,他们调查走访了几千个病例。通过病例分析,课题小组得出结论:梅毒病是一种慢性传染病,一次普查普治无法根除。通过对梅毒病因、病情以及患者生活环境的考察研究,最终课题小组提出了对潜伏梅毒治疗的综合措施。

70 年代,由于皮肤科人员短缺,工作安排紧张,那时钱戌春教授的精力都放在了工作上,想法也很简单,就是治病救人,没有考虑过多的个人得失与酬劳。当时,钱教授还不是共产党员,但一直用爱国敬业的精神鼓舞激励自己为病人做好服务。有一次,一位系统性硬皮病患者病情恶化,全身器官衰竭,病人家属希望病人能在家乡走完生命的最后路程,于是要求派医生护送回阿克苏。当时,科室派不出人员,而为了尊重少数民族习惯又不能拒绝病人要求,钱教授只得携带着简单的救护用品、氧气袋及药品,乘坐16座小型飞机亲自护送病人飞往阿克苏。在颠簸的飞机上,病人呼吸困难,心跳加速,钱教授为他注射西地兰后,将病人安全送到目的地,晚上返回医院照常值班。同一年代,沈大为教授曾在南疆伽师县巡回医疗。因为经济原因,当地农民以馕为主食,很少吃蔬菜,所以每个村都有一些患烟酸缺乏症(即培拉格)的农民。为此沈教授召集了附近几个村的农村医生,给他们培训,讲解此病的病因、症状和治疗方法。使当地烟酸缺乏症的发病率显著降低,受到当地农民的好评和感谢。

80年代初,新疆疥疮流行,而很多基层医生并不了解该疾病。当时毕业于新疆第一期皮肤病进修班的普雄明在新疆兵团第九师医院担任皮肤科医生,接到报告,称农九师161团场的一个牧业连队突染疫病,连队所有职工群众全身瘙痒,无一幸免,患病达300多人,大面积影响连队作业生产任务。普雄明临危受命赶赴161团牧业连,初步诊断疫病为疥疮暴发流行。团场医院无任何治疗这种病的药物,普雄明亲自去塔城医药公司紧急购买了多达50千克的凡士林和5千克硫黄,并连夜架锅熬制配成软膏,随后紧急发放给职工群众使用,控制了病情的发展,受到了当地老百姓的欢迎。

特别值得一提的是,喀什地区维吾尔医能有效治疗白癜风的消息,除了让四面八方的病人蜂拥而至,也吸引了当时担任新疆皮肤科学会主任委员的石得仁教授。石教授多次去喀什登门拜访、请教当地名医,主动与喀什的医生交朋友,邀请他们到乌鲁木齐的医院参观、邀请他们一起前往北京学习,他的执着感动了当地的维吾尔族医生,开始有机会观摩当地医生的治疗过程,接触药方。在与新疆维吾尔自治区人民医院药剂科的共同努力下,他们制成"驱虫斑鸠菊针剂",应用于临床,疗效明显。1985年5月,《健康报》头版发表石得仁用维、西医疗法综合治疗白癜风的报道。自此,索取驱虫斑鸠菊针剂的信函纷纷而至。随后,他又研制出

"复方驱虫斑鸠菊擦剂",并于 1994 年获得国家专利。该药剂作为代表产品,在法国、加拿大等国展会上获得一致好评。现在,自治区人民医院治疗白癜风的水平已闻名全国,全疆各地州、国内各省市,甚至有香港的病人慕名而来。

纵观八方,发展有道

新疆皮肤科学事业的发展和新疆医学院皮肤科、新疆维吾尔自治区医院皮肤科、新疆军区总医院、石河子医学院皮肤科和自治区中医院皮肤科相继成立独立的病房和护理单元密切相关,但是这些学科在 80 年代之前,大多规模较小,除新疆医学院一附院皮肤科外,大多无独立的皮肤病理室,只有简陋的治疗设备,如长波紫外线、光化学疗法、液氮冷冻、氦氖激光、高频电刀等。进入 90 年代,各医院都进入程度不同的快速发展期。其中,新疆维吾尔自治区人民医院皮肤科发展尤为突出。1992 年,普雄明教授作为当时新疆屈指可数的几个皮肤科硕士研究生之一,分配至新疆维吾尔自治区人民医院皮肤科工作。当时自治区人民医院皮肤科实验室条件十分有限,除了简单的病理技术室外,基本无任何其他实验设备,临床科研也远不如新疆医科大学第一附属医院皮肤科。为了尽快提升科室临床检测及研究水平,在导师石得仁主任的全力支持下,在极其困难的条件下,普雄明教授既是临床医生,又要充当实验室技术员,逐步建设皮肤科实验室,任何事情都亲力亲为。在实验室快速发展的过程

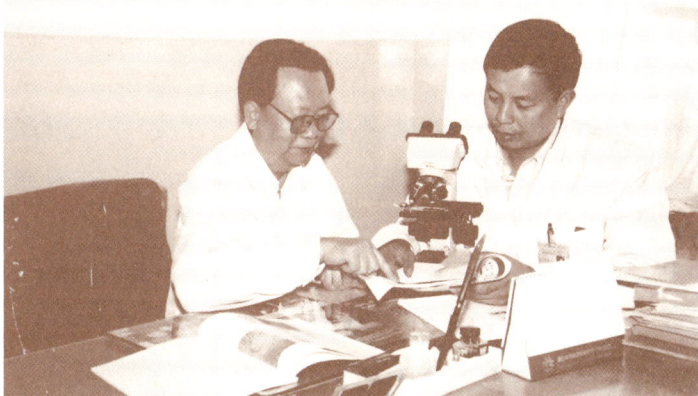

图 3 20 世纪 90 年代,石得仁主任(左一)和普雄明

中,普雄明教授立足实际,不等不靠,结合临床广泛选题,在承担繁杂临床工作的同时,经常加班加点,做实验、读文献、撰写论文,在科研上不断突破,每年在《中华皮肤科杂志》《临床皮肤科杂志》等皮肤科核心期刊发表论文达 20 余篇,使自治区医院皮肤科的临床科研能力短期内得到快速提升。目前,该实验室已经发展成为新疆唯一的自治区级临床皮肤性病研究所。

1998 年,普雄明教授担任皮肤科主任后,学科影响力更是得到快速提升。对于学科的发展建设,普雄明主任有自己的看法。曾经有一时期,不少人认为皮肤病大多都是小病,皮肤科是个小科,发展也只是锦上添花而已,没有太大的前途,很多人都不愿当皮肤科医生。但是,普雄明主任认为,学科大小并不重要,关键在于做强。况且皮肤科病人多、病种多、亚专业多、交叉学科多,应该大有作为。因此,为了学科的发展,他不放过每一次学科的发展机遇,一次又一次地争取,如设备、人员、扩大病区等。经过无数次地努力,学科从小到大,各种皮肤亚专业从无到有,取得了一个又一个的骄人成绩,最终使皮肤性病科得到了大家的认可,皮肤性病科也成为医院的品牌科室之一,普雄明主任也成了全院的"知名人物"——历任院长"最烦"的科室主任。作为科室主任,普雄明教授尤其重视对人才的培养与引进,使科室由当时只有 12 名医生的小科发展成为拥有 40 余名医师、100 多位员工的亚专业齐全的国家临床重点专科。特别是 2000 年之前,新疆还没有一位皮肤性病学专业博士研究生。由于地处边远,环境艰苦,中国内地院校毕业的博士也不愿意来疆工作。为此,在普雄明主任的多次鼓励下,本科室年轻医生康晓静考取了中国协和医科大学皮肤病学博士。毕业后康晓静博士本已联系留内地工作,为使优秀人才能留在新疆,普雄明主任多次找医院领导通过各种途径挽留康晓静博士并加以重点培养。目前,康晓静已成为新疆维吾尔自治区人民医院皮肤病学科的带头人。

90 年代末,新疆医学院附属医院皮肤科在惠艳教授带领下,除在研究生教育、本科生教育方面做出突出贡献外,学科也得到了快速发展。特别是,帕丽达教授和邓淑文教授从国外博士毕业后,多次在南疆进行大范围头癣的流行病学调查及致病真菌菌谱的研究,多次获得国家自然科学基金,使新疆真菌病研究跻身于国内先进水平。

此外,在自治区各大医院皮肤科快速发展的同时,自治区中医和维吾尔医皮肤科也得到了长足发展,如自治区中医医院,在2002年皮肤科正式从医院大外科独立,刘红霞教授也成为新疆维吾尔自治区中医院皮肤科第一任主任。在其带领下,自治区中医医院皮肤科快速成长,现在已成为拥有两个病区和门诊的较大规模的皮肤科,也成为在全国中医皮肤科领域的一面旗帜。新疆各地维吾尔医皮肤科,在保持传统维吾尔医治疗皮肤病的同时,也大力引进现代医学科学技术及设备,如窄频中波紫外线、准分子激光等等,使维吾尔医治疗皮肤病更上一个新台阶。

图4　新疆医科大学第一附属医院(2006年)左起为:沈大为、钱戌春、吴志华、罗汉超、黄月珍教授

结束语

正如庄子《逍遥游》中"大音希声,大象无形"之意,60余年来,新疆皮肤科人用崇高的医德仁心、积极的开拓进取、高昂的敬业爱岗和无私奉献精神,化作"大爱无痕"的最好诠释。

普雄明　新疆维吾尔自治区人民医院

"小荷"才露尖尖角

——西藏自治区人民医院皮肤科发展纪实

　　西藏自治区人民医院的前身——解放军拉萨门诊部成立于 1951 年 12 月 26 日,该门诊部由十八军卫生部医务主任张学彬和陈集舟负责,地址在原国民党办事处小学"联欢社",设有内科、外科、妇产科、皮肤科、化验室等。因此,皮肤专科进入西藏自治区已 60 余载,1951 年 12 月 26 日,西藏刚刚和平解放,一切工作的开展都遇到了难以想象的困难,尤其是皮肤专科工作,因为在西藏很多人认为皮肤病是鬼神作祟于人体而引起的,比其他专科更具迷信色彩,可想而知在当时医疗队开展工作中遇到的比语言障碍更加困难的是观念转变的问题,当时因为人力、物力、社会条件等各种因素,专科工作的侧重点是放在性病的防治上,科工队医疗组的陈集舟教授是来自北大医院的皮肤科专家,由他负责皮肤科的工作,开展了大量的性病防治工作。

　　1953 年,王德祥担任门诊部主任的同时并兼任皮肤科工作,以后的数十年间皮肤科的工作一直由援藏医疗队的同志负责,一直到 1978 年,洛桑克珠医生分配至皮肤科协助王兆平医生的工作。洛桑克珠 1952 年 7 月 1 日出生于西藏昌都地区昌都县加卡乡,和许多康巴汉子一样,他豪放、俊美,却比一般的康巴汉子细致入微,1962 年开始在当地乡小学读书(当时乡小学只教授藏语文),因学习成绩优异,于 1968 年留校当乡小学教师。1970 年至 1973 年间他又经简单培训后被派去当乡村医生,期间他又自学了一些汉语知识。1973 年,区政府为了尽快培养本地、本民族的建设性人才,在全区范围内选拔有些文化基础的人才,派往多个内地省市学习。洛桑克珠被选中并派往成都西南民族学院预科班学习文化课,从此他的命运也发生了改变。他是来自农村的几个人中的一个,文化基础较差,刚到成都时他连一句流利的汉语都不会说,但他没有气馁。"书山有路勤为径,学海无涯苦作舟"勤奋好学是一切成功者应该具备的品质,也是一切求学者应该学会的本领,他深知这个道理,所以在校期间他以勤奋好学著称。两年后因为在预科班的成绩突出,被选送到山东泰安卫校(现在的白求恩医科大学)医师班读书,在校学习期间因为品学兼优,连续三次被评为"三好学生"。1977年7月,从山东泰安卫校毕业后被分配到西藏自治区卫校当教师,当教师的生涯很是短暂,1978年他被调到西藏自治区人民医院皮肤科工作,此后,他的一生全都奉献给了这里,直至2012年退休为止。

据洛桑克珠医生介绍,1978年的皮肤科仅有一间办公室、一张桌子、两个人,1979年医院为进一步培养人才,送洛桑克珠到上海华山医院进修,洛桑克珠到了上海开阔了眼界,也真正体会到了差距。在上海他也遇到了很多的困难,比如语言障碍,当时上海不大盛行说普通话,更多的人说的是上海方言,这对于他——一个连普通话都说不熟练的人来说好比听天书,华山医院的老师、同事了解了他的情况后,给予了很多关心和帮助,再加上他自己的不断努力,很快攻破了语言障碍这一关。并较快适应了上海的饮食习惯及与高原截然不同的气候。在付出比其他人更多的努力后,逐渐掌握了皮肤科常见疾病的诊疗常识,了解了一些疑难杂病的诊治方法,并掌握了皮肤专科的一些仪器的性能适应证及操作。一年的进修结束后,他经医院同意,从上海购买了一台CO_2激光治疗仪和液氮容器及冷冻刀回到拉萨。

洛桑克珠1981年开始担任皮肤科主任,虽然科室人力很薄弱,他还是坚持开展了冷冻治疗和CO_2激光治疗,为在西藏开展皮肤科工作平添了一道亮丽色彩。之后医院为了进一步壮大皮肤科力量,先后充实了护士白玛曲珍及医生曲措等人到皮肤科工作,从此皮肤科工作进入有序的状态。

卫生部援藏计划中除了为各地培养人才外,还有一个措施就是派专家、技术骨干到西藏工作,以便带动和培养更多的人才,1989年,中国医学科学院皮肤病研究所的常宝珠医生被选派到西藏自治区人民医院皮肤科工作半年。常宝珠老师带着使命来到拉萨,她没有被高原缺氧、工作环境相对艰苦、语言障碍等困难吓倒,没有太多的"高原反应",她很快投入到工作中,她是个具有高度责任感的人,知识渊博、待人亲切、和蔼,工作中一丝不苟、脚踏实地、全身心地投入到为广大患者服务中,她在西藏工作期间,很好地带动了皮肤科的发展,大家的业务水平也有一定的提升,她的工作态度及高度负责的精神一直激励、鼓舞着大家。虽然只是短短半年的时间,但大家对她的感情、对她的印象却非常深刻,因此,至今科室的同事仍与她保持着良好的关系和联系。

白玛曲珍是一个具有传奇色彩的人,也是西藏自治区人民医院皮肤科的第一个专科护士,她自小参军,辗转从部队到军区总医院再到自治区人民医院手术室最后到皮肤科。在参军之前,只学过一点藏文,几乎没见过汉语文。在部队期间也没参加过正式的学习班、培训班等文化课程学习,她的厉害之处就在于完全靠自己学习汉文,在现在看来,这是不大可能的事,在当时的条件下,这需要何等的毅力、何等的聪慧才能完成自学工作。她于1985年分配到皮肤科,于1990派往中国医学科学院皮肤病研究所进修专科护士,因为文化基础薄弱,学习较为吃力,但她比一般人更用功、更能利用机会去学习,加之天生的聪慧,她较快掌握并熟悉各种操作。她在皮研所的学习主要是在理疗科,在这半年里得到了以常宝珠老师为首的众多老师在生活、学习等多方面的关心和帮助,因此较为顺利地完成了学习任务。

1991年皮肤科再添新人,王莉萍自昌都地区边坝县医院调到西藏自治区人民医院皮肤科工作。她来自四川眉山,是个正宗的"十八军后代",生在西藏长在西藏的汉族人,之后也嫁给了藏族人,说着一口流利的藏语。很多不识汉字不会说汉语的病人最初到她跟前都会打"退堂鼓",因为不知道怎样表达自己的病情,当她开口说着流利的藏语向患者询问病情时,患者脸上经常挂着惊喜的表情,很多患者亲切地称她"说藏语的汉族医生"。因为她在昌都从事的是儿科专业,皮肤科对她来讲是个"新世界",一切需得从头开始,由洛桑克珠主任带着她学习皮肤科专业知识,她是个聪明好学的人,有着良好的读书习惯,能很快地进入角色。1995年,被派到中国医学科学院皮肤病研究所进修,抓住难得的学习机遇,在那里她认识了一帮跟她一样好学的学友,她惊讶于老师们的学识渊博,也深深地被皮研所浓重的学习氛围所吸引,那时的她真的可以用"孜孜不倦"这个形容词形容,也为她后来成为西藏皮肤科界的"实力派"奠定了坚实的基础。

皮肤科在发展之路上迂回着,前进的速度非常缓慢,这既有大环境的原因又有小环境的限制。在经济、科学发展较落后的时代里,人们往往先解决危及生命的疾病防治,而皮肤病不在首先解决的范围中,因此发展滞后。在综合医院里,多数的皮肤科都是小科室,不是重点科室,我们也是如此。除了西藏自治区人民医院和西藏军区总医院较早开设皮肤科外,全区范围内的皮肤科专业的起步都很晚。到现在各地区除了昌都地区人民医院专门设有皮肤科有 3 名医生外,其余的如日喀则市、山南地区、林芝地区等地市医院分别只有一名医生看皮肤病,但还未单独设立皮肤科,县一级的医院都没有皮肤科也没有皮肤专科医生。当然这与西藏的经济发展、医学事业的发展相对滞后有着密切的联系。

随着经济的发展与人民生活水平的提高,人们对皮肤健康的要求也在提高,从以前的有病不治(传统观念认为皮肤病无大病,无生命危险)到有病即治,再到皮肤美容,是一个不断升级进步的过程。现代工业社会带来的环境变化,人与人之间的频繁接触与交流,都使得当今皮肤性病的发病率越来越高,皮肤病的治疗和皮肤美容的需求与日俱增。领导的意识也在随着经济、科学的发展而在不断地更新、进步,开始深刻地认识到建设与规划一个好的有一定知名度与影响力的皮肤科,不仅能满足当地及周边居民皮肤健康美容的要求,也能为医院带来良好的声誉与社会经济效益。

近几年来,在医院领导的大力支持下,在皮肤科同道们的不断努力下,西藏自治区人民医院皮肤科在硬件条件上有了很大的改善,搬进了新的门诊楼,医院从专科需求出发设计诊室、治疗室的布局,皮肤科除 3 间诊室外,还配置了 6 间治疗室,可开展 CO_2 激光治疗室、Q 激光治疗室、冷冻治疗室、红蓝光治疗室等,近 4 年中先后添置了调 Q 激光治疗仪、紫外线治疗仪、红蓝光治疗仪,点阵激光、WOOD 灯等,并开展了与之相对应的诊疗项目,从各方面讲我们也算是初具规模了,也算有了些发展,但是这点发展,远远没能跟上西藏社会经济的发展步伐,还远远不能很好地满足广大患者的诊疗需求。为了更好地为广大患者服务,为了将皮肤科做大做强,我们将进一步努力争取人才、培养人才,不断提升专业技术人员的专业技术水平,我们将逐年、逐步的从易到难的开展各个亚专业,尽可能的、较全面的去满足各个层次患者对诊治皮肤病的需求,共同期待皮肤科更加美好的明天。

索朗曲宗　西藏自治区人民医院

心路医路·大家说

策划出品：心路医路®

品牌总监：郭辉策

策划总监：金宏山

品牌经理：梁　婷　黄晓宇

策划编辑：国　帆　雷冰雨　李木棉

封面设计：陈　磊

蓝脉中阳（北京）广告有限责任公司

北京：朝阳区东大桥8号尚都国际中心708

上海：杨浦区国权路39号财富国际广场金座2311室

广州：海珠区东晓南路1439号爱都铭轩D栋808

心路医路系列丛书主编及编委专访视频

请登录：www.yilunews.com

TEL：（010）58703396　　FAX：（010）58703396-8001　（北京）